사
이
다

사일 동안
이것만 풀면
다 합격!

국민건강보험공단
NCS + 법률

시대에듀

2025 최신판 시대에듀 All-New 사이다 모의고사
국민건강보험공단(건보) NCS + 법률

Always **with you**

사람의 인연은 길에서 우연하게 만나거나 함께 살아가는 것만을 의미하지는 않습니다.
책을 펴내는 출판사와 그 책을 읽는 독자의 만남도 소중한 인연입니다.
시대에듀는 항상 독자의 마음을 헤아리기 위해 노력하고 있습니다. 늘 독자와 함께하겠습니다.

머리말 PREFACE

사회보장 중추기관으로 국민의 건강을 지키고 삶의 질을 높이기 위해 노력하는 국민건강보험공단은 2025년에 신규직원을 채용할 예정이다. 국민건강보험공단의 채용절차는 「공고 및 접수 ➡ 서류심사 ➡ 필기시험 ➡ 인성검사 ➡ 면접시험 ➡ 수습임용」 순서로 진행된다. 필기시험은 직업기초능력과 직무시험(법률)으로 진행된다. 그중 직업기초능력은 의사소통능력, 수리능력, 문제해결능력 총 3개의 영역을 평가하며, 직무시험은 직렬별로 국민건강보험법, 노인장기요양보험법 중 1개의 영역을 평가하므로 반드시 확정된 채용공고를 확인해야 한다. 또한, 필기시험 고득점자 순으로 선발인원의 2.5배수를 선발하여 인성검사 및 면접시험을 진행하므로 고득점을 받기 위해 다양한 유형에 대한 폭넓은 학습과 문제풀이능력을 높이는 등 철저한 준비가 필요하다.

국민건강보험공단 필기시험 합격을 위해 시대에듀에서는 기업별 NCS 시리즈 누적 판매량 1위의 출간경험을 토대로 다음과 같은 특징을 가진 도서를 출간하였다.

도서의 특징

❶ 합격으로 이끌 가이드를 통한 채용 흐름 확인!
- 국민건강보험공단 소개와 최신 시험 분석을 수록하여 채용 흐름을 파악하는 데 도움이 될 수 있도록 하였다.

❷ 기출응용 모의고사를 통한 완벽한 실전 대비!
- 철저한 분석을 통해 실제 유형과 유사한 기출응용 모의고사를 4회분 수록하여 시험 직전 4일 동안 자신의 실력을 점검할 수 있도록 하였다.

❸ 다양한 콘텐츠로 최종 합격까지!
- 온라인 모의고사를 무료로 제공하여 필기시험에 대비할 수 있도록 하였다.
- 모바일 OMR 답안채점/성적분석 서비스를 통해 자동으로 점수를 채점하고 확인할 수 있도록 하였다.

끝으로 본 도서를 통해 국민건강보험공단 채용을 준비하는 모든 수험생 여러분이 합격의 기쁨을 누리기를 진심으로 기원한다.

SDC(Sidae Data Center) 씀

◇ **미션**

> 국민보건과 사회보장 증진으로 국민의 삶의 질 향상

◇ **비전**

> 행복한 국민 / 건강한 대한민국 / 든든한 국민건강보험

◇ **핵심가치**

소통과 배려
대내 · 외 이해관계자와 소통과 배려를 통해 국민체감 성과 창출

건강과 행복
국민보건과 사회보장 증진을 통해 모든 국민의 건강향상과 행복한 삶을 추구

공정과 신뢰
공정한 제도 구축 · 운영과 안전 · 책임경영으로 국민 신뢰 확보

혁신과 전문성
디지털 · 서비스 중심 경영혁신과 직무 전문성 강화로 지속가능 경영 실현

청렴과 윤리
엄격한 윤리의식을 토대로 자율적 내부통제와 청렴한 업무수행을 통해 투명한 사회 전도

◇ **전략목표&전략과제**

국민의 평생건강을 책임지는 건강보장체계	1. 필수의료 중심의 보장영역 구축 2. 건강약자 의료안전망 강화 3. 보건의료 공급 기반 안정화 4. 건강보장 연구 및 국제협력 강화
건강수명 향상을 위한 맞춤형 건강관리	1. 예방적 건강관리 강화 2. 생애주기 건강검진체계 개편 3. 지역중심 건강서비스 강화 4. 데이터 기반 민간혁신 · 성장지원 확대
초고령사회 대비 국민이 안심하는 장기요양보험	1. 맞춤형 장기요양 서비스 이용체계 구축 2. 지역사회 거주 돌봄지원 강화 3. 장기요양서비스 품질 향상 4. 장기요양보험 제도 지속가능성 제고
건강보험 재정 안정성 강화	1. 공정하고 공평한 부과체계 설계 2. 스마트 징수관리체계 구축 3. 보험급여 지출관리 혁신 4. 전략적 재정관리 강화
국민이 체감하는 소통 · 혁신 · 책임경영	1. 국민참여 소통경영 강화 2. 성과 · 역량 중심 조직혁신 3. 디지털 기반 서비스행정 전환 4. 윤리 · 안전 및 책임경영 강화

◇ **인재상**

국민의 평생건강을 지키는 건강보장 전문인재 양성

Nation-oriented 국민을 위하는 인재	Honest 정직으로 신뢰받는 인재	Innovative 혁신을 추구하는 인재	Specialized 전문성 있는 인재

신규직원 채용 안내 INFORMATION

◇ **지원자격(공통)**

❶ 성별 · 연령 · 학력에 대해 제한이 없으나, 임용일 기준 60세 이상(정년)인 사람은 지원할 수 없음

❷ 대한민국 국적을 소지한 자

❸ '6급가' 지원자 중 남성은 병역필 또는 면제자여야 함

 ※ 다만, 임용일 이전 전역예정자는 지원 가능

❹ 최종합격자는 수습임용일부터 근무가 가능해야 함

 ※ 학업, 이직절차 등을 사유로 임용 유예 불가

◇ **필기시험**

과목	직렬	내용	시간
NCS 기반 직업기초능력	행정직, 건강직, 요양직, 기술직	직업기초능력 응용모듈 60문항 (의사소통 20문항, 수리 20문항, 문제해결 20문항)	60분
	전산직	• 직업기초능력 응용모듈 15문항 (의사소통 5문항, 수리 5문항, 문제해결 5문항) • 전산개발 기초능력(C언어, JAVA, SQL) 35문항	
직무시험(법률)	행정직, 건강직, 전산직, 기술직	국민건강보험법(시행령 및 시행규칙 제외) 20문항	20분
	요양직	노인장기요양보험법(시행령 및 시행규칙 제외) 20문항	

◇ **인성검사 및 면접시험**

구분	내용
인성검사	필기시험 후 채용사이트에서 온라인으로 개별 실시하며, 결과지를 토대로 경험행동면접(BEI)이 이루어짐
면접시험	경험행동면접(BEI) + 상황면접(SI) + 토론면접(GD)

❖ 위 채용 안내는 2024년 하반기 채용공고를 기준으로 작성하였으므로 세부사항은 확정된 채용공고를 확인하기 바랍니다.

총평

2024년 하반기 국민건강보험공단의 필기시험은 PSAT형으로 출제되었다. 직업기초능력의 경우 난이도는 상반기와 비슷하였고, 비교적 평이했다는 후기가 많았다. 다만 의사소통능력에서 꼼꼼히 읽어야 풀 수 있는 문제로 인해 시간이 부족했으며, 문제해결능력에서 복잡한 계산문제들이 출제되어 시간이 부족했다는 평이 많았다. 직무시험(법률)의 경우 사례형 문제가 많아 어려웠다는 후기가 많았다. 따라서 출제 특징을 바탕으로 꼼꼼하게 학습하여 시간 소모를 줄이는 것이 필요해 보인다.

◇ 영역별 출제 비중

구분	출제 특징	출제 키워드
의사소통능력	• 내용 일치 문제가 출제됨 • 보도자료 문제가 출제됨	• 알레르기 비염, AI, 의료기관, 상병수당 등
수리능력	• 수치 비교 문제가 출제됨 • 그래프 문제가 출제됨	• 증감률, 섭취량, 평균 등
문제해결능력	• 복잡한 계산 문제가 출제됨 • 높은 난이도로 출제됨	• 지원금, 외국인 근로자, 통행료 할인 등
국민건강보험법	• 소득월액, 약제 위반 금액, 외국인 피부양자, 재정운영위원회 등	
노인장기요양보험법	• 폐업신고, 이의신청, 업무정지 기간, 장기요양위원회 등	

학습플랜 STUDY PLAN

1일 차 학습플랜   1일 차 기출응용 모의고사

_____월 _____일

의사소통능력	수리능력	문제해결능력

국민건강보험법	노인장기요양보험법

2일 차 학습플랜   2일 차 기출응용 모의고사

_____월 _____일

의사소통능력	수리능력	문제해결능력

국민건강보험법	노인장기요양보험법

3일 차 학습플랜 — 3일 차 기출응용 모의고사

_____월 _____일

의사소통능력	수리능력	문제해결능력

국민건강보험법	노인장기요양보험법

4일 차 학습플랜 — 4일 차 기출응용 모의고사

_____월 _____일

의사소통능력	수리능력	문제해결능력

국민건강보험법	노인장기요양보험법

취약영역 분석 WEAK POINT

1일 차 취약영역 분석

시작 시간	:	종료 시간	:
풀이 개수	개	못 푼 개수	개
맞힌 개수	개	틀린 개수	개
취약영역 / 유형			
2일 차 대비 개선점			

2일 차 취약영역 분석

시작 시간	:	종료 시간	:
풀이 개수	개	못 푼 개수	개
맞힌 개수	개	틀린 개수	개
취약영역 / 유형			
3일 차 대비 개선점			

3일 차 취약영역 분석

시작 시간	:	종료 시간	:
풀이 개수	개	못 푼 개수	개
맞힌 개수	개	틀린 개수	개
취약영역 / 유형			
4일 차 대비 개선점			

4일 차 취약영역 분석

시작 시간	:	종료 시간	:
풀이 개수	개	못 푼 개수	개
맞힌 개수	개	틀린 개수	개
취약영역 / 유형			
시험일 대비 개선점			

2024.12.17.(화)

국민건강보험공단,
약가협상체계 품질경영시스템(ISO9001) 사후 인증

국민건강보험공단(이하 "공단")은 약제 급여등재 절차의 핵심인 약가협상체계에 관련하여 품질경영시스템(ISO9001) 사후 심사를 성공적으로 통과하며 인증을 유지했다고 밝혔다.

공단은 2011년 12월, 약가협상체계로 ISO9001 인증을 최초로 획득한 이후 올해까지 14년 연속 인증을 유지하며, 약가협상 업무의 공정성과 투명성을 국제적으로 인정받는 성과를 이어가고 있다.

공단 급여상임이사는 "이번 ISO9001 인증 유지는 공단이 약가협상 절차를 국제 표준에 따라 일관성 있고 투명하게 운영해왔음을 다시 한 번 입증한 결과이다."라며, "공단은 보험자로서 국민에게 신약의 접근성을 높이고 제약사와 공정하고 투명한 약가협상을 통해 국민건강 증진을 위해 책임을 다하겠다."라고 밝혔다.

Keyword

▶ 품질경영시스템(ISO9001) : 국제표준화기구가 제정한 품질경영시스템에 대한 국제 규격으로, 조직의 업무 체계가 고객에게 제공하는 서비스 품질을 안정적으로 보장할 수 있음을 객관적으로 평가하는 제도이다.

예상 면접 질문

▶ 공단의 품질경영시스템(ISO9001)이 무엇인지 설명해 보시오.
▶ 공단이 약가협상 업무에서 공정성과 투명성을 더욱 더 인정받기 위해 실천할 수 있는 방안에 대해 말해 보시오.

국민건강보험공단,
원주시와 함께 돌봄통합지원 방안을 모색하다!

국민건강보험공단(이하 "공단")은 지난 13일(수) 원주시청 다목적홀에서 원주시청, 원주시 보건소 · 행정복지센터 및 유관기관 돌봄 업무 담당자 약 130명이 참여한 가운데 '2024년 건강보장 정책세미나'를 성황리에 개최했다고 밝혔다.

이번 세미나의 주제는 '돌봄통합지원 추진을 위한 원주형 지원 방안 모색'으로 지난 3월 제정된 의료 · 요양 등 지역 돌봄의 통합지원에 관한 법률의 2026년 전국시행을 앞두고 초고령 사회 대비 '살던 곳에서 건강한 노후(Aging In Place)'를 보장하기 위한 방안을 강구하기 위해 마련되었다.

이번 세미나를 주관한 공단 건강보험연구원 원장은 "오늘 세미나가 원주시의 노인 의료−돌봄통합지원 모형을 마련하는 밑거름이 되길 기원하며, 제도 발전을 위해 지속적으로 지원하겠다."라고 소감을 전했으며, 공단 이사장은 개회사를 통해 "돌봄은 사회를 지탱하는 기본이고 중요한 가치이며 2026년 돌봄통합지원 사업 전국 시행을 대비하여 소통의 기회를 지속적으로 마련하겠다."라고 밝혔다.

한편, 공단은 2019년 지역사회 통합돌봄 선도사업을 시작으로 2023년 7월부터는 노인 의료 · 돌봄통합지원 시범사업을 보건복지부−지자체와 함께 운영하며 제도 안착을 위해 다양한 지원을 하고 있다.

Keyword

▶ 정책세미나 : 지역사회와의 연계 · 협력 강화를 통해 상생 발전방안을 모색하고자 건강보험연구원에서 매년 개최하는 행사이다.

예상 면접 질문

▶ 공단의 정책세미나 행사가 무엇인지 말해 보시오.
▶ 공단이 지역사회와의 연계 · 협력 강화를 위해 실천할 수 있는 또 다른 방안에 대해 말해 보시오.

2024.11.06.(수)

국민건강보험공단 알림 문자,
안심표시 확인으로 보다 안전하게

국민건강보험공단(이하 "공단")은 알씨에스(RCS; Rich Communication Suite) 문자 서비스를 도입하여 공단을 사칭한 문자 사기로부터 한층 더 강화된 대국민 보호방안을 마련했다고 밝혔다.

공단은 고유사업수행에 필요한 각종 제도 홍보, 현장의 업무지원을 위해 '문자' 및 '카카오 알림톡' 서비스를 제공하고 있으며, 공단을 사칭한 문자 사기로부터 국민을 보호하기 위해 지난 3월 공단이 발송하는 문자 안내에는 인터넷주소(URL)가 포함되지 않도록 조치를 취한 바 있다.

공단은 알씨에스(RCS) 문자 서비스 도입을 계기로 국민들이 공단이 발송한 문자를 사기로 오인하고 확인을 거부하여 중요한 정보를 놓치는 사례가 감소할 것으로 기대하고 있다. 아울러 공단은 사회관계망서비스 (SNS)를 활용해 공단이 발송하는 문자 특성에 대한 대국민 홍보를 실시하여 사칭·사기 문자에 국민이 스스로 대처할 수 있도록 지원할 계획이다.

공단 징수상임이사는 "정보통신기기를 활용한 정보 수집에 익숙해진 국민이 안심하고 공단의 안내를 확인하고 정보를 활용할 수 있도록 보안성 강화에 더욱 최선을 다하겠다."라고 밝혔다.

Keyword

▶ 알씨에스(RCS; Rich Communication Suite) 문자 서비스 : 세계이동통신사업자협회(GSMA)가 정의한 국제 표준 문자 규격으로 주로 공공 및 금융기관에서 도입하고 있으며, 공단 사칭 문자와 정상 문자의 식별에 도움을 줄 것으로 보인다.

예상 면접 질문

▶ 공단에서 최근에 도입한 알씨에스(RCS) 문자 서비스가 주는 이점에 대해 말해 보시오.
▶ 국민들이 정보통신기기를 활용하여 공단의 안내 및 정보를 활용할 수 있는 색다른 방안에 대해 말해 보시오.

국민건강보험공단,
'2024 NHIS 국제연수' 17개국 보건정책관계자의 희망이 되다!

국민건강보험공단(이하 "공단")은 9월 23일부터 5일간 17개국 보건정책 관계자 등 80명을 대상으로 '2024 국민건강보험 국제연수 과정(NHIS UHC Global Academy 2024)'을 개최하였다.

올해로 21회를 맞이한 국민건강보험 국제연수 과정은 지난 2004년 첫 개최 이후 아시아, 남아메리카, 아프리카 지역 총 69개국의 보건정책 관계자

등이 참가했다. 이날 국제연수에 참가한 세계보건기구서태평양사무소(WHO WPRO) 기술자문관은 "한국의 유일한 보험자 기관으로서 다양한 국가의 정책관계자에게 제도 운영 경험을 직접 배울 수 있는 기회를 마련해준 공단에 깊은 감사를 드린다."라며, "K-건강보험과 장기요양보험의 성공적인 운영 경험이 아시아뿐만 아니라 남미, 아프리카 대륙까지 더욱 확산될 수 있도록 국제기구에서도 더 많은 지원을 아끼지 않겠다."라고 소감을 밝혔다.

공단 이사장은 환영사에서 "이번 국제연수 과정은 보험재정, 자격·부과·징수, 보험급여·건강관리, 장기요양 등 공단의 핵심 업무를 바탕으로 구성하여, 참가국 정책관계자들이 연수 과정에서 터득한 지식을 활용해 자국의 정책 개발과 적용에 있어 뜻깊은 경험이 될 것으로 기대한다."라고 말하며, "공단은 적극적인 국제개발협력 사업 추진을 통해 제도 운영 경험과 성과를 더 많은 국가로 확산하는 데 앞장서겠다."라고 밝혔다.

Keyword

▶ 국민건강보험 국제연수 : 한국의 건강보험제도를 국제사회에 전파하기 위한 행사로, 공단은 연수 과정을 통해 K-건강보험 및 장기요양보험 제도 운영 경험과 성과 등을 공유하며 참여 국가들의 보편적 의료보장(UHC) 달성 지원을 위해 노력해왔다.

예상 면접 질문

▶ 한국에서 실시하는 건강보험제도의 장단점을 다른 나라와 비교하여 말해 보시오.
▶ 공단이 건강보험제도를 국제사회에 전파하기 위해 노력하고 있는 사업에 대해 아는 대로 말해 보시오.

이 책의 차례 CONTENTS

특별부록

국민건강보험공단 NCS + 법률 과년도 기출복원 모의고사

과년도 기출복원 모의고사

문항 수 : 80문항
시험시간 : 80분

| 01 | 직업기초능력

| 의사소통능력

01 다음 글의 주제로 가장 적절한 것은?

> 상병수당이란 업무 외에 발생한 질병이나 부상으로 인한 소득상실 위험을 보호하는 사회보장 제도이다. 이를 통해 근로자들은 빈곤 예방이나 건강, 사회보장 등 인권을 보호받을 수 있다.
>
> 사실 상병수당은 새로운 제도가 아니라 국민건강보험법에서 이전부터 명시하고 있던 제도였다. 하지만 관련 하위법령이 없어 실질적으로 그 제도가 이루어지지 않고 있었을 뿐이다. 이로 인해 상병으로 장기요양 중인 근로자는 의료비 부담은 물론 소득상실까지 더해져 빈곤층으로의 전락은 당연한 귀결이 되었다.
>
> 이에 보건복지부는 2022년부터 시범사업 시행 및 사회적 논의를 거쳐 현 국내 상황에 맞도록 제도 도입을 추진하고 있다. 근로자들은 소득보장은 물론 무리하게 근로를 하지 않고 충분히 휴식을 취할 수 있어 건강권을 증진할 수 있을 뿐만 아니라 미래에 발생할 수도 있었을 잠재적인 생산성 손실도 예방할 수 있게 되었다. 현재는 시범사업 지역에 거주하는 근로자들을 대상으로 진행하고 있으며, 이들 중 공무원, 질병목적 외 휴직자, 자동차보험 적용자, 고용보험·산재보험·생계급여·긴급복지 등 타 제도를 통해 보장받고 있는 자와 해외출국자는 제외되었다. 이들은 근로활동 불가기간을 기준으로 최저임금의 60%를 지원받을 수 있다.

① 업무 중 상병은 산재보상, 업무 외 상병은 상병수당
② 질병이 빈곤으로 이어지지 않도록 예방하는 상병수당
③ 상병 중인 근로자들의 소득보장을 위한 상병수당 제도 시행
④ 근로자들의 빈곤 예방과 인권 보호를 위한 상병수당 제도 신설

02 다음 글의 빈칸에 들어갈 내용으로 가장 적절한 것은?

국민건강보험공단과 N사의 업무협약을 시작으로 우리 생활에서 AI의 일상화가 본격적으로 시작되고 있다. 이 협약을 통해 공단은 보유하고 있던 데이터를 N사의 생성형 AI '하이퍼클로바X'에 결합해 공공분야에 실질적인 서비스를 구축함은 물론 공단 내부의 업무 생산성 향상을 도모하기로 하였다.

AI 안부 콜 서비스인 '클로바 케어콜'을 이용한 공공서비스의 확대도 협의 중이다. 기존에는 일부 지자체에서 1인 가구 중 돌봄이 필요한 경우에 한해 주 1 ~ 2회 안부를 확인하는 방식으로 이루어졌으며, 통화가 연결되지 않거나 이상자로 분류되면 공무원이 이를 재확인하는 절차로 진행되었다. 공단과 N사는 이를 만성질환자 자가건강관리 지원으로까지 확대할 클로바 케어콜 서비스 방안을 모색하고 있다.

또한 N사는 국민들이 공단이 제공하는 정보에 더 쉽게 접근할 수 있도록 그 방안도 논의 중이다. 예를 들어 N사 검색창에 '질병정보'를 검색한다면 이에 대한 공단의 '건강통계 분석정보'도 함께 보여주거나, N사 애플리케이션의 '건강판'을 통해 공단의 '생활 속 자가건강관리' 가이드라인 등 공단이 제공하는 건강 관련 콘텐츠를 함께 보여주는 방식으로 논의할 예정이다.

이처럼 _____ 국민이 실질적으로 체감할 수 있는 대국민 서비스의 품질이 계속하여 향상될 것으로 기대되고 있다.

① 공공기관과 공기업이 국내 초거대 AI 기업의 기술력을 인수하면서
② 공공기관과 공기업이 국내 초거대 AI 기업의 합병이 이루어지면서
③ 공공기관과 공기업이 보유한 데이터와 국내 기업의 AI 기술력이 합해지면서
④ 공공기관과 공기업이 보유한 데이터에 대해 국내 기업의 접근이 용이해지면서

03 다음 글의 내용으로 적절하지 않은 것은?

K공단은 의사와 약사가 협력하여 지역주민의 안전한 약물 사용을 돕는 의·약사 협업 다제약물 관리사업을 6월 26일부터 서울 도봉구에서 시작했다고 밝혔다.

지난 2018년부터 K공단이 진행 중인 다제약물 관리사업은 10종 이상의 약을 복용하는 만성질환자를 대상으로 약물의 중복 복용과 부작용 등을 예방하기 위해 의약전문가가 약물관리 서비스를 제공하는 사업이다. 지역사회에서는 K공단에서 위촉한 자문 약사가 가정을 방문하여 대상자가 먹고 있는 일반 약을 포함한 전체 약을 대상으로 약물의 복용상태, 부작용, 중복 등을 종합적으로 검토하고 그 결과를 바탕으로 상담, 교육 및 처방조정 안내를 실시함으로써 약물관리가 이루어진다. 병원에서는 입원 및 외래환자를 대상으로 의사, 약사 등으로 구성된 다학제팀(전인적인 돌봄을 위해 의사, 간호사, 약사, 사회복지사 등 다양한 전문가들로 이루어진 팀)이 약물관리 서비스를 제공한다.

다제약물 관리사업 효과를 평가한 결과, 약물관리를 받은 사람의 복약순응도가 56.3% 개선되었고, 효능이 유사한 약물을 중복해서 복용하는 환자가 40.2% 감소되었다. 또한, 병원에서 제공된 다제약물 관리사업으로 응급실 방문 위험이 47%, 재입원 위험이 18% 감소되는 등의 효과를 확인하였다.

다만, 지역사회에서는 약사의 약물 상담결과가 의사의 처방조정에까지 반영되는 다학제 협업 시스템이 미흡하다는 의견이 제기되었다. 이러한 문제점의 개선을 위해 K공단은 도봉구 의사회와 약사회, 전문가로 구성된 지역협의체를 구성하고, 지난 4월부터 3회에 걸친 논의를 통해 의·약사 협업 모형을 개발하였으며, 사업 참여 의·약사 선정, 서비스 제공 대상자 모집 및 정보공유 방법 등의 현장 적용방안을 마련했다. 의사나 K공단이 선정한 약물관리 대상자는 자문 약사의 약물점검(필요시 의사 동행)을 받게 되며, 그 결과가 K공단의 정보 시스템을 통해 대상자의 단골 병원 의사에게 전달되어 처방 시 반영될 수 있도록 하는 것이 주요 골자이다. 지역 의·약사 협업 모형은 2023년 12월까지 도봉구지역의 일차의료 만성질환관리 시범사업에 참여하는 의원과 자문약사를 중심으로 우선 실시한다. 이후 사업의 효과성을 평가하고 부족한 점은 보완하여 다른 지역에도 확대 적용할 예정이다.

① K공단에서 위촉한 자문 약사는 환자가 먹는 약물을 조사하여 직접 처방할 수 있다.
② 다제약물 관리사업으로 인해 환자는 복용하는 약물의 수를 줄일 수 있다.
③ 다제약물 관리사업의 주요 대상자는 10종 이상의 약을 복용하는 만성질환자이다.
④ 다제약물 관리사업은 지역사회보다 병원에서 더욱 활발히 이루어지고 있다.

04 다음 중 첫 문단 뒤에 이어질 내용을 논리적 순서대로 바르게 나열한 것은?

아토피 피부염은 만성적으로 재발하는 양상을 보이며 심한 가려움증을 동반하는 염증성 피부 질환으로, 연령에 따라 특징적인 병변의 분포와 양상을 보인다.

(가) 이와 같이 아토피 피부염은 원인을 정확히 파악할 수 없기 때문에 아토피 피부염의 진단을 위한 특이한 검사소견은 없으며, 임상 증상을 종합하여 진단한다. 기존에 몇 가지 국외의 진단기준이 있었으며, 2005년 대한아토피피부염학회에서는 한국인 아토피 피부염에서 특징적으로 관찰되는 세 가지 주진단 기준과 14가지 보조진단 기준으로 구성된 한국인 아토피 피부염 진단 기준을 정하였다.

(나) 아토피 피부염 환자는 정상 피부에 비해 민감한 피부를 가지고 있으며 다양한 자극원에 의해 악화될 수 있으므로 앞의 약물치료와 더불어 일상생활에서도 이를 피할 수 있도록 노력해야 한다. 비누와 세제, 화학약품, 모직과 나일론 의류, 비정상적인 기온이나 습도에 대한 노출 등이 대표적인 피부 자극 요인들이다. 면제품 속옷을 입도록 하고, 세탁 후 세제가 남지 않도록 물로 여러 번 헹구도록 한다. 또한 평소 실내 온도, 습도를 쾌적하게 유지하는 것도 중요하다. 땀이나 자극성 물질을 제거하는 목적으로 미지근한 물에 샤워를 하는 것이 좋으며, 샤워 후에는 3분 이내에 보습제를 바르는 것이 좋다.

(다) 아토피 피부염을 진단받아 치료하기 위해서는 보습이 가장 중요하고, 피부 증상을 악화시킬 수 있는 자극원, 알레르겐 등을 피하는 것이 필요하다. 국소 치료제로는 국소 스테로이드제가 가장 기본적이다. 국소 칼시뉴린 억제제도 효과적으로 사용되는 약제이며, 국소 스테로이드제 사용으로 발생 가능한 피부 위축 등의 부작용이 없다. 아직 국내에 들어오지는 않았으나 국소 포스포디에스테라제 억제제도 있다. 이 외에는 전신치료로 가려움증 완화를 위해 사용할 수 있는 항히스타민제가 있고, 필요시 경구 스테로이드제를 사용할 수 있다. 심한 아토피 피부염 환자에서는 면역 억제제가 사용된다. 광선치료(자외선치료)도 아토피 피부염 치료로 이용된다. 최근에는 아토피 피부염을 유발하는 특정한 사이토카인 신호 전달을 차단할 수 있는 생물학적제제인 두필루맙(Dupilumab)이 만성 중증 아토피 피부염 환자를 대상으로 사용되고 있으며, 치료 효과가 뛰어나다고 알려져 있다.

(라) 많은 연구에도 불구하고 아토피 피부염의 정확한 원인은 아직 밝혀지지 않았다. 현재까지는 피부 보호막 역할을 하는 피부장벽 기능의 이상, 면역체계의 이상, 유전적 및 환경적 요인 등이 복합적으로 상호작용한 결과 발생하는 것으로 보고 있다.

① (다) – (가) – (라) – (나)
② (다) – (나) – (라) – (가)
③ (라) – (가) – (나) – (다)
④ (라) – (가) – (다) – (나)

05 다음 글의 주제로 가장 적절한 것은?

> 한국인의 주요 사망 원인 중 하나인 뇌경색은 뇌혈관이 갑자기 폐쇄됨으로써 뇌가 손상되어 신경학적 이상이 발생하는 질병이다.
>
> 뇌경색의 발생 원인은 크게 2가지로 분류할 수 있는데, 그중 첫 번째는 동맥경화증이다. 동맥경화증은 혈관의 중간층에 퇴행성 변화가 일어나서 섬유화가 진행되고 혈관의 탄성이 줄어드는 노화현상의 일종으로, 뇌로 혈류를 공급하는 큰 혈관이 폐쇄되거나 뇌 안의 작은 혈관이 폐쇄되어 발생하는 것이다. 두 번째는 심인성 색전으로, 심장에서 형성된 혈전이 혈관을 타고 흐르다 갑자기 뇌혈관을 폐쇄시켜 발생하는 것이다.
>
> 뇌경색이 발생하여 환자가 응급실에 내원한 경우, 폐쇄된 뇌혈관을 확인하기 위한 뇌혈관 조영 CT를 촬영하거나 손상된 뇌경색 부위를 좀 더 정확하게 확인해야 하는 경우에는 뇌 자기공명 영상(Brain MRI) 검사를 한다. 이렇게 시행한 검사에서 큰 혈관의 폐쇄가 확인되면 정맥 내에 혈전용해제를 투여하거나 동맥 내부의 혈전제거술을 시행하게 된다. 시술이 필요하지 않은 경우라면, 뇌경색의 악화를 방지하기 위하여 뇌경색 기전에 따라 항혈소판제나 항응고제 약물 치료를 하게 된다.
>
> 뇌경색의 원인 중 동맥경화증의 경우 여러 가지 위험 요인에 의하여 장시간 동안 서서히 진행된다. 고혈압, 당뇨, 이상지질혈증, 흡연, 과도한 음주, 비만 등이 위험 요인이며, 평소 이러한 원인이 있는 사람은 약물 치료 및 생활 습관 개선으로 위험 요인을 줄여야 한다. 특히 뇌경색이 한번 발병했던 사람은 재발 방지를 위한 약물을 지속적으로 복용하는 것이 필요하다.

① 뇌경색의 주요 증상

② 뇌경색 환자의 약물치료 방법

③ 뇌경색의 발병 원인과 치료 방법

④ 뇌경색이 발생했을 때의 조치사항

06 다음 문단을 논리적 순서대로 바르게 나열한 것은?

(가) 주장애관리는 장애정도가 심한 장애인이 의원뿐만 아니라 병원 및 종합병원급에서 장애 유형별 전문의에게 전문적인 장애관리를 받을 수 있는 서비스이다. 이전에는 대상 관리 유형이 지체장애, 시각장애, 뇌병변장애로 제한되어 있었으나, 3단계부터는 지적장애, 정신장애, 자폐성 장애까지 확대되어 더 많은 중증장애인들이 장애관리를 받을 수 있게 되었다.

(나) 이와 같이 3단계 장애인 건강주치의 시범사업은 기존 1·2단계 시범사업보다 더욱 확대되어 많은 중증장애인들의 참여를 예상하고 있다. 장애인 건강주치의 시범사업에 신청하기 위해서는 국민건강보험공단 홈페이지의 건강IN에서 장애인 건강주치의 의료기관을 찾은 후 해당 의료기관에 방문하여 장애인 건강주치의 이용 신청사실 통지서를 작성하면 신청할 수 있다.

(다) 장애인 건강주치의 제도가 제공하는 서비스는 일반건강관리, 주(主)장애관리, 통합관리로 나누어진다. 일반건강관리 서비스는 모든 유형의 중증장애인이 만성질환 등 전반적인 건강관리를 받을 수 있는 서비스로, 의원급에서 원하는 의사를 선택하여 참여할 수 있다. 1·2단계까지의 사업에서는 만성질환관리를 위해 장애인 본인이 검사비용의 30%를 부담해야 했지만, 3단계부터는 본인부담금 없이 질환별 검사바우처로 제공한다.

(라) 마지막으로 통합관리는 일반건강관리와 주장애관리를 동시에 받을 수 있는 서비스로, 동네에 있는 의원급 의료기관에 속한 지체·뇌병변·시각·지적·정신·자폐성 장애를 진단하는 전문의가 주장애관리와 만성질환관리를 모두 제공한다. 이 3가지 서비스들은 거동이 불편한 환자를 위해 의사나 간호사가 직접 집으로 방문하는 방문 서비스를 제공하고 있으며 기존까지는 연 12회였으나, 3단계 시범사업부터 연 18회로 증대되었다.

(마) 보건복지부와 국민건강보험공단은 2021년 9월부터 3단계 장애인 건강주치의 시범사업을 진행하였다. 장애인 건강주치의 제도는 중증장애인이 인근 지역에서 주치의로 등록 신청한 의사 중 원하는 의사를 선택하여 장애로 인한 건강문제, 만성질환 등 건강상태를 포괄적이고 지속적으로 관리 받을 수 있는 제도로, 2018년 5월 1단계 시범사업을 시작으로 2단계 시범사업까지 완료되었다.

① (다) – (가) – (라) – (마) – (나)
② (다) – (마) – (가) – (나) – (라)
③ (마) – (가) – (라) – (나) – (다)
④ (마) – (다) – (가) – (라) – (나)

척추는 신체를 지탱하고, 뇌로부터 이어지는 중추신경인 척수를 보호하는 중요한 뼈 구조물이다. 보통 사람들은 허리에 심한 통증이 느껴지면 허리디스크(추간판탈출증)를 떠올리는데, 디스크 이외에도 통증을 유발하는 척추 질환은 다양하다. 특히 노인 인구가 증가하면서 척추관협착증(요추관협착증)의 발병 또한 늘어나고 있다. 허리디스크와 척추관협착증은 사람들이 혼동하기 쉬운 척추 질환으로, 발병 원인과 치료법이 다르기 때문에 두 질환의 차이를 이해하고 통증 발생 시 질환에 맞춰 적절하게 대응할 필요가 있다.

허리디스크는 척추 뼈 사이에 쿠션처럼 완충 역할을 해주는 디스크(추간판)에 문제가 생겨 발생한다. 디스크는 찐득찐득한 수핵과 이를 둘러싸는 섬유륜으로 구성되는데, 나이가 들어 탄력이 떨어지거나, 젊은 나이에도 급격한 충격에 의해서 섬유륜에 균열이 생기면 속의 수핵이 빠져나오면서 주변 신경을 압박하거나 염증을 유발한다. 허리디스크가 발병하면 초기에는 허리 통증으로 시작되어 점차 허벅지에서 발까지 찌릿하게 저리는 방사통을 유발하고, 디스크에서 수핵이 흘러나오는 상황이기 때문에 허리를 굽히거나 앉아 있으면 디스크에 가해지는 압력이 높아져 통증이 더욱 심해진다. 허리디스크는 통증이 심한 질환이지만, 흘러나온 수핵은 대부분 대식세포에 의해 제거되고, 자연치유가 가능하기 때문에 병원에서는 주로 통증을 줄이고, 안정을 취하는 방법으로 보존치료를 진행한다. 하지만 염증이 심해져 중앙 척수를 건드리게 되면 하반신 마비 등의 증세가 나타날 수 있는데, 이러한 경우에는 탈출된 디스크 조각을 물리적으로 제거하는 수술이 필요하다.

반면, 척추관협착증은 대표적인 척추 퇴행성 질환으로 주변 인대(황색 인대)가 척추관을 압박하여 발생한다. 척추관은 척추 가운데 신경 다발이 지나갈 수 있도록 속이 빈 공간인데, 나이가 들면서 척추가 흔들리게 되면 흔들리는 척추를 붙들기 위해 인대가 점차 두꺼워지고, 척추 뼈에 변형이 생겨 결과적으로 척추관이 좁아지게 된다. 이렇게 오랜 기간 동안 변형된 척추 뼈와 인대가 척추관 속의 신경을 눌러 발생하는 것이 척추관협착증이다. 척추관 속의 신경이 눌리게 되면 통증과 함께 저리거나 당기게 되어 보행이 힘들어지며, 지속적으로 압박받을 경우 척추 신경이 경색되어 하반신 마비 증세로 악화될 수 있다. 일반적으로 서 있을 경우보다 허리를 구부렸을 때 척추관이 더 넓어지므로 허리디스크 환자와 달리 앉아 있을 때 통증이 완화된다. 척추관협착증은 자연치유가 되지 않고 척추관이 다시 넓어지지 않으므로 발병 초기를 제외하면 일반적으로 변형된 부분을 제거하는 수술을 하게 된다.

이와 같이 허리디스크와 척추관협착증은 똑같이 허리 통증을 유발하지만 원인과 증상, 치료법이 상이하다. 비교적 고령인 60대 이상의 사람이 만성적으로 서 있을 때 통증이 나타난다면 ____㉠____ 을/를 의심해야 하며, 비교적 젊은 20 ~ 50대의 사람이 앉아 있을 때 통증이 급작스럽게 나타날 때는 ____㉡____ 을/를 의심해야 한다. 척추는 우리의 몸을 지탱하는 중요한 골격이며, 신경계와 밀접한 관련이 있으므로 통증이 발생한다면 자신의 몸 상태를 잘 파악하고, 초기에 치료를 받는 것이 중요하다.

07 다음 중 윗글의 내용으로 적절하지 않은 것은?

① 일반적으로 허리디스크는 척추관협착증에 비해 급작스럽게 증상이 나타난다.

② 허리디스크는 서 있을 때 통증이 더 심해진다.

③ 허리디스크에 비해 척추관협착증은 외과적 수술 빈도가 높다.

④ 허리디스크와 척추관협착증 모두 증세가 심해지면 하반신 마비의 가능성이 있다.

08 다음 중 빈칸 ㉠과 ㉡에 들어갈 단어가 바르게 연결된 것은?

	㉠	㉡
①	허리디스크	추간판탈출증
②	허리디스크	척추관협착증
③	척추관협착증	요추관협착증
④	척추관협착증	허리디스크

09 다음은 국민건강보험법의 일부 내용이다. 이에 대한 설명으로 적절하지 않은 것은?

급여의 제한(제53조)

① 공단은 보험급여를 받을 수 있는 사람이 다음 각 호의 어느 하나에 해당하면 보험급여를 하지 아니한다.

   1. 고의 또는 중대한 과실로 인한 범죄행위에 그 원인이 있거나 고의로 사고를 일으킨 경우

   2. 고의 또는 중대한 과실로 공단이나 요양기관의 요양에 관한 지시에 따르지 아니한 경우

   3. 고의 또는 중대한 과실로 제55조에 따른 문서와 그 밖의 물건의 제출을 거부하거나 질문 또는 진단을 기피한 경우

   4. 업무 또는 공무로 생긴 질병·부상·재해로 다른 법령에 따른 보험급여나 보상(報償) 또는 보상(補償)을 받게 되는 경우

② 공단은 보험급여를 받을 수 있는 사람이 다른 법령에 따라 국가나 지방자치단체로부터 보험급여에 상당하는 급여를 받거나 보험급여에 상당하는 비용을 지급받게 되는 경우에는 그 한도에서 보험급여를 하지 아니한다.

③ 공단은 가입자가 대통령령으로 정하는 기간 이상 다음 각 호의 보험료를 체납한 경우 그 체납한 보험료를 완납할 때까지 그 가입자 및 피부양자에 대하여 보험급여를 실시하지 아니할 수 있다. 다만, 월별 보험료의 총체납횟수(이미 납부된 체납보험료는 총체납횟수에서 제외하며, 보험료의 체납기간은 고려하지 아니한다)가 대통령령으로 정하는 횟수 미만이거나 가입자 및 피부양자의 소득·재산 등이 대통령령으로 정하는 기준 미만인 경우에는 그러하지 아니하다.

   1. 제69조 제4항 제2호에 따른 소득월액보험료

   2. 제69조 제5항에 따른 세대단위의 보험료

④ 공단은 제77조 제1항 제1호에 따라 납부의무를 부담하는 사용자가 제69조 제4항 제1호에 따른 보수월액보험료를 체납한 경우에는 그 체납에 대하여 직장가입자 본인에게 귀책사유가 있는 경우에 한하여 제3항의 규정을 적용한다. 이 경우 해당 직장가입자의 피부양자에게도 제3항의 규정을 적용한다.

⑤ 제3항 및 제4항에도 불구하고 제82조에 따라 공단으로부터 분할납부 승인을 받고 그 승인된 보험료를 1회 이상 낸 경우에는 보험급여를 할 수 있다. 다만, 제82조에 따른 분할납부 승인을 받은 사람이 정당한 사유 없이 5회(같은 조 제1항에 따라 승인받은 분할납부 횟수가 5회 미만인 경우에는 해당 분할납부 횟수를 말한다) 이상 그 승인된 보험료를 내지 아니한 경우에는 그러하지 아니하다.

---

① 공단의 요양에 관한 지시를 고의로 따르지 아니할 경우 보험급여가 제한된다.

② 지방자치단체로부터 보험급여에 해당하는 급여를 받으면 그 한도에서 보험급여를 하지 않는다.

③ 관련 법조항에 따라 분할납부가 승인되면 분할납부가 완료될 때까지 보험급여가 제한될 수 있다.

④ 승인받은 분할납부 횟수가 4회일 경우 정당한 사유 없이 4회 이상 보험료를 내지 않으면 보험급여가 제한된다.

※ 다음 기사를 읽고 이어지는 질문에 답하시오. [10~11]

보건복지부는 독거노인·장애인 응급안전안심서비스 3차 장비 확산에 맞춰 2월 21일(화)부터 3월 10일(금)까지 대상자 10만 가구 발굴을 위한 집중신청기간을 운영한다고 밝혔다. 독거노인·장애인 응급안전안심서비스는 독거노인과 장애인 가정에 정보통신기술(ICT) 기반의 장비*를 설치해 화재, 낙상 등의 응급상황 발생 시 119에 신속한 연결을 도와 구급·구조를 지원하는 사업이다. 그간 1·2차 장비 설치로 2022년 말 기준 서비스 대상자는 전국 약 20만 가구이며, 올해 10만 가구분의 3차 장비를 추가 설치해 총 30만 가구까지 서비스 대상을 확대할 예정이다. 응급안전안심서비스를 이용하는 경우 가정 내 화재, 화장실 내 실신 또는 침대에서 낙상 등의 응급상황을 화재·활동량 감지기가 자동으로 119와 응급관리요원에 알리거나, 응급호출기로 간편하게 119에 신고할 수 있다. 해당 서비스를 통해, 2022년 한 해 동안 독거노인과 장애인 가정에서 발생한 총 2만 4천여 건의 응급상황을 119와 응급관리요원이 신속하게 파악하여 추가 피해를 최소화할 수 있었다.

이번 독거노인·장애인 응급안전안심서비스 집중신청기간 동안 독거노인·장애인 등 서비스 대상자나 그 보호자는 행정복지센터(동사무소)나 시·군·구 지역 센터(노인복지관, 사회복지관 등)에 방문하거나 전화 등으로 서비스를 신청할 수 있다. 만 65세 이상이면서 혼자 생활하는 기초생활수급자·차상위계층·기초연금수급자 또는 기초지자체장이 생활 여건 및 건강 상태 등을 고려해 상시 보호가 필요하다고 인정하는 노인은 응급안전안심서비스를 신청·이용할 수 있으며, 장애인 중 활동지원등급 13구간 이상이면서 독거 또는 취약가구**이거나 그렇지 않더라도 기초지자체장이 생활여건 등을 고려해 상시 보호가 필요하다고 인정하는 경우 응급안전안심서비스를 신청하여 이용할 수 있다.

보건복지부 노인정책과장은 "독거노인·장애인 응급안전안심서비스는 정보통신기술(ICT)을 이용해 지역사회 내 안전한 생활을 효율적이며 실시간으로 지원하고 있다."라며 "집중신청기간을 통해 상시 보호가 필요한 많은 분이 신청하도록 관계기관의 적극적인 안내를 부탁드리며, 집중신청기간 이후에도 계속해서 신청 창구는 열려있으니 많은 신청 바란다."라고 말했다.

*게이트웨이(태블릿PC, 레이더센서), 화재·활동량·출입문 감지기, 응급호출기
**세대별 주민등록표에 등재된 수급자 외 가구 구성원 모두가 장애인이거나 만 18세 이하 또는 만 65세 이상인 경우

10 다음 중 제시된 기사의 주제로 가장 적절한 것은?

① 독거노인·장애인 응급안전안심서비스 성과 보고
② 독거노인·장애인 응급안전안심서비스 정책과 집중신청기간 안내
③ 응급안전안심서비스 신청 시 지원되는 장비 목록
④ 보건복지부의 응급안전안심서비스 대상자 현장조사

11 다음 중 제시된 기사의 내용으로 적절하지 않은 것은?

① 독거노인이나 장애인이 아니더라도 응급안전안심서비스를 신청하여 이용할 수 있다.
② 서비스 이용을 통해 가정 내 응급상황을 빠르게 파악하여 대처할 수 있다.
③ 독거노인·장애인 응급안전안심서비스는 3월 10일 이후로는 신청할 수 없다.
④ 집중신청기간 동안 서비스 신청은 관련 기관에 방문 및 전화로 할 수 있다.

12 다음 글의 제목으로 가장 적절한 것은?

국민건강보험공단은 8월 16일부터 19일까지 4일간 아시아개발은행연구소(ADBI* : Asian Development Bank Institute)와 공동으로 아시아 5개국 보건부 고위관계자들을 초청해 전국민건강보장(Universal Health Coverage)을 주제로 국제 워크숍을 실시한다고 밝혔다.

워크숍은 공단과 ADBI가 공동주최하고 태국, 인도네시아, 베트남, 네팔, 방글라데시 등 아시아 5개국의 보건부 고위관료들이 참가한다. 이번 행사는 한국 건강보험의 UHC** 달성 경험을 공유하고, 아시아 5개국의 건강보험제도 운영 현황 및 정책 공유를 통해 미래의 전략 방향을 모색하기 위해 기획됐다.

8월 16일부터 4일간 진행되는 워크숍 기간 동안 참가자들은 한국건강보험제도 및 장기요양보험 관련 강의, 현장방문, 토론 등을 통해 필요한 지식과 정보를 습득하고, 자국의 건강보험 관련 현안을 공유할 예정이다.

공단 강상백 글로벌협력실장은 "이번 워크숍은 아시아 개도국의 건강보험 관련 이슈를 공유하는 자리로서, 서로 다른 문화적·사회적 환경에 놓여있는 각 국이 '전 국민 건강보장'이라는 보편적 목표 달성을 위해 어떻게 협력할 수 있는지 모색하고 미래에 함께할 수 있는 방안을 논의하는 의미 있는 자리가 될 것"이라고 밝혔다.

*아시아개발은행연구소(Asian Development Bank Institute) : 아시아개발은행의 산하 연구기관으로서 연구보고서, 워크숍, 컨퍼런스 등을 통해 아시아 회원국들의 주요 현안과 당면과제에 대한 해법과 전망을 내놓고 있다.
**보편적 건강보장(Universal Health Coverage) : 모든 사람들이 재정적 곤란함 없이 양질의 필수 의료서비스를 필요한 때에 차별 없이 받을 수 있도록 보장하고자 하는 개념(2013, WHO)이다.

① 국민건강보험공단, 아시아개발은행연구소와 보편적 건강보장 국제 워크숍 개최
② 아시아 회원국의 주요 현안과 당면과제에 대한 해법과 전망
③ 아시아 5개국과 함께하는 한국 건강보험의 UHC 달성 경험
④ 국제 워크숍을 통한 전 국민 건강보장 보편적 목표 달성

13 다음 글의 내용으로 적절하지 않은 것은?

2020년 통계청 자료에 따르면 국내 미숙아(임신 37주 미만에 태어난 신생아)는 전체 출생의 8.3%에 이르며, 해마다 증가하고 있다. 태아의 폐 성숙은 임신 35주 전후에 이루어지므로 미숙아로 태어나면 신생아 호흡곤란 증후군 등 호흡기 질환이 발생하기 쉽다.

모든 신생아는 출생 직후 첫 호흡을 시작하고 태아와 태반을 연결하는 제대가 막히면서 폐를 사용해 호흡하게 된다. 이때 미숙아는 폐의 지속적인 팽창을 유지하는 물질인 폐 표면 활성제가 부족해 폐가 쪼그라드는 무기폐가 발생하기 쉽다. 이로 인해 진행성 호흡부전을 일으키는 것을 신생아 호흡곤란 증후군이라 부른다.

신생아 호흡곤란 증후군의 대표 증상은 출생 직후 또는 수 분 이내에 나타나는 호흡곤란과 청색증이다. 시간이 지나면서 빠른 호흡, 함몰 호흡, 숨을 내쉴 때 신음, 지속 무호흡증, 청색증 등이 더 심해진다. 제대로 치료하지 못하면 호흡부전과 함께 혈압이 낮아지고, 체외 공기 누출, 폐출혈, 동맥관 개존증(태아기에 대동맥과 폐동맥을 연결하는 동맥관이 출생 후에도 열려있는 질환) 악화, 뇌실내출혈 등 다른 장기들도 제 기능을 하지 못해 사망에 이를 수 있다.

치료는 '산전 치료'와 '산후 치료'로 나뉜다. 가장 중요한 산전 치료 방법은 산전 스테로이드 투여다. 산후 치료로 가장 보편적인 것은 폐 표면 활성제 투여다. 아기의 호흡곤란 증상이 뚜렷하고 흉부 방사선 검사에서 호흡곤란증후군 소견이 발견돼 고농도의 흡입 산소가 필요하다고 판단되면 폐 표면 활성제를 투여한다. 이는 신생아 호흡곤란 증후군뿐만 아니라 각종 합병증의 중증도 및 빈도를 감소시켜 미숙아의 생존율을 높이는 것으로 알려졌다.

임신 28주 미만으로 출생한 미숙아 중 60%에서 신생아 호흡곤란 증후군 호전 이후에도 기관지폐이형성증과 같은 만성 폐 질환이 발생한다. 이 경우 소아기 초기에 감기 등 호흡기 바이러스에 감염되면 쌕쌕거림(천명)과 기침이 발생하고, 급격한 호흡부전과 폐고혈압을 유발할 수 있다. 따라서 출생 후 3년 동안은 손 씻기 등 위생 수칙을 철저히 지키고, 이상 증상이 있으면 즉시 적절한 진단과 치료를 받아야 한다.

박가영 교수는 "폐 발달이 미숙한 미숙아는 자발 호흡 노력 부족으로 출생 시 소생술이 필요한 경우가 많다. 따라서 조산 위험 인자가 있는 산모라면 신생아 소생술을 즉각적으로 시행할 수 있는 병원에서 분만하는 것이 좋다. 또 무호흡, 헐떡호흡, 심박수 저하 등을 관찰해 양압 환기, 기관 내 삽관, 약물 치료 등 증상에 따른 적절한 치료를 신속하게 시행해야 한다."라고 당부했다.

① 아기에게 고농도의 흡입 산소가 필요하다고 판단되면 폐 전면 활성제를 투여한다.
② 소아가 초기에 감기 등 호흡기 바이러스에 감염되면 천명과 기침이 발생한다.
③ 폐 발달이 미숙한 미숙아는 자발 호흡 노력 부족으로 출생 시 소생술이 필요한 경우가 많다.
④ 모든 신생아는 출생 직후 첫 호흡을 시작하고 태아와 태반을 연결하는 제대가 막히면서 폐를 사용해 호흡하게 된다.

14 다음 중 첫 문단 뒤에 이어질 내용을 논리적 순서대로 바르게 나열한 것은?

국민건강보험공단은 생활 속 친환경정책을 실천하고 자원선순환 문화를 확산하고자 강원지역 공공기관 최초 '투명페트병 자원순환 프로젝트' 기념행사를 7월 12일에 개최했다고 밝혔다.

ⓐ '자원순환 프로젝트'의 일환인 '투명페트병 무인회수기'는 지역주민의 이용 편의성을 고려하여 7월 말 원주 관내 행정복지센터 등 공공시설 4곳에 배치될 예정이다.

ⓑ 공단 본부에서 진행된 이번 행사는 공단 임직원, 원주시장 및 관계자, 미래세대 주역인 학생, 어린이 등이 참석한 가운데 자원순환 프로젝트에 동참하는 공단, 원주시, 원주시사회복지협의회, 환경전문기업 2개사 등 총 5개 기관의 업무협약과 함께 페트병 무인회수기 투입을 통한 플레이크화 작업 및 유가보상 시연, 플레이크, 고품질 섬유, 새(新)활용품 전시 등으로 다채롭게 펼쳐졌다.

ⓒ 이를 통해 국민건강보험공단 이사장은 "공단은 지속가능한 미래를 위한 자원순환 프로젝트, 탄소 절감 캠페인 등의 활동으로 ESG경영을 적극 실천하고 있다."라며 "앞으로도 자원순환 활성화를 위해 지역주민과 임직원의 환경보호 활동을 아낌없이 지원하겠다."라고 밝혔다.

ⓓ 공공시설에 배치된 무인회수기에 투입된 페트병은 자동 파쇄를 거쳐 파쇄된 플라스틱(일명 플레이크)으로 재탄생 되며, 이는 섬유, 시트 등의 재생원료로 생산 가능하다. 공단은 이 플레이크를 세제용기, 키링, 인형 등의 생활용품, 잡화로 새롭게 제작하여 연말 지역 사회복지시설에 후원할 예정이다.

① ⓐ－ⓑ－ⓒ－ⓓ

② ⓐ－ⓑ－ⓓ－ⓒ

③ ⓑ－ⓐ－ⓒ－ⓓ

④ ⓑ－ⓐ－ⓓ－ⓒ

15 다음 글의 주제로 가장 적절한 것은?

정부는 국민 건강 증진을 목적으로 담뱃값 인상을 실시했다. 이 때문에 2015년 1월 1일, 모든 담배 가격이 2,000원씩 올랐다. 적응기도 없이 제 몸값의 갑절로 올라버린 것이다. 충분한 논의 없는 정부의 정책은 흡연자의 반발심을 샀다. 연말부터 사재기라는 기이한 소비가 촉진되었고, 연초부터 면세점에서 담배를 사기 시작했다. 현재 정부는 면세점에서의 담뱃값 인상도 재추진 중이다.

그러나 담뱃값 인상은 국민 건강 증진의 근본적인 해결책이 될 수 없다. 흡연자들의 동의 없는 강경책을 일관할수록 암시장이 활성화될 것이다. 실제 10년 전 담뱃값이 500원 인상되었을 때 밀수한 담배 액수만 150억 원에 달했다. 밀수 담배의 대부분은 베트남·중국 쪽에서 제조된다. 이들은 제대로 된 정제 과정 없이 온갖 독성을 함유하고 있고 규제할 길도 묘연하다. 흡연자들이 밀수 담배에까지 손을 뻗는다면 오히려 국민 건강을 해치는 일이 아닌가? 더불어 밀수로 인해 증세 효과도 없어질 것이다.

① 흡연자의 권리가 침해되고 있다.

② 담배의 기형적 소비 형태가 만연하다.

③ 정부의 담뱃값 인상 규제 완화가 필요하다.

④ 밀수 담배는 국민 건강에 악영향을 미친다.

국민건강보험공단은 2017년 1월 16일부터 공단 홈페이지에서 임신 · 출산 진료비(국민행복카드)를 신청할 수 있는 온라인 서비스를 제공한다고 밝혔다.

(가) 아울러, 요양기관의 입력정보가 없는 경우에는 본인의 임신정보를 입력 후 임신확인서 원본을 첨부하면 공단 담당자의 확인과정(3 ~ 7일 소요)을 거쳐 바우처 등록 및 카드 발급이 될 수 있도록 구축하였다.

(나) 국민건강보험 가입자(피부양자) 중 임신 중인 자가 임신 · 출산 진료비 지원을 받으려면 요양 기관에서 임신확인서를 발급받아 은행이나 공단 지사를 방문해야 하는 불편이 있었다.

(다) 공단 관계자는 "정부와 공단이 임신 · 출산 친화적인 환경 조성을 위하여 2008년 12월부터 시행한 임신 · 출산 진료비 지원제도(국민행복카드)를 적극 홍보하여 모든 임신부가 혜택을 받도록 노력하겠으며, 금번 온라인 서비스 오픈으로 지원신청이 보다 간편해짐에 따라 이용자(임신부) 편익이 한층 증대되었다."라고 밝혔다.

(라) 공단은 이러한 임신부의 불편을 해소하기 위해 공단 홈페이지에서 공인인증서 본인인증 후 '임신정보 불러오기'로 요양기관의 입력내용을 조회하여 바우처 및 국민행복카드를 신청할 수 있도록 개선하였다.

▌의사소통능력

16 다음 중 첫 문단 뒤에 이어질 내용을 순서대로 바르게 나열한 것은?

① (나) – (다) – (가) – (라)

② (나) – (라) – (가) – (다)

③ (라) – (가) – (나) – (다)

④ (라) – (나) – (가) – (다)

▌의사소통능력

17 다음 중 밑줄 친 어휘를 대체할 수 없는 것은?

① 아울러 – 동시에 함께

② 발급받아 – 발부받아

③ 방문해야 – 찾아가야

④ 개선하였다 – 개악하였다

※ 다음 기사를 읽고 이어지는 질문에 답하시오. [18~19]

국민건강보험공단은 전 국민의 인구·사회학적 정보, 의료이용 및 약물처방 정보, 건강검진 정보 등 빅데이터를 활용하여 의약품 안전사용 모니터링 체계를 구축하였다. (가) 그동안 약물 부작용 사례는 주로 제약사, 의약품 복용자, 의료인 등에 의한 자발적 신고로 수집되어 약물 부작용의 규모 및 원인 파악이 어려웠으나 공단 빅데이터를 활용한 약물 부작용 모니터링으로 이를 최소화할 수 있는 기반을 마련하였다. (나) 공단은 빅데이터를 활용한 의약품 부작용 분석이 가능한지에 대해 보건의료연구원, 의약품안전관리원과 공동연구를 실시함으로써 공단 빅데이터의 대표성과 타당성, 신뢰성을 검증하였고, 이 연구는 2016년 기획재정부 협업과제로 선정되었다. (다) 이번 공동연구는 전 국민의 의료이용 자료를 분석하여 국내 최초로 의약품 부작용으로 인한 피해규모를 산출하여 부작용의 심각성 및 사전관리 필요성에 대한 객관적 근거를 제시한 것이다. (라) 이와 같은 협업사업 추진으로 공단 빅데이터는 분석자료로써의 가치가 검증되었고 이를 통해 우리나라에 적합한 빅데이터 기반의 의약품 안전사용 모니터링 검증모델을 구축하게 되었다. 표본 100만 명 환자에 대한 시범구축이 성공적으로 완료됨에 따라 향후에는 검증모델을 다양하게 활용하여 단계적으로 모니터링 시스템을 고도화함으로써 완성도 높은 대국민 의약품 안전사용 서비스를 제공할 예정이다.

| 의사소통능력

18 (가) ~ (라) 중 다음 〈보기〉가 들어갈 위치로 가장 적절한 곳은?

─────〈보기〉─────

국민들이 의약품을 안전하게 복용할 수 있도록 보건의료연구원, 의약품안전관리원과 협업을 통해 그동안 사각지대였던 의약품 사용단계에서의 부작용 발생을 모니터링하는 시스템을 구축한 것이다.

① (가)　　　　　　　　　　　　　② (나)
③ (다)　　　　　　　　　　　　　④ (라)

| 의사소통능력

19 다음 중 제시된 기사의 제목으로 가장 적절한 것은?

① 빅데이터, 국민건강에 큰 영향을 줘
② 국민건강보험공단, 약물 오남용 심각한 수준
③ 건강보험 빅데이터로 약물 부작용 줄이고, 국민 안전 올리고
④ 국민건강보험공단, 보건의료연구원·의약품안전관리원의 빅데이터 활용

20 다음은 국민건강보험공단의 재난적 의료비 지원사업에 대한 자료이다. 이에 대해 바르게 알고 있는 사람을 〈보기〉에서 모두 고르면?

〈재난적 의료비 지원사업〉

• 개요

질병·부상 등으로 인한 치료·재활 과정에서 소득·재산 수준 등에 비추어 과도한 의료비가 발생해 경제적 어려움을 겪게 되는 상황으로 의료비 지원이 필요하다고 인정된 사람에게 지원합니다.

• 대상질환

1. 모든 질환으로 인한 입원환자
2. 중증질환으로 외래진료를 받은 환자

※ 중증질환 : 암, 뇌혈관, 심장, 희귀, 중증난치, 중증화상질환

• 소득기준

– 기준중위소득 100% 이하 지원 원칙(건보료 기준)

– 기준중위소득 100 ~ 200% 이하 연소득 대비 의료비부담비율을 고려해 개별심사 지원

※ 재산 과표 5.4억 원 초과 고액재산보유자는 지원 제외

• 의료비기준

1회 입원에 따른 가구의 연소득 대비 의료비 발생액[법정본인부담, 비급여 및 예비(선별)급여 본인부담]기준금액 초과 시 지원

– 기초생활수급자, 차상위계층 : 80만 원 초과 시 지원

– 기준중위소득 50% 이하 : 160만 원 초과 시 지원

– 기준중위소득 100% 이하 : 연소득의 15% 초과 시 지원

〈보기〉

가 : 18세로 뇌혈관 치료 때문에 외래진료를 받은 학생에게 이 사업에 대해 알려주었어. 학생의 집은 기준중위소득 100%에 해당되기 때문에 지원을 받을 수 있을 거야.

나 : 이번에 개인 질환으로 입원했는데, 200만 원이 나왔어. 기준중위소득 50%에 해당되는데 지원금을 받을 수 있어 다행이야.

다 : 어머니가 심장이 안 좋으셔서 외래진료를 받고 있는데 돈이 많이 들어. 기준중위소득 200%에 속하는데 현금은 없지만 재산이 5.4억 원이어서 공단에서 지원하는 의료비 사업에 지원도 못하고 요즘 힘드네.

라 : 요즘 열이 많이 나서 근처 병원으로 통원 치료를 하고 있어. 기초생활수급자인 내 형편으로 볼 때, 지원금을 받는데 문제없겠지?

① 가, 나
② 가, 다
③ 나, 다
④ 다, 라

21 다음은 2019 ~ 2023년 건강보험료 부과 금액 및 1인당 건강보험 급여비에 대한 자료이다. 이에 대한 설명으로 옳지 않은 것은?

<건강보험료 부과 금액 및 1인당 건강보험 급여비>

구분	2019년	2020년	2021년	2022년	2023년
건강보험료 부과 금액(십억 원)	59,130	63,120	69,480	76,775	82,840
1인당 건강보험 급여비(원)	1,300,000	1,400,000	1,550,000	1,700,000	1,900,000

① 건강보험료 부과 금액과 1인당 건강보험 급여비는 모두 매년 증가하였다.

② 2020 ~ 2023년 동안 전년 대비 1인당 건강보험 급여비가 가장 크게 증가한 해는 2023년이다.

③ 2020 ~ 2023년 동안 전년 대비 건강보험료 부과 금액의 증가율은 항상 10% 미만이었다.

④ 2019년 대비 2023년의 1인당 건강보험 급여비는 40% 이상 증가하였다.

22 다음은 분기별 상급병원, 종합병원, 요양병원의 보건인력 현황에 대한 자료이다. 분기별 전체 보건인력 중 전체 사회복지사 인력의 비율로 옳지 않은 것은?

<상급병원, 종합병원, 요양병원의 보건인력 현황>

(단위 : 명)

구분		2022년 3분기	2022년 4분기	2023년 1분기	2023년 2분기
상급병원	의사	20,002	21,073	22,735	24,871
	약사	2,351	2,468	2,526	2,280
	사회복지사	391	385	370	375
종합병원	의사	32,765	33,084	34,778	33,071
	약사	1,941	1,988	2,001	2,006
	사회복지사	670	695	700	720
요양병원	의사	19,382	19,503	19,761	19,982
	약사	1,439	1,484	1,501	1,540
	사회복지사	1,887	1,902	1,864	1,862
계		80,828	82,582	86,236	86,707

※ 보건인력은 의사, 약사, 사회복지사 인력 모두를 포함한다.

① 2022년 3분기 : 약 3.65% ② 2022년 4분기 : 약 3.61%

③ 2023년 1분기 : 약 3.88% ④ 2023년 2분기 : 약 3.41%

23 다음은 K지역의 연도별 건강보험금 부과액 및 징수액에 대한 자료이다. 직장가입자 건강보험금 징수율이 가장 높은 해와 지역가입자의 건강보험금 징수율이 가장 높은 해를 바르게 짝지은 것은?

〈건강보험금 부과액 및 징수액〉

(단위 : 백만 원)

구분		2019년	2020년	2021년	2022년
직장가입자	부과액	6,706,712	5,087,163	7,763,135	8,376,138
	징수액	6,698,187	4,898,775	7,536,187	8,368,972
지역가입자	부과액	923,663	1,003,637	1,256,137	1,178,572
	징수액	886,396	973,681	1,138,763	1,058,943

※ (징수율)$=\dfrac{(\text{징수액})}{(\text{부과액})}\times100$

	직장가입자	지역가입자
①	2022년	2020년
②	2022년	2019년
③	2021년	2020년
④	2021년	2019년

24 다음은 시·도별 지역사회 정신건강 예산에 대한 자료이다. 2021년 대비 2022년 정신건강 예산의 증가액이 가장 큰 지역부터 순서대로 바르게 나열한 것은?

〈시·도별 1인당 지역사회 정신건강 예산〉

시·도	2022년		2021년	
	정신건강 예산(천 원)	인구 1인당 지역사회 정신건강 예산(원)	정신건강 예산(천 원)	인구 1인당 지역사회 정신건강 예산(원)
서울	58,981,416	6,208	53,647,039	5,587
부산	24,205,167	7,275	21,308,849	6,373
대구	12,256,595	5,133	10,602,255	4,382
인천	17,599,138	5,984	12,662,483	4,291
광주	13,479,092	9,397	12,369,203	8,314
대전	14,142,584	9,563	12,740,140	8,492
울산	6,497,177	5,782	5,321,968	4,669
세종	1,515,042	4,129	1,237,124	3,546
제주	5,600,120	8,319	4,062,551	6,062

① 서울 – 세종 – 인천 – 대구 – 제주 – 대전 – 울산 – 광주 – 부산
② 서울 – 인천 – 부산 – 대구 – 제주 – 대전 – 울산 – 광주 – 세종
③ 서울 – 대구 – 인천 – 대전 – 부산 – 세종 – 울산 – 광주 – 제주
④ 서울 – 인천 – 부산 – 세종 – 제주 – 대전 – 울산 – 광주 – 대구

25 다음은 2022년 시·도별 공공의료기관 인력 현황에 대한 자료이다. 전문의 의료 인력 대비 간호사 인력 비율이 가장 높은 지역은?

〈시·도별 공공의료기관 인력 현황〉

(단위 : 명)

시·도	일반의	전문의	레지던트	간호사
서울	35	1,905	872	8,286
부산	5	508	208	2,755
대구	7	546	229	2,602
인천	4	112	0	679
광주	4	371	182	2,007
대전	3	399	163	2,052
울산	0	2	0	8
세종	0	118	0	594
경기	14	1,516	275	6,706
강원	4	424	67	1,779
충북	5	308	89	1,496
충남	2	151	8	955
전북	2	358	137	1,963
전남	9	296	80	1,460
경북	7	235	0	1,158
경남	9	783	224	4,004
제주	0	229	51	1,212

① 서울
② 울산
③ 경기
④ 충남

26 다음 연도별·연령대별 흡연율 표를 그래프로 나타낼 때, 옳지 않은 것은?

<한도별·연령대별 흡연율>

(단위 : %)

구분	연령대				
	20대	30대	40대	50대	60대 이상
2012년	28.4	24.8	27.4	20.0	16.2
2013년	21.5	31.4	29.9	18.7	18.4
2014년	18.9	27.0	27.2	19.4	17.6
2015년	28.0	30.1	27.9	15.6	2.7
2016년	30.0	27.5	22.4	16.3	9.1
2017년	24.2	25.2	19.3	14.9	18.4
2018년	13.1	25.4	22.5	15.6	16.5
2019년	22.2	16.1	18.2	13.2	15.8
2020년	11.6	25.4	13.4	13.9	13.9
2021년	14.0	22.2	18.8	11.6	9.4

① 40대, 50대 연도별 흡연율

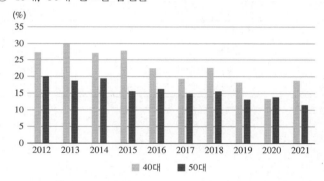

② 2018 ~ 2021년 연령대별 흡연율

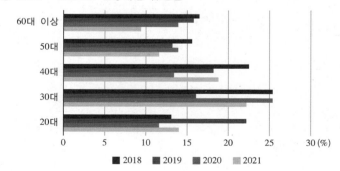

③ 2016 ~ 2021년 60대 이상 연도별 흡연율

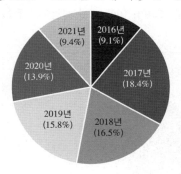

④ 20대, 30대 연도별 흡연율

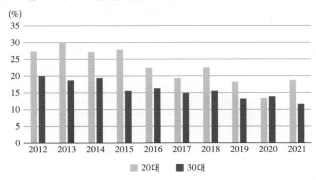

27 다음은 2021년 정부지원금 수혜자 200명을 대상으로 조사한 자료이다. 이에 대한 설명으로 옳지 않은 것은?(단, 소수점 첫째 자리에서 버림한다)

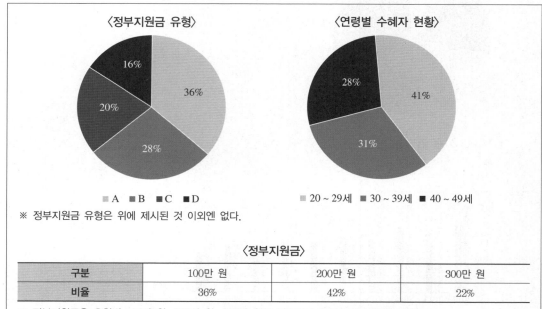

〈정부지원금〉

구분	100만 원	200만 원	300만 원
비율	36%	42%	22%

※ 정부지원금은 유형별 100만 원, 200만 원, 300만 원씩 지급되며 중복수혜는 불가능하다.
※ 제시된 자료는 한 사람당 정부지원금 수령 총금액이다.

① 정부지원금에 들어간 총비용은 37,000만 원 이상이다.
② 정부지원금 유형 A의 수령자가 모두 20대라고 할 때, 전체 20대 중 정부지원금 유형 A의 수령자가 차지하는 비율은 85%이다.
③ 모든 20대가 정부지원금을 200만 원 받았다고 할 때, 200만 원 수령자 중 20대가 차지하는 비율은 95% 이상이다.
④ 정부지원금 수혜자 수가 2배이고 수혜자 현황 비율이 동일하다면, 정부지원금에 들어간 비용도 2배이다.

※ 다음은 K공단 직원 250명을 대상으로 조사한 자료이다. 이어지는 질문에 답하시오. [28~29]

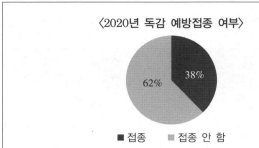

〈2020년 독감 예방접종 여부〉

62% 38%

■ 접종 ■ 접종 안 함

〈2021년 독감 예방접종 여부〉

44% 56%

■ 접종 ■ 접종 안 함

〈부서별 직원 현황〉

구분	총무부서	회계부서	영업부서	제조부서	합계
비율	16%	12%	28%	44%	100%

※ 제시된 것 외의 부서는 없다.
※ 2020년과 2021년 부서별 직원 현황은 변동이 없다.

┃ 수리능력

28 다음 중 자료에 대한 설명으로 옳은 것은?(단, 소수점 첫째 자리에서 버림한다)

① 2020년의 독감 예방접종자가 2021년에도 예방접종을 했다면, 2020년에는 예방접종을 하지 않았지만 2021년에 예방접종을 한 직원은 총 54명이다.

② 2020년 대비 2021년에 예방접종을 한 직원의 수는 49% 이상 증가했다.

③ 2020년의 예방접종을 하지 않은 직원들을 대상으로 2021년의 독감 예방접종 여부를 조사한 자료라고 한다면, 2020년과 2021년 모두 예방접종을 하지 않은 직원은 총 65명이다.

④ 2020년과 2021년의 독감 예방접종 여부가 총무부서에 대한 자료라고 할 때, 총무부서 직원 중 예방접종을 한 직원은 2020년 대비 2021년에 약 7명 증가했다.

┃ 수리능력

29 제조부서를 제외한 모든 부서 직원의 절반이 2020년 예방접종을 했다고 할 때, 제조부서 직원 중 2020년에 예방접종을 한 직원의 비율은?(단, 소수점 첫째 자리에서 버림한다)

① 18% ② 20%
③ 22% ④ 24%

※ 다음은 2018 ~ 2019년의 문화예술행사 관람률에 대한 자료이다. 이어지는 질문에 답하시오. **[30~31]**

〈문화예술행사 관람률〉

(단위 : 명, %)

구분		2018년			2019년		
		표본 수	관람	미관람	표본 수	관람	미관람
연령별	15 ~ 19세	754	3.9	96.1	677	96	4
	20대	1,505	2.9	97.1	1,573	97.4	2.6
	30대	1,570	8.4	91.6	1,640	91.5	8.5
	40대	1,964	11	89	1,894	89.1	10.9
	50대	2,077	20.6	79.4	1,925	80.8	19.2
	60대	1,409	35.3	64.7	1,335	64.9	35.1
	70대 이상	1,279	53.1	46.9	1,058	49.9	50.1
가구소득별	100만 원 미만	869	57.5	42.5	1,019	51.7	48.3
	100만 원 이상 200만 원 미만	1,204	41.6	58.4	1,001	60.4	39.6
	200만 원 이상 300만 원 미만	1,803	24.1	75.9	1,722	76.5	23.5
	300만 원 이상 400만 원 미만	2,152	18.6	81.4	2,098	82.5	17.5
	400만 원 이상 500만 원 미만	2,228	11.9	88.1	1,725	89.3	10.7
	500만 원 이상 600만 원 미만	1,278	8.4	91.6	1,344	92.1	7.9
	600만 원 이상	1,024	8.1	91.9	1,193	92.5	7.5
권역별	수도권	3,206	14.1	85.9	3,247	86	14
	강원 / 제주권	783	14.2	85.8	740	79.3	20.7
	충청 / 세종권	(가)	14.3	85.7	1,655	81.2	18.8
	호남권	1,584	34	66	(나)	73.9	26.1
	대경권	1,307	28.3	71.7	1,891	76.8	23.2
	동남권	1,910	20.4	79.6	1,119	78.2	21.8

30 다음 중 자료에서 (가)+(나)의 값을 구하면 얼마인가?

① 2,765　　　　　　　　　　② 3,012

③ 3,218　　　　　　　　　　④ 3,308

31 다음 〈보기〉 중 자료에 대한 설명으로 옳은 것을 모두 고르면?

───────────────〈보기〉───────────────

ㄱ. 2018년에 문화예술행사를 관람한 사람의 수는 가구소득이 100만 원 미만인 사람이 가구소득이 100만 원 이상 200만 원 미만인 사람보다 많다.

ㄴ. 문화예술행사를 관람한 70대 이상의 사람의 수는 2018년이 2019년보다 더 많다.

ㄷ. 2018년에 소득이 100만 원 이상 300만 원 미만인 사람들 중 문화예술행사를 관람한 사람의 비율은 2019년 소득이 100만 원 이상 200만 원 미만인 사람들 중 문화예술행사를 관람하지 않은 사람의 비율보다 작다.

ㄹ. 2019년에 문화예술행사를 관람한 사람의 수는 40대가 50대보다 더 적다.

① ㄱ, ㄴ　　　　　　　　　　② ㄴ, ㄷ

③ ㄱ, ㄴ, ㄷ　　　　　　　　④ ㄱ, ㄷ, ㄹ

※ 다음은 2020년도의 시·도별 질병 환자 현황이다. 이어지는 질문에 답하시오. **[32~33]**

〈시·도별 질병 환자 현황〉

(단위 : 명, 개)

구분	질병 환자 수	감기 환자 수	발열 환자 수	한 명당 가입한 의료보험의 수
서울특별시	246,867	96,928	129,568	1.3
부산광역시	77,755	37,101	33,632	1.3
대구광역시	56,985	27,711	23,766	1.2
인천광역시	80,023	36,879	33,962	1.3
광주광역시	35,659	19,159	16,530	1.2
대전광역시	37,736	15,797	17,166	1.3
울산광역시	32,861	18,252	12,505	1.2
세종특별자치시	12,432	5,611	6,351	1.3
경기도	366,403	154,420	166,778	1.3
강원도	35,685	15,334	15,516	1.3
충청북도	40,021	18,556	17,662	1.3
충청남도	56,829	27,757	23,201	1.3
전라북도	38,328	18,922	16,191	1.3
전라남도	40,173	19,691	15,614	1.3
경상북도	61,237	30,963	24,054	1.3
경상남도	85,031	43,694	33,622	1.3
제주특별자치도	18,387	7,950	8,294	1.4
전국	1,322,406	594,721	594,409	1.3

| 수리능력

32 다음 중 자료를 그래프로 나타낸 내용으로 옳지 않은 것은?(단, 소수점 셋째 자리에서 반올림한다)

① 시·도별 질병 환자 수

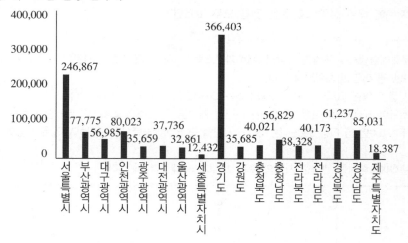

② 시·도별 감기 환자 수

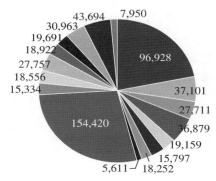

43,694   7,950
30,963
19,691
18,922   96,928
27,757
18,556
15,334   37,101
                    27,711
154,420   36,879
                    19,159
                    15,797
5,611   18,252

■ 서울특별시   ■ 부산광역시   ■ 대구광역시   ■ 인천광역시   ■ 광주광역시
■ 대전광역시   ■ 울산광역시   ■ 세종특별자치시 ■ 경기도   ■ 강원도
■ 충청북도   ■ 충청남도   ■ 전라북도   ■ 전라남도   ■ 경상북도
■ 경상남도   ■ 제주특별자치도

③ 한 명당 가입한 의료보험의 수

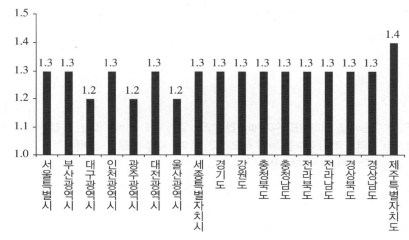

④ 질병 환자 한 명당 발열 환자 비율

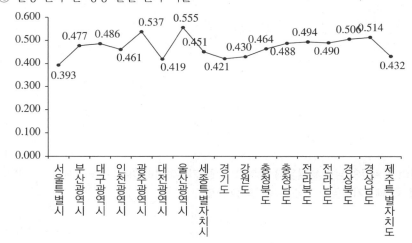

33 다음 〈보기〉 중 자료에 대한 설명으로 옳은 것을 모두 고르면?

─〈보기〉─

ㄱ. 부산광역시는 경상남도보다 감기 환자의 수가 적다.
ㄴ. 대구광역시의 질병 환자가 가입한 의료보험의 수는 6만 5천 개 이상이다.
ㄷ. 질병 환자 한 명당 발열 환자 수는 강원도가 제일 적다.
ㄹ. 질병 환자 한 명당 발열 환자 수는 서울특별시가 제일 크다.

① ㄱ, ㄴ   ② ㄴ, ㄷ

③ ㄱ, ㄴ, ㄹ   ④ ㄱ, ㄷ, ㄹ

34 둘레길이가 456m인 호수 둘레를 따라 가로수가 4m 간격으로 일정하게 심어져 있다. 출입구에 심어져 있는 가로수를 기준으로 6m 간격으로 가로수를 옮겨 심으려고 할 때, 새롭게 옮겨 심어야 하는 가로수는 최소 몇 그루인가?(단, 불필요한 가로수는 제거한다)

① 38그루   ② 37그루

③ 36그루   ④ 35그루

35 국민건강보험공단의 기획팀의 남녀 비율은 3 : 2이고, 그중 기혼여성과 미혼여성의 비율은 1 : 2이다. 기혼여성이 6명이라고 할 때, 기획팀의 인원은 총 몇 명인가?

① 42명   ② 45명

③ 48명   ④ 50명

※ 다음은 K기업이 1분기에 해외로부터 반도체를 수입한 거래내역과 거래일의 환율이다. 이어지는 질문에 답하시오. [36~37]

날짜	수입	환율
1월	4달러	1,000원/달러
2월	3달러	1,120원/달러
3월	2달러	1,180원/달러

※ (평균환율)= $\dfrac{(총원화금액)}{(환전된 총달러금액)}$

36 다음 중 1분기 평균환율은 얼마인가?

① 1,180원/달러

② 1,120원/달러

③ 1,100원/달러

④ 1,080원/달러

37 현재 창고에 K기업이 수입한 반도체 재고가 200달러만큼 존재할 때, **36**번 문제에서 구한 평균환율로 환산한 창고재고 금액은 얼마인가?

① 200,000원

② 216,000원

③ 245,000원

④ 268,000원

38 국민건강보험공단에 재직 중인 A사원이 혼자 보험 안내자료를 정리하는 데 15일이 걸리고 B사원과 같이 하면 6일 만에 끝낼 수 있다. 이때, B사원 혼자 정리하는 데 걸리는 시간은 며칠인가?

① 8일

② 9일

③ 10일

④ 11일

39 국민건강보험공단에서 올해 하반기 신입사원 공고문을 발표했다. 서류 지원자 중 필기시험에 응시할 수 있는 인원은 면접을 볼 수 있는 인원의 4.5배수이고, 필기시험을 통과한 최종 합격 인원의 2배수가 면접을 볼 수 있다. 면접시험에서 신입사원 250명이 최종 합격자가 될 때, 서류 지원자는 최소 몇 명인가?(단, 서류 지원자는 필기시험에 응시할 수 있는 인원 이상이다)

① 2,550명
② 2,250명
③ 2,050명
④ 1,850명

40 다음은 K병원의 하루 평균 이뇨제, 지사제, 진통제 사용량에 대한 자료이다. 이에 대한 설명으로 옳지 않은 것은?

〈하루 평균 이뇨제, 지사제, 진통제 사용량〉						
구분	2018년	2019년	2020년	2021년	2022년	1인 1일 투여량
이뇨제	3,000mL	3,480mL	3,360mL	4,200mL	3,720mL	60mL/일
지사제	30정	42정	48정	40정	44정	2정/일
진통제	6,720mg	6,960mg	6,840mg	7,200mg	7,080mg	60mg/일
※ 모든 의약품은 1인 1일 투여량을 준수하여 투여했다.						

① 전년 대비 2022년 사용량 감소율이 가장 큰 의약품은 이뇨제이다.
② 5년 동안 지사제를 투여한 환자 수의 평균은 18명 이상이다.
③ 이뇨제 사용량은 증가와 감소를 반복하였다.
④ 매년 진통제를 투여한 환자 수는 이뇨제를 투여한 환자 수의 2배 이하이다.

41 다음은 주택용 요금 경감 제도 중 사회적 배려 대상자 주택용 도시가스 요금 경감에 대한 자료이다. 아이가 4명인 P씨가 1 ~ 6월 동안 받을 수 있는 주택용 도시가스의 취사난방용 요금 경감금액은 최대 얼마인가? [단, 에너지이용권(에너지바우처)은 고려하지 않는다]

〈사회적 배려 대상자 주택용 도시가스 요금 경감〉

- 요금 경감 대상자
  1. 장애인복지법에서 정한 장애의 정도가 심한 장애인
  2. 국가유공자 등 예우 및 지원에 관한 법률 및 5.18 민주유공자 예우에 관한 법률에서 정한 1 ~ 3급 상이자
  3. 독립유공자 예우에 관한 법률에 의한 독립유공자 또는 수급자
  4. 국민기초생활보장법에서 정한 생계급여, 의료급여, 주거급여, 교육급여 수급자
  5. 국민기초생활보장법에서 정한 차상위계층 중 다음에 해당하는 자
     - 국민기초생활보장법 제9조 제5항에 따라 자활사업에 참여하는 자
     - 국민건강보험법 시행령 별표2 제3호 라목에 따라 희귀난치성질환을 가진 자 등으로서 본인부담액을 경감받는 자
     - 장애인복지법 제49조 및 동일법 제50조에 따라 장애수당을 받는 18세 이상 장애인 및 장애아동수당을 받는 18세 미만 장애인
     - 한부모가족지원법 제5조에 따라 지원받는 모자 가정, 부자 가정, 조손 가정
     - 국민기초생활보장법 시행규칙 제38조 제4항에 따라 차상위계층 확인서를 발급받은 가정
  6. 다음에 해당하는 다자녀가구
     - 일반 다자녀가구 : 세대별 주민등록표상 세대주와의 관계가 "자(子)" 또는 "손(孫)"이 각각 3인 이상으로 표시된 주거용 주택의 세대주
     - 위탁가정 다자녀 가구 : 가정위탁보호 확인서상 위탁아동으로서 세대별 주민등록표상 세대주와의 관계가 "동거인"으로 지정된 자와 세대별 주민등록표상 세대주와의 관계가 "자(子)" 또는 "손(孫)"인 자의 합이 각각 3인 이상인 주거용 주택의 세대주
     ※ 단, 만 18세 미만의 "자(子)" 또는 "손(孫)"의 확인은 주민등록표상으로 불가능할 경우 가족관계증명서로 대체
     ※ 위탁한 "자(子)" 또는 "손(孫)"(이하 위탁아동)이 있는 친권자(세대주)가 다자녀 경감을 신청한 경우, 위탁아동을 제외한 "자(子)" 또는 "손(孫)"이 3인 미만이 되는 경우 경감 적용 불가
- 취사난방용 요금 경감금액

(단위 : 원/월)

구분	동절기(12 ~ 3월)			동절기 외(4 ~ 11월)		
	계	도매	소매	계	도매	소매
장애의 정도가 심한 장애인	72,000	64,800	7,200	9,900	7,920	1,980
국가유공자 및 독립유공자	72,000	64,800	7,200	9,900	7,920	1,980
차상위계층확인서 발급대상	18,000	16,200	1,800	2,470	1,980	490
다자녀가구	18,000	16,200	1,800	2,470	1,980	490

※ 도시가스 요금은 한국가스공사가 공급하는 도매요금과 관할지자체가 승인하는 도시가스사의 소매요금으로 이원화되어 있다.

---

① 59,870원

② 61,410원

③ 63,690원

④ 65,980원

※ 다음은 소형차의 지역별 고속도로 통행료와 통행료 면제 및 할인 규정에 대한 자료이다. 이어지는 질문에 답하시오. [42~43]

〈소형차 지역별 고속도로 통행료〉

(단위 : 원)

구분	화성JCT	북오산	동탄	북평택
화성JCT	–	1,000	1,400	2,200
북오산	1,000	–	400	2,300
동탄	1,400	400	–	2,700
북평택	2,200	2,300	2,700	–

• 통행료 면제
유료도로법 제15조 및 유료도료법 시행령 제8조 제2항 제1호에 의한 차량

구분	내용
유료도로법 제15조 제2항	– 군작전용 차량(국방부장관·합참의장·각 군 참모총장 발급의 군 작전 수행 증명 문서 제출) – 구급 및 구호차량 – 소방 활동에 종사하는 차량
유료도로법 시행령 제8조	– 경찰 작전용 차량 – 교통 단속용 차량 – 국가가 경영하는 우편 사업에 종사하는 차량 – 유료도로의 건설·유지 관리용 차량 – 설·추석 연휴기간 고속도로 이용차량(전날, 연휴 당일, 다음날 3일)
독립유공자	– 배기량 2,000cc 이하인 차량 – 1ton 이하인 소형차량 – 12인승 이하 승합차 – 7~10인승 승용차(배기량 제한 없음)
국가유공자 1~5급	
1~5급까지의 5.18 민주화운동 부상자 탑승차량	

• 통행료 30% 할인
유료도로법 시행령 제8조 제2항 제2호에 의한 차량

구분	내용
비상제동장치(AEBS) 할인	비상자동제동장치(AEBS)를 장착한 노선버스 및 전세버스 – AEBS 전용 단말기 이용차량 한정
심야 할인	사업용 화물차 및 대여업용 건설기계 [적용시간] 21:00~06:00 [이용비율] 20% 이상 70% 미만 – 소형~대형 차량은 사업용 화물차 식별을 위한 화물차 전용 단말기 이용차량 한정(하이패스)

- 통행료 50% 할인
  유료도로법 제15조 및 유료도료법 시행령 제8조 제2항 제1호에 의한 차량

구분	내용
경차 할인	경형자동차
전기 / 수소차 할인	전기자동차 및 연료전지자동차(수소자동차) (단, 전기·수소자동차 전용단말기 이용차량으로 한정한다)
국가유공자 6 ~ 7급 상이등급을 받은 자	− 식별표지를 부착하고 할인카드를 제시 차량 　(본인운전 또는 탑승 확인 시 통행료 할인)
6 ~ 14급까지의 5.18 민주화운동 부상자 탑승차량	− 국가보훈처에 등록된 국가유공자(6 ~ 7등급)가 소유한 승용차량 　① 배기량 2,000cc 이하인 차량
고엽제 후유증의 환자 차량	② 1ton 이하인 소형차 　③ 12인승 이하 승합차
장애인 1 ~ 6급 판정을 받은 자	④ 7 ~ 10인승 승용차(배기량 제한 없음)
심야 할인	사업용 화물차 및 대여업용 건설기계 [적용시간] 21:00 ~ 06:00 [이용비율] 70% 이상 100% 이하 − 소형 ~ 대형 차량은 사업용 화물차 식별을 위한 화물차 전용 단말기 이용차량 한정(하이패스)

┃ 문제해결능력

42 A씨에 대한 정보가 다음 〈조건〉과 같을 때, A씨가 1주일 동안 지불해야 할 통행료는 얼마인가?

────〈조건〉────
- A씨는 21:30 ~ 05 : 30 동안 화물용 소형차로 야간 배송 업무를 하고 있다.
- A씨는 북평택에서 출발하여 동탄을 하루 3회 왕복으로 이동한다.
- A씨는 북평택 ~ 동탄을 오갈 때마다 통행료를 지불한다.
- A씨는 1주일에 6일 근무하고 근무시간 외에는 도로를 이용하지 않는다.
- A씨의 고속도로 이용비율은 약 25%이다.
- A씨는 하이패스를 이용하며, 차량에는 화물차 전용 단말기가 설치되어 있다.

① 48,600원 　　　　② 68,040원
③ 88,920원 　　　　④ 97,200원

┃ 문제해결능력

43 B씨는 5.18 민주화운동으로 인해 2급 장애 판정을 받으신 아버지를 모시고 화성JCT에서 북오산으로 이동하고자 한다. 이때 B씨가 지불해야 할 통행료는 얼마인가?

① 0원 　　　　② 500원
③ 700원 　　　　④ 1,000원

※ 다음 명제가 모두 참일 때, 빈칸에 들어갈 명제로 가장 적절한 것을 고르시오. [44~46]

44

- 잎이 넓은 나무는 키가 크다.
- 잎이 넓지 않은 나무는 덥지 않은 지방에서 자란다.
- _____
- 따라서 더운 지방에서 자라는 나무는 열매가 많이 맺힌다.

① 잎이 넓지 않은 나무는 열매가 많이 맺힌다.
② 열매가 많이 맺히지 않는 나무는 키가 작다.
③ 벌레가 많은 지역은 열매가 많이 맺히지 않는다.
④ 키가 작은 나무는 덥지 않은 지방에서 자란다.

45

- 풀을 먹는 동물은 몸집이 크다.
- 사막에서 사는 동물은 물속에서 살지 않는다.
- _____
- 따라서 물속에서 사는 동물은 몸집이 크다.

① 몸집이 큰 동물은 물속에서 산다.
② 물이 있으면 사막이 아니다.
③ 사막에 사는 동물은 몸집이 크다.
④ 풀을 먹지 않는 동물은 사막에 산다.

46

- 모든 1과 사원은 가장 실적이 많은 2과 사원보다 실적이 많다.
- 가장 실적이 많은 4과 사원은 모든 3과 사원보다 실적이 적다.
- 3과 사원 중 일부는 가장 실적이 많은 2과 사원보다 실적이 적다.
- 따라서 _____

① 모든 2과 사원은 4과 사원 중 일부보다 실적이 적다.
② 어떤 1과 사원은 가장 실적이 많은 3과 사원보다 실적이 적다.
③ 어떤 3과 사원은 가장 실적이 적은 1과 사원보다 실적이 적다.
④ 1과 사원 중 가장 적은 실적을 올린 사원과 같은 실적을 올린 사원이 4과에 있다.

47 다음은 대한민국 입국 목적별 비자 종류의 일부이다. 외국인 A ~ D씨가 피초청자로서 입국할 때, 발급받아야 하는 비자의 종류를 바르게 짝지은 것은?(단, 비자면제 협정은 없는 것으로 가정한다)

<대한민국 입국 목적별 비자 종류>

• 외교 · 공무
  – 외교(A-1) : 대한민국 정부가 접수한 외국 정부의 외교사절단이나 영사기관의 구성원, 조약 또는 국제 관행에 따라 외교사절과 동등한 특권과 면제를 받는 사람과 그 가족
  – 공무(A-2) : 대한민국 정부가 승인한 외국 정부 또는 국제기구의 공무를 수행하는 사람과 그 가족
• 유학 · 어학연수
  – 학사유학(D-2-2) : (전문)대학, 대학원 또는 특별법의 규정에 의하여 설립된 전문대학 이상의 학술기관에서 정규과정(학사)의 교육을 받고자 하는 자
  – 교환학생(D-2-6) : 대학 간 학사교류 협정에 의해 정규과정 중 일정 기간 동안 교육을 받고자 하는 교환학생
• 비전문직 취업
  – 제조업(E-9-1) : 외국인근로자의 고용에 관한 법률의 규정에 의한 국내 취업요건을 갖추어 제조업체에 취업하고자 하는 자
  – 농업(E-9-3) : 외국인근로자의 고용에 관한 법률의 규정에 의한 국내 취업요건을 갖추어 농업, 축산업 등에 취업하고자 하는 자
• 결혼이민
  – 결혼이민(F-6-1) : 한국에서 혼인이 유효하게 성립되어 있고, 우리 국민과 결혼생활을 지속하기 위해 국내 체류를 하고자 하는 외국인
  – 자녀양육(F-6-2) : 국민의 배우자(F-6-1) 자격에 해당하지 않으나 출생한 미성년 자녀(사실혼 관계 포함)를 국내에서 양육하거나 양육하려는 부 또는 모
• 치료 요양
  – 의료관광(C-3-3) : 국내 의료기관에서 진료 또는 요양할 목적으로 입국하는 외국인 환자와 간병 등을 위해 동반입국이 필요한 동반가족 및 간병인(90일 이내)
  – 치료요양(G-1-10) : 국내 의료기관에서 진료 또는 요양할 목적으로 입국하는 외국인 환자와 간병 등을 위해 동반입국이 필요한 동반가족 및 간병인(1년 이내)

<피초청자 초청 목적>

피초청자	국적	초청 목적
A	말레이시아	부산에서 6개월가량 입원 치료가 필요한 아들의 간병(아들의 국적 또한 같음)
B	베트남	경기도 소재 O제조공장 취업(국내 취업 요건을 모두 갖춤)
C	사우디아라비아	서울 소재 K대학교 교환학생
D	인도네시아	대한민국 개최 APEC 국제기구 정상회의 참석

	A	B	C	D
①	C-3-3	D-2-2	F-6-1	A-2
②	G-1-10	E-9-1	D-2-6	A-2
③	G-1-10	D-2-2	F-6-1	A-1
④	C-3-3	E-9-1	D-2-6	A-1

48 다음은 건강생활실천지원금제에 대한 자료이다. 〈보기〉의 신청자 중 예방형과 관리형에 해당하는 사람을 바르게 분류한 것은?

〈건강생활실천지원금제〉

- 사업설명 : 참여자 스스로 실천한 건강생활 노력 및 건강개선 결과에 따라 지원금을 지급하는 제도
- 시범지역

지역	예방형	관리형
서울	노원구	중랑구
경기・인천	안산시, 부천시	인천 부평구, 남양주시, 고양일산(동구, 서구)
충청권	대전 대덕구, 충주시, 충남 청양군(부여군)	대전 동구
전라권	광주 광산구, 전남 완도군, 전주시(완주군)	광주 서구, 순천시
경상권	부산 중구, 대구 남구, 김해시, 대구 달성군	대구 동구, 부산 북구
강원・제주권	원주시, 제주시	원주시

- 참여대상 : 주민등록상 주소지가 시범지역에 해당되는 사람 중 아래에 해당하는 사람

구분	조건
예방형	만 20 ~ 64세인 건강보험 가입자(피부양자 포함) 중 국민건강보험공단에서 주관하는 일반건강검진 결과 건강관리가 필요한 사람*
관리형	고혈압・당뇨병 환자

*건강관리가 필요한 사람 : 다음에 모두 해당하거나 ①, ② 또는 ①, ③에 해당하는 사람

① 체질량지수(BMI) $25kg/m^2$ 이상
② 수축기 혈압 120mmHg 이상 또는 이완기 혈압 80mmHg 이상
③ 공복혈당 100mg/dL 이상

┌─ 〈보기〉 ─┐

신청자	주민등록상 주소지	체질량지수	수축기 혈압 / 이완기 혈압	공복혈당	기저질환
A	서울 강북구	$22kg/m^2$	117mmHg / 78mmHg	128mg/dL	–
B	서울 중랑구	$28kg/m^2$	125mmHg / 85mmHg	95mg/dL	–
C	경기 안산시	$26kg/m^2$	142mmHg / 92mmHg	99mg/dL	고혈압
D	인천 부평구	$23kg/m^2$	145mmHg / 95mmHg	107mg/dL	고혈압
E	광주 광산구	$28kg/m^2$	119mmHg / 78mmHg	135mg/dL	당뇨병
F	광주 북구	$26kg/m^2$	116mmHg / 89mmHg	144mg/dL	당뇨병
G	부산 북구	$27kg/m^2$	118mmHg / 75mmHg	132mg/dL	당뇨병
H	강원 철원군	$28kg/m^2$	143mmHg / 96mmHg	115mg/dL	고혈압
I	제주 제주시	$24kg/m^2$	129mmHg / 83mmHg	108mg/dL	–

※ 단, 모든 신청자는 만 20 ~ 64세이며, 건강보험에 가입하였다.

	예방형	관리형		예방형	관리형
①	A, E	C, D	②	B, E	F, I
③	C, E	D, G	④	F, I	C, H

49 K동에서는 임신한 주민에게 출산장려금을 지원하고자 한다. 출산장려금 지급 기준 및 K동에 거주하는 임산부에 대한 정보가 다음과 같을 때, 출산장려금을 가장 먼저 받을 수 있는 사람은?

〈K동 출산장려금 지급 기준〉

• 출산장려금 지급액은 모두 같으나, 지급 시기는 모두 다르다.
• 지급 순서 기준은 임신일, 자녀 수, 소득 수준 순서이다.
• 임신일이 길수록, 자녀가 많을수록, 소득 수준이 낮을수록 먼저 받는다(단, 자녀는 만 19세 미만의 아동 및 청소년으로 제한한다).
• 임신일, 자녀 수, 소득 수준이 모두 같으면 같은 날에 지급한다.

〈K동 거주 임산부 정보〉

임산부	임신일	자녀	소득 수준
A	150일	만 1세	하
B	200일	만 3세	상
C	200일	만 7세, 만 5세, 만 3세	중
D	200일	만 20세, 만 16세, 만 14세, 만 10세	상

① A임산부   ② B임산부

③ C임산부   ④ D임산부

※ 다음은 노인맞춤돌봄서비스 홍보를 위한 안내문이다. 이어지는 질문에 답하시오. [50~51]

〈노인맞춤돌봄서비스 지금 신청하세요!〉

• 노인맞춤돌봄서비스 소개
  일상생활 영위가 어려운 취약노인에게 적절한 돌봄서비스를 제공하여 안정적인 노후생활 보장 및 노인의 기능, 건강 유지를 통해 기능 약화를 예방하는 서비스

• 서비스 내용
  – 안전지원서비스 : 이용자의 전반적인 삶의 안전 여부를 전화, ICT 기기를 통해 확인하는 서비스
  – 사회참여서비스 : 집단프로그램 등을 통해 사회적 참여의 기회를 지원하는 서비스
  – 생활교육서비스 : 다양한 프로그램으로 신체적, 정신적 기능을 유지·강화하는 서비스
  – 일상생활지원서비스 : 이동 동행, 식사준비, 청소 등 일상생활을 지원하는 서비스
  – 연계서비스 : 민간 후원, 자원봉사 등을 이용자에게 연계하는 서비스
  – 특화서비스 : 은둔형·우울형 집단을 분리하여 상담 및 진료를 지원하는 서비스

• 선정 기준
  만 65세 이상 국민기초생활수급자, 차상위계층, 또는 기초연금수급자로서 유사 중복사업 자격에 해당하지 않는 자
  ※ 유사 중복사업
    1. 노인장기요양보험 등급자
    2. 가사 간병방문 지원 사업 대상자
    3. 국가보훈처 보훈재가복지서비스 이용자
    4. 장애인 활동지원 사업 이용자
    5. 기타 지방자치단체에서 시행하는 서비스 중 노인맞춤돌봄서비스와 유사한 재가서비스

• 특화서비스 선정 기준
  – 은둔형 집단 : 가족, 이웃 등과 관계가 단절된 노인으로서 민·관의 복지지원 및 사회안전망과 연결되지 않은 노인
  – 우울형 집단 : 정신건강 문제로 인해 일상생활 수행의 어려움을 겪거나 가족·이웃 등과의 관계 축소 등으로 자살, 고독사 위험이 높은 노인
    ※ 고독사 및 자살 위험이 높다고 판단되는 경우 만 60세 이상으로 하향 조정 가능

| 문제해결능력

50 다음 중 윗글에 대한 설명으로 적절하지 않은 것은?

① 노인맞춤돌봄서비스를 받기 위해서는 만 65세 이상의 노인이어야 한다.

② 노인맞춤돌봄서비스는 노인의 정신적 기능 계발을 위한 서비스를 제공한다.

③ 은둔형 집단, 우울형 집단의 노인은 특화서비스를 통해 상담 및 진료를 받을 수 있다.

④ 노인맞춤돌봄서비스를 통해 노인의 현재 안전상황을 모니터링할 수 있다.

51 다음은 K동 독거노인의 방문조사 결과이다. 조사한 인원 중 노인맞춤돌봄서비스 신청이 불가능한 사람은 모두 몇 명인가?

〈K동 독거노인 방문조사 결과〉

이름	성별	나이	소득수준	행정서비스 현황	특이사항
A	여	만 62세	차상위계층	–	우울형 집단
B	남	만 78세	기초생활수급자	국가유공자	–
C	남	만 81세	차상위계층	–	–
D	여	만 76세	기초연금수급자	–	–
E	여	만 68세	기초연금수급자	장애인 활동지원	–
F	여	만 69세	–	–	–
G	남	만 75세	기초연금수급자	가사 간병방문	–
H	여	만 84세	–	–	–
I	여	만 63세	차상위계층	–	우울형 집단
J	남	만 64세	차상위계층	–	–
K	여	만 84세	기초연금수급자	보훈재가복지	–

① 4명
② 5명
③ 6명
④ 7명

52 지난 5년간 소득액수가 동일한 A씨의 2023년 장기요양보험료가 2만 원일 때, 2021년의 장기요양보험료는?(단, 모든 계산은 소수점 첫째 자리에서 반올림한다)

〈2023년도 장기요양보험료율 결정〉

2023년도 소득 대비 장기요양보험료율은 2022년 0.86% 대비 0.05%p 인상된 0.91%로 결정되었다.

장기요양보험료는 건강보험료에 장기요양보험료율을 곱하여 산정되는데, 건강보험료 대비 장기요양보험료율은 2023년 12.81%로 2022년 12.27% 대비 4.40%가 인상된다.

이번 장기요양보험료율은 초고령사회를 대비하여 장기요양보험의 수입과 지출의 균형 원칙을 지키면서 국민들의 부담 최소화와 제도의 안정적 운영 측면을 함께 고려하여 논의·결정하였다.

특히, 빠른 고령화에 따라 장기요양 인정자 수의 증가로 지출 소요가 늘어나는 상황이나, 어려운 경제여건을 고려하여 2018년도 이후 최저 수준으로 보험료율이 결정되었다.

*장기요양보험료율(소득 대비) 추이 : (2018년) 0.46% → (2019년) 0.55% → (2020년) 0.68% → (2021년) 0.79% → (2022년) 0.86% → (2023년) 0.91%

① 16,972원
② 17,121원
③ 17,363원
④ 18,112원

53 다음은 국민건강보험공단에서 진행하는 건강보험 임신·출산 진료비 지원제도에 대한 자료이다. 이를 통해 A ~ D 중 지원제도를 신청할 수 있는 사람은?

〈임신·출산 진료비 지원제도〉

• 임신·출산 진료비 지원제도란?
  건강한 태아의 분만과 산모의 건강관리, 출산친화적 환경 조성을 위해 임신 및 출산과 관련된 진료비를 전자바우처(국민행복카드)로 일부 지원하는 제도

• 지원 대상
  임신확인서로 임신이 확진된 건강보험 가입자 또는 피부양자 중 임신·출산 진료비 지원 신청자

• 신청인
  임신부 본인 또는 그 가족

• 제외 대상자
  − 의료급여법에 따라 의료급여를 받는 자(수급권자)
  − 유공자 등 의료보호 대상자로서 건강보험의 적용 배제 신청을 한 자
  − 주민등록말소자, 급여정지자(특수시설수용자, 출국자)

• 제출 서류
  1. 임신·출산 진료비 지원 신청서 및 임신확인서
  2. 가족이 신청하는 경우 임산부와의 관계를 입증할 수 있는 서류
     (대리인 신분증, 주민등록등본, 가족관계증명서 등)

---

① 출산한 친구를 대신하여 임신확인서와 대리인 신분증을 가지고 지원 신청서를 작성한 A
② 출산한 딸을 대신하여 임신확인서와 주민등록등본을 가지고 지원 신청서를 작성한 B
③ 직접 임신확인서를 가지고 지원 신청서를 작성한 의료급여를 받고 있는 C
④ 출산 후 출국한 딸을 대신하여 임신확인서와 가족관계증명서를 가지고 지원 신청서를 작성한 D

※ 다음은 K공단에서 시니어 인턴십에 참여하고 있는 인턴들에 대한 성과평가 결과이다. K공단은 이를 바탕으로 근로장려금을 차등 지급하려고 한다. 이어지는 질문에 답하시오. **[54~55]**

〈장려금 지급 기준〉

- 직원들의 장려금은 성과점수에 따라 지급한다.
- 성과점수는 각 인턴들의 업무 평가 결과에 해당하는 기준점수의 합으로 계산한다.
- 평가결과는 탁월 – 우수 – 보통 3단계로 구분한다.

〈업무 평가 결과〉

인턴	업무량	업무 효율성	업무 협조성	업무 정확성	근무태도
A인턴	우수	탁월	보통	보통	우수
B인턴	보통	보통	우수	우수	보통
C인턴	탁월	보통	탁월	탁월	보통
D인턴	보통	우수	탁월	탁월	우수

〈기준 점수〉

평가	업무량	업무 효율성	업무 협조성	업무 정확성	근무태도
탁월	10	20	30	20	20
우수	8	16	20	16	10
보통	6	10	16	10	8

〈성과점수별 장려금〉

구분	50 ~ 60점	61 ~ 70점	71 ~ 80점	81 ~ 90점	91 ~ 100점
지급금액	10만 원	20만 원	30만 원	40만 원	50만 원

▌ 문제해결능력

54 시니어 인턴십에 참여한 A ~ D인턴 중 장려금을 가장 많이 받는 사람은?

① A인턴 　　　　　　　　　　② B인턴
③ C인턴 　　　　　　　　　　④ D인턴

▌ 문제해결능력

55 인턴들의 업무 평가 결과가 다음 〈조건〉과 같이 변경되었을 때, 장려금을 가장 많이 받는 사람은?

─〈조건〉─
- A인턴의 업무 정확성 평가 : 보통 → 우수
- B인턴의 근무태도 평가 : 보통 → 우수
- C인턴의 업무 효율성 평가 : 보통 → 탁월
- D인턴의 업무 협조성 평가 : 탁월 → 우수

① A인턴 　　　　　　　　　　② B인턴
③ C인턴 　　　　　　　　　　④ D인턴

56 올해 목표를 금연으로 정한 S는 금연치료지원 프로그램에 참여했다. 그러나 S는 개인 사정으로 프로그램 참여 시작 후 7주(49일) 만에 그만두게 되었다. 금연치료지원 프로그램 안내문과 S대리의 참여내역이 다음과 같을 때, S가 7주(49일)까지 냈던 본인부담금은?(단, 부가세는 고려하지 않는다)

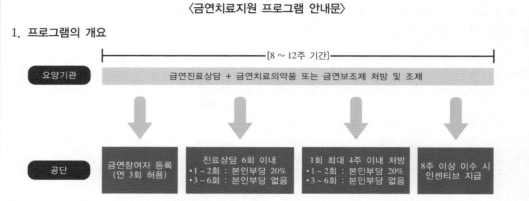

〈금연치료지원 프로그램 안내문〉

1. 프로그램의 개요

[8 ~ 12주 기간]

요양기관 | 금연진료상담 + 금연치료의약품 또는 금연보조제 처방 및 조제

공단
- 금연참여자 등록 (연 3회 허용)
- 진료상담 6회 이내
  - 1 ~ 2회 : 본인부담 20%
  - 3 ~ 6회 : 본인부담 없음
- 1회 최대 4주 이내 처방
  - 1 ~ 2회 : 본인부담 20%
  - 3 ~ 6회 : 본인부담 없음
- 8주 이상 이수 시 인센티브 지급

※ 8 ~ 12주 기간 동안 6회 이내의 진료상담과 금연치료의약품 또는 금연보조제(니코틴패치, 껌, 정제) 구입비용 지원

2. 제공기관 및 지원대상
- 제공기관 : 공단에 금연치료 지원사업 참여 신청한 모든 병·의원, 보건소, 보건지소 등
- 지원대상 : 금연치료 참여 의료기관에 방문하여 등록한 금연치료를 희망하는 모든 흡연자에 대해 지원 (단, 1년에 3번까지 지원 가능하며, 예정된 차기 진료일로부터 1주 이상 의료기관을 방문하여 진료받지 않은 경우 프로그램 탈락으로 간주하여 1회차 지원을 종료함)

3. 지원내용
- 금연진료·상담료 : 최초상담료와 금연유지상담료로 구분하고, 공단에서 80% 지원(참여자 20% 부담)

구분	금연(단독)진료	금연(동시)진료
최초상담	22,500원	금연(단독)진료와 전체 금액은 같으나 최초상담 시 1,500원, 유지상
유지상담	13,500원	담 시 900원을 공단이 더 부담

※ 금연진료를 타 상병과 동시에 진료하는 경우 '금연(동시)진료'와 금연진료만 행하는 '금연(단독)진료'로 구분
※ 의료급여수급자 및 저소득층(건강보험료 하위 20% 이하)은 진료·상담료 전액 지원
- 약국금연 관리비용 : 금연치료의약품, 금연보조제 등 사용안내 및 복약지도 관련 비용 지원

금연치료의약품			금연보조제		
공단부담금	본인부담금	합계	공단부담금	본인부담금	합계
6,500원	1,600원	8,100원	1,600원	400원	2,000원

※ 의료급여수급자 및 저소득층(건강보험료 하위 20% 이하)은 진료·상담료 전액 지원

- 금연치료의약품·금연보조제 : 1회 처방당 4주 이내의 범위(총 12주)에서 금연치료의약품 및 금연보조제(니코틴패치, 껌, 정제) 구입비용 지원
  - 금연치료의약품

구분		부프로피온정	바레니클린정	챔픽스정
약가 상한액		정당 530원	정당 1,800원	정당 2,100원
본인부담금	건강보험	정당 100원	정당 360원	정당 400원
	의료급여 / 저소득층	없음		

  - 금연보조제

구분		금연보조제 (니코틴패치, 껌, 정제)	비고
지원액	건강보험	1일당 1,500원	지원액을 초과하는 비용은 본인이 부담
	의료급여 / 저소득층	1일당 2,940원	

〈S의 7주 차까지의 참여내역〉

- 의료급여·저소득층 여부 : 해당사항 없음
- 처방받은 금연치료의약품 : 챔픽스정(1일 2정 복용)
- 타 상병과 동시진료 여부 : 고혈압으로 인해 매 진료 시 같이 진료받았음
- 금연진료·상담 방문 횟수 : 4회
- 약국방문 횟수 : 2회[1회 차 : 4주치(28일치) 처방, 2회 차 : 3주치(21일치) 처방]

---

① 없음   ② 43,500원

③ 47,200원   ④ 50,700원

※ 다음은 국민건강보험공단의 여비규정에 대한 자료이다. 이어지는 질문에 답하시오. [57~58]

<국내여비 정액표>

구분		대상	가군	나군	다군
운임	항공운임		실비(1등석 / 비지니스)	실비(2등석 / 이코노미)	
	철도운임		실비(특실)		실비(일반실)
	선박운임		실비(1등급)	실비(2등급)	
	자동차운임	버스운임	실비		
		자가용승용차운임	실비		
일비(1일당)			2만 원		
식비(1일당)			2만 5천 원	2만 원	
숙박비(1박당)			실비	실비(상한액 : 서울특별시 7만 원, 광역시·제주도 6만 원, 그 밖의 지역 5만 원)	

<실비 단가(1일당 상한액)>

구분	가군	나군	다군
항공운임	100만 원	50만 원	
철도운임	7만 원		3만 원
선박운임	50만 원	20만 원	
버스운임	1,500원		
자가용승용차운임	20만 원		
숙박비	15만 원	–	–

57 지난 주 출장을 다녀온 A부장의 활동 내역이 다음과 같을 때, A부장이 받을 수 있는 여비의 총액은?

〈A부장 활동 내역〉

- 2박 3일 동안 가군으로 출장을 다녀왔다.
- 항공은 첫째 날과 셋째 날에 이용하였다.
- 철도는 첫째 날과 둘째 날에 이용하였다.
- 자가용은 출장 기간 동안 매일 이용하였다.

---

① 315만 5천 원   ② 317만 원

③ 317만 5천 원   ④ 318만 원

58 다음 중 영업팀 3명이 각각 다른 군으로 출장을 간다면, 영업팀이 받는 총여비는?

- 1박 2일 동안 출장을 간다.
- 비용은 최대로 받는다.
- 항공은 첫째 날에 이용한다.
- 선박은 둘째 날에 이용한다.
- 기차는 출장 기간 동안 매일 이용한다.
- 버스는 출장 기간 동안 매일 이용한다.
- 자가용은 출장 기간 동안 매일 이용한다.
- 나군은 서울에 해당한다.
- 다군은 제주도에 해당한다.

---

① 485만 9천 원   ② 488만 6천 원

③ 491만 6천 원   ④ 497만 9천 원

59 다음은 국민건강보험공단 홈페이지에 게시된 분리과세 주택임대소득 보험료 경감에 대한 자료이다. A의 상황이 다음과 같을 때, A에 대한 설명으로 옳지 않은 것은?(단, 현재는 2021년 1월이다)

〈분리과세 주택임대소득 보험료 경감〉

- 대상자
  건강보험료 경감 적용 조건(공통조건과 가입자 유형별 충족조건 모두 충족해야 한다)
  – 공통(외국인 등 포함)
    1) 주택임대소득 총수입금액이 연간 합계액 2천만 원 이하일 것
    2) 주택임대소득에 대한 소득세가 소형주택 임대사업자에 대한 세액 감면 적용을 받은 대상으로서 등록을 한 날이 모두 2020년 12월 31일 이전일 것
       * 다만, 2020.7.11. 이후 단기(4년)주택등록 및 장기·공공지원(8년)으로 변경 신고한 주택은 제외
       * 주거전용면적이 1호당 $85m^2$(수도권 외 $100m^2$) 이하이며, 기준시가가 6억 원 이하
  – 지역가입자 : 주택임대소득을 반영하여 산출한 보험료가 그 주택임대소득을 제외하고 산출한 보험료액보다 많을 것
  – 피부양자에서 상실된 지역가입자 : 주택임대소득으로 피부양자에서 그 자격을 상실하여 지역가입자가 되고, 그 주택임대소득을 제외하면 국민건강보험법상 요건을 충족할 것
- 적용방법
  1. 경감률

구분	임대등록 구분		
	8년 이상	4년 이상	미등록
경감률	80%	40%	0%
경감기간	8년	4년	–
대상자	전체 가입자		–

  다만, 2019년 귀속 분리과세 주택임대소득으로 피부양자에서 상실된 지역가입자 중 미등록자는 2019년 귀속 소득분이 반영되는 기간의 보험료는 한시적으로 30% 경감한다.
  2. 경감기간
  임대개시일로부터 4년(장기 일반 민간임대주택 등은 8년)이 되는 날이 속하는 해의 소득을 반영하는 보험료까지 적용한다.

〈A의 상황〉

- A는 2016년 4월 1일에 경주에 위치한 $80m^2$의 소형주택에 대한 임대사업을 등록하였으며, 소형주택 임대사업자에 대한 소득세 감면을 적용받았다.
- A의 주택임대소득 총수입금액은 연간 총 800만 원이다.
- A는 건강보험 지역가입자이다.
- A는 기준시가 3억 원에 해당되는 소형주택에 대해 단기주택등록을 하였다.
- A는 2016년 4월 17일에 임대 개시를 하였다.

① A에게 적용되는 건강보험 경감률은 40%이다.

② A의 소형 임대주택이 서울에 위치한 주택이었더라도 A는 보험료 경감받을 수 있다.

③ A가 등록한 소형 임대주택의 기준시가가 50% 상승하더라도 경감 여부에는 변화가 없다.

④ 주택임대소득을 반영한 보험료가 주택임대소득을 반영하지 않은 경우의 보험료보다 많은 경우, 건강보험료 경감받을 수 없다.

60 다음은 국민행복카드에 대한 자료이다. 〈보기〉 중 이에 대한 설명으로 옳지 않은 것을 모두 고르면?

• 국민행복카드

'보육료', '유아학비', '건강보험 임신 · 출산 진료비 지원', '청소년산모 임신 · 출산 의료비 지원' 및 '사회서비스 전자바우처' 등 정부의 여러 바우처 지원을 공동으로 이용할 수 있는 통합카드입니다. 국민행복카드로 어린이집 · 유치원 어디서나 사용이 가능합니다.

• 발급방법

〈온라인〉

– 보조금 신청 : 정부 보조금을 신청하면 어린이집 보육료와 유치원 유아학비 인증이 가능합니다.

– 보조금 신청서 작성 및 제출 : 복지로 홈페이지

– 카드 발급 : 5개 카드사 중 원하시는 카드사를 선택해 발급받으시면 됩니다.

 * 연회비는 무료입니다.

– 카드 발급처 : 복지로 홈페이지, 임신육아종합포털 아이사랑, 5개 제휴카드사 홈페이지

〈오프라인〉

– 보조금 신청 : 정부 보조금을 신청하면 어린이집 보육료와 유치원 유아학비 인증이 가능합니다.

– 보조금 신청서 작성 및 제출 : 읍면동 주민센터

– 카드 발급 : 5개 제휴카드사

 * 연회비는 무료입니다.

– 카드 발급처 : 읍면동 주민센터, 전국 은행과 주요 카드사 지점

 * 어린이집 ↔ 유치원으로 기관 변경 시에는 복지로 또는 읍면동 주민센터에서 반드시 보육료 · 유아학비 자격변경 신청이 필요합니다.

〈보기〉

ㄱ. 국민행복카드 신청을 위한 보육료 및 학비 인증을 위해서는 별도 절차 없이 정부 보조금 신청을 하면 된다.

ㄴ. 온라인이나 오프라인 둘 중 어떤 발급경로를 선택하더라도 연회비는 무료이다.

ㄷ. 국민행복카드 신청을 위한 보조금 신청서는 읍면동 주민센터, 복지로 혹은 카드사의 홈페이지에서 작성할 수 있으며 작성처에 제출하면 된다.

ㄹ. 오프라인으로 신청한 경우 카드 발급은 읍면동 주민센터만 가능하다.

---

① ㄱ, ㄴ   ② ㄱ, ㄷ

③ ㄴ, ㄷ   ④ ㄷ, ㄹ

61 다음 중 국민건강보험법상 건강보험 가입자 A의 피부양자에 해당하지 않는 자는?

① 아들의 며느리(A와 비동거 중)　　　　② 배우자의 어머니(A와 동거 중)

③ A의 배우자(A와 비동거 중)　　　　　④ A의 아버지와 재혼한 새어머니(A와 동거 중)

62 국민건강보험법상 요양기관이 속임수나 부당한 방법으로 가입자 및 피부양자에게 50만 원의 요양급여비용을 부담하게 한 경우의 부과·징수할 수 있는 과징금의 최대 액수는?

① 50만 원　　　　　　　　　　　　　② 100만 원

③ 250만 원　　　　　　　　　　　　　④ 500만 원

63 다음 〈보기〉 중 국민건강보험법상 약제에 대한 요양급여비용 상한금액의 감액에 대한 내용으로 옳지 않은 것은 몇 개인가?

─────〈보기〉─────

ㄱ. 약사법 위반과 관련된 약제에 대하여는 요양급여비용 상한금액의 100분의 20을 넘지 아니하는 범위에서 1차 감액을 할 수 있다.

ㄴ. 2차 감액의 경우 요양급여비용 상한금액의 100분의 60을 넘지 아니하는 범위에서 요양급여비용 상한금액의 일부를 감액할 수 있다.

ㄷ. 현행법상 다시 감액대상이 되었을 때 재감액할 수 있는 기간은 요양급여비용의 상한금액이 감액된 약제가 감액된 날부터 5년 이내이다.

ㄹ. 요양급여비용 상한금액의 감액 및 요양급여 적용 정지의 기준, 절차, 그 밖에 필요한 사항은 대통령령으로 정한다.

① 1개　　　　　　　　　　　　　　　② 2개

③ 3개　　　　　　　　　　　　　　　④ 4개

64 다음은 국민건강보험법상 체납보험료의 분할납부에 대한 내용이다. 빈칸에 들어갈 숫자들의 합으로 옳은 것은?

공단은 보험료를 ___회 이상 체납한 A가 분할납부를 신청하여 보건복지부령으로 정하는 바에 따라 분할납부를 승인하였다. 이후 분할납부의 승인을 받은 A가 정당한 사유 없이 ___회 이상 그 승인된 보험료를 납부하지 않아 분할납부의 승인을 취소하였다.

① 7　　　　　　　　　　　　　　　　② 8

③ 9　　　　　　　　　　　　　　　　④ 10

65 다음 〈보기〉 중 국민건강보험법상 선별급여에 대한 설명으로 옳은 것은 모두 몇 개인가?

---〈보기〉---
- ⊙ 요양급여를 결정함에 있어 경제성 또는 치료효과성 등이 불확실하여 그 검증을 위하여 추가적인 근거가 필요한 경우에는 선별급여를 실시할 수 있다.
- ⓒ 경제성이 낮아도 가입자와 피부양자의 건강회복에 잠재적 이득이 있는 경우에는 선별급여를 실시할 수 있다.
- ⓒ 보건복지부장관은 선별급여에 대하여 주기적으로 요양급여의 적합성을 평가하여 요양급여 여부를 다시 결정하고, 요양급여의 기준을 조정하여야 한다.
- ⓔ 국민건강보험공단은 선별급여에 대하여 주기적으로 요양급여의 적합성을 평가하여 요양급여 여부를 다시 결정하고, 요양급여의 기준을 조정하여야 한다.

① 1개   ② 2개
③ 3개   ④ 4개

66 다음 중 국민건강보험법상 과태료 부과대상이 아닌 것은?

① 요양급여비용에 관한 서류를 보존하지 않은 경우
② 사업장 신고를 하지 않거나 거짓으로 신고한 경우
③ 요양비 명세서나 요양 명세를 적은 영수증을 내주지 않은 경우
④ 행정처분절차가 진행 중인 사실을 지체 없이 알리지 않은 경우

67 다음 중 국민건강보험법상 직장가입자에 해당하는 사람은?

① 교도소에 수감된 자
② 병역법에 따른 현역병
③ 고용기간이 1개월 미만인 일용근로자
④ 선거에 당선되어 취임한 공무원으로서 급료를 받는 자

68 다음 중 국민건강보험법상 과태료 100만 원에 해당하는 부과대상은?

① 건강보험에 관한 서류를 3년간 보존하지 않은 사용자
② 자신이 고용한 근로자가 직장가입자가 되는 것을 방해한 자
③ 정당한 사유 없이 가입자의 거주지 변경 신고·서류 제출을 하지 아니한 자
④ 업무를 수행하면서 알게 된 정보를 누설한 자

69 다음 중 국민건강보험법상 실업자에 대한 특례의 내용으로 옳지 않은 것은?

① 임의계속가입자의 보험료는 보건복지부장관이 정하여 고시하는 바에 따라 그 일부를 경감할 수 있다.

② 임의계속가입자는 자격의 변동 시기 등에도 불구하고 최초로 내야 할 보험료를 3개월 이상 미납하였더라도 직장가입자의 자격을 유지한다.

③ 임의계속가입자의 보수월액은 보수월액보험료가 산정된 최근 12개월간의 보수월액을 평균한 금액으로 한다.

④ 사용관계가 끝난 직장가입자가 최초로 지역가입자로 보험료 고지를 받은 날부터 납부기한이 2개월이 지나기 이전까지 공단에 직장가입자로서의 자격을 유지할 것을 신청할 수 있다.

70 다음 중 국민건강보험법상 국민건강보험료보다 우선 징수 대상으로 옳은 것은?

① 질권 ② 저당권
③ 일반채권 ④ 국세 · 지방세

71 다음 중 국민건강보험법상 임의계속가입자에 대한 내용으로 옳은 것은?

① 임의계속가입자의 신청 절차에 필요한 사항은 대통령령으로 정한다.

② 사용관계가 끝난 직장가입자 중 해당 사업장에서 대통령령으로 정하는 기간 동안 통산 1년 이상 직장가입자의 자격을 유지한 경우 임의계속가입자로 신청할 수 있다.

③ 임의계속가입자 신청 후 최초로 내야 할 직장가입자 보험료를 그 납부기한부터 3개월이 지난날까지 내지 아니한 경우에는 그 자격을 유지할 수 없다.

④ 임의계속가입자의 보험료는 그 일부를 경감할 수 있고, 보수월액보험료는 그 임의계속가입자가 전액을 부담하고 납부한다.

72 다음 중 국민건강보험법상 국민건강보험공단의 업무가 아닌 것은?

① 의료시설의 운영
② 요양급여비용의 심사
③ 가입자 및 피부양자의 자격 관리
④ 자산의 관리·운영 및 증식사업

73 월 300만 원(보수월액)을 받고 있는 직장가입자 A는 피부양자인 아내와 아이를 국내에 두고 2023년 4월에 업무 목적으로 6개월 동안 해외출장을 갈 예정이다. A가 해외에 체류하는 동안 실제 납부할 월 보험료는? (단, 2023년 직장가입자의 보험율은 1만 분의 709로 한다)

① 0원
② 53,175원
③ 106,355원
④ 212,700원

74 다음 중 국민건강보험법상 임의계속가입자에 대한 설명으로 옳지 않은 것은?

① 임의계속가입자가 보수월액보험료의 전액을 부담하고 납부한다.
② 보수월액은 보수월액보험료가 산정된 최근 6개월간의 보수월액을 평균한 금액으로 한다.
③ 임의계속가입자의 보험료는 보건복지부장관이 정하여 고시하는 바에 따라 그 일부를 경감할 수 있다.
④ 임의계속가입자는 자격의 변동 시기에도 불구하고 대통령령으로 정하는 기간 동안 직장가입자의 자격을 유지한다.

75 다음 중 건강보험정책심의위원회에 대한 설명으로 옳지 않은 것은?

① 위원의 임기는 3년으로 한다.
② 위원장 1명을 제외한 25명의 위원으로 구성한다.
③ 요양급여의 기준에 대한 사항을 심의·의결한다.
④ 보건복지부장관이 임명하는 위원 중에는 시민단체에서 추천하는 1명도 포함된다.

76 다음 중 요양급여비용의 청구 및 통보 순서로 옳은 것은?

① 요양기관 → 심사평가원 → 공단
② 심사평가원 → 공단 → 요양기관
③ 공단 → 요양기관 → 심사평가원
④ 심사평가원 → 요양기관 → 공단

77 다음 중 빈칸에 들어갈 날짜로 옳은 것은?

국내체류 외국인 등에 해당하는 지역가입자의 보험료는 그 직전 월 _____까지 납부하여야 한다.

① 7일   ② 15일
③ 20일   ④ 25일

78 다음 중 국민건강보험공단의 설립등기에 포함되는 항목으로 옳은 것을 〈보기〉에서 모두 고르면?

───〈보기〉───
㉠ 목적   ㉡ 명칭
㉢ 임직원의 주소   ㉣ 분사무소의 소재지
㉤ 정관

① ㉠, ㉡, ㉢   ② ㉠, ㉡, ㉣
③ ㉠, ㉢, ㉣   ④ ㉡, ㉣, ㉤

79 다음 중 빈칸 ㉠, ㉡에 들어갈 내용이 바르게 연결된 것은?

보험료의 경감 등(법 제75조 제1항)

다음 각 호의 어느 하나에 해당하는 가입자 중 ___㉠___ 으로 정하는 가입자에 대하여는 그 가입자 또는 그 가입자가 속한 세대의 보험료의 일부를 경감할 수 있다.

1. 섬·벽지(僻地)·농어촌 등 ___㉡___ 으로 정하는 지역에 거주하는 사람
2. 65세 이상인 사람
3. 장애인복지법에 따라 등록한 장애인
4. 국가유공자 등 예우 및 지원에 관한 법률에 따른 국가유공자
5. 휴직자
6. 그 밖에 생활이 어렵거나 천재지변 등의 사유로 보험료를 경감할 필요가 있다고 보건복지부장관이 정하여 고시하는 사람

	㉠	㉡
①	보건복지부령	보건복지부령
②	대통령령	보건복지부령
③	보건복지부령	대통령령
④	대통령령	대통령령

80 다음 중 국민건강보험법 위반으로 가장 많은 벌금을 부과받는 사람은?(단, 법에 명시된 최대한의 벌금을 부과받는다고 가정한다)

① 가입자 및 피부양자의 개인정보를 누설한 A
② 업무를 수행하면서 알게 된 정보를 누설한 B
③ 거짓이나 그 밖의 부정한 방법으로 보험급여를 받은 C
④ 요양비 명세서나 요양 명세를 적은 영수증을 내주지 않은 D

61 다음 중 빈칸에 들어갈 기간으로 옳은 것은?

> 장기요양기관을 운영하는 자는 노인학대 방지 등 수급자의 안전과 장기요양기관의 보안을 위하여 법령에 따라 폐쇄회로 텔레비전을 설치하여야 한다. 이때, 폐쇄회로 텔레비전에 기록된 영상정보는 _____ 이상 보관하여야 한다.

① 30일   ② 60일
③ 100일   ④ 1년

62 노인장기요양보험법상 장기요양등급은 아래의 절차 과정을 거쳐 진행된다. 이 중 등급판정위원회의 판정 절차 과정에 대한 설명으로 옳지 않은 것은?

> 신청서 제출 → 공단 소속 직원의 조사 → 조사결과서 등을 등급판정위원회 제출 → 수급자 판정 → 장기요양 등급판정

① 장기요양인정을 신청할 수 있는 자는 노인 등으로 장기요양보험가입자의 해당 자격을 갖추어야 한다.
② 등급판정위원회는 신청인이 3개월 이상 동안 혼자서 일상생활을 수행하기 어렵다고 인정하는 경우 등급판정기준에 따라 수급자로 판정한다.
③ 공단은 장기요양인정 신청서를 접수한 때 소속 직원으로 하여금 신청인의 심신상태를 조사하게 하여야 한다.
④ 공단은 장기요양인정 신청조사가 완료된 때 조사결과서, 신청서, 의사소견서, 그 밖에 심의에 필요한 자료를 등급판정위원회에 제출하여야 한다.

63 다음 중 노인장기요양보험법상 장기요양요원지원센터의 담당 업무가 아닌 것은?
① 장기요양요원을 위한 문화프로그램의 운영
② 장기요양요원의 역량강화를 위한 교육지원
③ 장기요양요원의 대한 건강검진 등 건강관리를 위한 사업
④ 장기요양요원의 권리 침해에 관한 상담 및 지원

64 다음 중 노인장기요양보험법상 장기요양기관의 행정제재처분 효과의 승계에 대한 내용으로 옳은 것은?

① 장기요양기관을 양도한 경우 양도인은 행정제재처분의 효과가 승계된다.

② 행정제재처분 절차가 진행 중인 자는 3일 이내 그 사실을 양수인 등에게 알려야 한다.

③ 행정제재처분의 효과는 그 처분을 한 다음 날부터 3년간 승계된다.

④ 법인이 합병된 경우에 합병으로 신설된 법인은 행정제재처분의 효과가 승계된다.

65 다음 〈보기〉에서 노인장기요양보험법상 부당한 방법으로 장기요양등급이나 장기요양급여를 받았을 때의 조치로 옳은 것을 모두 고르면?

─〈보기〉─

㉠ 수급자 A가 거짓으로 장기요양인정을 받은 것으로 의심되는 경우 공단이 조사 결과를 제출했더라도 등급 판정위원회는 다시 수급자 등급을 조정할 수 없다.

㉡ 공단은 장기요양급여를 받고 있는 수급자 B가 정당한 사유 없이 조사 요구에 응하지 않을 경우 급여의 전부 또는 일부를 제공하지 아니하게 할 수 있다.

㉢ 공단은 거짓 진단에 따라 장기요양급여가 제공된 때 거짓의 행위에 관여한 의사 C에 대하여 장기요양급여를 받은 D와 연대하여 징수금을 납부하게 할 수 있다.

① ㉠, ㉡   ② ㉠, ㉢

③ ㉡, ㉢   ④ ㉠, ㉡, ㉢

66 다음 중 노인장기요양보험법상 부당이득에 해당되지 않는 것은?

① 월 한도액 범위에서 장기요양급여를 받은 경우

② 장기요양급여의 제한 등을 받을 자가 장기요양급여를 받은 경우

③ 노인장기요양보험법상의 원인 없이 공단으로부터 장기요양급여를 받은 경우

④ 거짓이나 그 밖의 부정한 방법으로 의사소견서 등 발급비용을 청구하여 지급받은 경우

67 다음 중 노인장기요양보험법상 등급판정위원회에 대한 설명으로 옳은 것은?

① 등급판정위원회는 신청인이 신청서를 제출한 날부터 60일 이내에 장기요양등급판정을 완료하여야 한다.

② 등급판정위원회는 수급자로 심의·판정을 하는 때 신청인과 그 가족, 의사소견서를 발급한 의사 등 관계인의 의견을 들을 수 있다.

③ 공단은 등급판정위원회가 등급판정의 심의를 완료한 경우 30일 안에 장기요양인정서를 작성하여 수급자에게 송부하여야 한다.

④ 등급판정위원회는 장기요양인정 신청조사가 완료된 때 조사결과서, 신청서, 의사소견서, 그 밖에 심의에 필요한 자료를 공단에 제출하여야 한다.

68 다음 중 노인장기요양보험법상 장기요양기관을 지정할 때 고려할 사항으로 옳은 것은?

① 노인성질환예방사업 추진 계획

② 장기요양급여의 수준 향상 방안

③ 노인 등의 장기요양급여의 실시에 필요한 사항

④ 장기요양기관을 운영하려는 자의 장기요양급여 제공 이력

69 다음 중 노인장기요양보험법상 장기요양기관의 폐쇄회로 텔레비전 설치에 대한 내용으로 옳지 않은 것은?

① 장기요양기관을 운영하는 자는 폐쇄회로 텔레비전에 기록된 영상정보를 60일 이상 보관하여야 한다.

② 국가 또는 지방자치단체는 폐쇄회로 텔레비전 설치비의 전부를 지원하여야 한다.

③ 재가급여만을 제공하는 경우에는 폐쇄회로 텔레비전의 설치·관리 대상이 아니다.

④ 장기요양기관을 운영하는 자는 노인학대 방지 등을 위하여 폐쇄회로 텔레비전을 설치·관리하여야 한다.

70 다음 〈보기〉의 장기요양급여 중 특별현금급여를 모두 고르면?

────〈보기〉────	
㉠ 가족요양비	㉡ 방문간호
㉢ 특례요양비	㉣ 요양병원간병비
㉤ 단기보호	

① ㉠, ㉡, ㉢

② ㉠, ㉡, ㉣

③ ㉠, ㉢, ㉣

④ ㉡, ㉣, ㉤

71 다음 중 노인장기요양보험법상 등급판정 및 장기요양등급판정기간에 대한 설명으로 옳은 것은?

① 등급판정위원회는 신청인에 대한 정밀조사가 필요한 경우 등 기간 이내에 등급판정을 완료할 수 없는 부득이한 사유가 있는 경우 30일 이내의 범위에서 이를 연장할 수 있다.

② 공단은 등급판정위원회가 등급판정의 심의를 완료한 경우 5일 안에 장기요양인정서를 작성하여 수급자에게 송부하여야 한다.

③ 공단은 조사가 완료된 때 조사결과서, 신청서, 의사소견서, 그 밖에 심의에 필요한 자료를 보건복지부에 제출하여야 한다.

④ 등급판정위원회는 신청인이 신청서를 제출한 날부터 60일 이내에 장기요양등급판정을 완료하여야 한다.

72 다음 중 노인장기요양보험법령상 등급판정위원회 위원이 될 수 없는 사람은?

① 의료법에 따른 의료인
② 국민건강보험공단의 임원
③ 사회복지사업법에 따른 사회복지사
④ 시·군·구 소속 공무원

73 다음 중 노인장기요양법령상 장기요양기관의 지정 및 취소에 대한 설명으로 옳은 것은?

① 특별자치시장·특별자치도지사·시장·군수·구청장은 장기요양기관을 지정한 때 3일 이내에 지정 명세를 공단에 통보하여야 한다.

② 재가급여를 제공하는 장기요양기관이 방문간호를 제공할 경우 모두 방문간호 관리책임자인 요양보호사를 두어야 한다.

③ 장기요양기관이 거짓이나 그 밖의 부정한 방법으로 지정을 받은 경우 시장·군수·구청장은 6개월의 범위에서 업무정지를 명할 수 있다.

④ 지정취소를 받은 후 3년이 지나지 아니한 자(법인인 경우 그 대표자 포함)는 장기요양기관으로 지정받을 수 없다.

74 다음 중 빈칸 ㉠, ㉡에 들어갈 내용이 바르게 연결된 것은?

장기요양보험사업의 보험자는 공단으로 하고, 장기요양보험가입자는 국민건강보험법 제5조 및 제109조에 따른 가입자로 한다. 그럼에도 불구하고 공단은 외국인근로자의 고용 등에 관한 법률에 따른 외국인 근로자 등 ___㉠___으로 정하는 외국인이 신청하는 경우 ___㉡___으로 정하는 바에 따라 장기요양보험가입자에서 제외할 수 있다.

	㉠	㉡
①	대통령령	보건복지부령
②	보건복지부령	대통령령
③	보건복지부령	보건복지부령
④	대통령령	대통령령

75 다음 〈보기〉의 사례에서 업무정지에 갈음한 과징금의 최대 금액은?

─────〈보기〉─────

• 처분 근거 : 노인장기요양보험법 제37조 제1항 제4호
• 위반 내용 : 서비스 시간 늘려 청구, 인력배치기준 위반 청구, 기록관리 거짓 작성
• 부당 청구액 : 12,844천 원
• 행정 처분 예정 내용 : 업무정지 69일, 과태료 50만 원

① 25,688천 원   ② 38,532천 원
③ 51,376천 원   ④ 64,220천 원

76 다음 장기요양급여의 종류 중 성격이 다른 하나는?

① 도서·벽지 등 장기요양기관이 현저히 부족한 지역으로서 보건복지부장관이 정하여 고시하는 지역에 거주하는 수급자에게 지급하는 장기요양급여

② 천재지변이나 그 밖에 이와 유사한 사유로 인하여 장기요양기관이 제공하는 장기요양급여를 이용하기가 어렵다고 보건복지부장관이 인정하는 수급자에게 지급하는 장기요양급여

③ 요양병원에 입원한 때 대통령령으로 정하는 기준에 따라 장기요양에 사용되는 비용의 일부를 지급하는 장기요양급여

④ 신체·정신 또는 성격 등 대통령령으로 정하는 사유로 인하여 가족 등으로부터 장기요양을 받아야 하는 수급자에게 지급하는 장기요양급여

77 다음과 같이 국민건강보험법의 적용을 받는 건강보험가입자 B의 장기요양보험료는?(단, 1원 단위 이하는 절사한다)

> 2023년도 건강보험가입자 B의 월 건강보험료액은 70,000원이다.

① 6,340원   ② 7,650원
③ 8,960원   ④ 10,340원

78 다음 중 장기요양급여의 제공에 대한 설명으로 옳은 것은?

① 돌볼 가족이 없는 수급자는 장기요양인정신청서를 제출한 날부터 장기요양급여를 받을 수 있다.

② 장기요양급여를 받으려는 수급자는 장기요양기관에 장기요양인정서와 개인별장기요양이용계획서를 제시한 후 공단에 전화나 인터넷 등을 통하여 그 자격을 확인하여야 한다.

③ 수급자는 장기요양인정서와 개인별장기요양이용계획서가 도달한 다음 날부터 장기요양급여를 받을 수 있다.

④ 공단이 자료 제출을 요구했을 때 수급자가 자료를 제출하지 않았더라도 공단은 장기요양급여를 제공할 수 있다.

79 다음 중 장기요양심사청구 및 재심사청구에 대한 내용으로 옳은 것은?

① 심사청구는 그 처분이 있음을 안 날부터 180일 이내에 문서로 하여야 한다.

② 정당한 사유로 그 기간에 심사청구를 할 수 없었음을 증명하더라도 심사청구를 할 수 없다.

③ 재심사위원회의 재심사에 관한 절차에 관하여는 행정심판법을 준용한다.

④ 재심사위원회는 국민건강보험공단 소속으로 두고, 위원장 1인을 제외한 20인 이내의 위원으로 구성한다.

80 다음 중 장기요양기관으로 지정받을 수 없는 결격사유에 해당하는 것을 〈보기〉에서 모두 고르면?

───────────〈보기〉───────────

㉠ 전문의가 장기요양기관 운영 종사자로 적합하다고 인정한 정신질환자
㉡ 파산선고를 받고 복권되지 아니한 사람
㉢ 금고 이상의 형의 집행유예를 선고받고 그 유예기간 중에 있는 사람
㉣ 금고 이상의 실형을 선고 받고 집행이 면제된 날부터 5년이 경과된 사람
㉤ 마약류에 중독된 사람

① ㉠, ㉡, ㉢   ② ㉠, ㉡, ㉣
③ ㉡, ㉢, ㉤   ④ ㉡, ㉣, ㉤

1일 차
기출응용 모의고사

〈문항 및 시험시간〉

평가영역	문항 수	시험시간	모바일 OMR 답안채점 / 성적분석 서비스	
[공통] 의사소통＋수리＋문제해결 [행정직 / 건강직 / 기술직] 국민건강보험법 [요양직] 노인장기요양보험법	80문항	80분	행정직 / 건강직 / 기술직	요양직

※ 수록 기준
　국민건강보험법 : 법률 제19841호(시행 24.12.27.),
　노인장기요양보험법 : 법률 제20213호(시행 25.02.07.)

1일 차 기출응용 모의고사

문항 수 : 80문항
시험시간 : 80분

제1영역 직업기초능력

01 다음 글의 ⊙ ~ ⓔ에 대한 고쳐 쓰기 방안으로 적절하지 않은 것은?

> 시간을 잘 관리하는 사람은 서두르지 않으면서 늦는 법이 없다. 시간의 주인으로 살기 때문이다. 반면, 시간을 잘 관리하지 못하는 사람은 잡다한 일로 늘 바쁘지만 놓치는 것이 많다. 시간에 묶이기 때문이다. 당신은 어떤 사람인가.
> ⊙ 하지만 이 말이 일분일초의 여유도 없이 빡빡하게 살라는 말은 아니다. 주어진 순간순간을 밀도 있게 사는 것은 중요하다. 우리는 목표를 정하고 부수적인 것들을 정리하면서 삶의 곳곳에 비는 시간을 ⓒ 만들어져야 한다. 자동차와 빌딩으로 가득한 도시에 공원이 필요하듯 우리의 시간에도 여백이 필요한 것이다. 조금은 비워 두고 무엇이든 자유롭게 할 수 있는 여백은 우리 삶에서 꼭 필요하다. ⓒ 인생의 기쁨은 자존감에 바탕을 둔 배려심에서 나온다. 목표를 향해 가면서 우리는 예상치 못한 일에 맞닥뜨릴 수 있다. 그러한 뜻밖의 상황에서 시간의 여백이 없다면 우리는 문제를 해결하지 못해 목표와 방향을 잃어버릴지도 모른다. ⓔ 그러므로 시간의 여백을 만드는 것은 현명한 삶을 위한 최고의 시간 관리라고 할 수 있다.

① ⊙ : 문맥을 고려하여 뒷문장과 순서를 바꾸는 것이 좋겠어.

② ⓒ : 문장 성분 간의 호응을 고려하여 '만들어야'로 고치는 것이 좋겠어.

③ ⓒ : 글의 통일성을 고려하여 삭제하는 것이 좋겠어.

④ ⓔ : 문장의 연결 관계를 고려하여 '또한'으로 바꾸는 것이 좋겠어.

※ 다음 글의 내용으로 가장 적절한 것을 고르시오. [2~3]

02

사람들은 단순히 공복을 채우기 위해서가 아니라 다른 많은 이유로 '먹는다'는 행위를 한다. 먹는다는 것에 대한 비 생리학적인 동기에 대해서 연구하고 있는 과학자들에 따르면 비만인 사람들과 표준체중인 사람들은 식사 패턴에서 꽤나 차이를 보이는 것을 알 수 있다. 한 연구에서는 비만인 사람들에게 식사 전에 그 식사에 대한 상세한 설명을 하면 설명을 하지 않은 경우에 비해서 식사량이 늘었지만, 표준체중인 사람들에게서는 그런 현상이 보이지 않음을 발견했다. 또한 표준체중인 사람들은 밝은 색 접시에 담긴 견과류와 어두운 색 접시에 담긴 견과류를 먹은 개수의 차가 거의 없는 것에 비해, 비만인 사람들은 밝은 색 접시에 담긴 견과류를 어두운 색 접시에 담긴 견과류보다 2배 더 많이 먹었다는 연구도 있다.

① 비만인 사람들은 표준체중인 사람들보다 감각이 예민하다.
② 표준체중인 사람들은 음식에 대한 욕구를 절제할 수 있다.
③ 표준체중인 사람들은 비만체중인 사람들에 비해 식사량이 적다.
④ 비만인 사람들은 표준체중인 사람들에 비해 외부 자극에 의해 식습관에 영향을 받기 쉽다.

03

통증은 조직 손상이 일어나거나 일어나려고 할 때 의식적인 자각을 주는 방어적 작용으로 감각의 일종이다. 통증을 유발하는 자극에는 강한 물리적 충격에 의한 기계적 자극, 높은 온도에 의한 자극, 상처가 나거나 미생물에 감염되었을 때 세포에서 방출하는 화학 물질에 의한 화학적 자극 등이 있다. 이러한 자극은 온몸에 퍼져 있는 감각 신경의 말단에서 받아들이는데, 이 신경 말단을 통각 수용기라 한다. 통각 수용기는 피부에 가장 많아 피부에서 발생한 통증은 위치를 확인하기 쉽지만, 통각 수용기가 많지 않은 내장 부위에서 발생한 통증은 위치를 정확히 확인하기 어렵다. 후각이나 촉각 수용기 등에는 지속적인 자극에 대해 수용기의 반응이 감소되는 감각 적응 현상이 일어난다. 하지만 통각 수용기에는 지속적인 자극에 대해 감각 적응 현상이 거의 일어나지 않는다. 그래서 우리 몸은 위험한 상황에 대응할 수 있게 된다.
대표적인 통각 수용 신경 섬유에는 Aδ섬유와 C섬유가 있다. Aδ섬유에는 기계적 자극이나 높은 온도 자극에 반응하는 통각 수용기가 분포되어 있으며, C섬유에는 기계적 자극이나 높은 온도 자극뿐만 아니라 화학적 자극에도 반응하는 통각 수용기가 분포되어 있다. Aδ섬유를 따라 전도된 통증 신호가 대뇌 피질로 전달되면, 대뇌 피질에서는 날카롭고 쑤시는 듯한 짧은 초기 통증을 느끼고 통증이 일어난 위치를 파악한다. C섬유를 따라 전도된 통증 신호가 대뇌 피질로 전달되면, 대뇌피질에서는 욱신거리고 둔한 지연 통증을 느낀다. 이는 두 신경 섬유의 특징과 관련이 있다. Aδ섬유는 직경이 크고 전도 속도가 빠르며, C섬유는 직경이 작고 전도 속도가 느리다.

① 통각 수용기가 적은 부위일수록 통증 위치를 확인하기 쉽다.
② 통각 수용기는 수용기의 반응이 감소되는 감각 적응 현상이 거의 일어나지 않는다.
③ Aδ섬유는 C섬유보다 직경이 작고 전도 속도가 빠르다.
④ Aδ섬유를 따라 전도된 통증 신호가 대뇌 피질로 전달되면, 대뇌 피질에서는 욱신거리고 둔한 지연 통증을 느낀다.

※ 다음 문단을 논리적 순서대로 바르게 나열한 것을 고르시오. [4~5]

04

(가) 왜냐하면 눈과 자율신경을 통한 인간의 정신적·생리적 삶의 리듬은 일별, 월별로 변화하는 주광에 영향을 받기 때문이다.

(나) 인공광은 변화하는 주광과 달리 시간의 제약 없이 빛의 밝기를 원하는 대로 조절할 수 있지만, 인간의 건강과 안락감에 부정적인 영향을 준다는 것을 간과할 수 없다.

(다) 우리가 전등이라고 부르는 인공광은 빛의 조도 조절, 야간 조명, 기후나 기상에 따른 변화 등에 대처하기 위해서 필요하다.

(라) 하지만 인공광은 생리적 반응에 있어서 자연광과 일치하지 않기 때문에 인간의 시각적 적응 능력을 필요로 하며, 자연 채광이 차단된 밀폐된 공간에서는 상황 판단에 혼란을 일으키기 쉽다는 단점이 있다.

① (나) – (가) – (다) – (라)　　　　② (나) – (다) – (가) – (라)
③ (다) – (나) – (가) – (라)　　　　④ (다) – (라) – (나) – (가)

05

(가) 흡연자와 비흡연자 사이의 후두암, 폐암 등의 질병별 발생위험도에 대해서 국민건강보험공단은 유의미한 연구결과를 내놓기도 했는데, 연구결과에 따르면 흡연자는 비흡연자에 비해서 후두암 발생률이 6.5배, 폐암 발생률이 4.6배 등 각종 암에 걸릴 확률이 높은 것으로 나타났다.

(나) 국민건강보험공단은 이에 대해 담배회사가 절차적 문제로 방어막을 치고 있는 것에 지나지 않는다 하여 비판을 제기하고 있다. 아직 소송이 처음 시작한 만큼 담배회사와 국민건강보험공단 간의 '담배 소송'의 결과를 보려면 오랜 시간을 기다려야 할 것이다.

(다) 이와 같은 담배의 유해성 때문에 국민건강보험공단은 현재 담배회사와 소송을 진행하고 있는데, 당해 소송에서는 담배의 유해성에 대한 인과관계 입증 이전에 다른 문제가 부상하였다. 국민건강보험공단이 소송당사자가 될 수 있는지가 문제가 된 것이다.

(라) 담배는 임진왜란 때 일본으로부터 호박, 고구마 등과 함께 들어온 것으로 알려져 있다. 그러나 선조들이 알고 있던 것과는 달리, 담배는 약초가 아니다. 담배의 유해성은 우선 담뱃갑이 스스로를 경고하는 경고 문구에 나타나 있다. 담뱃갑에는 '흡연은 폐암 등 각종 질병의 원인'이라는 문구를 시작으로, '담배 연기에는 발암성 물질인 나프틸아민, 벤젠, 비닐 크롤라이드, 비소, 카드뮴이 들어 있다.'라고 적시하고 있다.

① (가) – (다) – (라) – (나)　　　　② (가) – (라) – (다) – (나)
③ (라) – (가) – (다) – (나)　　　　④ (라) – (다) – (가) – (나)

06 다음 글의 빈칸에 들어갈 내용으로 가장 적절한 것은?

알레르기는 도시화와 산업화가 진행되는 지역에서 매우 빠르게 증가하고 있는데, 알레르기의 발병 원인에 대한 20세기의 지배적 이론은 알레르기는 병원균의 침입에 의해 발생하는 감염성 질병이라는 것이다. 하지만 1989년 영국 S의사는 이 전통적인 이론에 맞서 다음 가설을 제시했다. _____ S는 1958년 3월 둘째 주에 태어난 17,000명 이상의 영국 어린이를 대상으로 그들이 23세가 될 때까지 수집한 개인정보 데이터베이스를 분석하여, 이 가설을 뒷받침하는 증거를 찾았다. 이들의 가족 관계, 사회적 지위, 경제력, 거주 지역, 건강 등의 정보를 비교 분석한 결과, 두 개 항목이 꽃가루 알레르기와 상관관계를 가졌다. 첫째, 함께 자란 형제자매의 수이다. 외동으로 자란 아이의 경우 형제가 서넛인 아이에 비해 꽃가루 알레르기에 취약했다. 둘째, 가족 관계에서 차지하는 서열이다. 동생이 많은 아이보다 손위 형제가 많은 아이가 알레르기에 걸릴 확률이 낮았다.

S의 주장에 따르면 가족 구성원이 많은 집에 사는 아이들은 가족 구성원, 특히 손위 형제들이 집안으로 끌고 들어오는 온갖 병균에 의한 잦은 감염 덕분에 장기적으로는 알레르기 예방에 오히려 유리하다. S는 유년기에 겪은 이런 감염이 꽃가루 알레르기를 비롯한 알레르기성 질환으로부터 아이들을 보호해 왔다고 생각했다.

① 알레르기는 유년기에 병원균 노출의 기회가 적을수록 발생 확률이 높아진다.
② 알레르기는 가족 관계에서 서열이 높은 가족 구성원에게 더 많이 발생한다.
③ 알레르기는 성인보다 유년기의 아이들에게 더 많이 발생한다.
④ 알레르기는 도시화에 따른 전염병의 증가로 인해 유발된다.

07 다음 글의 제목으로 가장 적절한 것은?

우리는 비극을 즐긴다. 비극적인 희곡과 소설을 즐기고, 비극적인 그림과 영화 그리고 비극적인 음악과 유행가도 즐긴다. 슬픔, 애절, 우수의 심연에 빠질 것을 알면서도 소포클레스의 『안티고네』, 셰익스피어의 『햄릿』을 찾고, 베토벤의 '운명', 차이코프스키의 '비창', 피카소의 '우는 연인'을 즐긴다. 아니면 텔레비전의 멜로드라마를 보고 값싼 눈물이라도 흘린다. 이를 동정과 측은과 충격에 의한 '카타르시스', 즉 마음의 세척으로 설명한 아리스토텔레스의 주장은 유명하다. 그것은 마치 눈물로 스스로의 불안, 고민, 고통을 씻어내는 역할을 한다는 것이다.

니체는 좀 더 심각한 견해를 갖는다. 그는 "비극은 언제나 삶에 아주 긴요한 기능을 가지고 있다. 비극은 사람들에게 그들을 싸고도는 생명 파멸의 비운을 똑바로 인식해야 할 부담을 덜어 주고, 동시에 비극 자체의 암울하고 음침한 원류에서 벗어나게 해서 그들의 삶의 흥취를 다시 돋우어 준다."라고 하였다. 그런 비운을 직접 전면적으로 목격하는 일, 또 더구나 스스로 직접 그것을 겪는 일이라는 것은 너무나 끔찍한 일이기에, 그것을 간접경험으로 희석한 비극을 봄으로써 '비운'이란 그런 것이라는 이해와 측은지심을 갖게 되고, 동시에 실제 비극이 아닌 그 가상적인 환영(幻影) 속에서 비극에 대한 안도감도 맛보게 된다.

① 비극의 현대적 의의
② 비극에 반영된 삶
③ 비극의 기원과 역사
④ 비극을 즐기는 이유

08 다음 중 눈 건강을 위한 영양소와 효능이 바르게 짝지어지지 않은 것은?

눈의 건조가 시력저하 부른다?

세상을 보는 창인 '눈'은 사계절 중 특히 봄에 건강을 위협받기 쉽다. 건조한 날씨와 더불어 꽃가루, 황사 먼지 등이 우리 눈에 악영향을 끼치기 때문이다. 그 예로 들 수 있는 것이 눈의 건조증이다. 눈이 건조해지면 눈이 쉽게 피로하고 충혈되는 증상이 나타난다. 그리고 여기에 더해 시력이 떨어지는 일이 일어나기도 한다. 우리는 가까운 사물을 볼 때 눈을 잘 깜빡거리지 않는 경향이 있다. 이런 경향은 TV화면, 컴퓨터, 스마트폰 등에 집중할 때 더 심해진다. 이 경우 눈의 건조는 더욱 안 좋아질 수밖에 없다. 그렇다면 어떻게 해야 할까? 수시로 수분을 섭취하고 눈을 자주 깜빡이면서 눈의 건조를 막으려는 노력을 해야 한다. 또 1시간에 한 번 2 ~ 3분씩 눈을 감은 상태에서 눈동자를 굴리는 것도 눈 근육 발달에 도움을 주어 시력 저하를 막을 수 있다. 가벼운 온찜질로 눈의 피로를 풀어주는 것도 좋은 방법이다.

컴퓨터 화면 증후군 예방법

미국안과의사협회와 코넬 대학은 컴퓨터 화면 증후군을 '컴퓨터 가까이에서 일하거나 컴퓨터를 사용하는 동안 올바른 작업 환경에서 일하지 못해서 눈과 시력에 생기는 여러 가지 증상'이라고 정의한다. 최근 컴퓨터 화면 증후군이 점점 더 많아지고 있는 가운데 미국안과의사협회에서는 컴퓨터 화면 증후군 예방법을 내놓았다. 가장 필요한 것은 눈에 휴식을 주는 것이다. 1시간에 5 ~ 10분 정도 눈을 쉬어 주는 것이 눈 건강에 도움이 된다고 한다. 시력은 평생 변하므로 시력이 좋은 사람이라도 정기적인 안과 검사를 통해 시력 교정을 해주어야 하며, 노안이 시작되는 사람은 컴퓨터 사용을 위한 작업용 안경을 맞추는 것이 좋다. 업무 시간 내 연속적인 컴퓨터 작업을 피해 전화 걸기, 고객 접대 등 눈에 무리가 가지 않는 일을 하는 것이 좋으며 야간 작업을 할 때는 실내 전체 조명은 어둡게 하고 부분 조명을 사용하면 서로 다른 빛 방향으로 시력이 증진된다고 전했다. 또한 컴퓨터를 자주 사용하는 사람은 보호 필터를 설치하고 모니터의 글씨를 크게 하여 눈이 뚫어지게 집중하는 것을 피하는 것이 좋다.

눈 건강을 위한 영양소

칼슘은 뼈와 치아뿐 아니라 인체 조직의 회복을 돕는 데에도 작용한다. 특히 눈을 깜빡이는 근육의 힘이나 염증을 치료하는 데 탁월한 효과를 보인다. 눈과 관련된 영양소 중 가장 많이 알려진 것은 바로 비타민 A다. 야맹증과 안구건조증, 결막염에 효과가 좋으며 비타민 A와 관련된 복합체 중 하나인 카로티노이드는 망막과 황반의 구성 성분으로 노안으로 시력이 감퇴되는 것을 막아 준다. 비타민 C는 피로 회복에 도움을 주고 백내장 발병률을 저하시키며 루틴은 눈 건강을 위한 항염 작용에 도움이 된다. 특히 혈행을 개선해 주는 효과가 탁월한 오메가 3는 망막의 구성 성분으로 나이가 들수록 퇴화하는 망막 세포의 손상을 막아 주고 비타민 B는 눈 신경 세포의 물질 대사를 활발하게 만들어 시신경을 튼튼하고 건강하게 해준다.

---

① 칼슘 – 눈 근육의 힘, 염증 치료
② 비타민 A – 야맹증, 안구건조증, 결막염
③ 카로티노이드 – 시력 감퇴 예방
④ 루틴 – 망막 세포의 손상 예방

※ 다음 기사를 읽고 이어지는 질문에 답하시오. [9~10]

국민건강보험공단(이하 '공단')은 탄소중립 시대에 발맞춰 대내외적인 친환경 생태 조성을 위해 힘쓰고 있다. 이에 따라 공단만의 친환경 추진 전략을 수립하고, 이러한 전략에 따른 로드맵을 통해 온실가스 감축 목표치를 설정하는 등 공단은 다음과 같은 탄소중립 과제를 도출해 실천하고 있다.

먼저 공단은 친환경 전략 추진의 담당 주체로 에너지절약추진위원회를 구성했다. 에너지절약추진위원회는 7인 운영 체제로 반기마다 1회 정기회의 개최를 원칙으로 하며, 에너지 절약 추진실적 분석·평가 및 에너지 절약, 온실가스 감축 추진체계·계획 수립 등의 역할을 맡는다. 또한 공단은 국민 및 유관 기관과의 다양한 협업을 추진하는 등 '더 건강한' 친환경 생태를 조성함으로써 기후위기에 적극 대응하고 있다. 이에 공단 보유 역량과 네트워크를 활용한 '더 건강한' 친환경 생태 조성을 목표로 세우고, 공단의 업(業)을 연계한 '더 깨끗한' 친환경 공단 운영, 국민·유관 기관 협업을 통한 '더 다양한' 자원순환 활동 추진, 친환경 고효율 설비 확대를 통한 '더 쾌적한' 탄소중립 사옥 구축 등의 전략 방향을 제시했다.

다음으로 공단은 전문적·체계적인 과정을 통해 에너지 절감 확대를 하기 위한 노력의 일환으로, 내·외부 전문가에 의한 공단 내 에너지 효율을 진단·점검해 에너지 효율 저하에 대한 원인을 분석했다. 이를 통해 에너지 효율 향상을 위한 개선 과제를 도출해 고효율 친환경 설비 및 전기차 보급 확대를 위한 충전 인프라를 구축하는 등 공단 내부의 에너지 절감은 물론 정부정책까지 고려한 에너지 절약 추진계획을 수립하여 실행하고 있다.

아울러 공단은 탄소중립 로드맵 추진을 통해 체계적이고도 실현 가능한 탄소중립 실행 과제를 도출하고 있다. 이에 에너지절약추진위원회가 설정한 탄소중립 로드맵은 2030년 온실가스 50% 감축을 목표로 단계별로 점진적이고 지속적인 실행 과제를 도출하였다. 특히, 공단 업무 관련 전자행정 서비스 확대, 국민과 함께하는 다양한 자원순환 활동 전개, 탄소중립 사옥 운영 등 3대 중점 목표를 설정해 탄소중립 시대에 부응하는 공공기관의 역할에 최선을 다하고 있다.

09 다음 중 기사의 제목으로 가장 적절한 것은?

① 국민건강보험공단, 건강한 친환경 생태
② 국민건강보험공단, 에너지절약추진위원회 발족
③ 국민건강보험공단의 친환경 전략
④ 국민건강보험공단의 에너지 절감 확대 전략

10 다음 중 기사의 내용으로 적절하지 않은 것은?

① 국민건강보험공단의 온실가스 감축 추진체계 및 추진계획을 수립하는 에너지절약추진위원회는 연간 최소 2회 이상 회의를 열어 추진 상황을 점검한다.
② 국민건강보험공단은 '더 건강한' 친환경 생태 조성이라는 목표 실현을 위해 '더 깨끗한' 친환경 공단 운영 등의 3가지 전략 방향을 제시했다.
③ 국민건강보험공단은 내·외부 전문 기술인력의 진단과 원인 분석을 통해 발굴한 개선 과제를 토대로 수립된 에너지 절약 추진계획을 이행하고 있다.
④ 국민건강보험공단은 2030년까지 온실가스 배출량 50% 감축을 목표로 하는 탄소중립 로드맵의 구체적 이행 방안으로 에너지 저장 시스템(ESS)의 도입, 노후 사옥 창호 교체, 태양광 발전설비 구축 등을 제시했다.

※ 다음 글을 읽고 이어지는 질문에 답하시오. [11~13]

(가) '건강한 물'이란 안전하고 깨끗하면서 인체에 유익한 미네랄 성분이 균형 있게 포함된 물이다. 일반적으로 물 냄새가 나지 않고 물속에 녹아 있는 산소의 양(용존산소)이 충분하여 음용 시 청량감을 느낄 수 있는 물을 말한다. 세계보건기구(WHO)는 '깨끗한 물은 사람의 건강을 증진시킨다.'라고 물이 인체에 미치는 영향에 대해 강조하였으며, 100세 이상 장수하기로 유명한 지방의 사람들은 한결같이 '물 맑고 공기 좋은 청정지역의 삶이 장수하기에 최고의 조건이다.'라고 말했다.

(나) 미네랄(Mineral)이란 지구상에 존재하는 110가지의 원소 중에 인체의 96.5%를 차지하는 산소(65%), 탄소(18%), 수소(10%), 질소(3.5%)를 제외한 나머지 3.5%(칼슘 1.5%, 인 1%, 기타 1%)의 모든 원소를 말한다. 역할은 생명유지를 위한 인체 5대 필수영양소 중 하나이며, 신체의 성장과 유지, 체내의 여러 생리 기능의 조절 및 유지 등을 담당하는 영양물질이다. 미네랄의 종류로는 칼슘, 철, 나트륨, 칼륨, 마그네슘 등이 있으며, 인체 내에 존재하는 미네랄은 영양미네랄과 유해원소로 나뉜다. 세부적으로 영양미네랄은 그 존재량에 따라 하루에 100mg 이상 필요로 하는 다량 미네랄과 하루에 100mg 이하를 필요로 하는 미량 미네랄로 나뉜다. 유해원소는 체내로 들어가면 배출이 안 되고 독성을 발생시키는데 그 종류에는 비소, 수은 등이 있다.

(다) 모든 미네랄이 중요한 역할을 하지만 남녀별로 필수로 챙겨야 하는 종류는 다소 차이가 있다. 여자는 주로 콜라겐을 합성하는 아연, 피부재생에 좋은 스트론튬, 피부 수분 밸런스를 조절해주는 나트륨 등 피부나 노화 예방에 관련된 미네랄을 챙긴다. 반면, 활동이 많은 남자는 근육의 움직임에 관여하고 에너지 방출을 도와주는 마그네슘과 인, 근력과 지구력을 키워주는 칼슘과 크롬, 성기능을 원활하게 해주는 아연, 망간, 셀레늄이 신경 써서 챙겨야 할 7가지 미네랄로 꼽힌다.

(라) 많은 사람의 고정관념과는 달리 수돗물은 식수로 매우 적합하다. 국민 831명을 대상으로 한 Water 블라인드 테스트 결과 다수의 참가자가 생수와 비교해서 수돗물을 맛있는 물로 선택했지만 수돗물을 식수로 선호하지 않는다고 응답했다. 이유는 수돗물에서 나는 약 냄새, 막연한 수도관 불신이었다. 언론에 따르면 수돗물·생수·정수기물의 미네랄 함량 비교 결과, 수돗물과 생수는 비슷한 것으로 나타났다. 국내 생수의 대부분은 수돗물과 유사한 칼슘 함량을 갖고 있다. 또한, 한 방송국에서는 '물만 잘 먹어도 암을 이긴다.'라는 보도를 하였다. 물의 중요성을 주제로 한 이 보도는, 70여 종의 미네랄을 공급할 수 있는 것은 물이 유일하다는 주요 내용을 담고 있다.

11 다음 중 건강한 물에 대한 설명으로 적절하지 않은 것은?

① 세계보건기구는 사람의 건강 증진에 있어 깨끗한 물의 중요성을 강조했다.

② 미네랄은 칼슘, 인, 산소 등으로 구성되어 있다.

③ 필수적으로 챙겨야 하는 미네랄은 성별에 따라 다소 차이가 있다.

④ Water 블라인드 테스트 참가자들은 대부분 수돗물에 대한 막연한 불신을 가지고 있다.

12 다음 중 각 문단의 주제로 적절하지 않은 것은?

① (가) : '건강한 물'의 정의

② (나) : '미네랄'의 정의와 역할 구분

③ (다) : 성별에 따른 필수 미네랄의 차이

④ (라) : 식수로 안전한 물과 위험한 물

13 다음 중 윗글의 제목으로 가장 적절한 것은?

① 수돗물을 통해 알아본 미네랄의 유해성

② 수돗물, 얼마나 알고 있습니까?

③ 미네랄, 성별에 따라 알고 섭취하자.

④ '건강한 물' 제대로 알고 마시자.

14 다음 글의 빈칸에 들어갈 문장을 〈보기〉에서 찾아 순서대로 바르게 나열한 것은?

요즘에는 낯선 곳을 찾아갈 때 직접 지도를 해석하며 어렵게 길을 찾지 않아도 된다. 이는 기술력의 발달에 따라 제공되는 공간 정보를 바탕으로 최적의 경로를 탐색할 수 있게 되었기 때문이다. _____
_____이처럼 공간 정보가 시간에 따른 변화를 반영할 수 있게 된 것은 정보를 수집하고 분석하는 정보 통신 기술의 발전과 밀접한 관련이 있다.

공간 정보의 활용은 '위치정보시스템(GPS)'과 '지리정보시스템(GIS)' 등의 기술적 발전과 휴대전화나 태블릿 PC 등 정보 통신 기기의 보급을 기반으로 한다. 위치정보시스템은 공간에 대한 정보를 수집하고, 지리정보시스템은 정보를 저장, 분류, 분석한다. 이렇게 분석된 정보는 사용자의 요구에 따라 휴대전화나 태블릿 PC 등을 통해 최적화되어 전달된다.

길 찾기를 예로 들어 이 과정을 살펴보자. 휴대전화 애플리케이션을 이용해 사용자가 가려는 목적지를 입력하고 이동 수단으로 버스를 선택하였다면, 우선 사용자의 현재 위치가 위치정보시스템에 의해 실시간으로 수집된다. 그리고 목적지와 이동 수단 등 사용자의 요구와 실시간으로 수집된 정보에 따라 지리정보시스템은 탑승할 버스 정류장의 위치, 다양한 버스 노선, 최단 시간 등을 분석하여 제공한다. _____
_____ 예를 들어, 여행지와 관련한 공간 정보는 여행자의 요구와 선호에 따라 선별적으로 분석되어 활용된다. 나아가 유동 인구를 고려한 상권 분석과 교통의 흐름을 고려한 도시 계획 수립에도 공간 정보 활용이 가능하게 되었다. 획기적으로 발전되고 있는 첨단 기술이 적용된 공간 정보가 국가 차원의 자연재해 예측 시스템에도 활발히 활용된다면 한층 정밀한 재해 예방 및 대비가 가능해질 것이다. 이로 인해 우리의 삶도 더 편리하고 안전해질 것으로 기대된다.

─────────〈보기〉─────────

㉠ 어떤 곳의 위치 좌표나 지리적 형상에 대한 정보뿐만 아니라 시간에 따른 공간의 변화를 포함한 공간 정보를 이용할 수 있게 되면서 가능해진 것이다.
㉡ 더 나아가 교통 정체와 같은 돌발 상황과 목적지에 이르는 경로의 주변 정보까지 분석하여 제공한다.
㉢ 공간 정보의 활용 범위는 계속 확대되고 있다.

① ㉠, ㉡, ㉢   ② ㉠, ㉢, ㉡

③ ㉡, ㉠, ㉢   ④ ㉡, ㉢, ㉠

15 다음 글의 주제로 가장 적절한 것은?

제1차 세계대전에 패망한 독일은 바이마르공화국 헌법에 의해 자유민주주의 체제를 확립하였으나, 경제 사정은 엉망이었다. 정치적 자유에도 불구하고 경제적 욕망 충족의 보장이 없었다. 그토록 갈구하던 자유를 얻었는데도 굶주림과 좌절 모두 자유의 탓으로 돌려졌다. 성공과 자살도 모두 개인의 책임으로 돌려졌다. 제1차 세계대전 후 열악한 경제 조건 속에 놓인 독일 국민들은 한 조각의 빵을 위해서 자유의 권리를 서슴지 않고 포기하였다. 그리고 자신의 자유를 대신 행사해 줄 지도자를 찾았다. 그 결과, 히틀러의 사디즘과 국민들의 마조히즘이 결합하게 되었다.

① 만인에 대한 만인의 투쟁
② 감시와 처벌
③ 존재와 시간
④ 자유로부터의 탈피

16 다음 빈칸에 들어갈 접속어로 가장 적절한 것은?

얼마 전 신문에서 충격적인 사진을 보았다. 계속된 가뭄으로 산정호수의 바닥이 드러나 쩍쩍 갈라져 있는 장면이었다. 그 사진 한 장에, 나에게 힘을 주었던 기억 하나도 쩍쩍 갈라지는 느낌이었다. 일견 낭만적일 수 있는 국회 정원의 스프링클러도 이젠 그냥 그렇게 바라볼 수가 없다. 대기업 임원으로 일하면서 업무상 골프장을 찾을 때 흔히 보던 스프링클러는 나에게 별다른 감흥을 준 적이 없었다. _____ 이제는 아침저녁으로 정신없이 돌고 있는 스프링클러를 보면 가뭄이 심각하구나 하는 생각이 먼저 들고, 지역 가뭄 피해 상황부터 확인하게 된다. 정성들여 가꾼 농작물이 타들어 가는데 농민들의 마음은 오죽할까 싶다.

① 하지만
② 비록
③ 과연
④ 그래서

17 다음 중 밑줄 친 어휘의 표기가 잘못된 것은?

① 치아 관리의 중요성은 <u>익히</u> 알려져 있다.
② 꽃이 생각보다 쉽게 졌고, <u>이파리</u>는 시들했다.
③ 그 마을은 경상남도 남해군의 <u>끄트머리</u>에 있다.
④ 밤길을 걷다 <u>또아리</u>를 트고 있는 뱀을 발견했다.

국민건강보험공단은 2월 22일(수) 오후 1시 30분부터 국회의원회관 제3세미나실에서 국회의원 오제세, 김상희 의원 주최, 공단 주관으로 2017년의 첫 번째 건강보장정책토론회를 개최한다. 이번 토론회에서는 2013년 8월부터 한시적 사업으로 운영 중인 '중증질환 재난적 의료비 지원 사업'의 효과를 평가하고 제도화 방안을 모색하기 위해 건강보험정책연구원 임승지 박사가 복지부 요청으로 수행한 '중증질환 재난적 의료비 지원 사업 효과평가 및 제도화 방안(2016)'의 연구결과를 발표한다. 재난적 의료비는 소득 대비 의료비부담을 측정하는 국제지표로서, 진료비 본인부담에 대한 적정보장이 부재할 경우 가계의 경제적 파탄을 야기할 수 있다. 2013년 8월부터 2015년 12월까지 한시적 사업을 예고, 운영 중이었던 '중증질환 재난적 의료비 지원 사업'은 가계파탄방지 효과와 높은 국민의 요구로 2017년 현재까지 연장 운영되고 있으나, 지속운영을 위해서는 향후 제도화를 통한 안정적 재원마련과 법적근거 및 체계적 운영이 요구된다. 임승지 박사는 연구결과를 통해 2013 ~ 2015년 사업대상자 현황과 보장성 확대효과를 평가하고, 한시적·한정적 예산에 맞춰 특정질환과 특정소득계층에만 지원되었던 사업의 한계를 보완해 전 국민 확대 제도(안)의 대상자 및 의료비지원 기준을 설정하였다. 또한, 전 국민 확대 제도(안) 적용에 따른 소득단계별 소요재정의 규모를 추정함으로써 제도화 추진에 박차를 가할 수 있도록 향후 방안을 제안하였다. 주제발표에 이어서 사공진(한양대) 교수를 좌장으로 보건복지부, 전문가, 시민단체, 환자단체, 의료공급자, 언론 등의 의견을 수렴하는 정책토론회 자리를 마련하여, 국민이 비급여를 포함한 재난적 의료비로 인해 가계파탄에 이르지 않도록 제도적 정책대안을 구체화하는 심도 있는 논의를 진행할 예정이다.

18 다음 중 기사의 내용으로 가장 적절한 것은?

① '중증질환 재난적 의료비 지원 사업'은 제도화된 사업이다.

② 재난적 의료비는 소득 대비 의료비부담을 측정하는 국내지표이다.

③ '중증질환 재난적 의료비 지원 사업'은 높은 국민의 요구로 현재까지 연장 운영되고 있다.

④ '중증질환 재난적 의료비 지원 사업'은 국가적 수입사업의 일환이다.

19 다음 중 기사의 제목으로 가장 적절한 것은?

① 국민건강보험공단, 새로운 사업 도전

② 국민건강보험공단, '중증질환 재난적 의료비 지원 사업'의 쓴맛

③ '중증질환 재난적 의료비 지원 사업'의 득과 실

④ 국민건강보험공단, '중증질환 재난적 의료비 지원 사업 효과평가 및 제도화 방안' 연구결과 발표

20 다음 글에서 〈보기〉가 들어갈 위치로 가장 적절한 곳은?

그럼 이제부터 제형에 따른 특징과 복용 시 주의점을 알아보겠습니다. 먼저 산제나 액제는 복용해야 하는 용량에 맞게 미세하게 조절이 가능합니다. 그리고 정제나 캡슐제에 비해 노인이나 소아가 약을 삼키기 쉽고 약효도 빠르게 나타납니다. (가) 캡슐제는 캡슐로 약물을 감싸서 자극이 강한 약물을 복용할 때 생기는 불편을 줄일 수 있고, 정제로 만들면 약효가 떨어질 수 있는 경우에 사용되어 약효를 유지할 수 있습니다. (나) 하지만 캡슐제는 캡슐이 목구멍이나 식도에 달라붙을 수 있기 때문에 충분한 양의 물과 함께 복용해야 합니다. (다)

그리고 정제는 일정한 형태로 압축되어 있어 산제나 액제에 비해 보관이 간편하고 정량을 복용하기 쉽습니다. 이러한 정제는 약물의 성분이 빠르게 방출되는 속방정과 서서히 지속적으로 방출되는 서방정으로 구분할 수 있습니다. (라) 서방정은 오랜 시간 일정하게 약의 효과를 유지할 수 있어 복용 횟수를 줄일 수 있습니다. 그런데 서방정은 함부로 쪼개거나 씹어서 먹으면 안 됩니다. 왜냐하면 약물의 방출 속도가 달라져 부작용의 위험이 커질 수 있기 때문입니다.

오늘 강연 내용은 유익하셨나요? 이번 강연이 약에 대한 이해를 높일 수 있는 계기가 되었으면 합니다. 또한 약과 관련해 더 궁금한 내용이 있다면 '온라인 의약 도서관'을 통해 찾아보실 수 있습니다. 마지막으로 상세한 복약 정보는 꼭 의사나 약사에게 확인하시기 바랍니다. 경청해 주셔서 감사합니다.

───〈보기〉───

하지만 이 둘은 정제에 비해 변질되기 쉬우므로 특히 보관에 주의해야 하고, 복용 전 변질 여부를 잘 확인해야 합니다.

① (가)   ② (나)
③ (다)   ④ (라)

21 한 직선 위에서 시속 1km의 속도로 오른쪽으로 등속 운동하는 두 물체가 있다. 이 직선상에서 두 물체의 왼쪽에 있는 한 점 P로부터 두 물체까지의 거리의 비는 현재 4 : 1이다. 13시간 후 P로부터의 거리의 비가 7 : 5가 된다면 현재 P로부터 두 물체까지의 거리는 각각 몇 km인가?

① 6km, 2km   ② 8km, 2km
③ 12km, 3km   ④ 18km, 32km

22 사고 난 차를 견인하기 위해 K업체와 P업체에서 견인차를 보내려고 한다. 사고지점은 P업체보다 K업체와 40km 더 가깝고, K업체의 견인차가 시속 63km의 일정한 속력으로 달리면 40분 만에 사고지점에 도착한다. P업체에서 보낸 견인차가 K업체의 견인차보다 늦게 도착하지 않으려면 P업체의 견인차가 내야 하는 최소 속력은?

① 120km/h   ② 121km/h

③ 122km/h   ④ 123km/h

23 아버지와 어머니의 나이 차는 4세이고 형과 동생의 나이 차는 2세이다. 또한, 아버지와 어머니의 나이의 합은 형의 나이보다 6배 많다. 형과 동생의 나이의 합이 40세라면 아버지의 나이는 몇 세인가?(단, 아버지가 어머니보다 나이가 더 많다)

① 59세   ② 61세

③ 63세   ④ 65세

24 농도를 알 수 없는 식염수 100g과 농도가 20%인 식염수 400g을 섞었더니 농도가 17%인 식염수가 되었다. 100g의 식염수의 농도는?

① 4%   ② 5%

③ 6%   ④ 7%

25 지혜는 농도가 7%인 300g 소금물과 농도가 8%인 500g 소금물을 모두 섞었다. 섞은 소금물의 물을 증발시켜 농도가 10% 이상인 소금물을 만들려고 할 때, 지혜가 증발시켜야 하는 물의 양은 최소 몇 g 이상인가?

① 200g   ② 190g

③ 185g   ④ 175g

※ 다음은 아시아 국가별 평균교육기간을 나타낸 자료이다. 이어지는 질문에 답하시오. [26~27]

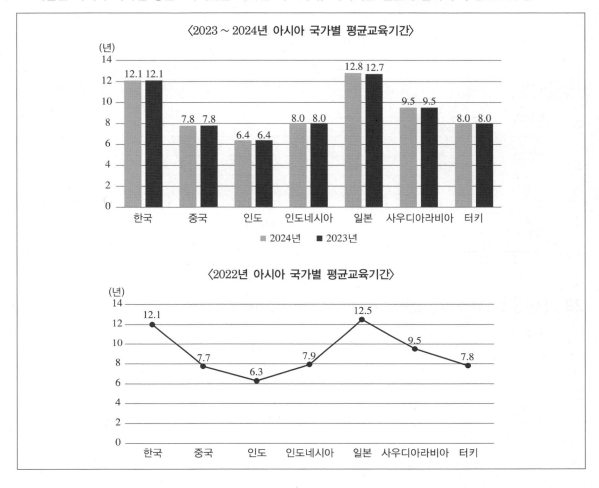

〈2023 ~ 2024년 아시아 국가별 평균교육기간〉

〈2022년 아시아 국가별 평균교육기간〉

26 다음 중 자료에 대한 설명으로 옳지 않은 것은?

① 한국은 2022 ~ 2024년까지의 평균교육기간은 동일하다.
② 2023년과 2024년의 아시아 각 국가의 평균교육기간은 동일하다.
③ 2022년보다 2023년의 평균교육기간이 높아진 국가는 5개국이다.
④ 2022 ~ 2024년 동안 매년 평균교육기간이 8년 이하인 국가는 4개국이다.

27 2022년도 평균교육기간이 8년 이하인 국가들의 평균교육기간의 평균은 얼마인가?

① 7.105년   ② 7.265년
③ 7.425년   ④ 7.595년

※ 다음은 의료보장별 심사실적에 대한 자료이다. 이어지는 질문에 답하시오. **[28~29]**

<의료보장별 심사실적>

(단위 : 건, 억 원)

구분		2023년 상반기		2024년 상반기	
		청구건수	진료비	청구건수	진료비
건강보험	입원	7,056	101,662	7,571	111,809
	외래	690,999	185,574	704,721	200,886
의료급여	입원	1,212	15,914	1,271	17,055
	외래	35,634	13,319	38,988	15,366
보훈	입원	35	728	17	418
	외래	1,865	1,250	1,370	940
자동차 보험	입원	466	4,984	479	5,159
	외래	6,508	2,528	7,280	3,036

28 전년 동기 대비 2024년 상반기 보훈 분야의 전체 청구건수의 감소율은?

① 21%
② 23%
③ 25%
④ 27%

29 2024년 상반기 입원 진료비 중 세 번째로 비싼 분야의 진료비는 전년 동기보다 얼마나 증가하였나?

① 175억 원
② 165억 원
③ 155억 원
④ 145억 원

30 다음은 10년간 국내 의사와 간호사 인원 현황에 대한 자료이다. 이에 대한 설명으로 옳은 것을 〈보기〉에서 모두 고르면?(단, 비율은 소수점 셋째 자리에서 반올림한다)

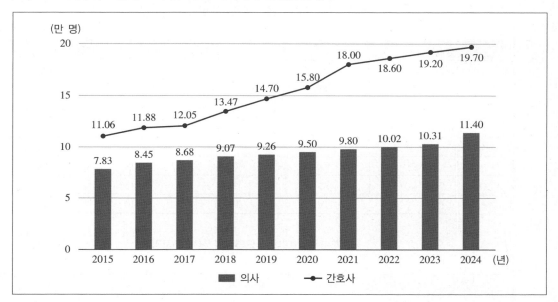

<보기>
ㄱ. 2022년 대비 2024년 의사 수의 증가율은 간호사 수의 증가율보다 5%p 이상 높다.
ㄴ. 2016 ~ 2024년 전년 대비 증가한 의사 수가 2천 명 이하인 해의 의사와 간호사 수의 차이는 5만 명 미만이다.
ㄷ. 2015 ~ 2019년 의사 한 명당 간호사 수가 가장 많은 연도는 2019년이다.
ㄹ. 2018 ~ 2021년 간호사 수의 평균은 15만 명 미만이다.

① ㄱ, ㄷ   ② ㄱ, ㄹ
③ ㄴ, ㄷ   ④ ㄷ, ㄹ

31 다음은 우리나라의 신생아 사망률에 대한 자료이다. 이에 대한 설명으로 옳은 것은?

〈생후 1주일 이내 성별·생존기간별 신생아 사망률〉

(단위 : 명, %)

생존기간	남아		여아	
1시간 이내	31	2.7	35	3.8
1 ~ 12시간	308	26.5	249	27.4
13 ~ 24시간	97	8.3	78	8.6
25 ~ 48시간	135	11.6	102	11.2
49 ~ 72시간	166	14.3	114	12.5
73 ~ 168시간	272	23.4	219	24.1
미상	153	13.2	113	12.4
전체	1,162	100.0	910	100.0

〈생후 1주일 이내 산모연령별 신생아 사망률〉

(단위 : 명, %)

산모연령	출생아 수	신생아 사망률
19세 미만	6,356	8.8
20 ~ 24세	124,956	6.3
25 ~ 29세	379,209	6.8
30 ~ 34세	149,760	9.4
35 ~ 39세	32,560	13.5
40세 이상	3,977	21.9
전체	696,818	7.7

① 생후 첫날 여아 사망률은 남아 사망률보다 낮다.
② 생후 1주일 이내 신생아 사망자 수가 가장 많은 산모 연령대는 40세 이상이다.
③ 생후 1주일 이내 첫날의 신생아 사망률은 50%를 넘는다.
④ 생후 1주일 이내 신생아 사망률 중 셋째 날 신생아 사망률은 약 13.5%이다.

32 다음은 암 발생률 추이에 대한 자료이다. 이에 대한 내용으로 옳은 것은?

〈암 발생률 추이〉

(단위 : %)

구분	2018년	2019년	2020년	2021년	2022년	2023년	2024년
위암	31.5	30.6	28.8	25.5	23.9	24.0	24.3
간암	24.1	23.9	23.0	21.4	20.0	20.7	21.3
폐암	14.4	17.0	18.8	19.4	20.6	22.1	24.4
대장암	4.5	4.6	5.6	6.3	7.0	7.9	8.9
유방암	1.7	1.9	1.9	2.2	2.1	2.4	4.9
자궁암	7.8	7.5	7.0	6.1	5.6	5.6	5.6

① 위암의 발생률은 점차 감소하는 추세를 보이고 있다.

② 2024년에 위암으로 죽은 사망자 수가 가장 많으며, 이러한 추세는 지속될 것으로 보인다.

③ 2018년 대비 2024년에 발생률이 증가한 암은 폐암, 대장암, 유방암이다.

④ 폐암의 경우 발생률이 계속적으로 증가하고 있으며, 전년 대비 2024년 암 발생률 증가폭이 다른 암에 비해서 가장 크다.

33 다음은 보건복지부에서 발표한 의료기기 생산실적 총괄 현황에 대한 자료이다. 2017 ~ 2024년 업체 수의 평균 증감률은?

〈연도별 의료기기 생산실적 총괄 현황〉

(단위 : 개소, %, 명, 백만 원)

구분	업체 수	증감률	품목 수	증감률	운영인원	증감률	생산금액	증감률
2017년	1,500	–	5,862	–	25,287	–	1,478,165	–
2018년	1,596	6.40	6,392	9.04	25,610	1.28	1,704,161	15.29
2019년	1,624	1.75	6,639	3.86	26,399	3.08	1,949,159	14.38
2020년	1,662	2.34	6,899	3.92	26,936	2.03	2,216,965	13.74
2021년	1,726	3.85	7,367	6.78	27,527	2.19	2,525,203	13.90
2022년	1,754	1.62	8,003	8.63	28,167	2.32	2,764,261	9.47
2023년	1,857	5.87	8,704	8.76	30,190	7.18	2,964,445	7.24
2024년	1,958	5.44	9,086	4.39	32,255	6.84	3,366,462	13.56

① 약 3.90%   ② 약 4.62%

③ 약 5.34%   ④ 약 6.25%

34 다음은 2024년 3 ~ 7월 코스피 · 코스닥 시장에 등록되어 있는 주식수를 업종별로 나타낸 그래프이다. 이에 대한 해석으로 옳지 않은 것은?(단, 소수점 둘째 자리에서 반올림한다)

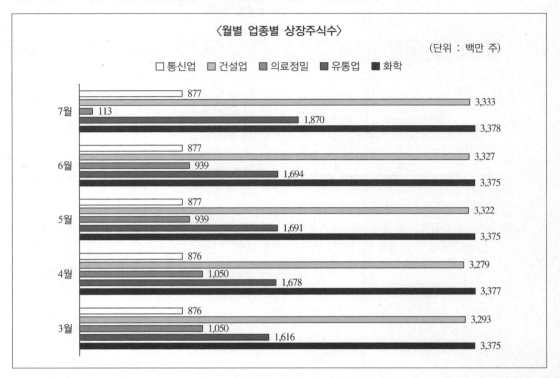

〈월별 업종별 상장주식수〉

(단위 : 백만 주)

통신업 건설업 의료정밀 유통업 화학

① 4 ~ 7월까지 상장주식수가 전월 대비 계속 증가하는 업종의 전월 대비 증가량이 가장 적은 달은 5월이다.

② 3 ~ 7월 동안 상장주식수가 일정한 달이 있는 업종의 7월 상장주식수의 총합은 40억 주 이상이다.

③ 4월 대비 5월의 의료정밀 상장주식수 증감량은 유통업 상장주식수 증감량의 8배를 초과한다.

④ 매월 상장주식수가 가장 많은 두 업종의 5월 총 상장주식수는 같은 달 나머지 상장주식수 합의 2배 미만이다.

35 다음은 우리나라 국민건강영양조사 결과에 대한 보고서이다. 이에 대한 설명으로 옳은 것을 〈보기〉에서 모두 고르면?

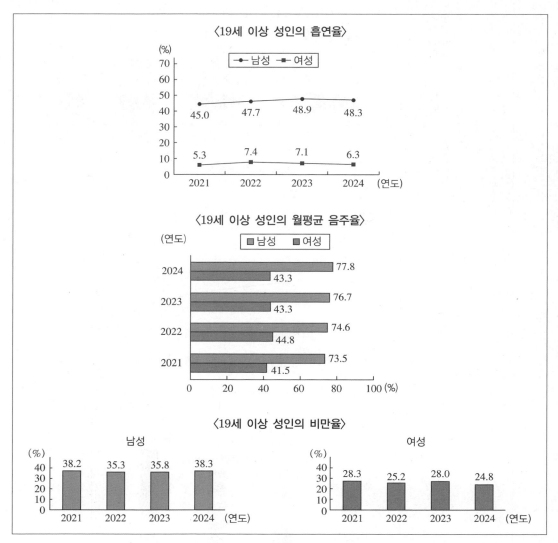

〈19세 이상 성인의 흡연율〉

〈19세 이상 성인의 월평균 음주율〉

〈19세 이상 성인의 비만율〉

─〈보기〉─
ㄱ. 월평균 음주율에서 여성과 남성의 차이가 가장 적게 나는 해는 2022년이다.
ㄴ. 남성이 여성보다 흡연율이 항상 높다.
ㄷ. 월평균 음주율은 남성이 여성보다 현저히 높다.
ㄹ. 여성의 비만율은 해마다 감소하고 있지만, 남성의 비만율은 증감을 반복한다.
ㅁ. 남성의 월평균 음주율의 증감 추이와 남성의 비만율의 증감 추이는 동일하다.

① ㄱ, ㄴ, ㄷ
② ㄱ, ㄴ, ㄹ
③ ㄱ, ㄹ, ㅁ
④ ㄴ, ㄷ, ㅁ

36 다음 자료를 활용하여 보고서를 작성한다고 할 때, 옳지 않은 것은?

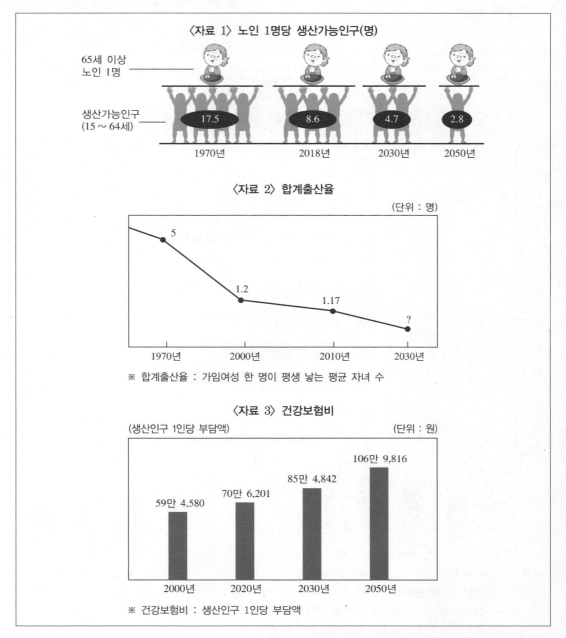

〈자료 1〉 노인 1명당 생산가능인구(명)

65세 이상 노인 1명

생산가능인구 (15 ~ 64세)

| 17.5 | 8.6 | 4.7 | 2.8 |
| 1970년 | 2018년 | 2030년 | 2050년 |

〈자료 2〉 합계출산율

(단위 : 명)

5

1.2

1.17

?

1970년 2000년 2010년 2030년

※ 합계출산율 : 가임여성 한 명이 평생 낳는 평균 자녀 수

〈자료 3〉 건강보험비

(생산인구 1인당 부담액) (단위 : 원)

106만 9,816

85만 4,842

70만 6,201

59만 4,580

2000년 2020년 2030년 2050년

※ 건강보험비 : 생산인구 1인당 부담액

① 자료 1을 활용하여 생산가능인구의 감소를 지적하고 이에 따른 해결책으로 정년 단축을 제시한다.
② 자료 2를 활용하여 출산율의 저하 현상을 지적하고 출산을 장려하기 위한 대책의 필요성을 제시한다.
③ 자료 1과 자료 2를 활용하여 출산율의 감소와 생산가능인구의 부족 현상을 연관 짓는다.
④ 자료 1과 자료 3을 활용하여 생산가능인구의 감소가 건강보험비에 어떤 영향을 주는지 알아보고, 이에 대한 대책이 필요함을 지적한다.

※ 다음 자료를 보고 이어지는 질문에 답하시오. **[37~38]**

〈지역별 의료기관 종별 100병상당 간호사 수 추이〉

(단위 : 명)

구분		2019년	2020년	2021년	2022년	2023년	2024년
서울	상급종합병원	61.52	67.1	81.44	88.84	94.31	111.78
	종합병원	52.61	54.73	57.23	59.06	64.32	74.88
	병원	21.86	20.53	23.61	23.78	25.65	27.05
	요양병원	9.69	9.42	10.33	10.69	13.28	13.83
	의원	6.71	6.88	7.13	7.88	9.5	9.97
서울 외 지역	상급종합병원	55.63	54.07	64.12	76.85	79.26	92.52
	종합병원	38.43	38.91	43.38	44.96	46.32	54.66
	병원	11.55	11.25	11.75	12.73	13.69	14.37
	요양병원	6.74	5.82	6.27	6.45	7.44	8.12
	의원	5.41	5.23	5.2	5.23	5.63	5.73

37 다음 중 자료에 대한 설명으로 옳은 것은?

① 서울 지역의 100병상당 간호사 수 추이는 모든 의료기관에서 증가하고 있다.
② 서울 지역에서 2019년 대비 2024년도의 증가율은 상급종합병원이 요양병원보다 낮다.
③ 서울 외 지역에서 2023년의 전년 대비 증가율이 가장 높은 곳은 요양병원이다.
④ 2022년에 전년 대비 100병상당 간호사 수가 가장 많이 증가한 곳은 서울 지역의 의원이다.

38 다음 〈보기〉 중 자료에 대한 설명으로 옳은 것을 모두 고르면?

─────〈보기〉─────
ㄱ. 서울 지역의 전체 100병상당 간호사 수 추이는 계속 증가하고 있다.
ㄴ. 서울과 서울 외 지역의 전체 100병상당 간호사 차이는 계속 증가하고 있다.
ㄷ. 2024년도의 서울과 서울 외 지역의 전체 100병상당 간호사 차이는 60명 이상이다.
ㄹ. 2021년도의 서울과 서울 외 지역의 전체 100병상당 간호사 차이는 50명 이상이다.

① ㄱ, ㄴ ② ㄱ, ㄷ
③ ㄴ, ㄷ ④ ㄴ, ㄹ

※ 다음은 2021년부터 2024년까지 우리나라 인구동태에 대한 자료이다. 이어지는 질문에 답하시오. **[39~40]**

〈우리나라 합계출산율 및 출생성비〉

(단위 : 명)

구분	2021년	2022년	2023년	2024년
합계출산율	1.205	1.239	1.172	1.052
출생성비	105.3	105.3	105.0	106.3

※ 출생성비 : (여자 출생아 수 100명당 남자 출생아 수)$=\dfrac{(\text{남자 출생아 수})}{(\text{여자 출생아 수})}\times100$

〈우리나라 혼인 및 이혼건수〉

(단위 : 건)

구분	2021년	2022년	2023년	2024년
혼인건수	305,507	302,828	281,635	264,455
이혼건수	115,510	109,153	107,328	106,032

※ 비율은 소수점 둘째 자리에서 반올림한다.

39 다음 중 우리나라 합계출산율 및 출생성비에 대한 설명으로 옳은 것은?

① 2022년에는 합계출산율이 전년 대비 10% 이상 증가하였다.
② 남자 출생아 수 대비 여자 출생아 수의 비율은 2023년에 전년 대비 증가하였다.
③ 2023년부터 2024년까지 합계출산율과 출생성비의 전년 대비 증감추세는 동일하다.
④ 합계출산율은 2022년부터 2024년까지 매년 전년 대비 감소하였다.

40 다음 〈보기〉 중 자료에 대한 설명으로 옳지 않은 것을 모두 고르면?

───〈보기〉───

ㄱ. 이혼건수 대비 혼인건수 비율은 2022년보다 2021년에 높다.
ㄴ. 출생성비 대비 혼인건수는 2021년보다 2022년에 더 높다.
ㄷ. 2022년에는 합계출산율의 전년 대비 증가율보다 이혼건수의 전년 대비 감소율이 더 크다.
ㄹ. 2023년과 2024년의 합계출산율과 이혼건수의 전년 대비 증감추세는 동일하다.

① ㄱ, ㄴ
② ㄱ, ㄷ
③ ㄴ, ㄷ
④ ㄴ, ㄹ

41 다음 글을 근거로 판단할 때, 2025년 3월 인사 파견에서 선발될 직원을 모두 고르면?

- K공단에서는 소속 직원들의 역량 강화를 위해 정례적으로 인사 파견을 실시하고 있다.
- 인사 파견은 지원자 중 3명을 선발하여 1년간 이루어지고 파견 기간은 변경되지 않는다.
- 선발 조건은 다음과 같다.
  - 과장을 선발하는 경우 동일 부서에 근무하는 직원을 1명 이상 함께 선발한다.
  - 동일 부서에 근무하는 2명 이상의 팀장을 선발할 수 없다.
  - 자격부과실 직원을 1명 이상 선발한다.
  - 근무 평정이 70점 이상인 직원만을 선발한다.
  - 어학 능력이 '하'인 직원을 선발한다면 어학 능력이 '상'인 직원도 선발한다.
  - 직전 인사 파견 기간이 종료된 이후 2년 이상 경과하지 않은 직원을 선발할 수 없다.
- 2025년 3월 인사 파견의 지원자 현황은 다음과 같다.

직원	직위	근무 부서	근무 평정	어학 능력	직전 인사 파견 시작 시점
A	과장	자격부과실	65점	중	2022년 1월
B	과장	통합징수실	75점	하	2023년 1월
C	팀장	자격부과실	90점	중	2023년 7월
D	팀장	요양기획실	70점	상	2022년 7월
E	팀장	요양기획실	75점	중	2023년 1월
F	–	자격부과실	75점	중	2023년 1월
G	–	통합징수실	80점	하	2022년 7월

① A, D, F
② B, D, G
③ B, E, F
④ D, F, G

※ K공단은 임직원 복지서비스 차원에서 임직원 휴양콘도를 운영하고 있다. 사업의 내용이 다음과 같을 때 이어지는 질문에 답하시오. [42~43]

〈임직원 휴양콘도〉

1. **사업목적**
   임직원 및 그 가족들의 여가 문화 욕구 충족을 위해 휴양시설(콘도)을 이용할 수 있도록 지원함으로써 건전한 가족단위 휴가, 휴식 활용기회 제공

2. **사업내용**
   • 이용대상
   　－ 주말, 성수기 : 월평균소득이 246만 원 이하 임직원
   　－ 평일 : 모든 임직원(월평균소득이 246만 원 초과자 포함)
   　※ 주말 : 금, 토, 공휴일 전일, 연휴
   　※ 평일 : 일 ~ 목(단, 성수기 제외)
   　※ 성수기 : 매년 별도 공지(여름 · 겨울)

3. **이용요금(1박 기준 － 조식 제외)** : 55,000 ~ 180,000원

4. **휴양콘도 이용우선순위**
   • 주말, 성수기
   　① 주말, 성수기 선정박수가 적은 임직원
   　② 이용가능 점수가 높은 임직원
   　③ 월평균 급여가 낮은 임직원
   　※ 임직원 신혼여행의 경우 최우선 선정
   • 평일 : 선착순

5. **기본점수 부여 및 차감방법 안내**
   • 매년(연 1회) 연령에 따른 기본점수 부여

〈월평균 급여 246만 원 이하 임직원〉

연령대	50세 이상	40 ~ 49세	30 ~ 39세	20 ~ 29세	19세 이하
점수	100점	90점	80점	70점	60점

　※ 월평균 급여 246만 원 초과 임직원 : 0점
   • 기 부여된 점수에서 연중 이용점수 및 벌점에 따라 점수 차감

구분	이용점수(1박당)			벌점	
	성수기	주말	평일	이용취소 (9일 전 ~ 1일 전 취소)	No－show (당일취소, 미이용)
차감점수	20점	10점	0점	50점	1년 사용제한

42 임직원 휴양콘도를 이용하고자 하는 A씨가 윗글을 읽고 이해한 내용으로 옳은 것은?

① 금요일에는 월평균소득이 246만 원 초과자들도 이용할 수 있어.

② 봄과 가을에는 성수기가 따로 없으니까 참고해야지.

③ 이용요금이 비싼 곳일수록 조식 가격이 낮네.

④ 직급이 높을수록 월마다 부여되는 기본점수가 높아지는군.

43 A씨는 가족과 함께 주말여행을 계획하면서 임직원 휴양콘도를 이용하고자 한다. 같은 날 신청자들의 조건이 다음과 같을 때, 신청자 중 A씨의 이용순위는 몇 번째인가?

<표>

신청자	연령(세)	월소득 (만 원)	주말·성수기 선정박수(일)	연중 이용횟수(회)			벌점(점)	비고
				성수기	주말	평일		
갑	55	240	1	1	–	–	–	–
을	32	200	–	–	–	3	50	–
병	40	300	–	–	–	–	–	–
정	23	180	2	1	1	–	–	신혼여행
A씨	33	210	1	–	1	2	–	–

〈임직원 휴양콘도 신청자〉

① 첫 번째 ② 두 번째

③ 세 번째 ④ 네 번째

44 K공단에 재직 중인 A사원은 호스피스완화케어센터의 서비스를 쉽게 설명하기 위해 사례를 들어 정리하려 한다. 이를 구분한 내용으로 가장 적절한 것은?

환자 및 가족 : 홍길동(남/51세, 간암 말기), 아내(40세), 딸(10세)
비고 : 조건부수급자가정, 다문화가정(베트남 출신 아내)

㉠ 외국인 아내에 대한 양육 불안감을 사회적 지원으로 해소
㉡ 간병특례 혜택을 받을 수 있도록 주민센터와 연계 지원
㉢ 통증 조절을 위한 복약지도
㉣ 죽음 앞의 무력감에 대한 대처
㉤ 식욕부진에 따른 데이밀 제공
㉥ 임종 전 신부님, 수녀님 방문
㉦ 영적 편안함, 충분한 작별인사
㉧ 보건소 암환자 진료비를 지원받을 수 있도록 정보 제공

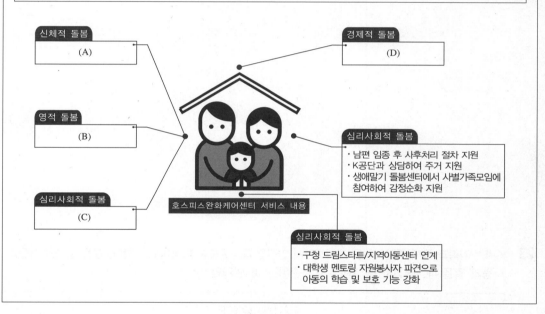

① (A) : ㉡, ㉢, ㉤
② (B) : ㉡, ㉥, ㉦
③ (C) : ㉠, ㉣
④ (D) : ㉤, ㉧

45 다음 〈조건〉에 따라 A팀과 B팀이 팔씨름 시합을 한다. 경기 시작 전에 B팀에서는 A팀이 첫 번째 경기에 장사를 출전시킨다는 확실한 정보를 입수했다고 할 때, 옳지 않은 것은?

─〈조건〉─
- A팀과 B팀은 각각 장사 1명, 왼손잡이 1명, 오른손잡이 2명(총 4명)으로 구성되어 있다.
- 한 사람당 한 경기에만 출전할 수 있으며, 총 네 번의 경기를 치러 승점의 합이 많은 팀이 우승을 차지한다. 이때 이길 경우 3점, 비길 경우 1점, 질 경우는 0점의 승점이 주어진다.
- 양 팀은 첫 번째 경기 시작 전에 경기별 출전선수 명단을 심판에게 제출해야 하며 제출한 선수명단을 바꿀 수 없다.
- 각 팀에 속하는 팀원의 특징은 다음과 같다.
  - 장사 : 왼손잡이, 오른손잡이 모두에게 이긴다.
  - 왼손잡이 : 장사에게는 지고, 오른손잡이에게는 이긴다.
  - 오른손잡이 : 장사, 왼손잡이 모두에게 진다.
- 누구든 같은 특징의 상대를 만나면 비긴다.

① B팀도 첫 번째 경기에 장사를 출전시키면 최대 승점 5점을 얻을 수 있다.
② B팀이 첫 번째 경기에 왼손잡이를 출전시키면 최대 승점 4점을 얻을 수 있다.
③ B팀이 첫 번째 경기에 오른손잡이를 출전시키면 최대 승점 7점을 얻을 수 있다.
④ A팀이 두 번째 경기에 왼손잡이를 출전시킨다는 확실한 정보를 B팀이 입수한다면, B팀이 우승할 수 있으며 이때의 승점은 7점이다.

46 다음은 K공항의 자동출입국 심사 이용에 대한 안내문이다. 사전 등록 없이 자동출입국심사대 이용이 가능한 사람은?

〈더욱 편리해진 자동출입국 심사 이용 안내〉
19세 이상의 국민과 17세 이상의 등록 외국인은 사전 등록 절차 없이 자동출입국심사대를 바로 이용할 수 있습니다. 다만, 출입국 규제, 형사범, 체류만료일이 1개월 이내인 외국인 등 출입국관리 공무원의 대면심사가 필요한 외국인은 이용이 제한됩니다.

- 사전 등록 없이 이용 가능한 자
  - 19세 이상 대한민국 국민
  - 외국인 등록 또는 거소신고를 한 17세 이상 외국인
- 사전 등록 후 이용 가능자

사전 등록 대상	7세 이상 19세 미만 국민, 인적사항(성명, 주민등록번호)이 변경된 경우, 17세 미만 외국인 등
사전 등록 장소	제1여객터미널 3층 G카운터 자동출입국심사 등록센터 / 제2여객터미널 2층 출입국서비스센터

① 인적사항 변경이 없는 35세 A씨와 A씨의 아들 7세 B군
② 한 달 전 개명하여 인적사항이 변경된 50세 C씨
③ 외국인 등록이 되어 있는 17세 미국인 D씨
④ 체류만료일이 10일 남은 24세 영국인 E씨

47 수제 초콜릿에 대한 분석 기사를 읽고 SWOT 분석에 의한 마케팅 전략을 진행하고자 한다. 다음 중 마케팅 전략에 해당되지 않는 것은?

오늘날 식품 시장을 보면 원산지와 성분이 의심스러운 제품들로 넘쳐 납니다. 이로 인해 소비자들은 고급스럽고 안전한 먹거리를 찾고 있습니다. 우리의 수제 초콜릿은 이러한 요구를 완벽하게 충족시켜주고 있습니다. 풍부한 맛, 고급 포장, 모양, 건강상의 혜택, 강력한 스토리텔링 모두 높은 품질을 원하는 소비자들의 요구를 충족시키는 것입니다. 사실 수제 초콜릿을 만드는 데는 비용이 많이 듭니다. 각종 장비 및 유지 보수에서부터 값비싼 포장과 유통 업체의 높은 수익을 보장해주다 보면 초콜릿을 생산하는 업체에게 남는 이익은 많지 않습니다. 또한, 수제 초콜릿의 존재 자체를 많은 사람들이 알지 못하는 상황입니다. 하지만 보다 좋은 식품에 대한 인기가 높아짐에 따라 더 많은 업체들이 수제 초콜릿을 취급하기를 원하고 있습니다. 따라서 수제 초콜릿은 일반 초콜릿보다 더 높은 가격으로 판매될 수 있을 것입니다. 현재 초콜릿을 대량으로 생산하는 대형 기업들은 자신들의 일반 초콜릿과 수제 초콜릿의 차이를 줄이는 데 최선을 다하고 있습니다. 그리고 직접 맛을 보기 전에는 일반 초콜릿과 수제 초콜릿의 차이를 알 수 없기 때문에 소비자들은 굳이 초콜릿에 더 많은 돈을 지불해야 하는 이유를 알지 못할 수 있습니다. 따라서 수제 초콜릿의 효과적인 마케팅 전략이 필요한 시점입니다.

〈SWOT 분석에 의한 마케팅 전략〉

• SO전략 : 강점을 살려 기회를 포착
• ST전략 : 강점을 살려 위협을 회피
• WO전략 : 약점을 보완하여 기회를 포착
• WT전략 : 약점을 보완하여 위협을 회피

① 수제 초콜릿의 스토리텔링을 포장에 명시한다면 소비자들이 믿고 구매할 수 있을 것입니다.

② 수제 초콜릿을 고급 포장하여 수제 초콜릿의 스토리텔링을 더 살려보는 것이 좋을 것 같습니다.

③ 수제 초콜릿의 값비싸고 과장된 포장을 바꾸고, 그 비용으로 안전하고 맛있는 수제 초콜릿을 홍보하면 좋을 것 같습니다.

④ 수제 초콜릿의 마케팅을 강화하는 방법으로 수제 초콜릿의 차이를 알려 대기업과의 경쟁에서 우위를 차지하도록 하겠습니다.

※ K공단에서는 임직원 해외연수를 추진하고 있다. 다음 자료를 보고 이어지는 질문에 답하시오. **[48~49]**

〈2025년 임직원 해외연수 공지사항〉

• 해외연수 국가 : 네덜란드, 일본
• 해외연수 일정 : 2025년 3월 11일 ~ 2025년 3월 20일(10일간)
• 해외연수 인원 : 국가별 2명씩 총 4명
• 해외연수 인원 선발 방법 : 2024년 업무평가 항목 평균 점수 상위 4명 선발

〈K공단 임직원 2024년 업무평가〉

(단위 : 점)

성명	직급	2024년 업무평가		
		조직기여	대외협력	기획
유시진	팀장	58	68	83
최은서	팀장	79	98	96
양현종	과장	84	72	86
오선진	대리	55	91	75
이진영	대리	90	84	97
장수원	대리	78	95	85
김태균	주임	97	76	72
류현진	주임	69	78	54
강백호	사원	77	83	66
최재훈	사원	80	94	92

48 다음 중 해외연수 대상자가 될 수 있는 직원들로 바르게 나열한 것은?

① 유시진, 최은서　　　　　② 양현종, 오선진
③ 이진영, 장수원　　　　　④ 김태균, 류현진

49 K공단은 2025년 임직원 해외연수 인원을 국가별로 1명씩 증원하여 총 6명으로 확대하려고 한다. 다음 중 해외연수 대상자가 될 수 없는 직원은?

① 양현종　　　　　② 오선진
③ 이진영　　　　　④ 김태균

※ K자동차 회사는 자동차 엔진마다 시리얼 번호를 부여하였으며, 부여방식은 다음과 같다. 이어지는 질문에 답하시오. **[50~51]**

(첫째 자릿수)=(제조년)												
1999년	2000년	2001년	2002년	2003년	2004년	2005년	2006년	2007년	2008년	2009년	2010년	2011년
V	W	X	Y	1	2	3	4	5	6	7	8	9
2012년	2013년	2014년	2015년	2016년	2017년	2018년	2019년	2020년	2021년	2022년	2023년	2024년
A	B	C	D	E	F	G	H	J	K	L	M	N

(둘째 자릿수)=(제조월)											
1월	2월	3월	4월	5월	6월	7월	8월	9월	10월	11월	12월
A	C	E	G	J	L	N	Q	S	U	W	Y
B	D	F	H	K	M	P	R	T	V	X	Z

※ 셋째 자릿수부터 여섯째 자릿수까지는 엔진이 생산된 순서의 번호이다.

50 다음 중 시리얼 번호가 바르게 표시된 것은?

① OQ3258

② LI2316

③ HS1245

④ SU3216

51 다음 중 1999 ~ 2002년, 2016 ~ 2020년에 생산된 엔진의 시리얼 번호에 해당되지 않는 것은?

① FN4568

② DU6548

③ WS2356

④ HH2314

52 K공단 직원들은 대전에서 열리는 세미나에 참석하기 위해 출장을 가게 되었다. 다음 〈조건〉에 따라 출장을 갈 인원들이 결정된다고 할 때, 출장을 가게 될 직원의 조합으로 옳지 않은 것은?

〈조건〉

- 지역·산업별지원부는 지역지원부, 산업지원부, 컨소시엄지원부로 구성되어 있다. 이 중 출장이 가능한 인원은 지역지원부에서는 A팀장, B대리, C주임, 산업지원부에서는 D대리, E대리, F사원, 컨소시엄지원부에서는 G주임, H사원이다.
- 출장을 가는 지역·산업별지원국 직원은 총 4명이다.
- 반드시 1명 이상의 팀장이 출장에 참여하여야 한다.
- 사원들은 함께 출장을 갈 수 없다.
- 대리는 최대 2명까지만 출장에 참여 가능하며, 주임은 출장을 가게 될 경우 반드시 2명 이상이 함께 출장에 참여하여야 한다.
- 컨소시엄지원부는 단기적 인력부족으로 인해 1명의 직원만 출장이 가능하다.
- 팀장이 출장에 참여하는 경우, 동일한 부의 직원이 1명 이상 동행하여야 한다.
- 모든 부에서 1명 이상 출장에 참여하여야 한다.

① A팀장, B대리, D대리, H사원
② A팀장, B대리, E대리, H사원
③ A팀장, B대리, D대리, G주임
④ A팀장, C주임, D대리, G주임

53 K공단 전략기획본부 직원 A ~ G 7명은 신입사원 입사 기념으로 단체로 영화관에 갔다. 다음 〈조건〉에 따라 자리에 앉는다고 할 때, 항상 옳은 것은?(단, 가장 왼쪽부터 첫 번째 자리로 한다)

〈조건〉

- 7명은 한 열에 나란히 앉는다.
- 한 열에는 7개의 좌석이 있다.
- 양 끝자리 옆에는 비상구가 있다.
- D와 F는 나란히 앉는다.
- A와 B 사이에는 한 명이 앉아 있다.
- G는 왼쪽에 사람이 있는 것을 싫어한다.
- C와 G 사이에는 한 명이 앉아 있다.
- G는 비상구와 붙어 있는 자리를 좋아한다.

① E는 D와 F 사이에 앉는다.
② G와 가장 멀리 떨어진 자리에 앉는 사람은 D이다.
③ C의 양옆에는 A와 B가 앉는다.
④ D는 비상구와 붙어 있는 자리에 앉는다.

54 K공단 인사팀 직원인 A씨는 사내 설문조사를 통해 요즘 사람들이 연봉보다는 일과 삶의 균형을 더 중요시하고 직무의 전문성을 높이고 싶어 한다는 결과를 도출했다. 다음 중 설문조사 결과와 K공단 임직원의 근무여건에 대한 자료를 참고하여 인사제도를 합리적으로 변경한 것은?

<table>
<tr><th colspan="5">〈임직원 근무여건〉</th></tr>
<tr><th>구분</th><th>주당 근무 일수(평균)</th><th>주당 근무시간(평균)</th><th>직무교육 여부</th><th>퇴사율</th></tr>
<tr><td>정규직</td><td>6일</td><td>52시간 이상</td><td>O</td><td>17%</td></tr>
<tr><td>비정규직 1</td><td>5일</td><td>40시간 이상</td><td>O</td><td>12%</td></tr>
<tr><td>비정규직 2</td><td>5일</td><td>20시간 이상</td><td>×</td><td>25%</td></tr>
</table>

① 정규직의 연봉을 7% 인상한다.
② 정규직을 비정규직으로 전환한다.
③ 비정규직 1의 직무교육을 비정규직 2와 같이 조정한다.
④ 정규직의 주당 근무시간을 비정규직 1과 같이 조정하고 비정규직 2의 직무교육을 시행한다.

55 사내 시설 예약을 담당하는 A사원은 K서포터즈 발대식 안내문을 받고 〈조건〉에 따라 시설을 예약하려고 한다. 다음 중 A사원이 예약할 시설로 가장 적절한 것은?

〈K서포터즈 발대식 안내〉
- 일시 : 4월 17 ~ 18일(1박 2일)
- 대상인원 : 서포터즈 선발인원 117명, 아나운서 6명
··· (하략) ···

〈사내 시설 현황〉

<table>
<tr><th rowspan="2">구분</th><th rowspan="2">최대 수용인원</th><th colspan="3">시설 예약 현황</th><th colspan="2">부대시설</th></tr>
<tr><th>4월 16일</th><th>4월 17일</th><th>4월 18일</th><th>마이크</th><th>프로젝터</th></tr>
<tr><td>한빛관</td><td>166명</td><td>–</td><td>–</td><td>09:00 ~ 11:00</td><td>O</td><td>×</td></tr>
<tr><td>비전홀</td><td>158명</td><td>15:00 ~ 17:00</td><td>–</td><td>–</td><td>O</td><td>O</td></tr>
<tr><td>대회의실</td><td>148명</td><td>09:00 ~ 10:00</td><td>–</td><td>–</td><td>O</td><td>O</td></tr>
<tr><td>세미나실</td><td>124명</td><td>–</td><td>–</td><td>–</td><td>×</td><td>×</td></tr>
</table>

───〈조건〉───
• 운영인원 10명을 포함한 전체 참여인원을 수용할 수 있어야 한다.
• 마이크와 프로젝터가 모두 있어야 한다.
• 발대식 전날 정오부터 대여가 가능해야 한다.

① 한빛관
② 비전홀
③ 대회의실
④ 세미나실

56 면접시험에서 순서대로 면접을 진행한 응시자들이 다음 〈조건〉에 따라 평가 점수가 가장 높은 6명이 합격할 때, 합격자를 높은 점수 순서대로 나열한 것은?(단, 동점인 경우 먼저 면접을 진행한 응시자를 우선으로 한다)

───〈조건〉───
- 면접관 5명이 부여한 점수 중 최고점과 최저점을 제외한 나머지 면접관 3명이 부여한 점수의 평균과 보훈 가점의 합으로 평가한다.
- 최고점과 최저점이 1개 이상일 때는 1명의 점수만 제외한다.
- 소수점 셋째 자리에서 반올림한다.

〈지원자 면접 점수〉

(단위 : 점)

구분	면접관 1	면접관 2	면접관 3	면접관 4	면접관 5	보훈 가점
A	80	85	70	75	90	−
B	75	90	85	75	100	5
C	70	95	85	85	85	−
D	75	80	90	85	80	−
E	80	90	95	100	85	5
F	85	75	95	90	80	−
G	80	75	95	90	95	10
H	90	80	80	85	100	−
I	70	80	80	75	85	5
J	85	80	100	75	85	−
K	85	100	70	75	75	5
L	75	90	70	100	70	−

① D − A − F − L − H − I
② E − G − B − C − F − H
③ G − A − C − F − E − L
④ G − E − B − C − F − H

※ 다음은 2025년 보험료율 인상 안내에 대한 자료이다. 이어지는 질문에 답하시오. **[57~58]**

〈2025년 보험료율 인상 안내〉

2025년도 1월부터 보험료가 아래와 같이 인상됨을 알려드립니다.

1. **건강보험료 : 1.49% 인상**
   - ○ 직장가입자 건강보험료율 : 6.99%(2024년) → 7.09%(2025년)
     - – 보수월액보험료(월) : (보수월액)×[(보험료율)(7.09%)]
     - ※ 근로자와 사용자가 각각 50%씩 부담

(단위 : %)

구분	가입자 부담	사용자 부담	국가 부담	합계
근로자	3.545(50)	3.545(50)	–	7.09(100)
공무원	3.545(50)	–	3.545(50)	7.09(100)
사립학교 교원	3.545(50)	2.127(30)	1.418(20)	7.09(100)

   - – 소득월액보험료(월) : (소득월액)×[(보험료율)(6.09%)]×50/100
     - ※ (소득월액)=(연간 보수 외 소득)÷12
   - ○ 지역가입자 부과점수당 금액 : 205.3원(2024년) → 208.4원(2025년)
     - – 월보험료 : (보험료 부과점수)×(부과점수당 금액)

2. **장기요양보험료(소득 대비) : 0.0505%p 인상**
   - ○ 장기요양보험료율 : 0.8577%(2024년) → 0.9082%(2025년)
   - ○ 장기요양보험료 산정 방식 변경(2025년 1월부터)

     (현행) (장기요양보험료)=(건강보험료)×[(現장기요양보험료율)(12.81%)]

     (개정) (장기요양보험료)=(건강보험료)×$\dfrac{[(新장기요양보험료율)(0.9082\%)]}{[(건강보험료율)(7.09\%)]}$

     ※ [(新장기요양보험료율)(0.9082%)]=[(現장기보험료율)(12.81%)]×[(건강보험료율)(7.09%)]

57 K은행에 근무하는 A사원은 홈페이지 공지사항에 올라온 건강보험료 인상 소식을 듣고 공고문을 확인한 후 보수월액보험료를 계산해보려고 한다. A사원의 보수월액이 2,400,000원일 때 A사원이 부담하는 보험료로 옳은 것은?

① 80,250원 ② 85,080원
③ 89,380원 ④ 92,360원

58 ○○팀의 건강보험료 담당자인 K사원은 보험료 인상에 대한 고객별의 문의에 답변을 하고 있다. 안내 자료를 바탕으로 답변을 하고 있을 때, K의 답변으로 옳지 않은 것은?

① A : 올해 건강보험료와 장기요양보험료의 인상율을 각각 알려주시겠어요?

　K : 네, 올해 건강보험료는 1.49%, 소득 대비 장기요양보험료는 0.0505%p가 인상되었습니다.

② B : 제가 현재 사립고등학교의 행정실에서 근무를 하고 있는데, 건강보험료는 몇 %를 부담하게 될까요?

　K : 네, 사립학교 교원이신 경우, 건강보험료의 50%를 부담하시면 됩니다.

③ C : 소득월액보험료에서 소득월액은 어떻게 구할 수 있을까요?

　K : 네, 소득월액은 연간 받으시는 보수 외 소득을 12로 나눈 값입니다.

④ D : 장기요양보험료 산정 방식이 올해부터 바뀌었다고 하던데, 작년 제 건강보험료인 5만 원을 기준으로 장기보양보험료는 얼마나 될까요?

　K : 네, 장기요양보험료는 올해부터 산정 방식이 변경되었습니다. 바뀐 방식에 따라 계산을 해보면 50,000×12.81%=6,405원이 됩니다.

59 다음은 K공단의 비상임이사 공모이다. 〈보기〉에서 비상임이사 공모에 지원한 후보로 가장 적절한 사람 2명을 고르면?

〈K공단 비상임이사 공모〉

K공단에서 국민주거안정의 실현과 국토의 효율적 이용으로 삶의 질 향상과 국민경제 발전을 선도할 전문성 과 역량을 갖춘 비상임이사를 모십니다.
- 공모직위 및 임기
  - 공모직위 : 비상임이사 1명
  - 임기 : 2년(직무수행실적 등에 따라 1년 단위 연임 가능)
- 자격요건
  공공기관의 운영에 관한 법률 제34조 등에서 정한 결격사유에 해당되지 않는 분으로서
  - 경영에 대한 풍부한 학식과 경험을 갖추신 분
  - 공공성과 기업성을 조화시킬 수 있는 능력을 갖추신 분
  - 공직자로서 준법성, 도덕성 등의 자질을 갖추신 분
  - 토지, 도시, 주택분야 등 전문분야에 대한 지식과 경험을 갖추신 분
  - 최고 의사결정기구 구성원으로서 경영 비전 제시능력을 갖추신 분
- 제출서류
  - 지원서 1부(지정서식, 개인정보제공동의서 포함)
  - 자기소개서 1부(지원동기, 경력 및 업적 중심, A4용지 4매 이내)
  - 직무수행계획서 1부(A4용지 5매 이내)
  ※ 제출된 서류는 확정일로부터 반환을 청구할 수 있으며, 기재내용이 사실과 다를 시, 임용이 취소될 수 있음
  ※ 제출서류 서식은 K공단 홈페이지에서 내려 받아 사용
- 제출기간 및 제출장소
  - 제출기간 : 2025. 3. 3(월) ~ 2025. 3. 12(수) 18:00(토·공휴일은 방문접수 불가)
  - 제출장소 : (우 26464) 강원 원주시 건강로 32 K공단 임원추천위원회(16층, 경영관리실)
  - 제출방법 : 방문 제출 또는 등기우편 제출(제출기간 내 도착분에 한함)
- 심사방법
  - 임원추천위원회에서 제출서류를 기초로 서류심사 평가
- 기타
  - 자세한 사항은 K공단 임원추천위원회(0XX-1234-5678)로 문의하시거나 K공단 홈페이지를 참조하시기 바랍니다.

〈보기〉

- A는 20년간 의료분야에서만 전문인력으로 활동하였고, 음주운전 경력이 4회 이상 있고 이로 인해 운전 면허가 취소된 상태이며, 자기소개서에 이 사실을 밝히지 않았다.
- B는 국내 건설분야 대기업에서 30년 이상 근무하였으며, 지원서, 자기소개서, 직무수행계획서 각 1부씩 을 3월 8일에 임원추천위원회를 방문하여 접수하고자 한다.
- C는 경영학 분야 박사학위를 보유하고 있으며, 제출서류를 모두 구비하여 3월 4일에 등기로 발송하였 고, 3월 6일에 도착하였다는 확인메일을 받았다.
- D는 국내 중견기업 이사를 역임하였고, 공공기관에서도 근무한 경력도 보유하고 있으며, 모든 제출서류 는 3월 11일에 임원추천위원회를 방문하여 제출할 예정이다.

① A, B ② B, C
③ B, D ④ C, D

60 다음은 도서코드(ISBN)에 대한 자료이다. 주문한 도서에 대한 설명으로 옳은 것은?

〈[예시] 도서코드(ISBN)〉

국제표준도서번호					부가기호		
접두부	국가번호	발행자번호	서명식별번호	체크기호	독자대상	발행형태	내용분류
123	12	1234567		1	1	1	123

※ 국제표준도서번호는 5개의 군으로 나누어지고 각 군마다 '–'로 구분한다.

〈도서코드(ISBN) 세부사항〉

접두부	국가번호	발행자번호	서명식별번호	체크기호
978 또는 979	한국 89 미국 05 중국 72 일본 40 프랑스 22	발행자번호 – 서명식별번호 7자리 숫자 예 8491 – 208 : 발행자번호가 8491번인 출판 사에서 208번째 발행한 책		0 ~ 9

독자대상	발행형태	내용분류
0 교양 1 실용 2 여성 3 (예비) 4 청소년 5 중고등 학습참고서 6 초등 학습참고서 7 아동 8 (예비) 9 전문	0 문고본 1 사전 2 신서판 3 단행본 4 전집 5 (예비) 6 도감 7 그림책, 만화 8 혼합자료, 점자자료, 전자책, 마이크로자료 9 (예비)	030 백과사전 100 철학 170 심리학 200 종교 360 법학 470 생명과학 680 연극 710 한국어 770 스페인어 740 영미문학 720 유럽사

〈주문도서〉

978 – 05 – 441 – 1011 – 314710

① 한국에서 출판한 도서이다.
② 441번째 발행된 도서이다.
③ 발행자번호는 총 7자리이다.
④ 한 권으로만 출판되지는 않았다.

| 01 | 국민건강보험법

61 다음 〈보기〉 중 국민건강보험의 시효에 대한 설명으로 옳은 것을 모두 고르면?

─〈보기〉─

ㄱ. 보험료, 연체금 및 가산금을 징수할 권리는 3년 동안 행사하지 아니하면 소멸시효가 완성된다.
ㄴ. 보험급여 비용을 받을 권리는 6년 동안 행사하지 아니하면 소멸시효가 완성된다.
ㄷ. 보험급여를 받을 권리의 소멸시효는 보험료의 고지 또는 독촉으로 중단된다.
ㄹ. 연체금 및 가산금으로 과오납부한 금액을 환급받을 권리의 소멸시효는 중단될 수 없다.

① ㄱ, ㄴ
② ㄱ, ㄷ
③ ㄴ, ㄷ
④ ㄴ, ㄹ

62 다음 중 건강보험 적용 대상 제외자로 볼 수 없는 것은?

① 의료급여법에 따라 의료급여를 받는 사람
② 국가유공자 등 예우 및 지원에 관한 법률에 따라 의료보호를 받는 사람
③ 독립유공자예우에 관한 법률에 따라 의료보호를 받는 사람
④ 건강보험을 적용받고 있던 사람이 유공자 등 의료보호대상자로 되었으나 건강보험의 적용배제신청을 보험 자에게 하지 아니한 사람

63 다음 빈칸에 들어갈 날짜로 옳은 것은?

공단은 회계연도마다 결산보고서와 사업보고서를 작성하여 다음해 _____일까지 보건복지부장관에게 보고 하여야 한다.

① 1월 말
② 2월 초
③ 2월 말
④ 3월 초

64 다음 중 사업장의 신고에 대한 설명으로 옳은 것은?

① 사업장의 사용자는 폐업을 했을 때는 보험자에게 이 사실을 신고하지 않아도 된다.

② 직장가입자가 되는 공무원을 고용한 사용자는 이 사실을 보험자에게 신고하지 않아도 된다.

③ 직장가입자가 되는 근로자를 사용하는 적용대상사업장이 된 경우 30일 이내에 보험자에게 신고해야 한다.

④ 사업장의 사용자는 제7조 각 호의 어느 하나에 해당하게 되면 보건복지부령으로 정하는 바에 따라 보험자에게 신고해야 한다.

65 지역가입자가 다른 세대로 전입해 가입자의 자격이 변동되었을 경우에 세대주는 며칠 이내에 이 사실을 신고하여야 하는가?

① 7일   ② 14일
③ 20일   ④ 30일

66 다음 〈보기〉에서 국민건강보험공단이 자산의 관리·운영 및 증식을 위해 취하는 방법으로 옳은 것을 모두 고르면?

---------------〈보기〉---------------
㉠ 은행에의 예입 또는 신탁
㉡ 체신관서에의 예입 또는 신탁
㉢ 신탁업자나 집합투자업자가 발행하는 수익증권의 매입
㉣ 특별법에 따라 설립된 법인이 발행하는 유가증권의 매입
㉤ 국가·지방자치단체가 채무이행을 보증하는 유가증권의 매입
----

① ㉠, ㉡   ② ㉠, ㉡, ㉣
③ ㉡, ㉢, ㉣   ④ ㉠, ㉡, ㉢, ㉣, ㉤

67 국민건강보험공단의 이사장과 이사의 임기는 각각 몇 년인가?

	이사장	이사
①	2년	2년
②	2년	3년
③	3년	2년
④	3년	3년

68 다음 중 치료재료의 제조업자·수입업자 등이 요양급여대상으로 결정되지 않은 치료재료에 대해 요양급여 대상 여부의 결정을 신청하는 대상은 누구인가?

① 대통령

② 보건복지부장관

③ 국민건강보험공단 이사장

④ 국민건강보험공단 건강보험정책심의위원회

69 다음 중 빈칸 ㉠, ㉡에 들어갈 말을 순서대로 바르게 나열한 것은?

> 요양기관은 신고한 내용(요양급여비용의 증감에 관련된 사항만 해당한다)이 변경된 경우에는 그 변경된 날부터 ___㉠___ 이내에 보건복지부령으로 정하는 바에 따라 ___㉡___ 에 신고하여야 한다.

	㉠	㉡
①	15일	재정운용위원회
②	30일	재정운용위원회
③	15일	건강보험심사평가원
④	30일	건강보험심사평가원

70 다음 〈보기〉의 사례 중 건강보험의 피부양자가 될 수 있는 경우를 모두 고르면?

> ──────〈보기〉──────
> ㉠ 직장가입자인 A씨는 국민기초생활보장수급자로서 의료급여를 받고 있는 친동생을 자신의 피부양자로 등록하려고 한다.
> ㉡ 국가유공자의 유족인 B씨는 국민건강보험공단에 건강보험의 적용을 신청해 두었는데, 지난 달 결혼한 배우자의 건강보험에 피부양자로 등록되기를 희망한다.
> ㉢ C씨는 건강보험을 적용받던 도중 실직으로 인하여 생활이 어려워져 의료보호 대상자가 되었으나, 국민건강보험공단에 건강보험의 적용배제 신청을 하였다. 다음 달부터 아들과 함께 살게 되어 아들의 피부양자로 등록하기를 원한다.

① ㉠

② ㉡

③ ㉠, ㉡

④ ㉡, ㉢

71 다음 중 빈칸에 들어갈 내용으로 옳은 것은?

> 국민건강보험공단은 납입 고지의 송달 지연 등 사유가 있는 경우 납부의무자의 신청에 따라 납부기한부터
> _____의 범위에서 납부기한을 연장할 수 있다.

① 15일   ② 1개월
③ 2개월   ④ 3개월

72 보험료, 연체금 및 가산금을 징수할 권리, 보험급여를 받을 권리 등의 소멸시효 완성 기간은 얼마인가?

① 2년   ② 3년
③ 4년   ④ 5년

73 다음 중 신고 등에 대한 설명으로 옳지 않은 것은?

① 국민건강보험공단은 세대주 등에게 가입자의 거주지 변경과 관련한 서류를 제출하게 할 수 있다.
② 국민건강보험공단은 사용자, 직장가입자 등에게 가입자의 보수·소득 사항을 신고하게 할 수 있다.
③ 위 ①과 ②에 따라 신고 또는 서류를 제출할 경우에는 전자적 방법으로 기록된 것을 제외한다.
④ 국민건강보험공단 소속 직원은 신고받은 사항이나 제출받은 자료의 사실 여부를 확인하기 의해 관련 사항을 조사할 수 있다.

74 다음 중 징수위탁근거법에 따라 위탁받은 업무에 소요되는 비용에 사용하기 위해 국민건강보험공단이 출연금을 지급받을 수 있는 기금이 아닌 것은?

① 국민연금기금   ② 고용보험기금
③ 응급의료기금   ④ 임금채권보장기금

75 다음 중 업무를 수행하면서 알게 된 정보를 직무상 목적 외의 용도로 이용할 경우에 받을 수 있는 처벌로 옳은 것은?

① 3년 이하의 징역 또는 3,000만 원 이하의 벌금

② 3년 이하의 징역 또는 5,000만 원 이하의 벌금

③ 5년 이하의 징역 또는 3,000만 원 이하의 벌금

④ 5년 이하의 징역 또는 5,000만 원 이하의 벌금

76 다음 중 선별급여에 대해 주기적으로 요양급여의 적합성을 평가하는 주체는 누구인가?

① 보건복지부장관

② 국민건강보험공단 이사장

③ 국민건강보험공단 재정운용위원회

④ 국민건강보험공단 건강보험정책심의위원회

77 다음 중 국민건강보험공단 재정운영위원회의 위원장은 어떻게 선출하는가?

① 공익을 대표하는 위원 10명 중에서 호선한다.

② 지역가입자를 대표하는 위원 중에서 호선한다.

③ 직장가입자를 대표하는 위원 중에서 호선한다.

④ 국민건강보험공단 임원추천위원회의 추천을 받아 이사장이 지명한다.

78 다음 중 빈칸 ㉠, ㉡에 들어갈 내용을 순서대로 바르게 나열한 것은?

> 국민건강보험공단에 관하여 국민건강보험법과 공공기관의 운영에 관한 법률에서 정한 사항 외에는 ___㉠___ 중 ___㉡___ 에 관한 규정을 준용한다.

	㉠	㉡
①	민법	재단법인
②	민법	사단법인
③	국민건강증진법	재단법인
④	국민건강증진법	사단법인

79 다음 중 빈칸 ㉠, ㉡에 들어갈 말을 순서대로 바르게 나열한 것은?

> 보건복지부장관은 요양급여비용의 상한금액이 감액된 약제가 감액된 날부터 ___㉠___ 의 범위에서 대통령령으로 정하는 기간 내에 다시 감액의 대상이 된 경우에는 요양급여비용 상한금액의 ___㉡___ 을 넘지 아니하는 범위에서 요양급여비용 상한금액의 일부를 감액할 수 있다.

	㉠	㉡
①	3년	100분의 20
②	3년	100분의 40
③	5년	100분의 20
④	5년	100분의 40

80 다음 중 지역가입자의 금융정보의 제공에 대한 설명으로 옳지 않은 것은?

① 금융정보의 제공 요청 및 제공 절차 등에 필요한 사항은 대통령령으로 정한다.
② 금융정보를 제공한 금융회사는 원칙적으로 금융정보의 제공 사실을 명의인에게 통보하지 않는다.
③ 국민건강보험공단은 지역가입자의 보험료부과점수 산정을 위해 금융회사에 금융정보의 제공을 요청할 수 있다.
④ 금융정보의 제공을 요청받은 금융회사는 금융실명거래 및 비밀보장에 관한 법률에도 불구하고 명의인의 금융정보를 제공해야 한다.

61 다음 중 빈칸에 들어갈 내용으로 옳은 것은?

> 장기요양인정의 유효기간은 최소 _____ 이상으로서 대통령령으로 정한다.

① 6개월   ② 1년
③ 2년   ④ 3년

62 다음 중 장기요양기관이 폐업하거나 휴업하고자 하는 경우 수급자의 권익을 보호하기 위하여 취하여야 할 조치가 아닌 것은?

① 해당 장기요양기관을 이용하는 수급자가 다른 장기요양기관을 선택하여 이용할 수 있도록 계획을 수립하는 조치
② 해당 장기요양기관에서 수급자가 부담한 비용 중 정산하여야 할 비용이 있는 경우 이를 정산하는 조치
③ 장기요양급여를 제공하였는지 평가를 실시하고 그 결과를 공단의 홈페이지 등에 공표하는 조치
④ 그 밖에 수급자의 권익 보호를 위하여 필요하다고 인정되는 조치로서 보건복지부령으로 정하는 조치

63 다음 중 빈칸 ㉠, ㉡에 들어갈 내용을 순서대로 바르게 나열한 것은?

> "장기요양급여"란 ___㉠___ 이상 동안 혼자서 일상생활을 수행하기 어렵다고 인정되는 자에게 신체활동 · 가사 활동의 지원 또는 ___㉡___ 등의 서비스나 이에 갈음하여 지급하는 현금 등을 말한다.

	㉠	㉡
①	6개월	간병
②	6개월	치료
③	12개월	간병
④	12개월	치료

64 다음 중 〈보기〉의 요소를 활용해 지역가입자가 속한 세대의 월별 장기요양보험료를 구하는 계산식으로 옳은 것은?

---〈보기〉---

ⓐ 재산보험료부과점수 ⓑ 장기요양보험료율
ⓒ 재산보험료부과점수당 금액 ⓓ 경감 또는 면제되는 비용

---

① ⓐ×ⓒ×ⓑ−ⓓ

② (ⓐ×ⓒ)−(ⓑ×ⓓ)

③ [(ⓐ×ⓒ)−ⓓ]×ⓑ

④ [(ⓓ − ⓒ)×ⓐ]×ⓑ

65 다음 〈보기〉에서 장기요양인정 신청의 조사에 대한 설명으로 옳은 것을 모두 고르면?

---〈보기〉---

㉠ 국민건강보험공단은 신청서를 접수하면 신청인의 심신상태, 신청인에게 필요한 장기요양급여의 종류 및 내용 등을 조사하여야 한다.
㉡ 국민건강보험공단은 위 ㉠의 조사를 특별자치시·특별자치도·시·군·자치구에 의뢰하지 말고 소속 직원으로 하여금 직접 조사하게 하여야 한다.
㉢ 국민건강보험공단의 소속 직원이 위 ㉠의 조사를 할 때는 1명의 직원이 단독으로 조사하게 하여야 한다.
㉣ 조사를 하는 자는 조사일시, 장소 및 조사 담당자의 인적사항 등을 미리 신청인에게 통보하여야 한다.

---

① ㉠, ㉣

② ㉠, ㉢, ㉣

③ ㉡, ㉢, ㉣

④ ㉠, ㉡, ㉢, ㉣

66 장기요양인정의 갱신 신청은 유효기간으로부터 며칠 전에 완료해야 하는가?

① 15일

② 30일

③ 45일

④ 60일

67 다음 중 특별현금급여수급계좌에 대한 설명으로 옳지 않은 것은?

① 특별현금급여의 신청방법·절차와 특별현금급여수급계좌의 관리에 필요한 사항은 대통령령으로 정한다.

② 정보통신장애로 특별현금급여수급계좌로 이체할 수 없는 경우에 국민건강보험공단은 현금 지급을 피하기 위해 그 사유가 해결되어 이체가 가능해질 때까지 이체를 하지 않아야 한다.

③ 특별현금급여수급계좌가 개설된 금융기관은 특별현금급여만이 특별현금급여수급계좌에 입금되도록 관리해야 한다.

④ 국민건강보험공단은 특별현금급여를 받는 수급자의 신청이 있는 경우에는 특별현금급여를 수급자 명의의 특별현금급여수급계좌로 입금해야 한다.

68 다음 중 장기요양기관의 재무·회계기준을 정하는 주체는 무엇인가?

① 대통령
② 보건복지부장관
③ 국민건강보험공단 이사회
④ 특별자치시·특별자치도·시·군·자치구

69 다음 중 장기요양인정의 신청 등에 대한 내용으로 옳은 것은?

① 거동이 불편하거나 도서·벽지 지역에 거주하여 의료기관을 방문하기 어려운 자는 사회복지사의 도움을 받아 의사소견서를 제출하여야 한다.

② 장기요양인정을 신청하는 자가 제출하여야 하는 의사소견서의 발급비용·비용부담방법 등은 공단에서 정한다.

③ 장기요양인정 신청의 조사를 하는 자는 조사일시, 장소 및 조사를 담당하는 자의 인적사항 등을 미리 신청인에게 통보하여야 한다.

④ 공단이 장기요양인정 신청의 조사를 하는 경우 3명 이상의 소속 직원이 조사할 수 있도록 노력하여야 한다.

70 다음 〈보기〉에서 수급자 자신이 전부 부담하는 장기요양급여에 대한 비용을 모두 고르면?

─────────〈보기〉─────────
㉠ 장기요양급여의 월 한도액을 넘는 장기요양급여
㉡ 노인장기요양보험법의 규정에 따른 급여의 범위 및 대상에 포함되지 않는 장기요양급여
㉢ 수급자가 장기요양인정서에 적힌 장기요양급여의 종류와 다르게 선택해 장기요양급여를 받은 경우 그 차액

① ㉠
② ㉠, ㉡
③ ㉡, ㉢
④ ㉠, ㉡, ㉢

71 다음 〈보기〉에서 부당이득의 징수에 대한 설명으로 옳은 것을 모두 고르면?

─────────〈보기〉─────────
㉠ 국민건강보험공단은 장기요양급여의 제한 등을 받을 자가 장기요양급여를 받은 경우 그 장기요양급여의 2배에 달하는 금액을 징수한다.
㉡ 국민건강보험공단은 장기요양급여를 받은 자가 월 한도액 범위를 초과해 장기요양급여를 받은 경우 그 장기요양급여에 상당하는 금액을 징수한다.
㉢ 국민건강보험공단은 장기요양급여비용을 받은 자가 거짓으로 재가 및 시설 급여비용을 청구해 이를 지급받은 경우 그 장기요양급여비용의 2배에 달하는 금액을 징수한다.
㉣ 국민건강보험공단은 장기요양급여비용을 받은 자가 노인장기요양보험법상의 원인 없이 국민건강보험공단으로부터 장기요양급여비용을 지급받은 경우 그 장기요양급여비용에 상당하는 금액을 징수한다.

① ㉠, ㉡
② ㉠, ㉣
③ ㉡, ㉣
④ ㉠, ㉢, ㉣

72 다음 〈보기〉에서 장기요양위원회의 위원 중에 위원장 이외의 위원으로 임명 또는 위촉될 수 있는 자의 비율은 각각 얼마인가?

〈보기〉

ⓐ 근로자단체, 사용자단체, 시민단체, 노인단체, 농어업인단체 또는 자영자단체를 대표할 수 있는 자
ⓑ 장기요양기관 또는 의료계를 대표하는 자
ⓒ 대통령령으로 정하는 관계 중앙행정기관의 고위공무원단 소속 공무원, 장기요양에 관한 학계 또는 연구계를 대표하는 자, 국민건강보험공단 이사장이 추천하는 자

① ⓐ, ⓑ, ⓒ을 각각 동수로 한다.
② ⓐ을 30%, ⓑ을 40%, ⓒ을 40%로 한다.
③ ⓐ을 50%, ⓑ을 30%, ⓒ을 20%로 한다.
④ ⓐ을 30%, ⓑ을 20%, ⓒ을 50%로 한다.

73 다음 중 빈칸 ⓐ, ⓑ에 들어갈 내용으로 옳은 것은?

공단은 장기요양급여의 제공기준을 개발하고 장기요양급여비용의 적정성을 검토하기 위한 장기요양기관을 설치할 때 __ⓐ__ 인구 및 지역특성 등을 고려한 지역 간 불균형 해소를 고려해야 하고, 설치 목적에 필요한 __ⓑ__의 범위에서 이를 설치 · 운영하여야 한다

	ⓐ	ⓑ
①	노인	최대한
②	노인	최소한
③	장애인	최대한
④	장애인	최소한

74 다음 중 빈칸 ㉠, ㉡에 들어갈 기간을 순서대로 바르게 나열한 것은?

> 심사청구는 그 처분이 있음을 안 날부터 __㉠__ 이내에 문서로 해야 하며, 처분이 있은 날부터 __㉡__ 을 경과하면 이를 제기할 수 없다.

	㉠	㉡
①	60일	90일
②	60일	180일
③	90일	90일
④	90일	180일

75 다음 〈보기〉에서 장기요양사업의 회계에 대한 설명으로 옳지 않은 것을 모두 고르면?

─〈보기〉─
㉠ 국민건강보험공단은 장기요양사업에 대해 독립회계를 설치·운영하여야 한다.
㉡ 국민건강보험공단은 장기요양사업 중 장기요양보험료를 재원으로 하는 사업과 국가·지방자치단체의 부담금을 재원으로 하는 사업의 재정을 통합적으로 운영하여야 한다.
㉢ 위 ㉡의 경우에 관리운영에 필요한 재정은 구분하여 운영하여야 한다.

① ㉠   ② ㉡
③ ㉠, ㉡   ④ ㉡, ㉢

※ 다음 중 빈칸에 들어갈 내용으로 옳은 것을 고르시오. [76~77]

76

> 국가는 매년 예산의 범위 안에서 해당 연도 장기요양보험료 예상수입액의 _____에 상당하는 금액을 국민건강보험공단에 지원한다.

① 100분의 10 ② 100분의 20
③ 100분의 30 ④ 100분의 40

77

> 국가와 지방자치단체는 의료급여수급권자의 장기요양급여비용, 의사소견서 발급비용, 방문간호지시서 발급비용 중 국민건강보험공단이 부담해야 할 비용 및 관리운영비의 _____을/를 부담한다.

① 3분의 1 ② 2분의 1
③ 3분의 2 ④ 전액

78 다음 〈보기〉에서 노인장기요양보험법상의 과태료를 징수할 수 있는 자를 모두 고르면?

〈보기〉
ㄱ 관할 군수   ㄴ 관할 시장
ㄷ 관할 구청장   ㄹ 보건복지부장관
ㅁ 관할 특별자치시장   ㅂ 관할 분사무소의 장
ㅅ 관할 특별자치도지사

① ㄱ, ㄴ, ㄷ, ㅁ, ㅅ   ② ㄱ, ㄴ, ㄷ, ㄹ, ㅂ
③ ㄱ, ㄷ, ㄹ, ㅂ, ㅅ   ④ ㄴ, ㄷ, ㄹ, ㅂ, ㅅ

79 다음 중 빈칸 ㉠, ㉡에 들어갈 내용을 순서대로 바르게 나열한 것은?

> 장기요양기관은 장기요양기관이 제공하는 급여의 질을 보장하기 위해 장기요양기관별 급여의 내용, ___㉠___ 등 현황자료 등을 ___㉡___ 에 게시해야 한다.

	㉠	㉡
①	시설·인력	관보
②	장기요양기관의 장의 개인정보	관보
③	시설·인력	국민건강보험공단이 운영하는 인터넷 홈페이지
④	장기요양기관의 장의 개인정보	국민건강보험공단이 운영하는 인터넷 홈페이지

80 지정을 받은 인권교육기관이 업무정지 처분을 받을 수 있는 기간은 최대 몇 개월 이내인가?

① 3개월　　　　　　　　　　② 6개월
③ 9개월　　　　　　　　　　④ 12개월

2일 차
기출응용 모의고사

〈문항 및 시험시간〉

평가영역	문항 수	시험시간	모바일 OMR 답안채점 / 성적분석 서비스	
[공통] 의사소통＋수리＋문제해결 [행정직 / 건강직 / 기술직] 국민건강보험법 [요양직] 노인장기요양보험법	80문항	80분	행정직 / 건강직 / 기술직	요양직

※ 수록 기준
　국민건강보험법 : 법률 제19841호(시행 24.12.27.),
　노인장기요양보험법 : 법률 제20213호(시행 25.02.07.)

2일 차 기출응용 모의고사

문항 수 : 80문항
시험시간 : 80분

제1영역 직업기초능력

01 다음 글의 내용으로 적절하지 않은 것은?

> 골격근에서 전체 근육은 근육섬유를 뼈에 연결시키는 주변 조직인 힘줄과 결합조직을 모두 포함한다. 골격근의 근육섬유가 수축할 때 전체 근육의 길이가 항상 줄어드는 것은 아니다. 근육 수축의 종류 중 근육섬유가 수축함에 따라 전체 근육의 길이가 변화하는 것을 '등장수축'이라 하는데, 등장수축은 근육섬유 수축과 함께 전체 근육의 길이가 줄어드는 '동심 등장수축'과 전체 근육의 길이가 늘어나는 '편심 등장수축'으로 나뉜다. 반면에 근육섬유가 수축함에도 불구하고 전체 근육의 길이가 변하지 않는 수축을 '등척수축'이라고 한다. 예를 들어 아령을 손에 들고 팔꿈치의 각도를 일정하게 유지하고 있는 상태에서 위팔의 이두근 근육섬유는 끊임없이 수축하고 있지만, 이 근육에서 만드는 장력이 근육에 걸린 부하량, 즉 아령의 무게와 같아 전체 근육의 길이가 변하지 않기 때문에 등척수축을 하는 것이다. 등척수축은 골격근의 주변 조직과 근육섬유 내에 있는 탄력섬유의 작용에 의해 일어난다. 근육에 부하가 걸릴 때, 이 부하를 견디기 위해 탄력섬유가 늘어나기 때문에 근육섬유는 수축하지만 전체 근육의 길이는 변하지 않는 등척수축이 일어날 수 있다.

① 골격근은 힘줄과 결합조직을 모두 포함한다.
② 등척수축은 탄력섬유의 작용에 의해 일어난다.
③ 근육에 부하가 걸릴 때, 부하를 견디기 위해 탄력섬유가 늘어난다.
④ 등장수축에서는 근육섬유가 수축할 때, 전체 근육 길이가 줄어든다.

02 다음 중 문서작성 시 주의사항으로 옳지 않은 것은?

① 문서는 그 작성 시기가 중요하다.
② 문서는 육하원칙에 의해서 써야 한다.
③ 모든 첨부자료는 반드시 첨부해야 한다.
④ 한 사안은 한 장의 용지에 작성해야 한다.

03 다음은 외국인 건강보험 제도변경에 대한 안내문이다. 이를 이해한 내용으로 적절하지 않은 것은?

〈외국인 건강보험 제도변경 안내〉

2019년 7월 16일부터 외국인 및 재외국민이 대한민국에서 6개월 이상 체류하게 되면 건강보험에 당연 가입되도록 제도가 변경되었습니다. 주요 내용은 다음과 같습니다.

• 6개월 이상 체류하는 경우 건강보험 당연 가입
  – 유학 또는 결혼이민의 경우는 입국하여 외국인 등록한 날 가입
  ※ 가입 제외 신청 대상 : 외국의 법령·보험 및 사용자의 계약에 따라 법 제41조에 따른 요양 급여에 상당하는 의료보장을 받을 수 있는 경우
• 자격은 등록된 체류지(거소지)에 따라 개인별로 관리(취득)되며, 건강보험료도 개인별로 부과
  – 다만, 같은 체류지(거소지)에 배우자 및 만 19세 미만 자녀와 함께 거주하여 가족 단위로 보험료 납부를 원하는 경우에는 가족관계를 확인할 수 있는 서류를 지참하여 방문 신청 필요
  ※ 가족관계 확인용 서류 : 해당국 외교부(또는 아포스티유) 확인을 받은 가족관계나 혼인 사실이 나타나는 서류(한글 번역 포함)
  – 보험료는 소득·재산에 따라 산정하며, 산정된 보험료가 전년도 11월 전체 가입자 평균보험료 미만인 경우 평균보험료를 부과
• 매월 25일까지 다음 달 보험료 납부
• 보험료 미납하면 불이익 발생
  – 병·의원 이용 시 건강보험 혜택 제한
  – 비자 연장 등 각종 체류 허가 제한(법무부 출입국·외국인 관서)
  – 기한을 정하여 독촉하고, 그래도 납부하지 않으면 소득, 재산, 예금 등 압류하여 강제 징수
  – 건강보험 혜택은 대한민국 국민과 동일(입원, 외래진료, 중증질환, 건강검진 등)

① 외국인 유학생 A씨의 경우 체류 기간과 관계없이 외국인 등록을 한 날에 건강보험에 가입된다.
② 배우자와 국내에 함께 체류 중인 외국인 B씨가 가족 단위로 보험료를 납부하고자 할 경우에는 별도의 신청이 필요하다.
③ 보험료를 매월 납부하고 있는 외국인 C씨의 경우 외래진료 시에는 보험 혜택을 받을 수 있지만, 건강검진은 제공되지 않는다.
④ 보험료가 미납된 외국인 D씨가 비자 연장을 신청할 경우 신청이 제한될 수 있다.

04 G씨는 성장기인 아들의 수면습관을 바로 잡기 위해 수면습관에 관련된 글을 찾아보았다. 다음 중 G씨가 이해한 내용으로 적절하지 않은 것은?

> 수면은 비렘(Non-REM)수면과 렘수면으로 이뤄진 사이클이 반복되면서 이뤄지는 복잡한 신경계의 상호작용이며, 좋은 수면이란 이 사이클이 끊어지지 않고 충분한 시간 동안 유지되도록 하는 것이다. 수면 패턴은 일정한 것이 좋고 깨는 시간을 지키는 것이 중요하다. 그리고 수면 패턴은 휴일과 평일 모두 일정하게 지키는 것이 성장하는 아이들의 수면 리듬을 유지하는 데 좋다. 수면상태에서 깨어날 때 영향을 주는 자극들은 '빛, 식사 시간, 운동, 사회 활동' 등이 있으며 이 중 가장 강한 자극은 '빛'이다. 침실을 밝게 하는 것은 적절한 수면 자극을 방해하는 것이다. 반대로 깨어날 때는 강한 빛 자극을 주면 빠르게 수면 상태에서 벗어날 수 있다. 이는 뇌의 신경 전달 물질인 멜라토닌의 농도와 연관되어 나타나는 현상이다. 수면 중 최대치로 올라간 멜라토닌은 시신경이 강한 빛에 노출되면 빠르게 줄어들게 되는데 이때 수면 상태에서 벗어나게 된다. 아침 일찍 일어나 커튼을 젖히고 밝은 빛이 침실 안으로 들어오게 하는 것은 매우 효과적인 각성 방법인 것이다.

① 잠에서 깨는 데 가장 강력한 자극을 주는 것은 빛이었구나.
② 멜라토닌의 농도에 따라 수면과 각성이 영향을 받는군.
③ 평일에 잠이 모자란 우리 아들은 잠을 보충해 줘야 하니까 휴일에 늦게까지 자도록 둬야겠다.
④ 좋은 수면은 비렘수면과 렘수면의 사이클이 충분한 시간 동안 유지되도록 하는 것이구나.

05 다음 글의 주제로 가장 적절한 것은?

> 빅데이터는 스마트 팩토리 등 산업 현장 및 ICT 소프트웨어 설계 등에 주로 활용되어 왔다. 유통이나 물류 업계의 '콘텐츠가 대량으로 이동하는 현장'에서는 데이터가 발생하면, 이를 분석하고 활용하는 쪽으로 주로 사용되었다. 이제는 다양한 영역에서 빅데이터의 적용이 빨라지고 있다. 대표적인 사례가 금융권이다. 국내의 은행들은 현재 빅데이터 스타트업 회사를 상대로 대규모 투자에 나서고 있다. 뉴스와 포털 등 현존하는 데이터를 확보하여 금융 키워드 분석에 활용하기 위해서이다. 의료업계도 마찬가지다. 정부는 바이오헬스 산업의 혁신전략을 통해 연구개발 투자를 2025년까지 4조 원 이상으로 확대하겠다고 밝혔으며, 빅데이터와 인공 지능 등을 연계한 다양한 로드맵을 준비하고 있다. 의료 현장에 빅데이터 전략을 구사하고 있는 병원도 증가하고 있으며, 국세청도 빅데이터에 관심이 많다. 빅데이터 플랫폼 인프라 구축을 끝내는 한편, 50명 규모의 빅데이터 센터를 가동하기 시작했다. 조세 행정에서 빅데이터를 통해 탈세를 예방·적발하는 등 다양한 쓰임새를 고민하고 있다.

① 빅데이터의 정의와 장·단점   ② 빅데이터의 종류
③ 빅데이터의 중요성   ④ 빅데이터의 다양한 활용 방안

※ 다음 글을 읽고 이어지는 질문에 답하시오. [6~7]

여러 가지 센서 정보를 이용해 사람의 심리상태를 파악할 수 있는 기술을 '감정인식(Emotion Reading)'이라고 한다. 음성인식 기술에 이 기술을 더할 경우 인간과 기계, 기계와 기계 간의 자연스러운 대화가 가능해진다. 사람의 감정 상태를 기계가 진단해 보고 기초적인 진료 자료를 내놓을 수도 있다. 경찰 등 수사기관에서도 활용이 가능하다. 실제로 최근 상상을 넘어서는 수준의 놀라운 감정인식 기술이 등장하고 있다. 러시아 모스크바에 본사를 두고 있는 벤처기업 '엔테크랩(NTechLab)'은 뛰어난 안면인식 센서를 활용해 사람의 감정 상태를 상세히 읽어낼 수 있는 기술을 개발했다. 그리고 이 기술을 모스크바시 경찰 당국에 공급할 계획이다.

현재 모스크바시 경찰은 엔테크랩과 함께 이 기술을 수사현장에 어떻게 도입할지 효과적인 방법을 모색하고 있다. 도입이 완료될 경우 감정인식 기술을 수사 현장에 활용하는 세계 최초의 사례가 된다. 이 기술을 활용하면 수백만 명이 모여 있는 가운데서 특정 인상착의의 사람을 찾아낼 수 있다. 또한, 찾아낸 사람의 성별과 나이 등을 모니터한 뒤 그 사람이 화가 났는지, 스트레스를 받았는지 혹은 불안해 하는지 등을 판별할 수 있다.

엔테크랩의 공동창업자인 알렉산드르 카바코프(Alexander Kabakov)는 "번화가에서 수초 만에 테러리스트나 범죄자, 살인자 등을 찾아낼 수 있는 기술"이라며 "경찰 등 수사기관에서 이 기술을 도입할 경우 새로운 차원의 수사가 가능하다."라고 말했다. _____ 그는 이 기술이 러시아 경찰 어느 부서에 어떻게 활용될 것인지에 대해서는 밝히지 않았다. 카바코프는 "현재 CCTV 카메라에 접속하는 방안 등을 협의하고 있지만 아직까지 결정된 내용은 없다."라고 말했다.

이 기술이 처음 세상에 알려진 것은 2015년 미국 워싱턴 대학에서 열린 얼굴인식 경연대회에서이다. 이 대회에서 엔테크랩의 안면인식 기술은 100만 장의 사진 속에 들어있는 특정인의 사진을 73.3%까지 식별해냈다. 이는 대회에 함께 참여한 구글의 안면인식 알고리즘을 훨씬 앞서는 기록이었다. 여기서 용기를 얻은 카바코프는 아르템 쿠크하렌코(Artem Kukharenko)와 함께 SNS상에서 연결된 사람이라면 누구든 추적할 수 있도록 만든 앱 '파인드 페이스(Find Face)'를 만들었다.

06 다음 중 윗글에 대한 내용으로 적절하지 않은 것은?

① 엔테크랩의 감정인식 기술은 모스크바시 경찰이 범죄 용의자를 찾는 데 크게 기여하고 있다.

② 음성인식 기술과 감정인식 기술이 결합되면 기계가 사람의 감정을 진단할 수도 있다.

③ 감정인식 기술을 이용하면 군중 속에서 특정인을 쉽게 찾을 수 있다.

④ 안면인식 기술이 처음 세상에 알려진 것은 2015년 미국 워싱턴 대학에서 열린 얼굴인식 경연대회에서이다.

07 다음 중 빈칸에 들어갈 접속어로 가장 적절한 것은?

① 또한

② 게다가

③ 그래서

④ 그러나

08 다음 글의 내용으로 적절하지 않은 것은?

일반적으로 문화는 '생활양식' 또는 '인류의 진화로 이룩된 모든 것'이라는 포괄적인 개념을 갖고 있다. 이렇게 본다면 언어는 문화의 하위 개념에 속하는 것이다. 그러나 언어는 문화의 하위 개념에 속하면서도 문화 자체를 표현하여 그것을 전파전승하는 기능도 한다. 이로 보아 언어에는 그것을 사용하는 민족의 문화와 세계 인식이 녹아있다고 할 수 있다. 가령 '사촌'이라고 할 때, 영어에서는 'Cousin'으로 이를 통칭(通稱)하지만 우리말에서는 친ㆍ외, 고종ㆍ이종 등으로 구분하고 있다. 친족 관계에 대한 표현에서 우리말이 영어보다 좀 더 섬세하게 되어 있는 것이다. 이것은 친족 관계를 좀 더 자세히 표현하여 차별 내지 분별하려 한 우리 문화와 그것을 필요로 하지 않는 영어권 문화의 차이에서 기인한 것이다.

문화에 따른 이러한 언어의 차이는 낱말에서만이 아니라 어순(語順)에서도 나타난다. 우리말은 영어와 주술 구조가 다르다. 우리말은 주어 다음에 목적어, 그 뒤에 서술어가 온다. 이에 비해 영어에서는 주어 다음에 서술어, 그 뒤에 목적어가 온다. 우리말의 경우 '나는 너를 사랑한다.'라고 할 때, '나'와 '너'를 먼저 밝히고, 그 다음에 '나의 생각'을 밝히는 것에 비하여, 영어에서는 '나'가 나오고, 그 다음에 '나의 생각'이 나온 뒤에 목적어인 '너'가 나온다. 이러한 어순의 차이는 결국 나의 의사보다 상대방에 대한 관심을 먼저 보이는 우리와 나의 의사를 밝히는 것이 먼저인 영어를 사용하는 사람들의 문화 차이에서 기인한 것이다. 대화를 할 때 다른 사람을 대우하는 것에서도 이런 점을 발견할 수 있다.

손자가 할아버지에게 무엇을 부탁하는 경우를 생각해 보자. 이 경우 영어에서는 'You do it, please.'라고 하고, 우리말에서는 '할아버지께서 해 주세요.'라고 한다. 영어에서는 상대방이 누구냐에 관계없이 상대방을 가리킬 때 'You'라는 지칭어를 사용하고, 서술어로는 'do'를 사용한다. 그런데 우리말에서는 상대방을 가리킬 때, 무조건 영어의 'You'에 대응하는 '당신(너)'이라는 말만을 쓰는 것은 아니고 상대에 따라 지칭어를 달리 사용한다. 뿐만 아니라 영어의 'do'에 대응하는 서술어도 상대에 따라 '해 주어라, 해 주게, 해 주오, 해 주십시오, 해 줘, 해 줘요'로 높임의 표현을 달리한다. 이는 우리말이 서열을 중시하는 전통적인 유교 문화를 반영하고 있기 때문이다. 언어는 단순한 음성기호 이상의 의미를 지니고 있다. 앞의 예에서 알 수 있듯이 언어에는 그 언어를 사용하는 민족의 문화가 용해되어 있다. 따라서 우리 민족이 한국어라는 구체적인 언어를 사용한다는 것은 단순히 지구상에 있는 여러 언어 가운데 개별 언어 한 가지를 쓴다는 사실만을 의미하지는 않는다. 우리말에는 우리 민족의 문화와 세계 인식이 녹아있기 때문이다. 따라서 우리말에 대한 애정은 우리 문화에 대한 사랑이요, 우리의 정체성을 살릴 수 있는 길일 것이다.

① 언어는 문화를 표현하고 전파전승하는 기능을 한다.
② 문화의 하위 개념인 언어는 문화와 밀접한 관련이 있다.
③ 영어에 비해 우리말은 친족 관계를 나타내는 표현이 다양하다.
④ 우리말의 문장 표현에서는 상대방에 대한 관심보다는 나의 생각을 우선시한다.

09 다음 기사를 읽고 이해한 내용으로 가장 적절한 것은?

> 녹내장은 안구 내 여러 가지 원인에 의하여 시신경이 손상되고, 이에 따른 시야 결손이 발생하는 진행성의 시신경 질환이다. 현재까지 녹내장 발병 원인에 대한 많은 연구가 진행되었으나, 지금까지 밝혀진 가장 확실한 원인은 안구 내 안압의 상승이다. 상승된 안압이 망막 시신경 섬유층과 시신경을 압박함으로써 시신경이 손상되거나 시신경으로 공급되는 혈류량이 감소됨으로써 시신경 손상이 발생될 수 있다.
>
> 녹내장은 일반적으로 주변 시야부터 좁아지는 것이 주된 증상이며, 그래서 초기에는 환자가 느낄 수 있는 자각 증상이 없는 경우가 대부분이다. 그래서 결국은 중심 시야까지 침범한 말기가 되어서야 병원을 찾는 경우가 많다. 녹내장은 제대로 관리되지 않으면 각막 혼탁, 안구로(眼球癆)*, 실명의 합병증이 동반될 수 있다. 녹내장을 예방할 수 있는 방법은 아직 알려져 있지 않다. 단지 녹내장은 대부분 장기간에 걸쳐 천천히 진행되는 경우가 많으므로 조기에 발견하는 것이 가장 좋은 예방법이라고 할 수 있다. 정기적인 검진으로 자신의 시신경 상태를 파악하고 그에 맞는 생활 패턴의 변화를 주는 것이 도움이 된다. 녹내장으로 진단이 되면 금연을 해야 하며, 가능하면 안압이 올라가는 상황을 피하는 것이 좋다. 예를 들면 무거운 물건을 든다든지, 목이 졸리게 넥타이를 꽉 맨다든지, 트럼펫과 같은 악기를 부는 경우에는 병의 경과를 악화시킬 가능성이 있으므로 피해야 한다.
>
> *안구로(眼球癆) : 눈알이 쭈그러지고 작아져서 그 기능이 약해진 상태

① 녹내장은 일반적으로 중심 시야부터 시작하여 주변 시야로 시야 결손이 확대된다.
② 상승된 안압이 시신경으로 공급되는 혈류량을 증폭시켜 시신경 손상이 발생한다.
③ 녹내장 진단 후 안압이 하강할 수 있는 상황은 되도록 피해야 한다.
④ 녹내장의 발병을 예방할 수 있는 방법은 아직 없다.

10 다음 문장을 논리적 순서대로 바르게 나열한 것은?

> (가) 또한 내과 교수팀은 "이번에 발표된 치료성적은 치료 중인 많은 난치성 결핵환자들에게 큰 희망을 줄 수 있을 것"이라고 덧붙였다.
> (나) A병원 내과 교수팀은 지난 결핵 및 호흡기학회에서 그동안 치료가 매우 어려운 것으로 알려진 난치성 결핵의 치료 성공률을 세계 최고 수준인 80%로 높였다고 발표했다.
> (다) 완치가 거의 불가능한 난치성 결핵균에 대한 치료성적이 우리나라가 세계 최고 수준인 것으로 발표되어 치료 중인 환자와 가족들에게 희소식이 되고 있다.
> (라) 내과 교수팀은 지난 10년간 A병원에서 새로운 치료법을 적용한 결핵 환자 155명의 치료성적을 분석한 결과, 치료 성공률이 49%에서 현재는 80%에 이르렀다고 설명했다.

① (가) – (나) – (다) – (라)
② (가) – (라) – (다) – (나)
③ (다) – (가) – (라) – (나)
④ (다) – (나) – (라) – (가)

11 다음 ⊙ ~ ⊜ 중 어법상 옳지 않은 것은?

훈민정음은 크게 '예의'와 '해례'로 ⊙ 나뉘어져 있다. 예의는 세종이 직접 지었는데 한글을 만든 이유와 한글의 사용법을 간략하게 설명한 글이다. 해례는 집현전 학사들이 한글의 자음과 모음을 만든 원리와 용법을 상세하게 설명한 글이다.

서문을 포함한 예의 부분은 무척 간략해 「세종실록」과 「월인석보」 등에도 실리며 전해져 왔지만, 한글 창제 원리가 ⓒ 밝혀져 있는 해례는 전혀 알려져 있지 않았다. 그런데 예의와 해례가 모두 실려 있는 훈민정음 정본이 1940년에야 ⓒ 발견됐다. 그것이 「훈민정음 해례본」이다. 그러나 이 「훈민정음 해례본」이 대중에게, 그리고 한글학회 간부들에게 공개된 것은 해방 후에 이르러서였다.

하나의 나라, 하나의 민족정신을 담는 그릇은 바로 그들의 언어이다. 언어가 사라진다는 것은 세계를 바라보는 방법, 즉 세계관이 사라진다는 것과 ⓔ 진배없다. 일제강점기 일제의 민족말살정책 중 가장 악랄했던 것 중 하나가 바로 우리말과 글에 대한 탄압이었다. 일제는 진정으로 우리말과 글이 사라지길 바랐다. 18세기 조선의 실학 연구자들은 중국의 중화사관에서 탈피하여 우리 고유의 문물과 사상에 대한 연구를 본격화했다. 이때 실학자들의 학문적 성과가 바로 훈민정음 해례를 한글로 풀어쓴 언해본의 발견이었다. 일제는 그것을 18세기에 만들어진 위작이라는 등 허구로 몰아갔고, 해례본을 찾으라 혈안이 되어 있었다. 해례본을 없앤다면 세종의 한글 창제를 완벽히 허구화할 수 있기 때문이었다.

① ⊙
② ⓒ
③ ⓒ
④ ⓔ

12 다음 중 밑줄 친 어휘의 표기가 옳은 것은?

① 벌써 사흘이 지났건만 그는 <u>콧배기</u>도 내밀지 않는다.
② 힘없이 걸어가는 그의 모습이 <u>가엾어</u> 보였다.
③ 얼마 전에 담근 <u>알타리무</u> 김치가 맛있게 익었어.
④ 짐을 <u>구루마</u>에 실어 옮겨야겠어.

13 다음 글의 빈칸에 들어갈 문장을 〈보기〉에서 찾아 순서대로 바르게 나열한 것은?

한 조사 기관에 따르면, 해마다 척추 질환으로 병원을 찾는 청소년들이 연평균 5만 명에 이르며 그 수가 지속적으로 증가하고 있다. 청소년의 척추 질환은 성장을 저해하고 학업의 효율성을 저하시킬 수 있다. _____(가)_____ 따라서 청소년 척추 질환의 원인을 알고 예방하기 위한 노력이 필요하다.

전문가들은 앉은 자세에서 척추에 가해지는 하중이 서 있는 자세에 비해 1.4배 정도 크기 때문에 책상 앞에 오래 앉아 있는 청소년들의 경우, 척추 건강에 적신호가 켜질 가능성이 매우 높다고 말한다. 또한 전문가들은 청소년들의 운동 부족도 청소년 척추 질환의 원인이라고 강조한다. 척추 건강을 위해서는 기립근과 장요근 등을 강화하는 근력 운동이 필요하다. 그런데 실제로 질병관리본부의 조사에 따르면, 청소년들 가운데 주 3일 이상 근력 운동을 하고 있다고 응답한 비율은 남성이 약 33%, 여성이 약 9% 정도밖에 되지 않았다.

청소년들이 생활 속에서 비교적 쉽게 척추 질환을 예방할 수 있는 방법은 무엇일까? 첫째, 바른 자세로 책상 앞에 앉아 있는 습관을 들여야 한다. _____(나)_____ 또한 책을 보기 위해 고개를 아래로 많이 숙이는 행동은 목뼈가 받는 부담을 크게 늘려 척추 질환을 유발하므로 책상 높이를 조절하여 목과 허리를 펴고 반듯하게 앉아 책을 보는 것이 좋다. 둘째, 틈틈이 척추 근육을 강화하는 운동을 해 준다. _____(다)_____ 그리고 발을 어깨보다 약간 넓게 벌리고 서서 양손을 허리에 대고 상체를 서서히 뒤로 젖혀 준다. 이러한 동작들은 척추를 지지하는 근육과 인대를 강화시켜 척추가 휘어지거나 구부러지는 것을 막아 준다. 따라서 이런 운동은 척추 건강을 위해 반드시 필요하다.

〈보기〉

㉠ 허리를 곧게 펴고 앉아 어깨를 뒤로 젖히고 고개를 들어 하늘을 본다.
㉡ 그렇기 때문에 적절한 대응 방안이 마련되지 않으면 문제가 더욱 심각해질 것이다.
㉢ 의자에 앉아 있을 때는 엉덩이를 의자 끝까지 밀어 넣고 등받이에 반듯하게 상체를 기대 척추를 꼿꼿하게 유지해야 한다.

	(가)	(나)	(다)
①	㉡	㉠	㉢
②	㉡	㉢	㉠
③	㉢	㉠	㉡
④	㉢	㉡	㉠

14 다음 글의 빈칸 ⊙ ~ ㉣에 들어갈 내용으로 가장 적절한 것은?

추석 연휴 첫날이던 지난 9일은 장기기증의 날이었다. 한 명의 장기 기증으로 9명의 생명을 살릴 수 있다는 의미로 사랑의장기기증운동본부가 매년 9월 9일을 기념하고 있다. 하지만 장기기증의 필요성에 비해 제도적 지원은 여전히 미흡한 실정이다. 특히 국내 장기기증의 상당수를 차지하는 ___⊙___ 공여자에 대한 지원이 절실하다는 지적이 나온다.

2020년 질병관리청이 공개한 연구 결과에 따르면 신장이나 간을 기증한 공여자에게서 만성 신·간 부전의 위험이 확인됐다. 그러나 관련 지원은 여전히 부족한 실정이다. 기증 후 1년간 정기 검진 진료비를 지원하는 제도가 있긴 하지만 ___ⓛ___ 이/가 있는 데다 가족 등에 의한 기증은 여기에서도 제외된다. 아무 조건 없이 ___ⓒ___ 에게 기증하는 '순수 기증'만 해당되는데, 정작 국내 순수 기증은 2019년 1건을 마지막으로 맥이 끊긴 상태다.

장기를 이식받은 환자와 공여자를 아우르는 통합적 정신건강 관리가 필요하다는 목소리도 꾸준히 나온다. 기증 전 단계의 고민은 물론이고 막상 기증한 뒤에 ___㉣___ 와/과 관계가 소원해지거나 우울감에 빠질 수 있기 때문이다.

공여자들은 해마다 늘어 가는 장기 이식 대기 문제를 해결하기 위해선 제도적 개선이 필요하다고 입을 모은다. 뇌사·사후 기증만으로는 당장 공급을 감당할 수 없다는 것이다. 한국장기조직기증원이 뇌사 기증을 전담 관리하듯 생체 공여도 별도 기관을 통해 심도 있게 관리·지원해야 한다는 목소리도 나온다.

① ⊙ : 사체
② ⓛ : 하한액
③ ⓒ : 특정인
④ ㉣ : 수혜자

15 다음 글의 주제로 가장 적절한 것은?

우리 사회는 타의 추종을 불허할 정도로 빠르게 변화하고 있다. 이에 따라 가족정책도 4인 가족 중심에서 1~2인 가구 중심으로 변해야 하며, 청년실업율과 비정규직화, 독거노인의 증가를 더 이상 개인의 문제가 아닌 사회문제로 다뤄야 하는 시기이다. 여러 유형의 가구와 생애주기 변화, 다양해지는 수요에 맞춘 공동체 주택이야말로 최고의 주거복지사업이다. 공동체 주택은 공동의 목표와 가치를 가진 사람들이 커뮤니티를 이뤄 사회문제에 공동으로 대처해 나가도록 돕고, 나아가 지역사회와도 연결시키는 작업을 진행하고 있다. 임대료 부담으로 작품활동이나 생계에 어려움을 겪는 예술인을 위한 공동주택, 1인 창업과 취업을 위해 골몰하는 청년을 위한 주택, 지속적인 의료서비스가 필요한 환자나 고령자를 위한 의료안심주택은 모두 시민의 삶의 질을 높이고 선별적 복지가 아닌 복지사회를 이루기 위한 노력의 일환이다. 혼자가 아닌 '함께 가는' 길에 더 나은 삶이 있기 때문에 오늘도 수요자 맞춤형 공공주택은 수요자에 맞게 진화하고 있다.

① 주거난에 대비하는 주거복지 정책
② 4차 산업혁명과 주거복지
③ 선별적 복지 정책의 긍정적 결과
④ 다양성을 수용하는 주거복지 정책

16 다음 글을 통해 알 수 있는 내용으로 적절하지 않은 것은?

고혈압은 너무 친숙하여 환자가 일상생활 중 고혈압약을 먹어도 이상하게 생각하거나 차별을 받지 않는 사회적으로도 널리 인식된 질병이다. 실제로 약 6백만 명이 고혈압 진료를 받고 있으며 1년에 건강보험 진료비로 약 3조 원을 사용하니, 1인당 약 50만 원씩 고혈압 진료비로 사용하고 있는 셈이다. 그러나 고혈압은 치명적인 질병으로 이어지기도 한다. 실제로 미국의 루스벨트 대통령도 1945년 집무실에서 고혈압으로 인한 뇌졸중으로 사망하였다. 미국국립보건연구원에서는 그 사건을 계기로 보스턴 옆의 프레이밍햄시(市) 주민 전체를 대상으로 뇌졸중과 심장병 발생 원인을 추적 조사하여 고혈압, 흡연, 음주, 소금 섭취량 과다, 운동 부족, 고혈당, 고지혈증 등을 위험요인이라고 밝혀내고 그중 고혈압이 가장 큰 방향위험요인이라고 발표하였다. 그 후에도 여러 연구를 통하여 고혈압으로 인한 위험 중 대표적이고 중한 질병이 심장병과 뇌졸중이라고 공표되었다.

세계보건기구에서 2017년 조사한 바에 의하면 세계 고혈압 인구는 10억 명 이상이며 빠른 속도로 증가하고 있다. 전 세계 사망 원인의 14%가 고혈압으로 인한 질병이고 사망 위험요인 중 1위이다. 고혈압으로 인한 심장질환으로 사망할 확률은 120/80mmHg부터 시작하여 수축기 혈압이 20mmHg 높아질 때마다 2배씩 높아진다. 수축기 혈압이 180mmHg이면 8배가 높아진다. 반대로 100만 명을 대상으로 연구한 61개 연구를 분석한 결과 집단적으로 평균 혈압을 2mmHg만 낮추어도 심장병 사망률 7%, 뇌졸중 사망률 10%가 감소한다는 연구결과가 발표되었다.

미국 심장학회는 개인의 나이, 성별, 혈압, 콜레스테롤, 흡연 여부, 당뇨병 여부를 입력하면 10년 내 심장병과 뇌졸중 발생위험을 알려주는 프로그램을 만들어 공개하였다. 구글에 ASCVD를 찾아 입력하면 위험도가 바로 산출된다. 이밖에도 미국 질병관리본부의 심장 나이, 부정맥을 가진 사람의 뇌졸중 위험도 평가인 CHADS 점수 등 많은 프로그램이 개발되어 국민이 스스로 간단히 위험도를 평가할 수 있다.

최근에 고혈압과 관련되어 두 가지 중요한 이슈가 있었다. 하나는 그동안 비교적 정확하게 혈압을 측정하던 수은혈압계가 세계적인 수은 사용중지 정책으로 2020년부터는 사용하지 못한다는 것이다. 이에 따라 정확하게 혈압을 측정할 수 있는 전자측정계가 개발되고 있다. 두 번째는 미국 심장학회 등 11개 학회가 고혈압의 기준을 130/80mmHg로 하향 조정한 것이다. 고혈압을 보다 적극적으로 개발하면 심장병과 뇌졸중 발생을 대폭 줄일 수 있다는 장기간의 연구결과에 따른 것이다. 그러나 기준을 낮추면 환자가 큰 폭으로 늘어난다. 30대 이상 인구의 50%에 달할 수 있다고 추계하기도 한다. 아울러 제약회사와 의사가 협력한 현대의 대표적인 의료화정책이란 비판과 일부에서는 음모론을 제기하기도 한다. 그러나 현대 의학의 근거를 기반으로 할 때 고혈압 기준을 낮추어 일찍부터 적극적으로 관리하면 그만큼 합병증이 줄어들 것은 분명하다.

① 고혈압 환자가 늘어나면서 현재 고혈압은 특별한 질환이 아니게 되었다.
② 심장병과 뇌졸중은 고혈압으로 발생할 수 있는 가장 크고 중한 질병이다.
③ 고혈압의 기준을 하향 조정하면 제약회사와 의사가 가장 큰 피해를 본다.
④ 어떤 집단의 심장병과 뇌졸중 사망률이 각각 31%, 54%일 때, 이 집단이 평균 혈압을 2mmHg 낮춘다면 이 집단의 심장병 사망률은 24%, 뇌졸중 사망률은 44%이다.

17 다음 글의 밑줄 친 ㉠에 대한 이해로 가장 적절한 것은?

최근 컴퓨터로 하여금 사람의 신체 움직임을 3차원적으로 인지하게 하여, 이 정보를 기반으로 인간과 컴퓨터가 상호작용하는 다양한 방법이 연구되고 있다. 리모컨 없이 손짓으로 TV 채널을 바꾼다거나 몸짓을 통해 게임 속 아바타를 조종하는 것 등이 바로 그것이다. 이때 컴퓨터가 인지하고자 하는 대상이 3차원 공간 좌표에서 얼마나 멀리 있는지에 대한 정보가 필수적인데 이를 '깊이 정보'라 한다.

깊이 정보를 획득하는 방법으로 우선 수동적 깊이 센서 방식이 있다. 이는 사람이 양쪽 눈에 보이는 서로 다른 시각 정보를 결합하여 3차원 공간을 인식하는 것과 비슷한 방식으로, 두 대의 카메라로 촬영하여 획득한 2차원 영상에서 깊이 정보를 추출하는 것이다. 하지만 이 방식은 두 개의 영상을 동시에 처리해야 하므로 시간이 많이 걸리고, 또한 한쪽 카메라에는 보이지만 다른 카메라에는 보이지 않는 부분에 대해서는 정확한 깊이 정보를 얻기 어렵다. 두 카메라가 동일한 수평선상에 정렬되어 있어야 하고, 카메라의 광축도 평행을 이루어야 한다는 제약조건도 따른다.

그래서 최근에는 능동적 깊이 센서 방식인 TOF(Time of Flight) 카메라를 통해 깊이 정보를 직접 획득하는 방법이 주목받고 있다. TOF 카메라는 LED로 적외선 빛을 발사하고, 그 신호가 물체에 반사되어 돌아오는 시간차를 계산하여 거리를 측정한다. 한 대의 TOF 카메라가 1초에 수십 번 빛을 발사하고 수신하는 것을 반복하면서 밝기 또는 색상으로 표현된 동영상 형태로 깊이 정보를 출력한다.

㉠ TOF 카메라는 기본적으로 '빛을 발사하는 조명'과 '대상에서 반사되어 돌아오는 빛을 수집하는 두 개의 센서'로 구성된다. 그중 한 센서는 빛이 발사되는 동안만, 나머지 센서는 빛이 발사되지 않는 동안만 활성화된다. 전자는 A센서, 후자는 B센서라 할 때 TOF 카메라가 깊이 정보를 획득하는 기본적인 과정은 다음과 같다. 먼저 조명이 켜지면서 빛이 발사된다. 동시에, 대상에서 반사된 빛을 수집하기 위해 A센서도 켜진다. 일정 시간 후 조명이 꺼짐과 동시에 A센서도 꺼진다. 조명과 A센서가 꺼지는 시점에 B센서가 켜진다. 만약 카메라와 대상 사이가 멀어서 반사된 빛이 돌아오는 데 시간이 걸려 A센서가 활성화되어 있는 동안에 A센서로 다 들어오지 못하면 나머지 빛은 B센서에 담기게 된다. 결국 대상에서 반사된 빛이 A센서와 B센서로 나뉘어 담기게 되는데 이러한 과정이 반복되면서 대상과 카메라 사이가 가까울수록 A센서에 누적되는 양이 많아지고, 멀수록 B센서에 누적되는 양이 많아진다. 이렇게 A, B 각 센서에 누적되는 반사광의 양의 차이를 통해 깊이 정보를 얻을 수 있는 것이다.

TOF 카메라도 한계가 없는 것은 아니다. 적외선을 사용하기 때문에 태양광이 있는 곳에서는 사용하기 어렵고, 보통 10m 이내로 촬영 범위가 제한된다. 하지만 실시간으로 빠르고 정확하게 깊이 정보를 추출할 수 있기 때문에 다양한 분야에서 응용되고 있다.

① 대상의 깊이 정보를 수치로 표현한다.
② 햇빛이 비치는 밝은 실외에서 더 유용하다.
③ 빛 흡수율이 높은 대상일수록 깊이 정보 획득이 용이하다.
④ 손이나 몸의 상하좌우뿐만 아니라 앞뒤 움직임도 인지한다.

18 다음 글의 주제로 가장 적절한 것은?

BMO 금속 및 광업 관련 리서치 보고서에 따르면 최근 가격 강세를 지속해 온 알루미늄, 구리, 니켈 등 산업 금속들이 4분기 중 공급부족 심화와 가격 상승세가 전망된다. 산업금속이란, 산업에 필수적으로 사용되는 금속들을 말하는데, 앞서 제시한 알루미늄, 구리, 니켈뿐만 아니라 비교적 단단한 금속에 속하는 은이나 금 등도 모두 산업에 많이 사용될 수 있는 금속이므로 산업금속의 카테고리에 속한다고 할 수 있다. 이러한 산업 금속은 물품을 생산하는 기계의 부품으로서 필요하기도 하고, 전자제품 등의 소재로 쓰이기도 하기 때문에 특정 분야의 산업이 활성화되면 특정 금속의 가격이 뛰거나 심각한 공급난을 겪기도 한다.

지난 4일 금융투자업계에 따르면 최근 전세계적인 경제 회복 조짐과 함께 탈 탄소 트렌드, 즉 '그린 열풍'에 따른 수요 증가로 산업금속 가격이 초강세이다. 런던금속거래소에서 발표한 자료에 따르면 올해 들어 지난달 까지 알루미늄은 20.7%, 구리가 47.8%, 니켈은 15.9% 각각 가격이 상승했다. 자료에서도 알 수 있듯이 구리 수요를 필두로 알루미늄, 니켈 등 전반적인 산업금속 섹터의 수요량이 증가하였다. 이는 전기자동차 산업의 확충과 관련이 있다. 전기자동차의 핵심적인 부품인 배터리를 만드는 데에 구리와 니켈이 사용되기 때문이다. 이때, 배터리 소재 중 니켈의 비중을 높이면 배터리의 용량을 키울 수 있으나 배터리의 안정성이 저하된다. 기존의 전기자동차 배터리는 니켈의 사용량이 높았기 때문에 더욱 안정성 문제가 제기되어 왔다. 그래서 연구 끝에 적정량의 구리를 배합하는 것이 배터리 성능과 안정성을 모두 향상시키기 위해서 중요하다는 것을 밝혀냈다. 구리가 전기자동차 산업의 핵심 금속인 셈이다.

이처럼 전기자동차와 배터리 등 친환경 산업에 필수적인 금속들의 수요는 증가하는 반면 세계 각국의 환경 규제 강화로 인해 금속의 생산은 오히려 감소하고 있기 때문에 산업금속에 대한 공급난과 가격 인상이 우려 되고 있다.

① 전기자동차의 배터리 성능을 향상하는 기술
② 세계적인 '그린 열풍' 현상 발생의 원인
③ 필수적인 산업금속 공급난으로 인한 문제
④ 전기자동차 확충에 따른 구리 수요 증가 상황

19 다음 글의 수정 방안으로 가장 적절한 것은?

우울증을 잘 초래하는 성향은 창조성과 결부되어 있기 때문에 생존에 유리한 측면이 있었다. 따라서 우울증과 관련이 있는 유전자는 오랜 역사를 거쳐 오면서도 사멸하지 않고 살아남아, 오늘날 현대인에게도 그 유전자가 상당수 존재할 가능성이 있다. 베토벤, 뉴턴, 헤밍웨이 등 위대한 음악가, 과학자, 작가들의 상당수가 우울한 성향을 갖고 있었다. ㉠ 천재와 우울증은 어찌 보면 동전의 양면으로, 인류 문명의 진보를 이끈 하나의 동력이자 그 부산물이라 할 수 있을지도 모른다.

우울증은 일반적으로 자기 파괴적인 질환으로 인식되어 왔지만, 실은 자신을 보호하고 미래를 준비하기 위한 보호 기제일 수도 있다. 달성할 수 없거나 달성하기 매우 어려운 목표에 도달하기 위해 엄청난 에너지를 소모하는 것은 에너지와 자원을 낭비할 뿐만 아니라, 정신과 신체를 소진시킴으로써 사회적 기능을 수행할 수 없게 하고 주위의 도움이 없으면 생명을 유지하기 어려운 상태에 ㉡ 이르게도 할 수 있다. 이를 막기 위한 기제가 스스로의 자존감을 낮추고 그 목표를 포기하게 만드는 것이다. 이를 통해 고갈된 에너지를 보충하고 다시 도전할 수 있는 기회를 모색할 수 있다. ㉢ 또한 지금과 같은 경쟁 사회는 새로운 기술이나 생각에 대한 사회적 요구가 커지기 때문에 정신적 소진 상태를 초래하기 쉬운 환경이 되고 있다.

오늘날 우울증은 왜 이렇게 급격하게 늘어나는 것일까? 창조성이란 그 사회에 존재하고 있는 기술이나 생각에 대한 도전이자 대안 제시이며, 기존의 기술이나 생각을 엮어서 새로운 조합을 만들어 내는 것이다. 과거에 비해 현대 사회는 경쟁이 심화되고 혁신들이 더 가치를 인정받기 때문에 창조성이 있는 사람은 상당히 큰 선택적 이익을 갖게 된다. ㉣ 그럴지만 현대 사회처럼 기존에 존재하는 기술이나 생각이 엄청나게 많아 우리의 뇌가 그것을 담기에도 벅찬 경우에는 새로운 조합을 만들어 내는 일은 무척이나 많은 에너지를 요한다. 결국 경쟁은 창조성을 발휘하게 하지만 지나친 경쟁은 정신적 소진을 초래하기 때문에 우울증이 많이 발생할 수 있다.

① ㉠ : 문단과 관련 없는 내용이므로 삭제한다.
② ㉡ : 문장의 주어와 호응되지 않으므로 '이른다'로 수정한다.
③ ㉢ : 두 번째 문단의 내용과 어울리지 않으므로 세 번째 문단으로 옮긴다.
④ ㉣ : 뒷 문장이 앞 문장의 결과이므로 '그리하여'로 수정한다.

20 다음 제시된 문단을 읽고, 이어질 문단을 논리적 순서대로 바르게 나열한 것은?

> 연금 제도의 금융 논리와 관련하여 결정적으로 중요한 원리는 중세에서 비롯된 신탁 원리다. 12세기 영국에서는 미성년 유족(遺族)에게 토지에 대한 권리를 합법적으로 이전할 수 없었다. 그럼에도 불구하고 영국인들은 유언을 통해 자식에게 토지 재산을 물려주고 싶어 했다.

> (가) 이런 상황에서 귀족들이 자신의 재산을 미성년 유족이 아닌, 친구나 지인 등 제3자에게 맡기기 시작하면서 신탁 제도가 형성되었다. 여기서 재산을 맡긴 성인 귀족, 재산을 물려받은 미성년 유족, 그리고 미성년 유족을 대신해 그 재산을 관리·운용하는 제3자로 구성되는 관계, 즉 위탁자, 수익자, 그리고 수탁자로 구성되는 관계가 등장했다.
>
> (나) 연금 제도가 이 신탁 원리에 기초해 있는 이상, 연금 가입자는 연기금 재산의 운용에 대해 영향력을 행사하기 어렵게 된다. 왜냐하면 신탁의 본질상 공·사 연금을 막론하고 신탁 원리에 기반을 둔 연금 제도에서는 수익자인 연금 가입자의 적극적인 권리 행사가 허용되지 않기 때문이다.
>
> (다) 이 관계에서 주목해야 할 것은 미성년 유족은 성인이 될 때까지 재산권을 온전히 인정받지는 못했다는 점이다. 즉 신탁 원리 하에서 수익자는 재산에 대한 운용 권리를 모두 수탁자인 제3자에게 맡기도록 되어 있었기 때문에 수익자의 지위는 불안정했다.
>
> (라) 결국 신탁 원리는 수익자의 연금 운용 권리를 현저히 약화시키는 것을 기본으로 한다. 그 대신 연금 운용을 수탁자에게 맡기면서 '수탁자 책임'이라는, 논란이 분분하고 불분명한 책임이 부과된다. 수탁자 책임 이행의 적절성을 어떻게 판단할 수 있는가에 대해 많은 논의가 있었지만, 수탁자 책임의 내용에 대해서 실질적인 합의가 이루어지지는 못했다.

① (가) – (다) – (나) – (라)
② (가) – (라) – (나) – (다)
③ (나) – (가) – (다) – (라)
④ (나) – (라) – (가) – (다)

21 K공단의 출근 시간은 오전 9시이다. K공단은 지하철역에서 K공단 정문까지 셔틀버스를 운행한다. 정문에 셔틀버스가 출근 시간에 도착할 확률은 $\frac{1}{2}$, 출근 시간보다 늦게 도착할 확률은 $\frac{1}{8}$, 출근 시간보다 일찍 도착할 확률은 $\frac{3}{8}$이다. 지하철역에서 3대가 동시에 출발할 때, 2대의 버스는 출근 시간보다 일찍 도착하고, 1대의 버스는 출근 시간에 도착할 확률은?

① $\frac{1}{128}$

② $\frac{3}{128}$

③ $\frac{9}{128}$

④ $\frac{27}{128}$

22 철수와 영희가 5 : 3 비율의 속력으로 A지점에서 출발하여 B지점으로 향했다. 영희가 30분 먼저 출발했을 때 철수가 영희를 따라잡은 시간은 철수가 출발하고 나서 몇 분 만인가?

① 30분

② 35분

③ 40분

④ 45분

23 인식이는 과자와 아이스크림을 사려고 한다. 과자는 하나에 1,000원, 아이스크림은 하나에 600원일 때, 15,000원을 가지고 과자와 아이스크림을 총 17개 사려고 한다면 아이스크림은 최소 몇 개를 사야 되는가?

① 4개

② 5개

③ 6개

④ 7개

24 농도가 10%인 소금물 200g에 농도가 15%인 소금물을 섞어서 농도가 13%인 소금물을 만들려고 한다. 이때 필요한 농도가 15%인 소금물의 양은?

① 150g

② 200g

③ 250g

④ 300g

25 다음은 가구의 자녀 수 및 민영생명보험 가입여부에 따른 가입 보험 비율에 대한 자료이다. 이에 대한 설명으로 옳지 않은 것은?

<〈가구의 자녀 수 및 민영생명보험 가입여부에 따른 가입 보험 비율〉

(단위 : %)

구분		상해 / 재해 보장보험	질병보장 보험	연금 보험	저축성 보험	사망보장 보험	변액 보험	실손의료 보험	기타 보험
전체		46.6	81.8	24.3	8.6	19.8	8.4	56.8	4.8
자녀 수	0명	37.7	77.9	16.7	4.1	12.2	4.8	49.2	3.3
	1명	52.1	84.8	27.9	7.8	18.5	9.5	56.5	5.8
	2명	49.6	83	28.9	12.2	27.2	10.9	62.1	4.8
	3명 이상	64.2	86	24.7	20.6	26.1	10.1	80.3	11.9
민영생명보험	가입	47.4	82.7	24.8	8.8	20.5	8.8	58.2	4.8
	비가입	27.5	60.2	13.1	3.6	3.6	0	24.7	4.5

※ '전체'에 해당하는 비율은 전체 가구 수에서 각 보험에 가입한 비율이다.
※ 민영생명보험 가입에 해당하는 비율은 민영생명보험에 가입한 가구들 중 보험에 가입한 가구 수의 비율이다(비가입 비율도 동일하다).

① 자녀 수가 2명 이상인 가구 중 변액보험에 가입한 가구의 수는 10.0% 이상이다.
② 자녀 수가 1명인 가구 중에는 3개 이상의 보험에 중복 가입한 가구가 있다.
③ 민영생명보험에 가입한 가구 중 실손의료보험에 가입한 비율은 민영생명보험에 가입하지 않은 가구 중 실손의료보험에 가입한 가구 수 비율의 2배 이상이다.
④ 자녀가 없는 가구 중 상해 / 재해보장보험에 가입한 가구 수는 자녀가 2명인 가구 중 연금보험에 가입한 가구 수보다 많다.

※ 다음은 우리나라 업종별 근로자 수 및 고령근로자 비율과 국가별 65세 이상 경제활동 참가율 현황에 대한 자료이다. 이어지는 질문에 답하시오. [26~27]

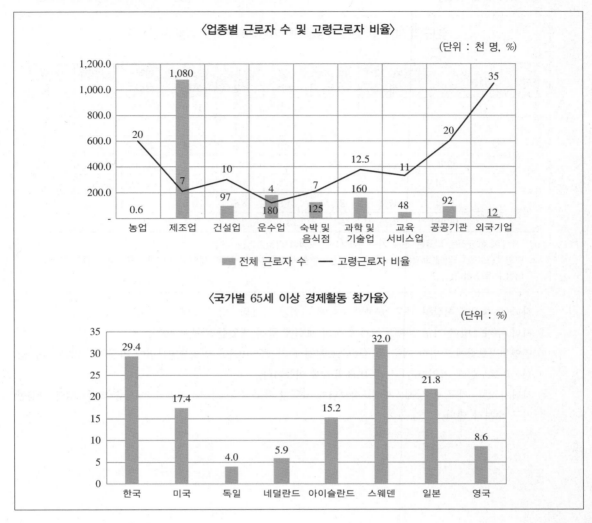

26 우리나라 고령근로자 현황과 국가별 경제활동 참가율에 대한 설명으로 옳지 않은 것은?(단, 비율은 소수점 둘째 자리에서 반올림한다)

① 네덜란드의 조사 인구가 아이슬란드보다 2배 많아도 네덜란드의 고령근로자 수는 아이슬란드보다 적다.

② 운수업 및 교육 서비스업에 종사하는 고령근로자는 제조업에 종사하는 고령근로자 수의 15% 이상이다.

③ 모든 국가의 65세 이상 경제활동 참가율 합과 우리나라 업종별 고령근로자 비율 총합의 차이는 8.7%p이다.

④ 농업과 제조업을 제외한 모든 업종의 전체 근로자 수에서 공공기관과 외국기업에 종사하는 전체 근로자 비율은 15% 미만이다.

27 국가별 65세 이상 경제활동 참가조사 인구가 아래와 같을 때, 다음 중 빈칸 (A), (B)에 들어갈 수를 순서대로 바르게 나열한 것은?

〈국가별 65세 이상 경제활동 참가조사 인구〉

(단위 : 만 명)

구분	한국	미국	독일	네덜란드	아이슬란드	스웨덴	일본	영국
조사 인구	840	2,790	(A)	5,400	8,250	8,600	880	3,540
고령근로자	246.96	485.46	132	318.6	1,254	2,752	191.84	(B)

	(A)	(B)
①	3,300	304.44
②	3,400	304.44
③	3,300	296.7
④	3,400	296.7

28 다음은 양파와 마늘의 재배에 대한 자료이다. 이에 대한 설명으로 옳지 않은 것은?

〈연도별 양파 재배면적 조사 결과〉

(단위 : ha, %)

구분	2022년	2023년(A)	2024년(B)	증감(C=B−A)	증감률(C/A)	비중
양파	18,015	19,896	19,538	−358	−1.8	100.0
조생종	2,013	2,990	2,796	−194	−6.5	14.3
중만생종	16,002	16,906	16,742	−164	−1.0	85.7

〈연도별 마늘 재배면적 및 가격 추이〉

※ 마늘 가격은 연평균이다.

① 2024년 양파 재배면적의 감소율은 조생종이 중만생종보다 크다.
② 마늘 가격과 마늘 재배면적의 증감추이는 반비례한다.
③ 마늘의 재배면적은 2020년이 가장 넓다.
④ 전년 대비 2024년의 양파 재배면적은 감소하였고, 마늘 재배면적은 증가하였다.

29 다음은 각종 암 환자의 육식률 대비 사망률에 대한 자료이다. 이에 대한 설명으로 옳지 않은 것은?

〈각종 암 환자의 육식률 대비 사망률〉

암 구분	육식률 80% 이상	육식률 50% 이상 80% 미만	육식률 30% 이상 50% 미만	육식률 30% 미만	채식률 100%
전립선암	42%	33%	12%	5%	8%
신장암	62%	48%	22%	11%	5%
대장암	72%	64%	31%	15%	8%
방광암	66%	52%	19%	12%	6%
췌장암	68%	49%	21%	8%	5%
위암	85%	76%	27%	9%	4%
간암	62%	48%	21%	7%	3%
구강암	52%	42%	18%	11%	10%
폐암	48%	41%	17%	13%	11%
난소암	44%	37%	16%	14%	7%

※ '육식률 30% 미만'에는 '채식률 100%'가 속하지 않는다.

① '육식률 80% 이상'의 사망률과 '채식률 100%'에서의 사망률의 차이가 가장 큰 암은 '위암'이다.

② '육식률 30% 이상' 구간에서의 사망률이 1위인 암은 모두 동일하다.

③ 채식률이 100%여도 육식하는 사람보다 사망률이 항상 낮지 않다.

④ '육식률 80% 이상'에서의 사망률이 50% 미만인 암과 '육식률 50% 이상 80% 미만'에서 사망률이 50% 이상인 암의 수는 동일하다.

30 다음은 성별에 따른 사망 원인의 순위를 나타낸 자료이다. 이에 대한 설명으로 옳지 않은 것은?

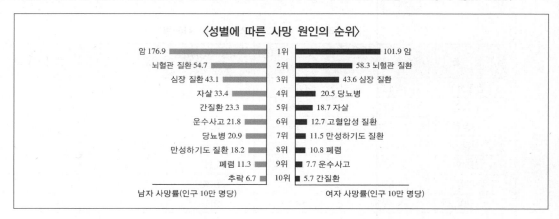

① 남녀 모두 암이 가장 높은 순위의 사망 원인이다.

② 암으로 사망할 확률은 남성이 여성보다 높다.

③ 뇌혈관 질환으로 사망할 확률은 남성이 여성보다 높다.

④ 간질환은 여성보다 남성에게 더 높은 순위의 사망 원인이다.

31 다음은 1인당 우편 이용 물량을 나타낸 그래프이다. 이에 대한 설명으로 옳은 것은?

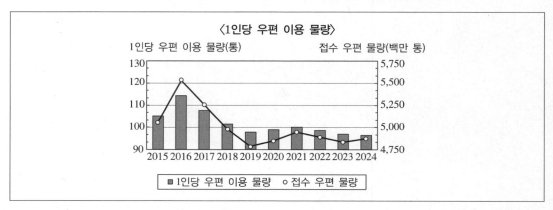

① 1인당 우편 이용 물량은 증가 추세에 있다.

② 1인당 우편 이용 물량은 2016년에 가장 높았고, 2019년에 가장 낮았다.

③ 매년 평균적으로 1인당 4일에 한 통 이상은 우편물을 보냈다.

④ 1인당 우편 이용 물량과 접수 우편 물량 모두 2021년부터 2024년까지 지속적으로 감소하고 있다.

32 다음은 K국의 공무원 갑 ~ 무 총 다섯 명의 국외 출장 현황과 출장 국가별 여비 기준을 나타낸 자료이다. 자료와 〈조건〉을 근거로 출장여비를 지급받을 때, 가장 많이 지급받는 출장자부터 순서대로 바르게 나열한 것은?

〈K국 갑 ~ 무 공무원의 국외 출장 현황〉

출장자	출장 국가	출장 기간	숙박비 지급 유형	1박 실지출 비용	출장 시 개인 마일리지 사용 여부
갑	A	3박 4일	실비 지급	$145	미사용
을	A	3박 4일	정액 지급	$130	사용
병	B	3박 5일	실비 지급	$110	사용
정	C	4박 6일	정액 지급	$75	미사용
무	D	5박 6일	실비 지급	$75	사용

※ 각 출장자의 출장 기간 중 매박 실지출 비용은 변동 없다.

〈출장 국가별 1인당 여비 지급 기준액〉

구분	1일 숙박비 상한액	1일 식비
A	$170	$72
B	$140	$60
C	$100	$45
D	$85	$35

── 〈조건〉 ──

- (출장여비)=(숙박비)+(식비)
- 숙박비는 숙박 실지출 비용을 지급하는 실비지급 유형과 출장국가 숙박비 상한액의 80%를 지급하는 정액지급 유형으로 구분한다.
  - (실비지급 숙박비)=(1박 실지출 비용)×(숙박일수)
  - (정액지급 숙박비)=[(출장국가 1일 숙박비 상한액)×(숙박일수)]×0.8
- 식비는 출장 시 개인 마일리지 사용 여부에 따라 출장 중 식비의 20% 추가로 지급한다.
  - (개인 마일리지 미사용 시 지급 식비)=(출장국가 1일 식비)×(출장일수)
  - (개인 마일리지 사용 시 지급 식비)=[(출장국가 1일 식비)×(출장일수)]×1.2

① 갑 – 을 – 병 – 정 – 무
② 갑 – 을 – 병 – 무 – 정
③ 을 – 갑 – 병 – 무 – 정
④ 을 – 갑 – 정 – 병 – 무

33 다음 진료비 계산서·영수증의 ㉕에 해당하는 금액으로 옳은 것은?(단, 제시된 진료비 계산서·영수증 이외의 사항은 고려하지 않는다)

[ ]외래 [√]입원 ([ ]퇴원 [ ]중간) 진료비 계산서·영수증						
환자등록번호	환자 성명			진료 기간		야간(공휴일)진료
						[ ]야간 [ ]공휴일
진료과목	질병군(DRG)번호			병실	환자구분	영수증번호 (연월·일련번호)
항목	급여					
	일부본인부담		전액 본인부담	비급여		
	본인부담금	공단부담금		선택진료료	선택 이외	

항목		본인부담금	공단부담금	전액 본인부담	선택진료료	선택 이외	
기본항목	진찰료	10,000	20,000				ⓐ 진료비 총액
	입원료	50,000	90,000	60,000			
	식대	30,000	30,000				
	투약 조제료 / 행위료						ⓞ 환자 부담 총액
	투약 조제료 / 약품비						
	주사료 / 행위료	8,000	16,000				
	주사료 / 약품비	14,000	63,000	14,000			
	마취료						ⓧ 이미 납부한 금액 : 100,000
	처치 및 수술료						
	검사료	40,000	78,000				
	영상진단료	50,000	86,000				㉕ 납부할 금액
	방사선치료료						
	치료재료대	20,000	33,000				
	물리치료료	35,000	70,000				
선택항목	CT 진단료	80,000	97,000				* 요양기관 임의활용공간
	MRI 진단료				500,000		
	초음파 진단료						
	보철·교정료					100,000	
합계		(㉠)	(㉡)	(㉢)	(㉣)	(㉤)	
상한액 초과금		㉺ 7,000		–			선택진료 신청 [√]유 [ ]무
요양기관종류		[ ]의원급·보건기관 [ ]병원급 [ ]종합병원 [ ]상급종합병원					
사업장 소재지					대표자		(인)
년 월 일							

① 804,000원

② 811,000원

③ 904,000원

④ 911,000원

※ K그룹은 신생아를 출산한 산모를 위한 하반기 신제품을 기획하고자 산모 150명을 대상으로 조사를 진행했다. 다음 자료를 참고하여 이어지는 질문에 답하시오. [34~35]

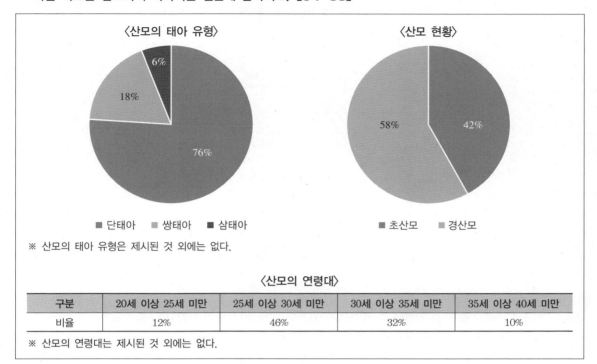

〈산모의 태아 유형〉
6%
18%
76%
■ 단태아 ■ 쌍태아 ■ 삼태아

〈산모 현황〉
58% 42%
■ 초산모 ■ 경산모

※ 산모의 태아 유형은 제시된 것 외에는 없다.

〈산모의 연령대〉

구분	20세 이상 25세 미만	25세 이상 30세 미만	30세 이상 35세 미만	35세 이상 40세 미만
비율	12%	46%	32%	10%

※ 산모의 연령대는 제시된 것 외에는 없다.

34 다음 중 자료에 대한 설명으로 옳지 않은 것은?(단, 소수점은 버림한다)

① 초산모가 20대라고 할 때, 20대에서 초산모가 차지하는 비율은 70% 이상이다.

② 초산모가 모두 단태아를 출산했다고 할 때, 단태아 중 경산모가 차지하는 비율은 48% 미만이다.

③ 경산모의 $\frac{1}{3}$ 이 30대라고 할 때, 30대에서 경산모가 차지하는 비율은 50% 이상이다.

④ 20대 산모는 30대 산모보다 20명 이상 많다.

35 25세 이상 35세 미만 산모의 $\frac{1}{3}$ 이 경산모라고 할 때, 이 인원이 경산모에서 차지하는 비율은 얼마인가? (단, 소수점은 버림한다)

① 29% ② 37%

③ 44% ④ 58%

※ 다음은 연도별 운수업의 기업체 수 추이를 나타낸 그래프이다. 이어지는 질문에 답하시오. **[36~37]**

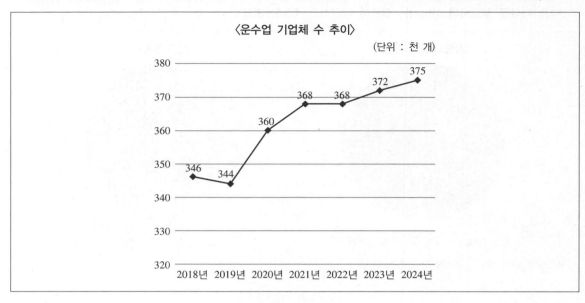

36 2019년 대비 2020년의 기업체 수 증가율과 2020년 대비 2021년의 기업체 수 증가율의 차이는 몇 %p인가?(단, 증가율은 소수점 둘째 자리에서 반올림한다)

① 2.5%p
② 3.0%p
③ 3.5%p
④ 4.0%p

37 2019 ~ 2024년까지 전년 대비 기업체 수 증감량을 합하면 모두 몇 개인가?(단, 증감량은 절댓값으로 계산한다)

① 23천 개
② 33천 개
③ 43천 개
④ 53천 개

38 다음은 K국의 19세 이상 성인의 흡연율과 고위험 음주율을 조사한 자료이다. 이에 대한 설명으로 옳지 않은 것은?

〈연도별 19세 이상 성인의 흡연율과 고위험 음주율〉

(단위 : %)

구분	흡연율			고위험 음주율		
	전체	남자	여자	전체	남자	여자
2019년	26.3	46.8	6.5	13.6	23.1	4.4
2020년	25.0	43.3	7.4	13.4	21.9	5.3
2021년	23.2	41.4	5.7	11.9	19.4	4.8
2022년	23.3	42.3	5.1	13.1	20.6	5.9
2023년	21.6	38.3	5.3	12.7	20.5	5.1
2024년	22.6	39.4	6.1	13.2	21.2	5.4

※ 고위험 음주율
- 1회 평균 음주량
  - 남자 7잔 이상
  - 여자 5잔 이상
- 주 2회 이상 음주

〈2024년 연령대별 흡연율과 고위험 음주율〉

(단위 : %)

구분	흡연율			고위험 음주율		
	전체	남자	여자	전체	남자	여자
19 ~ 29세	25.4	41.7	7.2	13.8	17.7	9.6
30 ~ 39세	30.4	51.5	7.6	16.4	23.5	8.6
40 ~ 49세	25.0	43.9	5.6	15.8	25.7	5.7
50 ~ 59세	22.7	38.2	7.1	15.4	26.0	4.9
60 ~ 69세	14.6	25.7	4.0	9.0	17.5	0.9
70세 이상	9.1	18.0	3.4	2.7	6.3	0.3

① 2024년 50대 이상 연령대의 전체 흡연율의 합은 2024년 19세 이상 성인의 전체 흡연율보다 낮다.

② 2024년 여자의 경우, 연령대가 높아질수록 고위험 음주율은 감소한다.

③ 2024년 고위험 음주율은 남자는 50 ~ 59세, 여자는 19 ~ 29세가 연령대에서 가장 높다.

④ 2024년 19세 이상 성인의 흡연율 및 고위험 음주율은 2019년 대비 감소하였다.

※ 다음은 운수업을 제외한 연도별 제주관광산업의 신용카드 매출액에 대한 자료이다. 이어지는 질문에 답하시오. [39~40]

〈연도별 신용카드 매출액〉

(단위 : 10억 원)

구분	2019년	2020년	2021년	2022년	2023년	2024년
내국인	997.0	1,120.0	1,297.4	1,633.5	1,897.6	2,144.2
외국인	195.2	381.8	608.6	651.6	995.6	625.2
합계	1,192.2	1,501.8	1,906.0	2,285.1	2,893.2	2,769.4

〈연도별 신용카드 매출액(면세점)〉

(단위 : 10억 원)

구분	2019년	2020년	2021년	2022년	2023년	2024년
내국인	271.5	274.2	292.3	384.7	427.2	432.6
외국인	129.7	267.8	376.2	415.2	701.8	497.3
합계	401.2	542.0	668.5	799.9	1,129.0	929.9

〈연도별 신용카드 매출액(면세점 외)〉

(단위 : 10억 원)

구분	2019년	2020년	2021년	2022년	2023년	2024년
내국인	725.5	845.8	1,005.1	1,248.8	1,470.4	1,711.6
외국인	65.6	114.0	232.4	236.4	293.8	127.9
합계	791.1	959.8	1,237.5	1,485.2	1,764.2	1,839.5

39 다음 중 자료에 대한 설명으로 옳은 것은?

① 면세점에서의 내국인 신용카드 매출액과 외국인 신용카드 매출액은 매년 증감 추이가 동일하다.

② 2021년 외국인 신용카드 매출액은 전년 대비 60% 이상 증가하였다.

③ 2023년 내국인 신용카드 매출액 중 면세점에서의 매출액이 차지하는 비중은 25% 미만이다.

④ 면세점 외에서의 외국인 신용카드 매출액은 2019년부터 2023년까지 매년 전년 대비 15% 이상 증가하였다.

40 다음 〈보기〉 중 자료에 대한 설명으로 옳지 않은 것을 모두 고르면?

┌─────────────────────────〈보기〉─────────────────────────┐

ㄱ. 2019년 면세점 외에서의 내국인 신용카드 매출액은 당해 면세점 외에서의 신용카드 매출액의 90% 이상을 차지한다.

ㄴ. 2022년 면세점에서의 내국인 신용카드 매출액은 전년 대비 35% 이상 증가하였다.

ㄷ. 2021년부터 2024년까지 전체 신용카드 매출액 중 외국인 신용카드 매출액의 비중은 매년 40% 미만이었다.

ㄹ. 2023년 내국인 전체의 신용카드 매출액은 2019년 면세점에서의 내국인 신용카드 매출액의 7배 이상이다.

└──┘

① ㄱ, ㄷ   ② ㄴ, ㄷ

③ ㄴ, ㄹ   ④ ㄷ, ㄹ

41 K공단은 조직을 개편함에 따라 기획 1 ~ 8팀의 사무실 위치를 변경하려 한다. 다음 〈조건〉에 따른다고 할 때, 변경된 사무실 위치에 대한 설명으로 옳은 것은?

창고	입구	계단
1호실		5호실
2호실	복도	6호실
3호실		7호실
4호실		8호실

┌─────────────────────────〈조건〉─────────────────────────┐

• 외근이 잦은 1팀과 7팀은 입구와 가장 가깝게 위치한다(단, 입구에서 가장 가까운 쪽은 1호실과 5호실 두 곳이다).

• 2팀과 5팀은 업무 특성상 복도를 끼지 않고 같은 라인에 인접해 나란히 위치한다.

• 3팀은 팀명과 동일한 호실에 위치한다.

• 8팀은 입구에서 가장 먼 쪽에 위치하며, 복도 맞은편에는 2팀이 위치한다(단, 입구에서 가장 먼 쪽은 4호실과 8호실 두 곳이다).

• 4팀은 1팀과 5팀 사이에 위치한다.

└──┘

① 기획 1팀의 사무실은 창고 뒤에 위치한다.

② 기획 2팀은 입구와 멀리 떨어진 4호실에 위치한다.

③ 기획 3팀은 기획 5팀과 앞뒤로 나란히 위치한다.

④ 기획 4팀과 기획 6팀은 복도를 사이에 두고 마주한다.

42 다음 대화를 근거로 판단할 때, 〈보기〉에서 옳은 것을 모두 고르면?

> 지구와 거대한 운석이 충돌할 것으로 예상되자, K국 정부는 인류의 멸망을 막기 위해 A ~ C 세 사람을 각각 냉동캡슐에 넣어 보존하기로 했다. 운석 충돌 후 시간이 흘러 지구에 다시 사람이 살 수 있는 환경이 조성되자, 3개의 냉동캡슐은 각각 다른 시점에 해동이 시작되어 하루 만에 완료되었다. 그 후 A ~ C 세 사람은 2120년 9월 7일 한 자리에 모여 다음과 같은 대화를 나누었다.
>
> A : 나는 2086년에 태어났습니다. 19살에 냉동캡슐에 들어갔고, 캡슐에서 해동된 지는 정확히 7년이 되었어요.
>
> B : 나는 2075년생입니다. 26살에 냉동캡슐에 들어갔고, 캡슐에서 해동된 것은 지금으로부터 1년 5개월 전입니다.
>
> C : 난 2083년 5월 17일에 태어났어요. 21살이 되기 두 달 전에 냉동캡슐에 들어갔고, 해동된 건 일주일 전이에요.
>
> ※ 이들이 밝히는 나이는 만 나이이며, 냉동되어 있는 기간은 나이에 산입되지 않는다.

〈보기〉

ㄱ. A ~ C가 냉동되어 있던 기간은 모두 다르다.
ㄴ. 대화를 나눈 시점에 A가 C보다 나이가 어리다.
ㄷ. 가장 이른 연도에 냉동캡슐에 들어간 사람은 A이다.

① ㄱ   ② ㄱ, ㄴ
③ ㄱ, ㄷ   ④ ㄴ, ㄷ

43 금융기업에 지원하여 최종 면접을 앞둔 K씨는 성공적인 PT 면접을 위해 회사에 대한 정보를 파악하고 그에 따른 효과적인 전략을 알아보고자 한다. K씨가 분석한 SWOT 결과가 다음과 같을 때, 분석 결과에 대응하기 위한 전략과 그 내용으로 적절하지 않은 것은?

〈SWOT 분석 결과〉

강점(Strength)	약점(Weakness)
• 우수한 역량의 인적자원 보유 • 글로벌 네트워크 보유 • 축적된 풍부한 거래 실적	• 고객 니즈 대응에 필요한 특정 분야별 전문성 미흡 • 신흥시장 진출 증가에 따른 경영 리스크
기회(Opportunity)	위협(Threat)
• 융 · 복합화를 통한 정부의 일자리 창출 사업 • 해외사업을 위한 협업 수요 확대 • 수요자 맞춤식 서비스 요구 증대	• 타사와의 경쟁 심화 • 정부의 예산 지원 감소 • 금융시장에 대한 일부 부정적 인식 존재

① SO전략 : 우수한 인적자원을 활용한 융 · 복합 사업 추진
② WO전략 : 분야별 전문 인력 충원을 통한 고객 맞춤형 서비스 제공 확대
③ ST전략 : 글로벌 네트워크를 통한 해외시장 진출
④ ST전략 : 풍부한 거래 실적을 바탕으로 시장에서의 경쟁력 확보

44 다음 글을 근거로 판단할 때, A ~ G 일곱 명에게 기내식을 제공하는 순서를 바르게 나열한 것은?

■ **기내식 종류별 제공 순서**

1. 어린이 식사를 가장 먼저 제공한다.

   ※ 어린이 식사는 미리 주문한 사람에 한하여 제공하며, 어린이와 동승한 자의 식사도 함께 제공한다.

2. 특별식을 두 번째로 제공한다.

   ※ 특별식에는 채식, 저칼로리식, 저탄수화물식, 저염식이 있으며, 미리 주문한 사람에 한하여 제공한다.

3. 일반식을 마지막으로 제공한다. 순서는 다음과 같다. 기체의 가장 앞쪽과 가장 뒤쪽부터 중간쪽 방향으로 제공한다. 단, 같은 열에서는 창가에서 내측 방향으로 제공한다.

■ **탑승자 정보**

- A : 어린이와 동승했으며 어린이 식사를 미리 주문하였다.
- B : 특별식을 주문하지 않았으며, 동승한 친구는 자신이 먹을 채식을 미리 주문하였다.
- C : 혼자 탑승하였으며 특별식을 주문하지 않았다.
- D : 어린이와 동승하였으나 어린이 식사를 주문하지 않았다.
- E : 혼자 탑승하였으며 저칼로리식을 미리 주문하였다.
- F : 성인인 친구와 동승하였으며 특별식을 주문하지 않았다.
- G : 혼자 탑승하였으며 특별식을 주문하지 않았다.

■ **탑승자의 좌석 배치도**

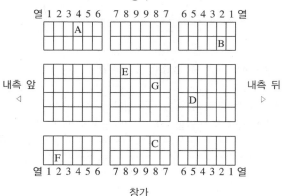

① A − B − E − F − D − C − G

② A − E − B − F − D − G − C

③ A − E − F − B − D − C − G

④ B − F − A − D − G − C − E

45 K회사는 직원 20명에게 나눠 줄 명절 선물 품목을 조사하였다. 다음은 유통업체별 품목 가격과 직원들의 품목 선호도를 나타낸 자료이다. K회사에서 구매하는 물품과 업체를 바르게 나열한 것은?

〈업체별 품목 금액〉

구분		가격(원/세트)	혜택
A업체	돼지고기	37,000	10세트 이상 주문 시 무료배송
	건어물	25,000	
B업체	소고기	62,000	20세트 주문 시 10% 할인
	참치	31,000	
C업체	스팸	47,000	50만 원 이상 주문 시 무료배송
	김	15,000	

〈구성원 품목 선호도〉

순위	품목
1	소고기
2	참치
3	돼지고기
4	스팸
5	건어물
6	김

───〈조건〉───

- 1 ~ 3순위 품목에서 배송비를 제외한 총금액이 80만 원 이하인 품목을 택한다(할인 혜택 적용 가격).
- 모든 업체의 배송비는 한 세트당 2,000원이다.
- 차순위 상품의 총금액이 30만 원 이상 저렴할 경우 차순위로 준비한다.
- 선택된 품목의 배송비를 제외한 총금액이 50만 원 미만일 경우 6순위 품목과 함께 준비한다.

	업체	상품
①	B	소고기, 김
②	B	참치
③	C	스팸, 김
④	A	돼지고기, 김

46 다음은 제품별 핸드크림 성능에 대한 자료이다. 〈보기〉를 참고하여 민주, 호성, 유진의 선호 기준에 따라 이들이 선택할 제품을 순서대로 바르게 나열한 것은?

〈제품별 핸드크림 성능〉

제품＼항목	가격 (원/개)	용량 (mL/개)	발림성	보습력	향
반짝이	63,000	75	★★★	★★★★	★★★
섬섬옥수	40,000	85	★★	★★★	★★
수분톡톡	8,900	80	★★★	★★★★	★★★
보드란	6,900	30	★★	★★★	★
솜구름	30,000	120	★★★	★★	★★★

※ 제품의 크기는 용량에 비례하고, ★이 많을수록 해당 항목이 우수하다.

〈보기〉

민주 : 난 손이 워낙 건조해서 무엇보다 보습력이 뛰어난 제품이 필요해. 그 다음으로는 산뜻하게 잘 발리는 제품이 좋아! 나머지는 아무래도 상관없어.

호성 : 난 발림성, 보습력, 향 모두 우수할수록 좋아. 그 다음으로는 가격이 낮으면 좋겠지!

유진 : 무조건 향이 좋아야지! 손을 움직일 때마다 풍기는 향이 사람의 기분을 얼마나 좋게 만드는지 알아? 향이 좋은 것 중에서는 부드럽게 잘 발리는 게 좋아! 그 다음으로는 가방에 넣어 다니려면 제품 크기가 작은 게 좋겠어.

	민주	호성	유진
①	반짝이	보드란	수분톡톡
②	수분톡톡	솜구름	반짝이
③	수분톡톡	수분톡톡	반짝이
④	수분톡톡	수분톡톡	보드란

47 K가게에서 오픈 행사로 50개의 에코백을 준비하였는데, 색깔이 다른 5종류의 에코백을 선착순으로 고객에게 한 개씩 증정한다. 다음의 정보가 모두 참일 때, 〈보기〉에서 옳지 않은 것을 모두 고르면?

〈정보〉

- 에코백의 색깔은 청록색, 베이지색, 검은색, 주황색, 노란색이다.
- 고객 설문조사 결과 에코백 색깔 선호도는 다음과 같고, 1위 색깔의 에코백은 전체 개수의 40%, 2위는 20% 이상 30% 이하로 준비한다.

(단위 : 명)

청록색	베이지색	검은색	주황색	노란색
22	124	65	29	30

- 3 ~ 5위 색깔의 에코백은 각각 6개 이상 준비한다.

〈보기〉

ㄱ. 검은색 에코백 10개를 준비했을 때, 경우의 수는 6가지이다.
ㄴ. 베이지색과 검은색 에코백의 개수의 합은 최대 35개이다.
ㄷ. 3 ~ 5위 색깔의 에코백은 최소 18개를 준비해야 한다.
ㄹ. 오픈 행사로 준비하는 에코백의 가능한 경우는 총 12가지이다.

---

① ㄱ, ㄴ   ② ㄴ, ㄹ
③ ㄷ, ㄹ   ④ ㄱ, ㄴ, ㄷ

48 K대리는 열차정비시설 설치지역 후보지들을 탐방하려고 한다. 후보지의 수가 많은 데 비해 K대리의 시간은 한정되어 있으므로 다음 〈조건〉에 따라 일부 후보지만 방문하려고 한다. 〈보기〉 중 옳게 말하고 있는 사람을 모두 고르면?

─〈조건〉─

- 양산, 세종, 목포 중 적어도 두 곳은 방문한다.
- 성남을 방문하면 세종은 방문하지 않는다.
- 목포를 방문하면 동래도 방문한다.
- 익산과 성남 중 한 곳만 방문한다.
- 밀양은 설치가능성이 가장 높은 곳이므로 반드시 방문한다.
- 동래를 방문하면 밀양은 방문하지 않는다.

─〈보기〉─

지훈 : K대리는 밀양과 동래만 방문할 거야.
세리 : 그는 이번에 성남은 가지 않고, 양산과 밀양을 방문할 거야.
준하 : 그는 목포를 방문하고 세종은 방문하지 않을 거야.
진경 : K대리는 성남과 동래 모두 방문하지 않을 거야.

① 지훈, 세리　　　　　　　　　② 지훈, 준하
③ 세리, 준하　　　　　　　　　④ 세리, 진경

49 K사는 6층 건물의 모든 층을 사용하고 있으며, 건물에는 기획부, 인사 교육부, 서비스개선부, 연구 · 개발부, 해외사업부, 디자인부가 각 층에 위치하고 있다. 다음 〈조건〉을 참고할 때 항상 옳은 것은?(단, 6개의 부서는 서로 다른 층에 위치하며, 3층 이하에 위치한 부서의 직원은 출근 시 반드시 계단을 이용해야 한다)

〈조건〉
- 기획부의 문대리는 해외사업부의 이주임보다 높은 층에 근무한다.
- 인사 교육부는 서비스개선부와 해외사업부 사이에 위치한다.
- 디자인부의 김대리는 오늘 아침 엘리베이터에서 서비스개선부의 조대리를 만났다.
- 6개의 부서 중 건물의 옥상과 가장 가까이에 위치한 부서는 연구 · 개발부이다.
- 연구 · 개발부의 오사원이 인사 교육부 박차장에게 휴가 신청서를 제출하기 위해서는 4개의 층을 내려가야 한다.
- 건물 1층에는 회사에서 운영하는 커피숍이 함께 있다.

① 출근 시 엘리베이터를 탄 디자인부의 김대리는 5층에서 내린다.
② 디자인부의 김대리가 서비스개선부의 조대리보다 먼저 엘리베이터에서 내린다.
③ 인사 교육부와 커피숍은 같은 층에 위치한다.
④ 기획부의 문대리는 출근 시 반드시 계단을 이용해야 한다.

50 K공단의 신입직원인 A ~ F 총 여섯 명은 해외취업국과 외국인력국에 배치된다. 〈조건〉이 다음과 같을 때, 〈보기〉 중 옳은 것을 모두 고르면?

〈조건〉
- 각 인력국에는 2개의 부서가 있다.
- 해외취업국의 1개 부서에는 최소 2명이 배치된다.
- 각 부서에 반드시 1명 이상이 배치된다.
- B, C, F는 같은 해외취업국이나 외국인력국에 배치된다.
- D는 외국인력국에 배치되지 않는다.
- E는 해외취업국에 배치되지 않는다.

〈보기〉
ㄱ. B는 외국인력국에 배치된다.
ㄴ. A와 D는 같은 해외취업국이나 외국인력국에 배치된다.
ㄷ. A는 외국인력국에 배치된다.

① ㄱ   ② ㄷ
③ ㄱ, ㄴ   ④ ㄴ, ㄷ

〈메뉴별 성분〉

구분	우유	시럽	기타	구분	우유	시럽	기타
아메리카노	×	×	–	카페모카	○	초콜릿	크림
카페라테	○	×	–	시나몬모카	○	초콜릿	시나몬
바닐라라테	○	바닐라	–	비엔나커피	×	×	크림
메이플라테	○	메이플	–	홍차라테	○	×	홍차

※ ○(함유), ×(미함유)

〈甲의 음료 선택 기준〉

• 월요일과 화요일에는 크림이 들어간 음료를 마신다.
• 화요일과 목요일에는 우유가 들어간 음료를 마시지 않는다.
• 수요일에는 바닐라 시럽이 들어간 음료를 마신다.
• 금요일에는 홍차라테를 마신다.
• 주말에는 시럽이 들어가지 않고, 우유가 들어간 음료를 마신다.
• 비엔나커피는 일주일에 2번 이상 마시지 않는다.
• 바로 전날 마신 음료와 동일한 음료는 마시지 않는다.

51 甲이 오늘 아메리카노를 마셨다면, 오늘은 무슨 요일인가?

① 수요일
② 목요일
③ 금요일
④ 토요일

52 甲이 금요일에 홍차라테가 아닌 카페라테를 마신다면, 토요일과 일요일에 마실 음료를 바르게 짝지은 것은?

	토요일	일요일
①	아메리카노	카페라테
②	카페라테	홍차라테
③	카페라테	카페모카
④	홍차라테	카페라테

※ 다음은 복지대상자 분류 복지코드에 대한 자료이다. 이어지는 질문에 답하시오. **[53~55]**

복지코드는 복지대상자를 분류하기 위한 코드로, 총 10자리로 이루어져 있다.

복지분류	주제	대상
EN : 에너지바우처 HO : 영구임대주택공급 LA : 언어발달지원 ED : 정보화교육 JO : 직업훈련·일자리지원 UN : 대학생학자금융자 LO : 디딤돌대출 DE : 치매치료관리비 ME : 의료급여 DP : 장애인보조기구 CB : 출산비용보조	D : 교육 E : 고용 R : 주거 M : 의료 F : 금융 C : 문화 *2개 이상 해당 시 임의로 하나만 입력한다.	0 : 영유아(만 5세 이하) 1 : 아동·청소년 2 : 여성 3 : 청년(만 65세 미만 성인) 4 : 노년(만 65세 이상) 5 : 장애인 6 : 다문화 7 : 한부모(미성년자녀) 8 : 기초생활수급자 9 : 저소득층 *2개 이상 해당 시 임의로 하나만 입력한다.
월평균소득	신청기관	신청방법
N0 : 해당 없음 A1 : 50% 이하 A2 : 80% 이하 B1 : 100% 이하 B2 : 120% 이하 C1 : 150% 이하	00 : 시·군·구청 01 : 관할주민센터 02 : 보건소 03 : 위탁금융기관 04 : 고용지원센터	CA : 전화 VS : 방문 EM : 우편 ON : 온라인

53 복지코드가 다음과 같을 때, 이에 대한 설명으로 적절하지 않은 것은?

ENR4A201VS

① 에너지바우처는 주거복지 사업에 해당된다.
② 복지대상자는 만 65세 이상인 노년층에만 해당한다.
③ 사람의 소득은 월평균소득의 80% 이하에 해당한다.
④ 에너지바우처 사업은 관할주민센터를 통해 신청하는 사업이다.

54 다음 복지대상자 A의 복지코드로 가장 적절한 것은?

> 만 5세 여아인 A는 월평균소득 120% 이하인 다문화가정 자녀로 한국어 발달정도가 다소 낮은 편이다. 이에 A의 부모는 시·군·구청에서 지원하는 언어발달지원 교육을 온라인으로 신청하였다.

① LAD5B200ON   ② LAD6B200ON

③ LAD7B200ON   ④ LAC6B200ON

55 다음 〈보기〉의 복지코드 중 옳은 것을 모두 고르면?

─〈보기〉─

㉠ EDOE3A201ON   ㉡ HOR4A100EM

㉢ LOD3N103VS   ㉣ EDD4B204CA

① ㉠, ㉡   ② ㉠, ㉢

③ ㉡, ㉢   ④ ㉡, ㉣

※ 다음은 환자 접수 기호에 대한 설명이다. 이어지는 질문에 답하시오. [56~59]

〈환자 접수 기호〉

• 환자 접수 기호 부여방식
[병원] – [진료과] – [방문유형] – [치료유형] – [연령대] 순의 기호
• 병원

일반병원	어린이병원	암병원
I	P	C

• 진료과

가정의학과	비뇨의학과	산부인과	성형외과	신경외과	신경과
01	02	03	04	05	06
정신건강의학과	이비인후과	정형외과	피부과	감염내과	알레르기내과
07	08	09	10	11	12
안과	호흡기내과	–			
13	14	–			

• 방문유형

예약방문	응급치료
1	2

• 치료유형

입원			귀가	
경과관찰	투약치료	수술진행	진료상담	약처방
a1	a2	a3	b1	b2

• 연령대

만 10세 미만	만 10세 이상 만 20세 미만	만 20세 이상 만 30세 미만	만 30세 이상 만 40세 미만	만 40세 이상 만 50세 미만	만 50세 이상
0	1	2	3	4	5

56 다음 〈보기〉는 환자 K에 대한 설명이다. K의 접수 기호로 옳은 것은?

─〈보기〉─
• K는 귀에 이상을 느껴 예약한 후 병원을 찾았다.
• 진료 및 검사 결과에 따라, 수술을 위해 입원하게 되었다.
• K는 만 21세이다.

① I – 081a24
② I – 081a32
③ I – 142a23
④ P – 081a31

57 다음 중 환자의 접수 기호와 이에 대한 설명이 잘못 연결된 것은?

① I－022b12 : 비뇨기에 대한 진료를 받기 위해 병원을 방문하였다.

② I－121a25 : 만 50세 이상이다.

③ P－102a20 : 응급치료를 받았다.

④ C－072b24 : 투약치료를 위해 입원하였다.

58 다음 중 접수 기호가 'P－112b20'인 환자에 대한 설명으로 옳지 않은 것은?

① 어린이병원에 접수하였다.

② 감염내과에서 진료를 받았다.

③ 응급치료를 받았다.

④ 만 30세 이상 40세 미만이다.

59 다음 중 환자의 접수 기호로 옳지 않은 것은?

① I－011a14

② I－122b12

③ P－041a10

④ P－101b24

60 A ~ E 총 5명이 순서대로 퀴즈게임을 해서 벌칙받을 사람 1명을 선정하고자 한다. 게임 규칙과 결과에 근거할 때, 항상 옳은 것을 〈보기〉에서 모두 고르면?

- 규칙
  - 'A − B − C − D − E' 순서대로 퀴즈를 1개씩 풀고, 모두 한 번씩 퀴즈를 풀고 나면 한 라운드가 끝난다.
  - 퀴즈 2개를 맞힌 사람은 벌칙에서 제외되고, 다음 라운드부터는 게임에 참여하지 않는다.
  - 라운드를 반복하여 맨 마지막까지 남는 한 사람이 벌칙을 받는다.
  - 벌칙을 받을 사람이 결정되면 라운드 중이라도 더 이상 퀴즈를 출제하지 않으며, 이 외에는 라운드 끝까지 퀴즈를 출제한다.
  - 게임 중 동일한 문제는 출제되지 않는다.
- 결과
  3라운드에서 A는 참가자 중 처음으로 벌칙에서 제외되었고, 4라운드에서는 오직 B만 벌칙에서 제외되었으며, 벌칙을 받을 사람은 5라운드에서 결정되었다.

〈보기〉

ㄱ. 5라운드까지 참가자들이 정답을 맞힌 퀴즈는 총 9개이다.
ㄴ. 게임이 종료될 때까지 총 22개의 퀴즈가 출제되었다면, E는 5라운드에서 퀴즈의 정답을 맞혔다.
ㄷ. 게임이 종료될 때까지 총 21개의 퀴즈가 출제되었다면, 퀴즈를 푸는 순서가 벌칙을 받을 사람 선정에 영향을 준 것으로 볼 수 있다.

---

① ㄱ   ② ㄴ
③ ㄱ, ㄷ   ④ ㄴ, ㄷ

| 01 | 국민건강보험법

61 다음 중 건강검진 대상자에 대한 설명으로 옳지 않은 것은?

① 직장가입자는 일반건강검진 대상에 해당한다.

② 세대원인 지역가입자는 일반건강검진 대상에 해당한다.

③ 6세 미만의 가입자는 영유아건강검진 대상에 해당한다.

④ 6세 미만의 피부양자는 영유아건강검진 대상에 해당한다.

62 직장가입자 A는 현재 40대 직장 남성이다. 다음 중 A의 피부양자가 될 수 없는 사람은?(단, 제시된 관계를 제외하고는 다른 요건을 모두 만족한다)

① A의 장모   ② A의 동생

③ A의 누나   ④ A의 삼촌

63 다음 중 보건복지부 소속 건강보험정책심의위원회에 대한 설명으로 옳은 것은?

① 위원장 1명과 부위원장 2명, 위원 25명으로 구성된다.

② 보건복지부장관이 위원장이 되며, 부위원장은 위원 중에서 호선으로 선출한다.

③ 위원 중에는 의료계를 대표하는 단체 및 약업계를 대표하는 단체가 추천하는 5명이 포함된다.

④ 위원의 임기는 3년으로 하며, 위원의 사임 등으로 새로 위촉된 위원의 임기는 전임위원 임기의 남은 기간으로 한다.

64 다음 중 자격의 취득 시기에 대한 설명으로 옳지 않은 것은?

① 수급권자이었던 사람은 그 대상자에서 제외된 날에 직장가입자 또는 지역가입자의 자격을 얻는다.
② 직장가입자의 피부양자이었던 사람은 그 자격을 잃은 날에 직장가입자 또는 지역가입자의 자격을 얻는다.
③ 유공자 등 의료보호대상자이었던 사람은 그 대상자에서 제외된 날에 직장가입자 또는 지역가입자의 자격을 얻는다.
④ 보험자에게 건강보험의 적용을 신청한 유공자 등 의료보호대상자는 그 신청한 날로부터 14일이 되는 날에 직장가입자 또는 지역가입자의 자격을 얻는다.

65 지역가입자가 교도소에 수용되는 경우에 법무부장관은 그 사유에 해당된 날부터 며칠 이내에 보험자에게 알려야 하는가?

① 1개월
② 21일
③ 14일
④ 7일

66 다음 중 국민건강보험법에서 말하는 "징수위탁근거법"에 포함되지 않는 것은?

① 국민연금법
② 석면피해구제법
③ 임금채권보장법
④ 감염병의 예방 및 관리에 관한 법률

67 다음 〈보기〉에서 국민건강보험공단 임원의 당연퇴임 및 해임 조건으로 옳은 것을 모두 고르면?

─────〈보기〉─────
㉠ 직무상 의무를 위반한 경우
㉡ 신체장애나 정신장애로 직무를 수행할 수 없는 경우
㉢ 고의나 중대한 과실로 공단에 손실이 생기게 한 경우
㉣ 직무 여부와 관계없이 품위를 손상하는 행위를 한 경우

① ㉠, ㉡
② ㉠, ㉢, ㉣
③ ㉡, ㉢, ㉣
④ ㉠, ㉡, ㉢, ㉣

68 다음 중 빈칸에 들어갈 말로 옳은 것은?

> 요양기관은 요양급여비용을 최초로 청구하는 때에 요양기관의 시설·장비 및 인력 등에 대한 현황을 _____에(게) 신고해야 한다.

① 보건복지부장관
② 건강보험심사평가원
③ 국민건강보험공단 이사장
④ 국민건강보험공단 재정운용위원회

69 국민건강보험공단에서 실시하는 건강검진 중에서 일반건강검진의 대상이 되는 지역가입자의 연령은 몇 세 이상인가?

① 15세   ② 20세
③ 25세   ④ 30세

70 다음 중 빈칸 ㉠, ㉡에 들어갈 내용을 순서대로 바르게 나열한 것은?

> 국민건강보험공단으로부터 분할납부 승인을 받고 그 승인된 보험료를 ___㉠___ 이상 낸 경우에는 보험급여를 할 수 있다. 다만, 분할납부 승인을 받은 사람이 정당한 사유 없이 ___㉡___ 이상 그 승인된 보험료를 내지 아니한 경우에는 그러하지 아니하다.

	㉠	㉡
①	1회	3회
②	1회	5회
③	3회	3회
④	3회	5회

71 다음 중 벌금을 가장 많이 내는 사례는?

① 국민건강보험공단에 종사하였던 A씨는 정년퇴직 후 직무 수행 당시에 알게 된 국민건강보험 가입자의 주민등록번호를 제3자에게 제공하였다.

② 의료법에 따른 의료기관단체의 직원인 B씨는 친인척의 인적사항을 이용하여 거짓으로 요양급여비용을 청구하였다.

③ 보건의료원의 원장인 C씨는 환자의 요구에도 불구하고 정당한 이유 없이 요양급여를 거부했다.

④ 요양기관을 운영 중인 D씨는 요양·약제의 지급 등 보험급여에 관하여 거짓으로 조작한 서류를 제출했다.

72 다음은 보험료율을 정하는 기준에 대한 글이다. 빈칸 ㉠, ㉡에 들어갈 내용을 순서대로 바르게 나열한 것은?

> • 직장가입자의 보험료율은 ___㉠___ 의 범위에서 심의위원회의 의결을 거쳐 대통령령으로 정한다.
> • 국외에서 업무에 종사하고 있는 직장가입자에 대한 보험료율은 제1항에 따라 정해진 보험료율의 ___㉡___ 으로 한다.

	㉠	㉡
①	1,000분의 50	100분의 50
②	1,000분의 80	100분의 80
③	1,000분의 50	100분의 80
④	1,000분의 80	100분의 50

73 다음 중 빈칸에 들어갈 내용으로 옳은 것은?

> 국민건강보험공단은 체납처분이 끝나고 체납액에 충당될 배분금액이 그 체납액에 미치지 못하는 경우에는 _____의 의결을 받아 보험료 등을 결손처분 할 수 있다.

① 재정운영위원회

② 진료심사평가위원회

③ 보험료정보공개심의위원회

④ 보험료부과제도개선위원회

74 다음 중 소멸시효에 대한 설명으로 옳지 않은 것은?

① 보험료의 고지 또는 독촉의 사유로 인해 시효는 중단된다.

② 보험급여 또는 보험급여 비용의 청구로 인해 시효는 중단되지 않는다.

③ 과다납부된 본인일부부담금을 돌려받을 권리를 3년 동안 행사하지 않으면 소멸시효가 완성된다.

④ 휴직자의 보수월액보험료를 징수할 권리의 소멸시효는 고지가 유예된 경우 휴직 등의 사유가 끝날 때까지 진행하지 않는다.

75 국민건강보험공단의 업무 중에서 다른 기관에 위탁할 수 없는 것은?

① 보험료의 징수 업무

② 보험급여비용의 지급에 관한 업무

③ 징수위탁근거법의 위탁에 따라 징수하는 연금보험료 업무

④ 보험료의 수납 또는 보험료납부의 확인에 관한 업무

76 다음 중 과징금 처분에 대한 설명으로 옳지 않은 것은?

① 과징금 납부 처분을 받고도 기한 내에 납부하지 않은 요양기관은 과징금 부과 외에도 업무정지 처분을 받는다.

② 과징금 납부 처분을 받은 요양기관이 폐업해 업무정지 처분을 할 수 없으면 국세 체납처분의 예에 따라 징수한다.

③ 보건복지부장관은 과징금을 징수하기 위해 관할 지방자치단체장에게 과세정보의 제공을 요청할 수 있다.

④ 위 ③의 경우에 보건복지부장관은 납세자의 인적사항, 사용 목적, 과징금 부과 사유 및 부과 기준 등을 요청 대상 기관의 장에게 문서로 알려야 한다.

77 다음 중 빈칸에 들어갈 금액으로 옳은 것은?

> 국민건강보험공단은 징수 또는 반환하는 금액이 1건당 _____ 미만인 경우(상계 처리할 수 있는 본인일부부담금 환급금 또는 가입자·피부양자에게 지급하는 금액은 제외)에는 징수 또는 반환하지 않는다.

① 2,000원   ② 4,000원
③ 7,000원   ④ 10,000원

78 다음 중 휴업을 한 사업장의 사용자가 휴업 사실을 보험자에게 기한 내에 신고하지 않았을 경우에 받게 되는 처벌은?

① 200만 원 이하의 과태료
② 300만 원 이하의 과태료
③ 400만 원 이하의 과태료
④ 500만 원 이하의 과태료

79 국민건강보험공단에서 실시하는 영유아건강검진의 대상이 되는 피부양자의 연령은 몇 세 미만인가?

① 4세 미만   ② 5세 미만
③ 6세 미만   ④ 7세 미만

80 다음 중 국민건강보험공단의 보험급여 제한에 대한 설명으로 옳지 않은 것은?

① 중대한 과실로 인한 범죄행위에 그 원인이 있으면 보험급여를 하지 않는다.
② 중대한 과실로 요양기관의 요양에 관한 지시에 따르지 않아도 보험급여를 해야 한다.
③ 업무로 생긴 부상으로 다른 법령에 따른 보험급여나 보상(補償)을 받게 되면 보험급여를 하지 않는다.
④ 중대한 과실로 공단이 보험급여를 할 때 필요하다고 인정해 요구한 보험급여를 확인하는 문서의 제출을 거부하면 보험급여를 하지 않는다.

61 다음 중 재무·회계에 관한 사항 등 장기요양급여에 관련된 자료의 제출을 명할 수 있는 자는?

① 보건복지부장관   ② 국민건강보험공단

③ 국무총리   ④ 심사위원회

62 다음은 노인건강요양보험법에서 규정하는 "장기요양사업"의 정의에 대한 설명이다. 빈칸 ㉠, ㉡에 들어갈 내용을 순서대로 바르게 나열한 것은?

> "장기요양사업"이란 ___㉠___, 국가 및 지방자치단체의 ___㉡___ 등을 재원으로 하여 노인 등에게 장기요양급여를 제공하는 사업을 말한다.

	㉠	㉡
①	건강보험료	과징금
②	건강보험료	부담금
③	장기요양보험료	과징금
④	장기요양보험료	부담금

63 다음 〈보기〉에서 장기요양급여 제공의 기본원칙에 대한 설명으로 옳은 것을 모두 고르면?

〈보기〉
㉠ 장기요양급여는 노인 등이 장기요양기관에서 입소해 장기간 장기요양을 받는 시설급여를 우선적으로 제공하여야 한다.
㉡ 장기요양급여는 노인 등이 자신의 의사와 능력에 따라 최대한 자립적으로 일상생활을 수행할 수 있도록 제공하여야 한다.
㉢ 장기요양급여는 노인 등의 심신상태나 건강 등이 악화되지 않도록 하는 의료서비스와 구분해 독립적으로 이를 제공하여야 한다.
㉣ 장기요양급여는 노인 등의 심신상태·생활환경과 노인 등 및 그 가족의 욕구·선택을 종합적으로 고려하여 필요한 범위 안에서 이를 적정하게 제공하여야 한다.

① ㉠, ㉡   ② ㉠, ㉢

③ ㉡, ㉣   ④ ㉡, ㉢, ㉣

64 다음 중 장기요양보험료의 징수에 대한 설명으로 옳지 않은 것은?

① 장기요양보험료를 징수할 수 있는 권한은 국민건강보험공단에 있다.

② 장기요양보험료는 국민건강보험법에 따른 보험료(건강보험료)와 분리·구분해 징수한다.

③ 징수된 장기요양보험료와 건강보험료는 각각의 독립회계로 관리되어야 한다.

④ 장기요양보험료와 건강보험료를 징수할 경우에 장기요양보험료와 건강보험료를 구분해 고지해야 한다.

65 다음 중 장기요양인정의 신청자격에 대한 설명으로 옳은 것은?

① 반드시 65세 이상의 노인이어야 한다.

② 의료급여수급권자는 신청자격이 없다.

③ 장기요양보험가입자는 신청자격이 있다.

④ 장기요양보험가입자의 피부양자는 신청자격이 없다.

66 등급판정위원회는 신청인이 신청서를 제출한 날부터 며칠 이내에 장기요양등급판정을 완료해야 하는가?

① 30일   ② 50일

③ 60일   ④ 90일

67 다음 중 빈칸 ㉠ ~ ㉢에 들어갈 내용을 순서대로 바르게 나열한 것은?

> 특별현금급여의 종류에는 가족요양비, 특례요양비, 요양병원간병비 등이 있다. 가족요양비의 지급절차에 필요한 사항은 ㉠ 으로 정한다. 장기요양급여가 인정되는 기관 또는 시설의 범위, 특례요양비의 지급절차에 필요한 사항은 ㉡ 으로 정한다. 또한, 요양병원간병비의 지급절차에 필요한 사항은 ㉢ 으로 정한다.

	㉠	㉡	㉢
①	대통령령	대통령령	대통령령
②	보건복지부령	보건복지부령	보건복지부령
③	대통령령	대통령령	보건복지부령
④	대통령령	보건복지부령	보건복지부령

68 다음 중 장기요양급여의 제한에 대한 설명으로 옳지 않은 것은?

① 국민건강보험공단은 장기요양급여를 받고 있는 자가 장기요양기관이 부정한 방법으로 장기요양급여비용을 받는 데 가담하면 장기요양급여를 중단할 수 있다.

② 국민건강보험공단은 장기요양급여를 받고 있는 자가 정당한 사유 없이 보고 및 검사에 따른 답변을 거절하면 장기요양급여의 전부 또는 일부를 제공하지 않게 할 수 있다.

③ 국민건강보험공단은 장기요양급여를 받고 있는 자가 정당한 사유 없이 장기요양등급판정을 위한 조사에 응하지 않으면 장기요양급여의 전부 또는 일부를 제공하지 않게 할 수 있다.

④ 국민건강보험공단은 장기요양급여를 받고 있는 자가 장기요양기관이 거짓으로 장기요양급여비용을 받는 데 가담하면 6개월의 범위에서 장기요양급여의 횟수나 제공 기간을 제한할 수 있다.

69 다음 〈보기〉에서 장기요양기관으로 지정받을 수 없는 결격사유로 옳은 것을 모두 고르면?

─────〈보기〉─────

㉠ 마약류에 중독된 사람
㉡ 파산선고를 받고 복권되지 않은 사람
㉢ 미성년자, 피성년후견인 또는 피한정후견인
㉣ 금고 이상의 형의 집행유예를 선고받고 그 유예기간 중에 있는 사람
㉤ 정신질환자(다만, 전문의가 장기요양기관 설립·운영 업무에 종사하는 것이 적합하다고 인정하는 사람은 제외)
㉥ 금고 이상의 실형을 선고받고 그 집행이 종료(집행이 종료된 것으로 보는 경우를 포함)되거나 집행이 면제된 날부터 10년이 경과되지 않은 사람

① ㉠, ㉡, ㉢, ㉥
② ㉠, ㉡, ㉢, ㉣, ㉤
③ ㉡, ㉢, ㉣, ㉤, ㉥
④ ㉠, ㉡, ㉢, ㉣, ㉤, ㉥

70 다음 중 장기요양기관이 폐업·휴업을 하려고 할 경우에 신고해야 할 대상이 아닌 것은?

① 특별자치시장
② 특별자치도지사
③ 시장·군수·구청장
④ 국민건강보험공단 이사장

71 특별자치시장 · 특별자치도지사 · 시장 · 군수 · 구청장이 장기요양기관의 업무정지 처분에 갈음해 부과할 수 있는 과징금은 얼마인가?

① 5,000만 원 이하

② 1억 원 이하

③ 1억 5,000만 원 이하

④ 2억 원 이하

72 지정 취소, 업무정지 등 행정제재처분의 효과는 그 처분을 한 날부터 몇 년 동안 승계되는가?

① 2년

② 3년

③ 4년

④ 5년

73 다음 중 재가 및 시설 급여비용의 청구 및 지급 등에 대한 설명으로 옳은 것은?

① 장기요양기관은 국민건강보험공단으로부터 지급받은 장기요양급여비용을 장기요양요원에 대한 인건비로 지출할 수 없다.

② 국민건강보험공단은 장기요양기관이 정당한 사유 없이 장기요양급여에 관련된 자료를 제출하라는 보건복지부장관의 명령에 불응할 경우에 이에 응할 때까지 해당 장기요양기관에 장기요양급여비용의 지급을 하지 않을 수 있다.

③ 위 ②의 경우에 국민건강보험공단은 장기요양급여비용의 지급을 보류하기 전에 해당 장기요양기관에 의견 제출의 기회를 주는 것을 생략할 수 있다.

④ 재가 및 시설 급여비용의 심사기준, 장기요양급여비용의 가감지급의 기준, 청구절차, 지급방법 및 지급 보류의 절차 · 방법 등에 관한 사항은 대통령령으로 정한다.

74 다음 중 빈칸 ㉠, ㉡에 들어갈 내용을 순서대로 바르게 나열한 것은?

> 장기요양위원회 회의는 구성원 __㉠__ 의 출석으로 개의하고 출석위원 __㉡__ 의 찬성으로 의결한다.

	㉠	㉡
①	과반수	과반수
②	과반수	3분의 2 이상
③	3분의 2 이상	과반수
④	3분의 2 이상	3분의 2 이상

75 다음 〈보기〉에서 장기요양위원회의 설치 및 기능에 대한 설명으로 옳은 것을 모두 고르면?

─〈보기〉─
㉠ 장기요양위원회는 국민건강보험공단 소속으로 설치된다.
㉡ 장기요양위원회는 장기요양보험료율을 심의한다.
㉢ 장기요양위원회는 가족요양비, 특례요양비 및 요양병원간병비의 지급기준 등을 심의한다.
㉣ 장기요양위원회는 재가 및 시설 급여비용 등을 심의한다.

① ㉠, ㉡, ㉢   ② ㉠, ㉢, ㉣
③ ㉡, ㉢, ㉣   ④ ㉠, ㉡, ㉢, ㉣

76 다음 중 노인장기요양보험법에서 정하는 장기요양사업의 관리운영기관은 무엇인가?

① 행정안전부   ② 보건복지부
③ 국민건강보험공단   ④ 해당 지방자치단체

77 다음 〈보기〉에서 장기요양인정 신청 등에 대한 대리와 관련한 설명으로 옳지 않은 것을 모두 고르면?

〈보기〉
> ㉠ 수급자가 치매환자인 경우에는 치매안심센터의 장이 수급자 본인 또는 수급자 가족의 동의를 얻어 장기요양인정신청 등을 대리할 수 있다.
> ㉡ 수급자가 장기요양인정신청 등을 할 수 없는 경우에는 특별자치시장·특별자치도지사·시장·군수·구청장이 지정하는 자가 이를 대리할 수 있다.
> ㉢ 수급자가 신체적·정신적인 사유로 장기요양인정의 신청 등을 직접 할 수 없을 경우에는 수급자의 직계존속과 직계비속만이 이를 대리할 수 있다.
> ㉣ 사회복지전담공무원은 수급자가 장기요양인정신청 등을 직접 수행할 수 없을 때 수급자 본인 또는 수급자 가족의 동의가 없어도 그 신청을 대리할 수 있다.

① ㉠, ㉡
② ㉡, ㉢
③ ㉡, ㉣
④ ㉢, ㉣

78 다음 중 장기요양기관의 의무 등에 대한 설명으로 옳지 않은 것은?

① 장기요양급여비용 명세서의 내용 및 보존기한 등은 대통령령으로 정한다.
② 장기요양기관의 장은 장기요양급여 제공에 관한 자료를 기록·관리해야 한다.
③ 누구든지 금전, 물품을 제공하는 방법으로 수급자를 장기요양기관에 소개, 알선하는 행위를 할 수 없다.
④ 누구든지 노무, 향응을 제공할 것을 약속하는 방법으로 수급자를 장기요양기관에 유인하는 것을 조장할 수 없다.

79 다음 글의 빈칸에 들어갈 내용으로 옳은 것은?

> 특별자치시장·특별자치도지사·시장·군수·구청장은 장기요양기관이 부정한 방법으로 재가 및 시설 급여비용을 청구해 업무정지명령을 해야 하는 경우에 부정한 방법으로 청구한 금액의 _____ 이하의 금액의 과징금 처분으로 업무정지 처분을 갈음할 수 있다.

① 2배
② 3배
③ 5배
④ 10배

80 공표심의위원회는 노인장기요양보험법에 따라 위반사실 등의 공표 여부를 심의한다. 다음 중 공표심의위원회를 설치할 수 있는 권한을 가진 자가 아닌 것은?

① 보건복지부장관
② 특별자치도지사
③ 시장·군수·구청장
④ 국민건강보험공단 이사장

3일 차
기출응용 모의고사

〈문항 및 시험시간〉

평가영역	문항 수	시험시간	모바일 OMR 답안채점 / 성적분석 서비스	
[공통] 의사소통＋수리＋문제해결 [행정직 / 건강직 / 기술직] 국민건강보험법 [요양직] 노인장기요양보험법	80문항	80분	행정직 / 건강직 / 기술직	요양직

※ 수록 기준
  국민건강보험법 : 법률 제19841호(시행 24.12.27.),
  노인장기요양보험법 : 법률 제20213호(시행 25.02.07.)

3일 차 기출응용 모의고사

문항 수 : 80문항
시험시간 : 80분

제 **1** 영역 **직업기초능력**

01 다음 빈칸에 들어갈 문장을 〈보기〉에서 골라 순서대로 바르게 나열한 것은?

> 어떤 한 규범은 그와 다른 규범보다 강하거나 약할 수 있다. 예를 들어, "재산을 빼앗지 말라."는 규범은 "부동산을 빼앗지 말라."는 규범보다 강하다. 다른 이의 재산을 빼앗지 않는 사람이라면 누구든지 부동산 또한 빼앗지 않을 것이지만, 그 역은 성립하지 않기 때문이다. 한편, "재산을 빼앗지 말라."는 규범은 "해를 끼치지 말라."는 규범보다 약하다. 다른 이에게 해를 끼치지 않는 사람이라면 누구든지 재산을 빼앗지 않을 것이지만, 그 역은 성립하지 않기 때문이다. 그렇다고 해서 모든 규범이 위의 두 예처럼 어떤 다른 규범보다 강하다거나 약하다고 말할 수 있는 것은 아니다. 예를 들어, "재산을 빼앗지 말라."는 규범은 "운동 전에는 몸풀기를 충분히 하라."는 일종의 규범에 비해 약하지도 강하지도 않다. 다른 이의 재산에 대한 규범을 준수하는 사람이라도 운동에 앞서 몸풀기를 게을리 할 수 있으며, 또 동시에 운동에 앞서 충분히 몸풀기하는 사람이라도 다른 이의 재산에 대한 규범을 어길 수 있기 때문이다.
>
> 규범 간의 이와 같은 강·약 비교는 일종의 규범인 교통법규에도 적용될 수 있다. 예를 들어, "도로에서는 시속 110km 이하로 운전하라."는 _____보다 약하다. "도로의 교량 구간에서는 시속 80km 이하로 운전하라."는 "도로에서는 시속 110km 이하로 운전하라."보다는 약하다고 할 수 없지만, _____보다는 약하다. 한편, "도로의 교량 구간에서는 100m 이상의 차간 거리를 유지한 채 시속 80km 이하로 운전하라."는 "도로의 교량 구간에서는 시속 80km 이하로 운전하라."보다는 강하지만 _____보다는 강하다고 할 수 없다.

> ────〈보기〉────
> ㉠ "도로의 교량 구간에서는 시속 70km 이하로 운전하라."
> ㉡ "도로에서는 시속 80km 이하로 운전하라."
> ㉢ "도로의 교량 구간에서는 90m 이상의 차간 거리를 유지한 채 시속 90km 이하로 운전하라."

① ㉠ - ㉡ - ㉢   ② ㉠ - ㉢ - ㉡
③ ㉡ - ㉠ - ㉢   ④ ㉡ - ㉢ - ㉠

02 다음 글에서 밑줄 친 ⊙ ～ @의 수정 방안으로 적절하지 않은 것은?

> 심리학자들은 학습 이후 망각이 생기는 심리적 이유를 다음과 같이 설명하고 있다. 앞서 배운 내용이 나중에 공부한 내용을 밀어내는 순행 억제, 뒤에 배운 내용이 앞에서 배운 내용을 기억의 저편으로 밀어내는 역행 억제, 또한 공부한 두 내용이 서로 비슷해 간섭이 일어나는 유사 억제 등이 작용해 기억을 방해했기 때문이라는 것이다. 이러한 망각을 뇌 속에서 어떤 기억을 잃어버린 것으로 이해해서는 ⊙안된다. 기억을 담고 있는 세포들은 내용물을 흘려버리지 않는다. 기억들은 여전히 ⓒ머리속에 있는 것이다. 우리가 뭔가 기억해 내려고 애쓰는데도 찾지 못하는 것은 기억들이 ⓒ혼재해 있기 때문이다. @그리고 학습한 내용을 일정한 원리에 따라 짜임새 있게 체계적으로 잘 정리한다면 학습한 내용을 어렵지 않게 기억해 낼 수 있다.

① ⊙ : 띄어쓰기가 올바르지 않으므로 '안 된다'로 고친다.
② ⓒ : 맞춤법에 어긋나므로 '머릿속에'로 고친다.
③ ⓒ : 문맥에 어울리지 않으므로 '잠재'로 수정한다.
④ @ : 앞 문장과의 관계를 고려하여 '그러므로'로 고친다.

03 다음 제시된 문단을 읽고, 이어질 문단을 논리적 순서대로 바르게 나열한 것은?

> 우리가 익숙하게 먹는 음식인 피자는 이탈리아에서 시작된 음식으로, 고대 로마에서도 이와 비슷한 음식을 먹었다는 기록은 있지만 현대적 의미에서 피자의 시작은 19세기 말에 이탈리아에서 등장했다고 볼 수 있다.

> (가) 그러나 나폴리식 피자는 재료의 풍족하지 못함을 철저한 인증제도의 도입으로 메꿈으로써 그 영향력을 발휘하고 있는데, 나폴리식 피자의 인증을 받기 위해서는 밀가루부터 피자를 굽는 과정까지 철저한 검증을 받아야 한다.
> (나) 피자의 본토인 이탈리아나 피자가 유명한 미국 등에서 피자가 간편하고 저렴한 음식으로 인식되고 있는 것에 비해, 한국에서 피자는 저렴한 음식이라고는 볼 수 없는데, 이는 피자의 도입과 확산의 과정과 무관하다고 하기는 어려울 것이다.
> (다) 이탈리아의 피자는 남부의 나폴리식 피자와 중북부의 로마식 피자로 나뉘는데, 이탈리아의 남부는 예전부터 중북부에 비해 가난한 지역이었기 때문에 로마식 피자에 비해 나폴리식 피자의 토핑은 풍족하지 못한 편이다.
> (라) 한국의 경우 피자가 본격적으로 자리 잡기 시작한 것은 1960년대부터로, 한국에서 이탈리아 음식을 최초로 전문적으로 팔기 시작한 '라 칸티나'의 등장과 함께였다. 이후 피자는 호텔을 중심으로 퍼져나가게 되었다.

① (나) – (가) – (라) – (다) ② (나) – (다) – (라) – (가)
③ (다) – (가) – (라) – (나) ④ (다) – (나) – (가) – (라)

※ 다음은 후천성 면역결핍 증후군(AIDS)의 원인인 인간 면역결핍 바이러스(HIV)에 대해 설명하는 글이다. 이어지는 질문에 답하시오. **[4~6]**

(가) 인간 면역결핍 바이러스(HIV; Human Immunodeficiency Virus)란 후천성 면역결핍 증후군(AIDS)을 일으키는 원인 바이러스를 말하며, 보통 이 바이러스에 감염된 상태를 HIV 또는 HIV 감염이라고 한다. HIV에 감염되면 우리 몸에 있는 면역세포인 CD4 양성 T－림프구가 이 바이러스에 의해 감염되어 파괴되므로 면역력이 떨어지게 되고, 그 결과 각종 감염성 질환과 종양이 발생하여 사망에 이르게 된다. 이처럼 인체의 면역력이 상당히 (A)저하되어 감염증과 종양이 나타나기 시작하는 상태를 에이즈 또는 후천성 면역 결핍증이라고 한다.

(나) HIV 감염의 증상은 감염 초기의 급성 HIV 증후군, 이후에 이어지는 무증상 잠복기, 면역력이 현저하게 떨어져 기회감염(건강한 사람에게는 감염증을 일으키지 않는 미생물이 면역기능이 저하된 사람에게서 심각한 감염증을 일으키는 것)을 비롯한 다양한 병적인 증상이 나타나는 후천성 면역결핍증 시기의 세 단계로 나눌 수 있다.

(다) 급성 HIV 증후군은 바이러스에 감염된 후 3 ~ 6주 후에 발생하며 발열, 인후통, 임파선 비대, 두통, 관절통, 근육통, 구역, 구토, 피부의 구진성 (B)발진 등의 증상이 나타난다. 심한 경우 뇌수막염이나 뇌염, 근병증(근육 조직에 나타나는 여러 가지 병적인 상태)도 (C)동반될 수 있다. HIV에 처음 감염된 후 조기에 감염이 진단되지 않으면 환자 본인도 감염 사실을 알지 못한 채 다른 사람에게 HIV를 전파시킬 수 있기 때문에 초기에 환자를 찾아내어 치료하는 것이 공중보건학적으로 중요하다.

(라) 급성 HIV 증후군 시기가 지나면 무증상 잠복기가 10년 정도 지속되는데, 이 시기에는 HIV 감염을 의심할 수 있는 특이한 증상이 나타나지 않는다. 무증상 시기의 지속 기간은 여러 요인에 의해 편차가 있으므로 4년 정도로 짧은 경우도 있다. 비록 겉으로 드러나는 증상은 없지만, 무증상 잠복기 동안 HIV 바이러스는 지속적으로 면역세포를 파괴하므로 인체의 면역력이 점차적으로 저하된다.

(마) 면역력이 어느 정도 이하로 떨어지면 건강한 사람에게는 거의 발생하지 않는 여러 종류의 감염성 질환이 발생하고, 보통 사람에게 약하게 나타나는 감염성 질환도 후천성 면역 결핍증 환자에게는 심각한 질병으로 나타난다. 또한, 면역 결핍으로 인해 악성종양이 현저하게 많이 발생하므로 사망에 이르게 된다.

(바) HIV 감염은 혈액검사를 통해 진단할 수 있는데, 혈액에서 HIV에 대한 항체나 HIV의 항원(인체의 면역 체계를 자극하여 항체를 만들어 내도록 하는 물질)을 직접 찾아내는 검사를 통해 감염을 진단할 수 있다. 국내 대부분의 병원이나 보건소에서 혈액검사를 받을 수 있으며, 특히 보건소에서는 HIV 검사 시에 검사자의 신원을 확인하지 않는 익명검사를 시행 중이다. HIV 검사를 받을 때 신원이 밝혀지는 것을 꺼려 적절한 시기에 진단을 받지 못하는 경우를 줄이기 위한 조치이다.

(사) 선별검사에서 양성이 나오면 감염을 확실히 판단하기 위해 다시 확진검사를 하는데, 우리나라에서는 질병관리본부에서만 이를 시행하며 웨스턴 블롯법(Western Blot Test)을 이용한다. 확진검사를 하는 이유는 HIV 감염이 아니더라도 선별검사에서 양성(위양성, False Positive)으로 나오는 경우가 있기 때문이다. HIV가 체내에 (D)침투한 후 인체 내에서 HIV에 대한 항체가 만들어지기까지 보통 6주가 걸리는데, 이 시기에는 선별 검사를 해도 음성으로 나올 수 있다. 따라서 HIV 감염의 가능성이 있는 경우에는 이 시기가 지난 후에 다시 검사를 해야 하며, 최대 6개월까지 항체 생성이 지연되는 경우도 있으므로 이를 고려한다.

(아) HIV에 감염은 되었으나 아직 항체가 생성되지 않은 경우에 조기 진단하기 위해서는 HIV 바이러스의 핵산을 직접 검출하는 방법을 사용할 수 있다. 그러나 이 방법은 바이러스에 감염되지 않았음에도 양성으로 나오는 경우가 있으므로 현재 표준으로 사용되는 확진방법은 아니다.

04 다음 중 윗글의 (가) ~ (아) 문단을 내용에 따라 세 부분으로 구분할 때, 가장 적절한 것은?

① (가) / (나), (다) / (라), (마), (바), (사), (아)
② (가) / (나), (다), (라) / (마), (바), (사), (아)
③ (가) / (나), (다), (라), (마) / (바), (사), (아)
④ (가), (나) / (다), (라), (마) / (바), (사), (아)

05 다음 중 밑줄 친 부분이 윗글의 (A) ~ (D)와 다른 의미로 쓰인 것은?

① (A) : 컴퓨터로 업무를 많이 하다 보니 시력이 <u>저하</u>되었다.
② (B) : 80여 대의 헬기가 베트남으로 <u>발진</u>하기 위해 대기 중이다.
③ (C) : 경기 침체에 따라 증시가 <u>동반</u> 하락세를 보였다.
④ (D) : 그는 원인을 알 수 없는 세균의 <u>침투</u>로 고열에 시달렸다.

06 다음 중 윗글에 대한 내용으로 적절하지 않은 것은?

① 기회감염은 건강한 사람에게 거의 발생하지 않는 감염성 질환들을 말한다.
② 우리나라에서는 HIV 확진검사에 웨스턴 블롯법을 이용하고 있다.
③ HIV 감염 진단을 위한 혈액검사는 HIV 전문 병원에서만 받을 수 있다.
④ 급성 HIV 증후군이 심한 경우 뇌염, 근병증도 동반될 수 있다.

07 다음 글의 빈칸에 들어갈 내용으로 가장 적절한 것은?

몰랐지만 넘겨짚어 시험의 정답을 맞힌 경우와 제대로 알고 시험의 정답을 맞힌 경우를 구별할 수 있을까? 또 무작정 외워서 쓴 경우와 제대로 이해하고 쓴 경우는 어떤가? 전자와 후자는 서로 다르게 평가받아야 할까, 아니면 동등한 평가를 받아야 할까?

선택형 시험의 평가는 오로지 답안지에 표기된 선택지가 정답과 일치하는가의 여부에만 달려 있다. 이는 위의 첫 번째 물음이 항상 긍정으로 대답되지는 않으리라는 사실을 말해준다. 그러나 만일 시험관에게 답안지를 놓고 응시자와 면담할 기회가 주어진다면, 시험관은 응시자에게 정답지를 선택한 근거를 물음으로써 그가 문제에 대해 올바른 정보와 추론 능력을 가지고 있는지 검사할 수 있을 것이다. 예를 들어 한 응시자가 '대한민국의 수도가 어디냐'는 물음에 대해 '서울'이라고 답했다고 하자. 그렇게 답한 이유가 단지 '부모님이 사시는 도시라 이름이 익숙해서'였을 뿐, 정작 대한민국의 지리나 행정에 대해서는 아는 바 없다는 사실이 면접을 통해 드러났다고 하자. 이 경우에 시험관은 이 응시자가 대한민국의 수도에 대한 올바른 정보를 갖고 있다고 인정하기 어려울 것이다. 이 예는 응시자가 올바른 답을 제시하는 데 필요한 정보가 부족한 경우이다.

그렇다면 어떤 사람이 문제의 올바른 답을 추론해 내는 데 필요한 모든 정보를 갖고 있었고 실제로도 정답을 제시했다고 해서, 그가 문제에 대한 올바른 추론 능력을 가지고 있다고 할 수 있는가? 어느 도난사건을 함께 조사한 홈즈와 왓슨이 사건의 모든 구체적인 세부사항(범행 현장에서 발견된 흙발자국의 토양 성분)뿐 아니라 올바른 결론을 내리는 데 필요한 모든 일반적 정보(영국의 지역별 토양의 성분에 대한 정보) 등을 똑같이 갖고 있었고, 실제로 동일한 용의자를 범인으로 지목했다고 하자. 이 경우 두 사람의 추론을 동등하게 평가해야 하는가? 그렇지 않다.

예컨대 왓슨은 모든 정보를 완비하고 있었음에도 불구하고, 이름에 모음의 수가 가장 적다는 엉터리 이유로 범인을 지목했다고 하자. 이런 경우에도 우리는 왓슨의 추론에 박수를 보낼 수 있을까? 아니다. 왜냐하면

① 왓슨은 일반적으로 타당한 개인적 경험을 토대로 추론했기 때문이다.
② 왓슨은 올바른 추론의 방법을 알고 있음에도 불구하고 요행을 우선시했기 때문이다.
③ 왓슨은 추론에 필요한 전문적인 훈련을 받지 못해서 범인을 잘못 골랐기 때문이다.
④ 왓슨은 올바른 추론에 필요한 정보를 가지고 있긴 했지만 그 정보와 무관하게 범인을 지목했기 때문이다.

우주 개발이 왜 필요한가에 대한 주장은 크게 다음 세 가지로 구분할 수 있다. 먼저 칼 세이건이 우려하는 것처럼 인류가 혜성이나 소행성의 지구 충돌과 같은 재앙에서 살아남으려면 지구 이외의 다른 행성에 식민지를 건설해야 한다는 것이다. 소행성의 지구 충돌로 절멸한 공룡의 전철을 밟지 않기 위해서 말이다. 여기에는 자원 고갈이나 환경오염과 같은 전 지구적 재앙에 대비하자는 주장도 포함된다. 그 다음으로 우리의 관심을 지구에 한정한다는 것은 인류의 숭고한 정신을 가두는 것이라는 호킹의 주장을 들 수 있다. 지동설, 진화론, 상대성 이론, 양자역학, 빅뱅 이론과 같은 과학적 성과들은 인류의 문명뿐만 아니라 정신적 패러다임의 변화에 지대한 영향을 끼쳤다. 마지막으로 우주 개발의 노력에 따르는 부수적인 기술의 파급 효과를 근거로 한 주장을 들 수 있다. 실제로 우주 왕복선 프로그램을 통해 산업계에 이전된 새로운 기술이 100여 가지나 된다고 한다. 인공심장, 신분확인 시스템, 비행추적 시스템 등이 그 대표적인 기술들이다. 그러나 우주 개발에서 얻는 이익이 과연 인류 전체의 이익을 대변할 수 있는가에 대해서는 쉽게 답할 수가 없다. 역사적으로 볼 때 탐사의 주된 목적은 새로운 사실의 발견이라기보다 영토와 자원, 힘의 우위를 선점하기 위한 것이었기 때문이다. 이러한 이유로 우주 개발에 의심의 눈초리를 보내는 사람들도 적지 않다. 그들은 우주 개발에 소요되는 자금과 노력을 지구의 가난과 자원 고갈, 환경 문제 등을 해결하는 데 사용하는 것이 더 현실적이라고 주장한다.

과연 그 주장을 따른다고 해서 이러한 문제들을 해결할 수 있는가? 인류가 우주 개발에 나서지 않고 지구 안에서 인류의 미래를 위한 노력을 경주한다고 가정해보자. 그럴더라도 인류가 사용할 수 있는 자원이 무한한 것은 아니며, 인구의 자연 증가를 막을 수 없다는 문제는 여전히 남는다. 지구에 자금과 노력을 투자해야 한다고 주장하는 사람들은 지금 당장은 아니더라도 언젠가는 이러한 문제들을 해결할 수 있다는 논리를 펼지도 모른다. 그러나 이러한 논리는 우주 개발을 지지하는 쪽에서 마찬가지로 내세울 수 있다. 오히려 인류가 미래에 닥칠 문제를 해결할 수 있는 방법은 지구 밖에서 찾게 될 가능성이 더 크지 않을까?

우주를 개발하려는 시도가 최근에 등장한 것은 아니다. 인류가 의식을 갖게 되면서부터 우주를 꿈꾸어 왔다는 증거는 세계 여러 민족의 창세신화에서 발견된다. 수천 년 동안 우주에 대한 인류의 꿈은 식어갈 줄 몰랐다. 그리고 그 결과가 오늘날의 우주 개발이라는 현실로 다가온 것이다. 이제 인류는 우주의 시초를 밝히게 되었고, 우주의 끄트머리를 바라볼 수 있게 되었으며, 우주 공간에 인류의 거주지를 만들 수 있게 되었다. 우주 개발을 해야 할 것이냐 말아야 할 것이냐는 이제 문제의 핵심이 아니다. 우리가 선택해야 할 문제는 우주 개발을 어떻게 해야 할 것인가이다. "달과 다른 천체들은 모든 나라가 함께 탐사하고 이용할 수 있도록 자유지역으로 남아 있어야 한다. 어느 국가도 영유권을 주장할 수는 없다."라는 린든 B. 존슨의 경구는 우주 개발의 방향을 일러주는 시금석이 되어야 한다.

① 우주 개발의 한계
② 지구의 당면 과제
③ 우주 개발의 정당성
④ 친환경적인 지구 개발

※ 환경문제에 관심이 많은 A사원은 미세먼지에 대한 다음 기사를 읽었다. 이어지는 질문에 답하시오. [9~10]

봄철 미세먼지 때문에 야외활동이 힘들다. 미세먼지는 직경 $10\mu m$ 이하의 작은 입자 크기로, $1\mu m$는 $0.001mm$이다. 이렇게 작은 먼지들을 흡입하게 되면, 몸 밖으로 배출되지 않고 체내에 축적되기 때문에 더욱 위험하다. 폐에 쌓인 미세먼지는 잔기침과 가래를 유발하고, 폐렴이나 호흡곤란을 일으킬 수도 있다. 또 호흡기를 지나 혈액으로 침투하게 되면 큰 질병으로 번질 우려가 있다. 이외에도 아토피나 알레르기성 피부염 증상을 유발하기도 하고, 결막염의 원인이 되기도 한다. 때문에 세계보건기구(WHO)는 미세먼지를 담배보다 해로운 1급 발암물질로 규정할 만큼 치명적이라고 한다.

이런 미세먼지를 막기 위해서는 어떻게 해야 할까? 전문가들은 야외로 나갈 때는 항상 마스크를 착용하도록 권장하고 있다. 여기서 마스크는 일반 마스크가 아닌 미세먼지 마스크를 말하는데, 일반 마스크로는 미세먼지를 막을 수 없기 때문이다.

그렇다면 미세먼지 전용 마스크에는 어떤 비밀이 숨어 있을까? 미세먼지 마스크의 비밀은 특수 필터와 섬유에 숨어 있다. 일반적인 섬유보다 더 가늘게 연사한 나노 섬유(Nano Fiber)를 사용한 특수 필터가 세밀하게 미세먼지를 걸러준다. 게다가 섬유가 직각으로 교차하는 일반 마스크와는 달리 특수 필터의 섬유는 무작위로 얽혀 있어 틈이 매우 작다. 또한, 섬유가 이중, 삼중으로 배치되어 있어 미세먼지들이 통과하지 못하고 걸러지게 제작되었다.

무작위로 얽힌 섬유가 아무리 빼곡할지라도 틈새는 있기 마련이다. 그래서 $2\mu m$보다 작은 먼지들이 통과하지 못하도록 미세먼지 마스크의 특수 섬유는 정전기를 띠고 있다. 정전기를 이용한 특수 섬유에는 부분별로 다른 극성을 띄도록 제작되었다. 그래서 양극(＋)이나 음극(－) 중 하나를 띠고 있는 미세먼지 대부분을 잡아낼 수 있는 것이다. _____ 미세먼지 마스크는 이런 구조 탓에 재활용할 수 없다는 단점이 있다.

미세먼지 농도를 수시로 확인해서 미세먼지 농도가 높을 때는 외출을 자제해야 한다. 외출이 불가피한 경우에는 미세먼지 마스크의 착용은 물론 신체노출부위를 최소화할 수 있도록 긴소매의 옷을 입어주는 것이 안전하다. 귀가 후에는 양치질을 통해 몸에 남아있는 미세먼지를 제거해야 한다.

외출을 아무리 자제한다고 해도 실내 미세먼지의 위험이 있을 수 있다. 가정 또는 사무실에서 창문을 열어 놓으면 미세먼지가 유입될 가능성이 높다. 이때에는 공기청정기와 가습기를 이용해 쾌적한 내부 환경을 유지하고, 가급적 많은 양의 물을 마셔서 호흡기를 건조하지 않게 하는 것이 좋다. 또 실내에서 흡연을 하거나 촛불을 켜는 것도 미세먼지 농도를 높이는 원인이 될 수 있으니 자제하자.

09 다음 중 기사를 읽고 A사원이 동료 직원들에게 조언할 말로 적절하지 않은 것은?

① 일반 마스크로는 미세먼지를 막을 수 없으니 반드시 미세먼지 전용 마스크를 착용하도록 해.

② 가급적 물을 많이 마셔서 호흡기가 건조하지 않도록 하고, 외출 시 신체노출부위를 최소화하도록 해.

③ 체내에 쌓인 미세먼지는 폐렴을 유발할 수 있고, 혈액으로 침투해 큰 병을 일으킬 수 있으니 조심해야 해.

④ 미세먼지 전용 마스크는 특수 섬유로 이루어져 있어 대부분의 미세먼지를 막을 수 있고 여러 번 재사용할 수 있으니 경제적이야.

10 다음 중 빈칸에 들어갈 접속사로 가장 적절한 것은?

① 하지만　　　　　　　　　② 또한

③ 요컨대　　　　　　　　　④ 그리고

11 다음은 플라시보 소비에 대한 글이다. 이에 대한 사례로 가장 거리가 먼 것은?

> 플라시보 소비란 속임약을 뜻하는 '플라시보'와 '소비'가 결합된 말로, 가격 대비 마음의 만족이란 의미의 '가심비(價心費)'를 추구하는 소비를 뜻한다. 플라시보 소비에서의 '플라시보(Placebo)'란 실제로는 생리 작용이 없는 물질로 만든 약을 말한다. 젖당·녹말·우유 따위로 만들어지며 어떤 약물의 효과를 시험하거나 환자를 일시적으로 안심시키기 위한 목적으로 투여한다. 환자가 이 속임약을 진짜로 믿게 되면 실제로 좋은 반응이 생기기도 하는데, 이를 '플라시보 효과'라고 한다.
> 즉, 가심비를 추구하는 소비에서는 소비자가 해당 제품을 통해서 심리적으로 안심이 되고 제품에 대한 믿음을 갖게 되면, 플라시보 효과처럼 객관적인 제품의 성능과는 상관없이 긍정적인 효과를 얻게 된다. 이러한 효과는 소비자가 해당 제품을 사랑하는 대상에 지출할 때, 제품을 통해 안전에 대한 심리적 불안감과 스트레스를 해소할 때일수록 강해진다. 따라서 상품의 가격과 성능이라는 객관적인 수치에 초점을 두었던 기존의 가성비(價性費)에 따른 소비에서는 소비자들이 '싸고 품질 좋은 제품'만을 구매했다면, 가심비에 따른 소비에서는 다소 비싸더라도 '나에게 만족감을 주는 제품'을 구매하게 된다.

① 김씨는 딸을 위해 비싸지만 천연 소재의 원단으로 제작된 유치원복을 구매하였다.
② 최씨는 자신만의 물건이라는 만족감을 얻기 위해 비싼 가격에 각인이 가능한 만년필을 구매하였다.
③ 손씨는 계절이 바뀔 때면 브랜드 세일 기간을 공략해 꼭 필요한 옷을 산다.
④ 이씨는 평소 좋아하는 캐릭터의 피규어를 비싸게 구매하였다.

12 다음 글에서 틀린 단어는 모두 몇 개인가?

> Q : 감기와 독감이 다른가요?
> A : 독감은 인플루엔자 바이러스에 의한 급성 호흡기성질환으로 노인이나 만성질환자에서는 폐렴 등의 합병증으로 사망에 이르기도 하는 병입니다. 대게 11월 중순에서 3월 초까지 유행하며 일반적으로 증상이 심한 감기를 독감으로 생각하지만 일반적인 감기와는 원인바이러스가 상이하고 전혀 다른 전염병입니다. 독감은 감기에 비해 증상이 매우 심한데 특히 발열이 흔하며 두통, 근육통, 피로감 등 전신 증상이 뚜렷하고 전염성이 강하여 단시일 내에 유행할 수 있습니다.

① 없음   ② 1개
③ 2개   ④ 3개

13 다음 글을 읽은 후 나눈 대화로 적절하지 않은 것은?

K공단은 희귀 난치질환으로 장기간 투병 중인 저소득 가정 어린이에게 추억을 만들어주는 '제11회 K공단과 함께하는 건강 플러스 행복 캠프'를 개최했다.

2015년부터 매년 개최되어 2025년 기준 11회를 맞이한 이번 캠프에는 척수성근위축증, 지텔만증후군, 골형성부전증 등 희귀 난치 질환을 앓고 있는 어린이와 가족, 심사평가원 봉사단 등 총 80여 명이 참석했다. 장기간의 힘든 투병 생활과 경제적 여건으로 가족 간 여행이 어려웠던 어린이와 가족들은 제주도에서 아쿠아리움, 박물관 등을 방문하여 다양한 활동을 몸소 체험했다.

캠프에 참가한 희귀 난치질환 어린이들은 제주 ○○랜드의 후원으로 조성된 '새 생명의 길'에 직접 나무를 심고, 꿈과 희망을 담은 타임캡슐을 묻으며 환우와 가족들의 건강을 기원하는 시간을 가졌다.

K공단의 기획상임이사는 "K공단은 건강 플러스 행복 캠프를 통해 희귀난치병 어린이들에게 오랜 치료 생활로 인한 정신적 스트레스를 풀고 가족 간 유대를 다질 기회를 제공하는 등 환우들이 치료의 어려움을 이겨낼 수 있도록 최선을 다할 것"이라고 밝혔다.

한편, K공단의 '희귀난치병 어린이 돕기 프로젝트'는 2008년부터 의료 사각지대에 있는 희귀 난치질환 환아의 경제적·정서적 지원을 하는 사회공헌 활동으로 건강 플러스 행복 캠프 등 다양한 프로그램을 임직원들이 자발적으로 모금한 성금으로 실시하고 있다. 직원의 약 97%가 건강 플러스 행복 캠프의 성금 모금(약 19억 원)에 동참하였고, 이를 통해 지금까지 총 282명의 환우가 행복 캠프에 참여했다.

① 수빈 : K공단과 함께하는 건강 플러스 행복 캠프는 이번 캠프 이전에 이미 10차례나 개최되었네.

② 현우 : K공단의 희귀난치병 어린이 돕기 프로젝트도 2025년 기준 10년이 되었군.

③ 지민 : 희귀난치병 어린이 돕기 프로젝트는 K공단의 임직원들이 모금한 성금으로 실시하는 거라던데?

④ 석용 : 건강 플러스 행복 캠프를 위해 직원들이 모은 약 19억 원의 성금으로 지금까지 총 280여 명의 환우가 행복 캠프에 참여할 수 있었어.

14 다음 글에서 〈보기〉의 문장이 들어갈 위치로 가장 적절한 곳은?

1895년에 발견된 X선은 진단 의학의 혁명을 일으켰다. 이후 X선 사진 기술은 단면 촬영을 통해 입체 영상 구성이 가능한 CT(컴퓨터 단층 촬영 장치)로 진화하면서 해부를 하지 않고 인체 내부를 정확하게 진단하는 기술로 발전하였다. ___㉮___

X선 사진은 X선을 인체에 조사하고, 투과된 X선을 필름에 감광시켜 얻어낸 것이다. 조사된 X선의 일부는 조직에서 흡수·산란되고 나머지는 조직을 투과하여 반대편으로 나오게 된다. X선이 투과되는 정도를 나타내는 투과율은 공기가 가장 높으며 지방, 물, 뼈의 순서로 낮아진다. 또한 투과된 X선의 세기는 통과한 조직의 투과율이 낮을수록, 두께가 두꺼울수록 약해진다. 이런 X선의 세기에 따라 X선 필름의 감광 정도가 달라져 조직의 흑백 영상을 얻을 수 있다. ___㉯___ 이러한 X선 사진의 한계를 극복한 것이 CT이다.

CT는 인체에 투과된 X선의 분포를 통해 인체의 횡단면을 영상으로 재구성한다. CT 촬영기 한쪽 편에는 X선 발생기가 있고 반대편에는 여러 개의 X선 검출기가 배치되어 있다. ___㉰___ CT 촬영기 중심에, 사람이 누운 침대가 들어가면 X선 발생기에서 나온 X선이 인체를 투과한 후 맞은편 X선 검출기에서 검출된다.

X선 검출기로 인체를 투과한 X선의 세기를 검출하는데, 이때 공기를 통과하며 감쇄된 양을 빼고, 인체 조직만을 통과하면서 감쇄된 X선의 총량을 구해야 한다. 이것은 공기만을 통과한 X선 세기와 조직을 투과한 X선 세기의 차이를 계산하면 얻을 수 있고, 이를 환산값이라고 한다. 즉, 환산값은 특정 방향에서 X선이 인체 조직을 통과하면서 산란되거나 흡수되어 감쇄된 총량을 의미한다. 이 값을 여러 방향에서 구하기 위해 CT 촬영기를 회전시킨다. ___㉱___ 그러면 동일 단면에 대한 각 방향에서의 환산값을 구할 수 있고, 이를 활용하여 컴퓨터가 단면 영상을 재구성한다.

CT에서 영상을 재구성하는 데에는 역투사(Back Projection) 방법이 이용된다. 역투사는 어떤 방향에서 X선이 진행했던 경로를 거슬러 진행하면서 경로상에 환산값을 고르게 분배하는 방법이다. CT 촬영기를 회전시키며 얻은 여러 방향의 환산값을 경로별로 역투사하여 더해 나가는데, 이처럼 여러 방향의 환산값들이 더해진 결과가 역투사 결괏값이다. 역투사를 하게 되면 뼈와 같이 감쇄를 많이 시키는 조직에서는 여러 방향의 값들이 더해지게 되고, 그 결과 다른 조직에서보다 더 큰 결괏값이 나오게 된다.

──────〈보기〉──────

그렇지만 X선 사진에서는 투과율이 비슷한 조직들 간의 구별이 어려워서, X선 사진은 다른 조직과의 투과율 차이가 큰 뼈나 이상 조직의 검사에 주로 사용된다.

① ㉮

② ㉯

③ ㉰

④ ㉱

15 다음은 K공단의 요양업무처리규정의 일부이다. 이에 대한 설명으로 가장 적절한 것은?

공동 재해조사 등(제6조)
① 소속기관장은 보험료징수법 제11조에 따른 보험관계성립신고를 하지 아니한 사업장이나 법 제6조에 따른 보험관계 적용 대상 여부가 불분명한 사업장에서 재해가 발생하면 보험급여의 지급 업무를 담당하는 부서의 소속 직원과 보험관계의 적용 업무를 담당하는 부서의 소속 직원이 공동으로 제4조 제1항에 따른 재해조사를 실시하게 할 수 있다.
② 소속기관장은 재해조사를 실시한 결과 근로자가 소속된 사업장의 산재보험 사업종류나 근로자의 소속 사업장의 확인이 필요하다고 판단되면 보험관계의 적용 업무를 담당하는 부서장에게 조사를 실시하게 하여야 한다.
③ 소속기관장은 제125조에 따른 특수형태근로종사자가 보험급여를 신청하거나 청구한 때에는 제126조에 따라 공단에 신고한 특수형태근로종사자에 해당하는지 여부를 확인하여야 한다. 이 경우 특수형태근로종사자로 공단에 신고 되어 있지 아니한 때에는 보험관계의 적용 업무를 담당하는 부서장에게 특수형태근로종사자 해당 여부 또는 보험관계의 적용 여부를 확인하게 하여야 한다.

최초 요양급여의 신청방법 등(제7조)
① 소속기관장은 근로자가 법 제41조에 따라 최초로 요양급여를 신청하려는 때에는 그 근로자에게 별지 제2호의 요양급여신청서에 별지 제3호의 초진소견서를 첨부하여 신청하게 하여야 한다. 이 경우 신청 대상이 되는 상병이 뇌진관·심장질병이면 별지 제3-1호의 업무상질병 전문소견서(뇌심혈관계질병), 허리부위 및 어깨부위 근골격계질병이면 별지 제3-2호의 업무상질병 전문소견서(근골격계질병)를 첨부하게 할 수 있다.
② 소속기관장은 법 제41조 제2항에 따라 산재보험 의료기관이 근로자의 요양급여 신청을 대행하려는 때에는 근로자의 동의를 받은 서류를 제출하게 하여야 한다. 이 경우 별지 제2호의 요양급여신청서에 요양급여 신청 대행에 대한 근로자의 서명이나 날인을 받으면 근로자의 동의를 확인하는 별도의 서류를 제출하지 아니하게 할 수 있다.
③ 소속기관장은 산재보험 의료기관이 요양급여의 신청을 대행하는 때에는 요양급여의 신청을 한 날부터 5년간 요양급여의 신청에 관한 서류의 원본을 보관하게 하여야 한다.
④ 소속기관장은 산재근로자의 요양서비스의 제공에 필요하여 산재보험 의료기관을 방문하거나 산재보험 의료기관의 지정기준 유지 여부, 요양서비스 실태 등에 대한 점검을 하는 때에는 제3항에 따른 요양급여 신청 서류의 보관 여부 및 서류 내용의 사실 여부를 확인하여야 한다.
⑤ 소속기관장은 산재근로자가 별지 제2호의 서식에 따른 최초 요양급여청구서를 신청하는 경우에는 휴업급여와 함께 통합 청구할 수 있음을 안내하여야 한다.

대리인의 선임 등(제7조의2)
① 신청인은 제7조에 따른 요양급여를 신청할 때 또는 그 이후에 다음 각호의 어느 하나에 해당하는 사람을 대리인으로 선임할 수 있다.
　1. 신청인의 배우자, 직계존속·비속 또는 형제자매
　2. 변호사 또는 공인노무사
② 소속기관장은 신청인이 대리인을 선임하거나 해임하면 별지 제25호 서식의 대리인 선임(해임) 신고서를 제출하게 하여야 한다. 이 경우 대리인 선임(해임)의 효력은 대리인 선임(해임) 신고서가 접수된 때부터 발생한다.
③ 소속기관장은 제2항에 따라 대리인 선임(해임) 신고서를 제출받은 때에는 그 내용을 제59조에 따른 공단의 보험급여의 지급업무를 처리하는 전산시스템에 기록·관리하여야 한다.

① 부서장은 특수형태근로종사자가 보험급여를 신청한 경우, 해당 근로자가 공단에 신고한 특수형태근로종사자에 해당하는지 여부를 확인하여야 한다.

② 근로자가 최초로 요양급여를 신청하려는 때에는 반드시 요양급여신청서, 초진소견서와 별지 제3-2호의 업무상질병 전문소견서를 첨부하여야 한다.

③ 산재보험 의료기관이 요양급여의 신청을 대행하는 경우, 소속기관장은 산재보험 의료기관이 요양급여의 신청을 한 날부터 3년간 요양급여의 신청에 관한 서류의 원본을 보관하도록 하여야 한다.

④ 소속기관장은 공단의 규정에 따라 최초 요양급여청구서를 신청하는 산재근로자에게 요양급여는 휴업급여와 함께 통합 청구할 수 있다는 사항을 안내할 의무가 있다.

16 다음 문단을 논리적 순서대로 바르게 나열한 것은?

(가) 하지만 지금은 고령화 시대를 맞아 만성질환이 다수다. 꾸준히 관리받아야 건강을 유지할 수 있다. 치료보다 치유가 대세다. 이 때문에 미래 의료는 간호사 시대라고 말한다. 그럼에도 간호사에 대한 활용은 시대 흐름과 동떨어져 있다.

(나) 인간의 질병 구조가 변하면 의료 서비스의 비중도 바뀐다. 과거에는 급성질환이 많았다. 맹장염(충수염)이나 구멍 난 위궤양 등 수술로 해결해야 할 상황이 잦았다. 따라서 질병 관리 대부분을 의사의 전문성에 의존해야 했다.

(다) 현재 2년 석사과정을 거친 전문 간호사가 대거 양성되고 있다. 하지만 이들의 활동은 건강보험 의료수가에 반영되지 않고, 그러니 병원이 전문 간호사를 적극적으로 채용하려 하지 않는다. 의사의 손길이 미치지 못하는 곳은 전문성을 띤 간호사가 그 역할을 대신해야 함에도 말이다.

(라) 고령 장수 사회로 갈수록 간호사의 역할은 커진다. 병원뿐 아니라 다양한 공간에서 환자를 돌보고 건강 관리가 이뤄지는 의료 서비스가 중요해졌다. 간호사 인력 구성과 수요는 빠르게 바뀌어 가는데 의료 환경과 제도는 한참 뒤처져 있어 안타깝다.

① (나) – (가) – (다) – (라)
② (나) – (다) – (라) – (가)
③ (다) – (라) – (가) – (나)
④ (라) – (나) – (가) – (다)

※ 다음은 K회사의 사내 방송 내용이다. 이어지는 질문에 답하시오. [17~19]

생각해보면 참 당연하면서도 놀라운 사실. 언제부터 알게 됐는지 모르겠지만 우리는 마실 때는 시원하게 해서 맛있는 물의 온도를 맞추고 씻을 때는 너무 뜨겁거나 차갑지 않게 맞추면서 자연스럽게 알맞은 물의 온도를 인식해서 사용하고 있더라고요. 이럴 때면 경험이나 습관이라는 것이 얼마나 큰 지식인지 새삼 놀라게 됩니다. 이렇게 이미 익숙한 물의 온도를 대략 짐작해서 쓰고 있지만 실제로도 사용하는 곳에 따라 알맞은 물의 온도라는 것이 존재하는데요, 각 상황에 적절한 물의 온도는 어느 정도일까요?

㉠ 여름이 다가오고 날씨가 더워지면서 몸을 더 자주 씻게 되는데요, 여러분은 한여름에 샤워할 때 찬물로 하시나요, 아니면 따뜻한 물로 하시나요? 한여름의 즐거움이라고 하면 사실 땀을 뻘뻘 흘린 후에 온몸이 짜릿할 정도로 시원한 물을 뒤집어쓰는 것이지만 사실은 목욕할 때 아주 차거나 뜨거운 물보다는 30도에서 40도로 맞추어주는 것이 좋습니다. 겨울에 춥다고 아주 뜨거운 물로 씻으면 일순간 피로가 풀리거나 시원해지는 기분이 들기도 하지만 피부에 자극이 되고 건조해질 수 있고 또한 여름에 덥다고 해서 찬물로 목욕을 하면 그 순간은 시원하겠지만 내려간 체온을 유지하기 위하여 열이 발생하니 오히려 더 더워질 수도 있고요. 물론 너무 더운 날에는 이런 이론적인 이야기보다 그저 찬물 한 바가지가 절실하겠죠?

㉡ 어쨌든 이러한 물의 온도는 머리를 감을 때도 마찬가지인데요, 머리카락은 특히 약한 부위이기 때문에 너무 뜨겁거나 찬물은 모발과 두피에 좋지 않아서 머릿결을 상하게 합니다. 샴푸 CF에 나오는 것처럼 찰랑하고 빛나는 머릿결까진 아니더라도 탈모를 예방하는 차원에서 적당히 따뜻한 온도의 물로 씻어주는 것이 머릿결을 보호하는 하나의 방법입니다.

또, 최근에 건강에 좋은 여러 효과가 알려져 인기를 끌고 있는 반신욕. 집에서 반신욕 즐기는 분들 많으시죠? 반신욕을 하면 피부의 노폐물도 배출해주고 혈액순환을 도와주기 때문에 많은 분이 즐기시는데요, 반신욕을 할 때 뜨거운 물에 오래 있을수록 땀도 많이 나고 효과가 좋을 것 같지만 실제로는 37 ~ 38도에서 20분 정도만 해주는 것이 가장 좋다고 해요. 노폐물의 배출도 좋지만 너무 오래 해서 피부 속 수분이 적어지면 이 또한 피부에 좋지 않다는 사실! 뭐든 적당하게 즐기는 것이 좋답니다.

㉢ 아마 방송을 들었던 분들이라면 지난번 방송에서 마시는 물 중 차를 맛있게 마실 수 있는 온도에 대해서 이야기했던 것을 기억하실 텐데요, 기억나지 않는 분들을 위해 간단히 이야기해보자면 홍차와 우롱차는 95도 이상의 높은 온도에서, 녹차와 같은 생차(발효과정을 거치지 않은 차)는 70도 전후의 물에서 우리는 것이 가장 맛있게 즐길 수 있는 온도랍니다.

그렇다면 차로 마시는 물이 아니라 평소에 마시는 물은 어떤 온도가 가장 좋을까요? 가끔 드라마에서 보면 물병은 늘 식탁에 꺼내져 있고 그 물을 따라 마시는 것을 보면서 '냉장고에 보관하는 우리 집이랑 다른데?', '미지근한 물 싫은데?'하고 생각해보셨던 분들 계시겠죠? 물론 저도 포함해서요. 하지만 실제로 건강에는 미지근한 물이 좋다고 합니다. 너무 차가운 물은 체내 온도를 낮춰서 기초대사를 떨어뜨리거든요. 특히 아침에 일어나서 마시는 미지근한 물 한 잔은 위를 보호해주는 역할도 한답니다. 여름에는 어쩔 수 없이 시원한 얼음물 한 잔이 그리워지겠지만 너무 급하게 얼음물을 마시면 머리가 찡하고 두통이 오는 경험을 하게 되실지도 몰라요!

㉣ 이 외에도 옷을 세탁할 때에도 중요한 물의 온도! 왜냐하면 수온에 따라 옷감을 상하게 하거나 옷을 변하게 할 수 있기 때문입니다. 갑자기 줄어든 옷에 속상해하지 않으려면 옷을 뒤집었을 때 안쪽에 붙어있는 안내표에 친절하게 표시된 숫자를 꼭 확인해보세요.

또 물의 온도가 생명과 직접 연관되는 경우도 있는데요, 바로 집에서 물고기나 거북이 등 어류를 키우려 할 때입니다. 이 경우의 수온은 물에서 사는 동물들의 생명과 아주 직접 연관된 문제이니 예쁜 열대어나 민물고기, 거북이와 오래오래 함께하려면 적절한 수온에 대해 꼭! 알아보셔야 해요.

17 다음 중 사내 방송을 듣고 이를 바르게 이해한 사람은?

① 김사원 : 앞으로 옷을 세탁할 때는 뜨거운 물을 사용해야겠어요.

② 이대리 : 한여름 찬물 샤워를 즐겼는데 앞으로는 30~40도 정도의 물로 해야겠어.

③ 박과장 : 요즘 탈모로 고민인데, 뜨거운 물은 좋지 않으니 찬물로 머리를 감아야겠네.

④ 고차장 : 반신욕은 30분 이상 주 2회는 꼭 해야겠어.

18 문단을 ㉠~㉣로 분류했을 때, 각 문단의 제목으로 적절하지 않은 것은?

① ㉠ : 목욕물의 적절한 온도는?

② ㉡ : 반신욕과 머리 감기, 적절한 온도는?

③ ㉢ : 차의 종류에 따른 가장 맛있는 온도는?

④ ㉣ : 물 온도, 동물의 생명과 직접적인 연관 있다!

19 다음 중 사내 방송을 통해 확인할 수 없는 내용은?

① 목욕할 때 물의 적정 온도

② 반신욕의 적정 온도와 시간

③ 발효차와 생차의 차이

④ 미지근한 물의 효능

20 다음 글의 내용으로 적절하지 않은 것은?

7개 질병군 포괄수가제란 환자가 입원해서 퇴원할 때까지 발생하는 진료에 대하여 질병마다 미리 정해진 금액을 내는 제도로, 2013년 7월부터 전국의 모든 의료기관(의원, 병원, 종합병원, 상급종합병원)에서 시행되고 있다.

이를 통해 환자의 본인부담금이 줄어들었고, 건강보험의 보장성은 확대되었다. 그동안은 병원비가 어느 정도 나올지 가늠하기 힘들었지만, 포괄수가제가 시행되면서 병원비를 미리 가늠할 수 있어 계산도 간편해졌다. 의료기관은 꼭 필요한 진료만 하게 되어 효율적인 경영이 이루어지고, 진료비 심사로 인한 마찰은 줄어들었다. 또한 병원의 진료비 청구와 계산 방법이 간소화됨에 따라 건강보험 진료비 지급도 빨라졌다.

현재 포괄수과제는 안과, 이비인후과, 외과, 산부인과 4개 진료과의 7개 질병군을 대상으로 한다. 적용대상 질병군으로는 백내장 수술(수정체 수술), 편도 수술 및 아데노이드 수술, 항문 수술(치질 등), 탈장 수술(서혜 및 대퇴부), 맹장 수술(충수 절제술), 제왕절개 분만, 자궁 및 자궁 부속기관(난소, 난관 등) 수술(악성종양 제외)이 있다.

입원환자의 치료에 필요한 의료행위, 치료 재료, 약제비용에 대한 포괄수가도 적용된다. 7개 질병군으로 입원한 환자의 수술과 관련된 진료뿐 아니라 수술로 인한 합병증이나 환자가 입원 당시 같이 앓고 있던 질병의 치료까지 포함된다. 그동안 환자가 전부 부담하던 항목들은 아래 항목을 제외하고 20%만 부담하면 된다.
- 단순 피로 등 일상생활에 지장이 없는 질환
- 미용 목적
- 본인 희망의 건강검진 등 예방 진료
- 상급 병실료 차액
- 전문의 선택 진료료 등
- 응급진료를 위하여 앰뷸런스를 이용하면서 받는 응급의료 이송 처치료

① 포괄수가제는 7개 진료과의 질병군을 대상으로 한다.
② 포괄수가제는 질병에 따라 미리 정해진 금액을 내는 제도이므로 병원비를 미리 가늠할 수 있다.
③ 제왕 절개 분만으로 인한 합병증 치료에도 포괄수가가 적용된다.
④ 본인이 희망하여 건강검진을 받은 경우에는 포괄수가가 적용되지 않는다.

21 K공단은 6개의 과로 구성되어 있다. 2025년 상반기에 사업 영역 확장을 위해 임원과 사원을 발탁하여 7번째 과를 구성하려고 한다. 사원 한 명을 발탁하면 업무 효율이 3point 증가하고, 비용은 4point 소요된다. 임원 한 명을 발탁하면 업무 효율이 4point 증가하고, 비용은 7point 소요된다. 비용을 100point 이하로 소요하면서, 업무 효율은 60point를 달성하려고 할 때, 임원과 사원수를 합한 최솟값은?(단, 사원과 임원은 각각 한 명 이상 발탁한다)

① 14   ② 15

③ 16   ④ 17

22 B업체는 A업체의 협력업체로, 두 업체 간 제휴 및 협력을 통해 기존 생산량보다 30%가 증가하였다. 하지만 C업체가 새롭게 공단으로 입주하면서 미세먼지 방출로 인하여 불량률이 2%에서 4%로 증가하였다. C업체로 인해 불량률이 증가한 이후의 생산량은 A, B업체가 협력하기 이전의 생산량의 몇 배인가?(단, 협력 전과 후의 불량률은 차이가 없고, 생산량은 소수점 셋째 자리에서 반올림한다)

① 1.19배   ② 1.23배

③ 1.27배   ④ 1.31배

23 철수와 만수는 각각 A, B지역으로 출장을 가게 되었으며, 출장 업무가 끝난 후 C지역에서 만나기로 했다. 다음 중 〈조건〉을 토대로 만수의 속력은 얼마인가?

---〈조건〉---
- A지역과 B지역의 거리는 500km이다.
- C지역은 A지역과 B지역 사이에 있으며, A지역과는 200km 떨어져 있다.
- 철수는 80km/h의 속력으로 갔다.
- 만수는 철수보다 2시간 30분 늦게 도착했다.

① 50km/h   ② 60km/h

③ 70km/h   ④ 80km/h

24 K공단에 근무 중인 S사원은 업무 계약 건으로 출장을 가야 한다. 시속 75km로 이동하던 중 점심시간이 되어 전체 거리의 40% 지점에 위치한 휴게소에서 30분 동안 점심을 먹었다. 시계를 확인하니 약속된 시간에 늦을 것 같아 시속 25km를 더 올려 이동하였더니, 본사에서 출장지까지 총 3시간 20분이 걸려 도착하였다. K공단에서 출장지까지의 거리는?

① 100km   ② 150km

③ 200km   ④ 250km

25 다음은 K국의 연도별 황사 발생횟수와 지속일수에 대한 자료이다. 이에 대한 설명으로 옳지 않은 것은?

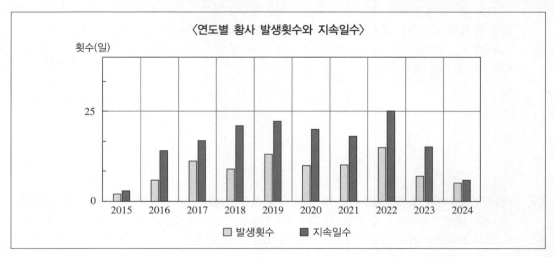

〈연도별 황사 발생횟수와 지속일수〉

① 황사의 지속일수는 2022년에 25일로 가장 높았다.
② 황사의 발생횟수는 2017년에 최고치를 기록했다.
③ 2022년 이후 연도별 황사 발생횟수는 감소하는 추세이다.
④ 2022년 이후 연도별 황사 지속일수는 감소하는 추세이다.

26 다음은 K방송사의 매출액 추이를 나타낸 자료이다. 〈보기〉 중 바르게 분석한 사람을 모두 고르면?

〈K방송사의 매출액 추이〉

(단위 : 천만 원)

구분		2020년	2021년	2022년	2023년	2024년
방송사업 매출액	방송수신료	5,645	5,717	5,452	5,325	5,487
	광고	21,990	21,437	23,825	22,785	22,186
	협찬	3,154	3,085	3,306	3,142	3,145
	프로그램판매	1,202	1,195	1,294	1,322	1,299
	기타방송사업	1,961	2,145	2,097	2,018	2,012
기타사업		4,204	4,219	4,275	4,224	4,281
합계		38,156	37,798	40,249	38,816	38,410

〈보기〉

지환 : 방송수신료 매출액의 증감 추이와 반대되는 추이를 보이는 항목이 존재해.
소영 : 5년 동안 모든 항목에서 최대 매출액과 최소 매출액의 차이는 10억 원 이상이야.
동현 : 5년간 각 항목의 매출액 순위는 한 번의 변동 없이 동일했구나.
세미 : 2020년과 비교했을 때 2024년에 매출액이 상승하지 않은 항목은 2개뿐이군.

① 지환, 소영
② 소영, 세미
③ 지환, 동현
④ 지환, 동현, 세미

27 다음은 K공단의 본인부담금 상한액을 나타낸 자료이다. 이에 대한 설명으로 옳은 것은?

〈본인부담금 상한액〉

(단위 : 원)

구분	2023년	2024년(입원일수)	
		120일 이하	120일 초과
1분위	1,220,000	800,000	1,240,000
2 ~ 3분위	1,530,000	1,000,000	1,550,000
4 ~ 5분위	2,050,000	1,500,000	2,080,000
6 ~ 7분위	2,560,000	2,600,000	
8분위	3,080,000	3,100,000	
9분위	4,110,000	4,180,000	
10분위	5,140,000	5,230,000	

① 2024년 7분위의 경우 본인부담금 상한액은 작년 대비 약 1.2%의 증가율을 보인다.
② 2024년 입원일수가 112일이라면 10분위의 본인부담금 상한액은 1분위보다 약 5.5배 더 많다.
③ 2023년 대비 2024년 본인부담금 상한액 증가율의 경우 9분위가 8분위보다 높다.
④ 2024년 입원일수가 135일이라면 4분위의 본인부담금 상한액은 2023년 대비 약 1.2%의 증가율을 보인다.

28 다음 중 연봉 실수령액을 구하는 식이 〈보기〉와 같을 때, 연봉이 3,480만 원인 A씨의 연 실수령액은?(단, 원 단위는 절사한다)

─〈보기〉─

- (연봉 실수령액)=(월 실수령액)×12
- (월 실수령액)=(월 급여)−[(국민연금)+(건강보험료)+(고용보험료)+(장기요양보험료)+(소득세)+(지방세)]
- (국민연금)=(월 급여)×4.5%
- (건강보험료)=(월 급여)×3.12%
- (고용보험료)=(월 급여)×0.65%
- (장기요양보험료)=(건강보험료)×7.38%
- (소득세)=68,000원
- (지방세)=(소득세)×10%

① 30,944,400원
② 31,078,000원
③ 31,203,200원
④ 32,150,800원

29 다음은 한 달 동안 K사원의 야근 및 휴일근무를 기록한 것이다. 회사의 초과근무수당 규정을 참고하여 K사원이 이번 달 받을 수 있는 야근 및 특근 수당을 바르게 구한 것은?(단, K사원의 세전 연봉은 3천만 원이고, 시급 산정 시 월평균 근무시간은 200시간으로 계산한다)

일요일	월요일	화요일	수요일	목요일	금요일	토요일
	1 18 ~ 21시	2	3	4 18 ~ 22시	5	6
7	8	9 18 ~ 24시	10	11	12	13
14 09 ~ 12시	15	16	17	18	19	20
21	22	23	24	25	26 18 ~ 21시	27 13 ~ 18시
28	29 18 ~ 19시	30				

〈초과근무수당 규정〉

- 시급 환산 시 세전 연봉으로 계산한다.
- 평일 야근 수당은 시급에 5,000원을 가산하여 지급한다.
- 주말 특근 수당은 시급에 10,000원을 가산하여 지급한다.
- 식대는 10,000원을 지급하며, 식대는 야근·특근 수당에 포함되지 않는다.
- 야근 시간은 오후 7시부터 적용되며 10시를 초과할 수 없다(초과 시간 수당 미지급).

① 285,000원
③ 355,000원
② 320,000원
④ 405,000원

※ 다음은 어느 나라의 관광객 유동인원에 대한 자료이다. 이어지는 질문에 답하시오. [30~31]

〈2019년 관광객 유동인원〉

(단위 : 천 명)

출신지＼여행지	동부지역	남부지역	서부지역	북부지역	합계
동부지역	550	80	250	300	1,180
남부지역	200	400	510	200	1,310
서부지역	390	300	830	180	1,700
북부지역	80	200	80	420	780
합계	1,220	980	1,670	1,100	4,970

〈2024년 관광객 유동인원〉

(단위 : 천 명)

출신지＼여행지	동부지역	남부지역	서부지역	북부지역	합계
동부지역	500	200	400	200	1,300
남부지역	200	300	500	300	1,300
서부지역	400	400	800	200	1,800
북부지역	100	300	100	300	800
합계	1,200	1,200	1,800	1,000	5,200

30 2024년 동부지역 관광객 중 서부지역 출신 대비 2019년 서부지역 관광객 중 남부지역 출신의 비율은?(단, 소수점 첫째 자리에서 반올림한다)

① 119%
② 122%
③ 125%
④ 128%

31 다음 중 자료에 대한 설명으로 옳은 것은?(단, 소수점 둘째 자리에서 반올림한다)

① 5년 사이에 전체적으로 관광객이 증가하였고, 지역별로도 모든 지역에서 관광객이 늘었다.
② 남부지역 관광객 중 서부지역 출신이 차지하는 비율은 5년 동안 증가했다.
③ 본인의 출신지를 여행하는 관광객이 차지하는 비중은 2019년에 비해 2024년에 증가하였다.
④ 모든 관광객이 동일한 지출을 한다고 가정했을 때, 2019년에 관광수지가 적자인 곳은 2곳이었지만, 2024년에는 1곳이다.

32 다음은 국민권익위원회에서 발표한 행정기관들의 고충민원 접수처리 현황에 대한 자료이다. 이에 대한 설명으로 옳은 것을 〈보기〉에서 모두 고르면?(단, 소수점 셋째 자리에서 반올림한다)

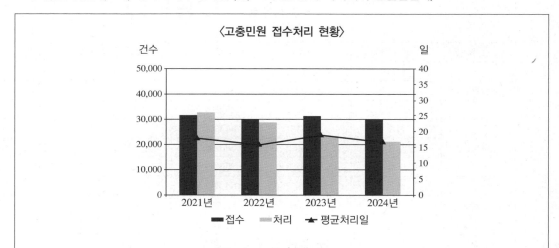

〈고충민원 접수처리 현황〉

〈고충민원 접수처리 항목별 세부현황〉

(단위 : 건, 일)

구분		2021년	2022년	2023년	2024년
접수		31,681	30,038	31,308	30,252
처리		32,737	28,744	23,573	21,080
인용	시정권고	277	257	205	212
	제도개선	0	0	0	0
	의견표명	467	474	346	252
	조정합의	2,923	2,764	2,644	2,567
	소계	3,667	3,495	3,195	3,031
단순안내		12,396	12,378	10,212	9,845
기타처리		16,674	12,871	10,166	8,204
평균처리일		18	16	19	17

─〈보기〉─

ㄱ. 기타처리 건수의 전년 대비 감소율은 매년 증가하였다.
ㄴ. 처리 건수 중 인용 건수 비율은 2024년이 2021년에 비해 3%p 이상 높다.
ㄷ. 처리 건수 대비 조정합의 건수의 비율은 2022년이 2023년보다 높다.
ㄹ. 평균처리일이 짧은 해일수록 조정합의 건수 대비 의견표명 건수 비율이 높다.

① ㄱ
② ㄴ
③ ㄱ, ㄷ
④ ㄴ, ㄹ

33 다음은 수송부문 대기 중 온실가스 배출량에 대한 자료이다. 이에 대한 설명으로 옳지 않은 것은?

<수송부문 대기 중 온실가스 배출량>

(단위 : ppm)

시점	구분	합계	이산화탄소	아산화질소	메탄
2020년	합계	83,617.9	82,917.7	197.6	502.6
	산업 부문	58,168.8	57,702.5	138	328.3
	가계 부문	25,449.1	25,215.2	59.6	174.3
2021년	합계	85,343	84,626.3	202.8	513.9
	산업 부문	59,160.2	58,686.7	141.4	332.1
	가계 부문	26,182.8	25,939.6	61.4	181.8
2022년	합계	85,014.3	84,306.8	203.1	504.4
	산업 부문	60,030	59,553.9	144.4	331.7
	가계 부문	24,984.3	24,752.9	58.7	172.7
2023년	합계	86,338.3	85,632.1	205.1	501.1
	산업 부문	64,462.4	63,936.9	151.5	374
	가계 부문	21,875.9	21,695.2	53.6	127.1
2024년	합계	88,261.37	87,547.49	210.98	502.9
	산업 부문	65,491.52	64,973.29	155.87	362.36
	가계 부문	22,769.85	22,574.2	55.11	140.54

① 이산화탄소의 비중은 어느 시기든 상관없이 가장 크다.

② 연도별 가계와 산업 부문의 배출량 차이의 값은 2024년에 가장 크다.

③ 연도별 가계와 산업 부문의 배출량 차이의 값은 해가 지날수록 지속적으로 증가한다.

④ 해당 기간 동안 온실가스 배출량의 총량은 지속적으로 증가하고 있다.

34 다음은 2020 ~ 2024년 자원봉사 참여현황에 대한 자료이다. 참여율이 4번째로 높은 해의 전년 대비 참여율의 증가율은?(단, 소수점 둘째 자리에서 반올림한다)

<자원봉사 참여현황>

(단위 : 명, %)

구분	2020년	2021년	2022년	2023년	2024년
총 성인 인구수	39,377,310	39,832,282	40,287,814	40,747,638	41,210,561
자원봉사 참여 성인 인구수	5,077,428	5,823,697	6,666,477	7,169,252	7,998,625
참여율	12.9	14.6	16.5	17.6	19.4

① 7.5%

② 9.6%

③ 11.6%

④ 13.2%

35 다음은 종이책 및 전자책 성인 독서율에 대한 자료이다. 빈칸 (가)에 들어갈 수치로 옳은 것은?(단, 각 항목의 2024년 수치는 2023년 수치 대비 일정한 규칙으로 변화한다)

〈종이책 및 전자책 성인 독서율〉

(단위 : %)

항목	연도	2023년			2024년		
		사례수(건)	1건 이상	읽지 않음	사례수(건)	1건 이상	읽지 않음
전체		5,000	60	40	6,000	72	28
성별	남자	2,000	60	40	3,000	90	10
	여자	3,000	65	35	3,000	65	35
연령별	20대	1,000	87	13	1,000	87	13
	30대	1,000	80.5	19.5	1,100	88.6	11.4
	40대	1,000	75	25	1,200	90	10
	50대	1,000	60	40	1,200	(가)	0
	60데 이상	1,000	37	63	1,400	51.8	48.2
학력별	중졸 이하	900	30	70	1,000	33.3	66.7
	고졸	1,900	63	37	2,100	69.6	30.4
	대졸 이상	2,200	70	30	2,800	89.1	10.9

① 44

② 52

③ 72

④ 77

36 다음은 시·도별 합계출산율에 대한 자료이다. 빈칸 ㉠과 ㉡에 들어갈 수치로 옳은 것은?(단, 각 수치는 지역별 일정한 규칙으로 매년 변화한다)

〈시·도별 합계출산율〉

(단위 : 명)

구분	2020년	2021년	2022년	2023년	2024년
서울특별시	0.96	0.98	1.00	0.94	0.83
부산광역시	1.04	1.14	1.25	1.24	㉠
대구광역시	1.12	1.16	1.21	1.18	1.06
인천광역시	1.19	1.21	1.22	1.14	1.00
광주광역시	1.17	1.19	1.20	1.16	1.05
대전광역시	1.23	1.25	1.27	1.19	1.07
울산광역시	1.39	1.43	1.48	1.41	1.26
세종특별자치시	1.33	1.35	1.89	1.82	1.66
경기도	1.22	1.24	1.27	1.19	1.06
강원도	1.24	1.26	1.31	1.23	1.12
충청북도	1.36	1.37	1.41	1.35	1.23
충청남도	1.44	1.46	1.48	1.39	1.27
전라북도	1.24	1.29	㉡	1.38	1.32
전라남도	1.51	1.52	1.54	1.46	1.32
경상북도	1.37	1.40	1.46	1.39	1.25
경상남도	1.36	1.40	1.43	1.35	1.22
제주특별자치도	1.42	1.48	1.49	1.43	1.30

	㉠	㉡
①	1.22	1.28
②	1.22	1.45
③	1.32	1.42
④	1.32	1.35

37 다음은 가입상품별 요금 안내 자료이다. 가장 비싼 가입상품의 총요금에서 가장 저렴한 가입상품의 총요금을 뺀 값으로 옳은 것은?

〈가입상품별 요금 안내〉

가입상품	인터넷 요금	기본 전화료	전화기 할부금	Wi-Fi 임대료	IPTV 요금
인터넷	22,000원	–	–	–	–
인터넷+일반전화	20,000원	1,100원	–	–	–
인터넷+인터넷전화	20,000원	1,100원	2,400원	1,650원	–
인터넷+TV(베이직)	19,800원	–	–	–	12,100원
인터넷+TV(스마트)	19,800원	–	–	–	17,600원
인터넷+TV(프라임)	19,800원	–	–	–	19,800원
인터넷+일반전화+TV(베이직)	19,800원	1,100원	–	–	12,100원
인터넷+일반전화+TV(스마트)	19,800원	1,100원	–	–	17,600원
인터넷+일반전화+TV(프라임)	19,800원	1,100원	–	–	19,800원
인터넷+인터넷전화+TV(베이직)	19,800원	1,100원	2,400원	1,650원	12,100원
인터넷+인터넷전화+TV(스마트)	19,800원	1,100원	2,400원	1,100원	17,600원
인터넷+인터넷전화+TV(프라임)	19,800원	1,100원	2,400원	–	19,800원

※ (총요금)=(인터넷 요금)+(기본 전화료)+(전화기 할부금)+(Wi-Fi 임대료)+(IPTV 요금)

① 20,000원
② 22,000원
③ 24,000원
④ 26,000원

※ 다음은 1차·2차·3차 병원 의료기관에 대한 자료이다. 이어지는 질문에 답하시오. **[38~39]**

<1차·2차·3차 병원 의료기관 현황>

구분		1차 병원 (의원·보건소)	2차 병원 (종합병원)	3차 병원 (대학부속병원· 상급종합병원)
평균 진료과목(개)		1	8	12
평균 병상 수(개)		15	84	750
평균 인원 (명)	의료종사자	7.2	40.7	3,125
	간호사	0.9	7.4	350
	의사	1.5	5.5	125
월평균 급여 (만 원)	의료종사자	180	240	300
	간호사	225	312	405
	의사	810	1,200	1,650
평균 일 근무시간 (시)	의료종사자	8	7	5
	간호사	6	7	9
	의사	10	9	5

※ 의료종사자 : 의사, 간호사, 임상병리사, 방사선사 등

38 다음 중 자료에 대한 설명으로 옳지 않은 것은?

① 3차 병원의 평균진료과목 수는 2차 병원의 1.5배이다.
② 2차 병원의 평균의사 수는 3차 병원의 5% 미만이다.
③ 1차 병원을 제외하고 평균 간호사 수는 의사 수보다 많다.
④ 1차 병원 의료종사자의 월평균 급여는 2차 병원의 80%, 3차 병원의 65% 수준이다.

39 다음 <보기> 중 옳지 않은 것을 모두 고르면?

─────────── <보기> ───────────
㉠ 2차 병원과 3차 병원의 평균 진료과목당 평균 병상 수의 차이는 50개이다.
㉡ 3차 병원의 의사 수는 평균 의료종사자 수의 4%이다.
㉢ 3차 병원에서 간호사·의사를 제외한 의료종사자의 급여로 지급되는 비용은 평균 58억 원 이상이다.

① ㉠   ② ㉡
③ ㉢   ④ ㉠, ㉡

40 다음은 2016 ～ 2024년 활동 의사 수에 대한 자료이다. 이를 판단한 내용으로 옳은 것은?

〈2016 ～ 2024년 활동 의사 수(천 명당)〉

(단위 : 명)

구분	2016년	2017년	2018년	2019년	2020년	2021년	2022년	2023년	2024년
캐나다	2.1	2.1	2.1	2.1	2.1	2.1	2.1	2.1	2.2
덴마크	–	2.5	2.7	2.7	2.8	2.9	3.0	3.1	3.2
프랑스	3.1	3.3	3.3	3.3	3.4	3.4	3.4	3.4	3.4
독일	–	3.1	3.3	3.3	3.3	3.4	3.4	3.4	3.5
그리스	3.4	3.9	4.3	4.4	4.6	4.8	4.9	5.0	5.4
헝가리	2.8	3.0	3.1	3.2	3.2	3.3	3.3	2.8	3.0
이탈리아	–	3.9	4.1	4.3	4.4	4.1	4.2	3.8	3.7
일본	1.7	–	1.9	–	2.0	–	2.0	–	2.1
대한민국	0.8	1.1	1.3	1.4	1.5	1.6	1.6	1.6	1.7
멕시코	1.0	1.7	1.6	1.5	1.5	1.6	1.7	1.8	1.9
네덜란드	2.5	–	3.2	3.3	3.4	3.5	3.6	3.7	3.8
뉴질랜드	1.9	2.1	2.2	2.2	2.1	2.2	2.2	2.1	2.3
노르웨이	–	2.8	2.9	3.0	3.4	3.4	3.5	3.7	3.8
영국	–	2.2	2.3	2.4	2.3	2.4	2.4	2.4	2.4

① 2023년 천 명당 활동 의사 수는 네덜란드가 가장 많은 나라에 비해 1.7명 적다.

② 천 명당 활동 의사 수를 의료서비스 지수로 볼 때, 가장 열악한 의료서비스 지수를 보인 나라는 멕시코이다.

③ 그리스의 천 명당 활동 의사 수는 영국보다 매년 두 배 이상 높은 수치를 보인다.

④ 2022년 천 명당 활동 의사 수가 가장 적은 나라는 대한민국이며, 가장 많은 나라는 그리스이다.

※ K공단에 근무하는 L사원은 준공무원에게도 음주운전에 대해 공무원과 같은 규정을 도입하게 된다는 소식을 들었다. 이어지는 질문에 답하시오. **[41~42]**

<규정>

• 관련 지침
  – 공무원이 음주운전을 하고 관계기관으로부터 음주운전 사실이 통보되었을 때는, 통보될 당시 직원이 소속된 기관의 장은 징계위원회를 개최해야 하며 징계위원회는 징계의결을 해야 한다.
  – 징계처분의 집행이 종료된 날로부터 일정기간이 경과하지 않은 사람은 승진임용의 대상이 되지 못한다(강등 24개월, 정직 18개월, 감봉 12개월, 견책 6개월).
• 공무원 복무 · 징계 관련 예규 : 음주운전자에 대한 처리기준

유형	처리기준
1. 단순음주운전(3회 이상)	중징계 의결
2. 면허취소(2회 이상)	
3. 면허취소 1회와 면허정지 2회 이상	
4. 음주운전으로 인적 · 물적피해를 발생시킨 후 필요한 조치를 취하지 않고 도주	
5. 음주운전으로 사망사고 발생	
6. 음주운전으로 인한 면허정지 · 취소 상태에서의 무면허 음주운전	
1. 음주측정 불응으로 벌금형 처벌을 받은 자	경징계 의결
2. 혈중알코올농도 0.05% 이상으로 확인된 자	
3. 면허취소 1회	

※ 경징계 : 견책, 감봉
※ 중징계 : 정직, 강등, 해임, 파면
※ 단순음주운전(혈중알코올농도 0.05% 이상인 상태에서 인적 · 물적사고 없이 운전한 것)으로 적발 시 혈중알코올농도 0.05% 이상 0.10% 미만의 경우는 면허정지 처벌을 받고, 0.10% 이상이면 면허가 취소된다.

41 다음 중 중징계 의결로 처리되는 경우가 아닌 것은?

① 사거리에서 하는 음주측정에 불응하여 벌금형을 받았다.
② 음주운전 중 가게 유리문을 부쉈지만 무시하고 도망갔다.
③ 음주운전으로 인도에 있는 학생을 치어 학생이 사망하였다.
④ 혈중알코올농도가 0.10% 이상인 상태로 두 번째 적발되었다.

42 다음은 A의 음주운전 사례이다. 이를 바탕으로 규정에 따라 처리하고자 할 때, 처벌받게 될 사항으로 옳은 것은?

〈사례〉

2025년 甲공공기관에서 근무 중인 A의 음주운전 사실이 통보되었다. A는 乙공공기관 근무 당시인 2024년 11월 30일 새벽 3시 20분경 본인의 승용차로 약 8km를 음주운전하던 중 적발되었다. 검사결과 혈중알코올 농도는 0.193%로 밝혀졌다. 당시 그는 준공무원 신분임을 속이고 무직 상태라고 진술하였다. A는 이전에 음주운전으로 적발된 적이 없었다.

① 乙공공기관장이 징계위원회를 개최해야 한다.
② A는 면허가 취소되어 정직을 받게 될 것이다.
③ A는 징계처리 이후 최소한 18개월간 승진임용대상이 되지 못한다.
④ A가 향후 단순음주운전으로 2회 이상 적발될 경우, 중징계 의결 대상이 될 것이다.

43 K공단은 11월 둘째 주(11월 8일 ~ 11월 12일) 중에 2회에 걸쳐 전 직원을 대상으로 '고객 개인정보 유출 방지'에 대한 교육을 지역 문화회관에서 진행하려고 한다. 다음 자료를 바탕으로 교육을 진행할 수 있는 요일과 시간대를 모두 고르면?(단, 교육은 1회당 3시간씩 진행된다)

〈문화회관 이용 가능 요일〉

구분	월요일	화요일	수요일	목요일	금요일
9시 ~ 12시	○	×	○	×	○
12시 ~ 13시	점심시간(운영 안 함)				
13시 ~ 17시	×	○	○	×	×

〈주간 주요 일정표〉

일정	내용
11월 8일 월요일	08:30 ~ 09:30 주간조회 및 부서별 회의 14:00 ~ 15:00 팀별 전략 회의
11월 9일 화요일	09:00 ~ 10:00 경쟁력 강화 회의
11월 10일 수요일	11:00 ~ 13:00 부서 점심 회식 17:00 ~ 18:00 팀 회식
11월 11일 목요일	15:00 ~ 16:00 경력사원 면접
11월 12일 금요일	특이사항 없음

※ 주요 일정이 있는 시간 이외에 문화회관 이용 시간과 일정 시간이 겹치지 않는다면 언제든지 교육을 받을 수 있다.

① 화요일 오전, 수요일 오후, 목요일 오전
② 화요일 오후, 수요일 오전, 금요일 오전
③ 수요일 오전, 수요일 오후, 금요일 오전
④ 화요일 오후, 수요일 오후, 금요일 오전

44 월요일부터 금요일까지 진료를 하는 의사는 다음 〈조건〉에 따라 진료일을 정한다. 의사가 목요일에 진료를 하지 않았다면, 월요일부터 금요일 중 진료한 날은 총 며칠인가?

---〈조건〉---
- 월요일에 진료를 하면 수요일에는 진료를 하지 않는다.
- 월요일에 진료를 하지 않으면 화요일이나 목요일에 진료를 한다.
- 화요일에 진료를 하면 금요일에는 진료를 하지 않는다.
- 수요일에 진료를 하지 않으면 목요일 또는 금요일에 진료를 한다.

① 0일   ② 1일
③ 2일   ④ 3일

45 A ~ D 4개의 밭이 나란히 있다. 첫 해에 A에는 장미, B에는 진달래, C에는 튤립을 심었고, D에는 아무 것도 심지 않았다. 그리고 2년 차에는 C에 아무 것도 심지 않기로 하였다. 〈조건〉이 다음과 같을 때, 3년 차에 가능한 조합은?

---〈조건〉---
- 한 밭에는 한 가지 꽃만 심는다.
- 심을 수 있는 꽃은 장미, 튤립, 진달래, 백합, 나팔꽃이다.
- 한 가지 꽃을 두 군데 이상 심으면 안 된다.
- 장미와 튤립을 인접해서 심으면 안 된다.
- 전 해에 장미를 심었던 밭에는 아무 것도 심지 않거나 진달래를 심고, 진달래를 심었던 밭에는 아무 것도 심지 않거나 장미를 심어야 한다(단, 아무 것도 심지 않았던 밭에는 그 전 해에 장미를 심었으면 진달래를, 진달래를 심었으면 장미를 심어야 한다).
- 매년 한 군데 밭에만 아무 것도 심지 않아야 한다.
- 각각의 밭은 4년에 한 번만 아무 것도 심지 않아야 한다.
- 전 해에 심지 않은 꽃 중 적어도 한 가지는 심어야 한다.
- 튤립은 2년에 1번씩 심어야 한다.

	A	B	C	D
①	심지 않음	진달래	튤립	심지 않음
②	심지 않음	진달래	나팔꽃	백합
③	장미	심지 않음	나팔꽃	튤립
④	장미	진달래	심지 않음	튤립

46 다음은 마우스 부품별 단가와 조립 소요시간, 필요 개수에 대한 자료이고, 마우스는 A ~ F 총 6개의 부품 중 3가지 부품으로 구성된다. 마우스를 최대한 비용과 시간을 절약하여 완성할 경우 A ~ F부품 중 〈조건〉에 부합하는 부품 구성으로 가장 적절한 것은?

<부품 한 개당 가격 및 시간>

부품	가격	시간	필요개수	부품	가격	시간	필요개수
A	20원	6분	3개	D	50원	11분 30초	2개
B	35원	7분	5개	E	80원	8분 30초	1개
C	33원	5분 30초	2개	F	90원	10분	2개

※ 시간은 필요개수 모두를 사용한 시간이다.

〈조건〉
- 완제품을 만들 때 부품의 총 가격이 가장 저렴해야 한다.
- 완제품을 만들 때 부품의 총 개수는 상관없다.
- 완제품을 만들 때 총소요시간이 25분 미만으로 한다.
- 총 가격 차액이 100원 미만일 경우 총 소요시간이 가장 짧은 구성을 택한다.

① A, B, E
② A, C, D
③ B, C, E
④ B, D, F

47 모스크바 지사에서 일하고 있는 A대리는 밴쿠버 지사와의 업무협조를 위해 4월 22일 오전 10시 15분에 밴쿠버 지사로 업무협조 메일을 보냈다. 밴쿠버 지사에서 가장 빠르게 메일을 읽었을 때, 다음 〈조건〉을 토대로 모스크바의 시각은?

〈조건〉
- 밴쿠버는 모스크바보다 10시간이 늦다.
- 밴쿠버 지사의 업무시간은 오전 10시부터 오후 6시까지다.
- 밴쿠버 지사에서는 4월 22일 오전 10시부터 15분간 전력 점검이 있었다.

① 4월 22일 오전 10시 15분
② 4월 23일 오전 10시 15분
③ 4월 22일 오후 8시 15분
④ 4월 23일 오후 8시 15분

48 9층 건물의 지하에서 출발한 엘리베이터에 타고 있던 A∼I 아홉 명은 다음 〈조건〉에 따라 1층부터 9층까지 각각 다른 층에 내렸다. 다음 중 짝수 층에 내리지 않은 사람은?

─────────────〈조건〉─────────────
- D는 F보다 빨리 내렸고, A보다는 늦게 내렸다.
- H는 홀수 층에 내렸다.
- C는 3층에 내렸다.
- G는 C보다 늦게 내렸고, B보다 빨리 내렸다.
- B는 C보다 3층 후에 내렸고, F보다는 1층 전에 내렸다.
- I는 D보다 늦게 내렸고, G보다는 일찍 내렸다.

① B
③ E

② D
④ G

49 다음 〈조건〉에 따라 은행의 업무처리가 진행된다고 할 때, 대기자를 순서대로 바르게 나열한 것은?

─────────────〈조건〉─────────────
- 예금 대기 순번과 공과금 대기 순번은 별개로 카운트된다.
- 1인당 업무 처리 시간은 모두 동일하게 주어진다.
- 예금 창구에서는 2번 대기자가 업무를 보고 있다.
- 공과금 창구에서는 3번 대기자가 업무를 보고 있다.
- A는 예금 업무를 보려고 한다.
- A보다 B, D가 늦게 발권하였다.
- B의 다음 대기자는 C이다.
- D는 예금 업무를 보려고 한다.
- A가 발권한 대기번호는 6번이다.
- B가 발권한 대기번호는 4번이다.
- E가 발권한 대기번호는 5번이다.

① A – B – C – D – E
③ B – E – A – C – D

② B – C – E – A – D
④ E – A – D – B – C

※ 김대리는 사내 메신저의 보안을 위해 암호화 규칙을 만들어 동료들과 대화하기로 하였다. 이어지는 질문에
답하시오. [50~51]

〈암호화 규칙〉

• 한글 자음은 사전 순서에 따라 바로 뒤의 한글 자음으로 변환한다.
  예 ㄱ → ㄴ ⋯ ㅎ → ㄱ
• 쌍자음의 경우 자음 두 개로 풀어 표기한다.
  예 ㄲ → ㄴㄴ
• 한글 모음은 사전 순서에 따라 알파벳 a, b, c, ⋯으로 변환한다.
  예 ㅏ → a, ㅐ → b⋯ ㅢ → t, ㅣ → u
• 겹받침의 경우 풀어 표기한다.
  예 맑다 → ㅂaㅁㄴㄹa
• 공백은 0으로 표현한다.

---

50 김대리가 메신저를 통해 오늘 점심 메뉴로 'ㄴuㅂㅋuㅊㅊuㄴb'를 먹자고 했을 때, 다음 중 김대리가 말한
메뉴는 무엇인가?

① 김치김밥   ② 김치찌개
③ 계란말이   ④ 된장찌개

51 김대리는 이번 주 금요일의 사내 워크숍에서 사용할 조별 구호를 '존중과 배려'로 결정하였고, 메신저를
통해 조원들에게 알리려고 한다. 다음 중 김대리가 전달할 구호를 암호화 규칙에 따라 바르게 변환한 것은?

① ㅊiㄷㅊuㅈㄴjㅅbㅁg
② ㅊiㄷㅊnㅈㄴjㅅbㅁg
③ ㅊiㄷㅊnㅈㄴj0ㅅbㅁg
④ ㅊiㄷㅊnㅈㄴia0ㅅbㅁg

52 음료수를 생산하는 K회사는 음료수를 생산하기 위한 SWOT 분석을 실시하기 위해 다음과 같이 조직 환경을 분석하였다. 다음 중 SWOT 분석의 정의에 따라 분석결과를 바르게 분류한 것은?

〈K회사의 음료수 생산을 위한 SWOT 분석결과〉

ⓐ 생수시장 및 기능성 음료 시장의 급속한 성장

ⓑ 확고한 유통망(유통채널상의 지배력이 크다)

ⓒ 새로운 시장모색의 부족

ⓓ 경기 회복으로 인한 수요의 회복 추세

ⓔ 무역자유화(유통시장 개방, 다국적 기업의 국내진출)

ⓕ 종합식품업체의 음료시장 잠식

ⓖ 짧은 제품주기(마케팅 비용의 증가)

ⓗ 지구온난화 현상(음료 소비 증가)

ⓘ 과다한 고정·재고비율로 인한 유동성 하락

ⓙ 계절에 따른 불규칙한 수요

ⓚ 대형할인점의 등장으로 인한 가격인하 압박 증가

ⓛ 매출액 대비 경상이익률의 계속적인 증가

ⓜ 국내 브랜드로서의 확고한 이미지

ⓝ 합병으로 인해 기업 유연성의 하락

ⓞ 주력 소수 제품에 대한 매출의존도 심각(탄산, 주스 음료가 많은 비중 차지)

ⓟ 경쟁업체에 비해 취약한 마케팅능력과 홍보력

---

① 강점(S) : ⓑ, ⓓ, ⓗ
　약점(W) : ⓒ, ⓔ, ⓘ, ⓝ, ⓟ
　기회(O) : ⓐ, ⓛ, ⓜ
　위협(T) : ⓕ, ⓖ, ⓙ, ⓞ, ⓚ

② 강점(S) : ⓑ, ⓛ, ⓜ
　약점(W) : ⓒ, ⓘ, ⓝ, ⓞ, ⓟ
　기회(O) : ⓐ, ⓓ, ⓗ
　위협(T) : ⓔ, ⓕ, ⓖ, ⓙ, ⓚ

③ 강점(S) : ⓐ, ⓛ, ⓜ
　약점(W) : ⓒ, ⓔ, ⓘ, ⓝ
　기회(O) : ⓑ, ⓓ, ⓗ
　위협(T) : ⓕ, ⓖ, ⓙ, ⓞ, ⓟ, ⓚ

④ 강점(S) : ⓑ, ⓛ, ⓜ
　약점(W) : ⓔ, ⓕ, ⓖ, ⓙ, ⓝ
　기회(O) : ⓐ, ⓓ, ⓗ
　위협(T) : ⓒ, ⓘ, ⓞ, ⓟ, ⓚ

53 K빌딩의 경비원 김갑돌 씨와 이을동 씨 중 김갑돌 씨는 청력이 좋지 않아 특정 날씨 조건에 따라 '삼'과 '천'을 바꾸어 알아듣는다. 예를 들면 '301호'를 '천일호'로, '1101호'를 '삼백일호'라고 알아듣는다. 한편 이 빌딩 ○○○호 직원은 전화 통화로 경비원에게 맡겨진 자신의 물건을 가져다 줄 것을 부탁하였다. 11월 1일에서 11월 7일까지의 상황이 다음과 같다고 할 때, 경비원 김갑돌 씨와 이을동 씨가 7일간 301호와 1101호에 전달한 내용물을 바르게 나열한 것은?

〈통화 내용〉

○○○호 직원 : 여기 ○○○호 직원인데요. 관리실에 맡겨져 있는 △△(주인과 호수가 표시되어 있지 않음)을 저희 사무실에 갖다 주시면 고맙겠습니다.

경비원 : 알겠습니다.

〈상황〉

• 근무 일정 및 날씨

일자 / 날씨	11월 1일 / 종일 맑음	11월 2일 / 종일 비	11월 3일 / 종일 맑음	11월 4일 / 종일 맑음	11월 5일 / 종일 맑음	11월 6일 / 종일 흐림	11월 7일 / 종일 비
근무자	김갑돌	이을동	김갑돌	이을동	김갑돌	이을동	김갑돌
발신자	1101호 직원	1101호 직원	–	–	301호 직원	301호 직원	–
요청사항	천 묶음 전달	삼 묶음 전달	–	–	천백 원 봉투 전달	삼백 원 봉투 전달	–

• 김갑돌 씨와 이을동 씨는 1일씩 근무하고 자정에 교대한다.
• 이 경비실에는 상기 기간 동안 천 2묶음, 삼 2묶음, 천백 원 봉투 2개, 삼백 원 봉투 2개가 맡겨져 있다.
• 청력 상태
  – 김갑돌 : 날씨가 맑지 않으면 위와 같이 '삼'과 '천'을 바꾸어 알아듣는다.
  – 이을동 : 날씨에 아무런 영향을 받지 않고, 정상적으로 알아듣는다.
• 특이사항 : 이을동 씨는 11월 2일에 전화받은 내용을 미처 실행에 옮기지 못하여 김갑돌 씨에게 교대하기 10분 전에 "삼 묶음을 1101호에 내일 전달해 주세요."라고 말하였고, 김갑돌 씨는 알아들었다고 했다.

	301호	1101호
①	천 묶음, 천백 원 봉투, 삼백 원 봉투	천 묶음
②	삼 묶음, 천 묶음	삼백 원 봉투, 천백 원 봉투
③	천 묶음, 삼백 원 봉투	천 묶음, 삼 묶음
④	삼백 원 봉투, 천백 원 봉투	천 묶음, 삼백 원 봉투

※ 다음은 건강보험 진료비에서의 본인부담률 및 부담액에 대한 자료이다. 이어지는 질문에 답하시오. [54~55]

〈입원진료 시 본인부담률 및 부담액〉

구분	본인일부부담률 및 부담액	
	요양급여비용총액	식대총액
일반 환자	요양급여비용총액의 20%	식대총액(기본식대＋가산식대)의 50%
15세 이하(신생아 제외)	요양급여비용총액의 5%	
신생아(28일 이내)	면제	
자연분만		
고위험 임신부	요양급여비용총액의 10%	
제왕절개분만	요양급여비용총액의 5%	
신체기능저하군(요양병원 해당)	요양급여비용총액의 40%	
뇌사자 장기기증	면제	면제

〈병원급 외래진료 시 본인부담률 및 부담액〉

소재지	환자구분	본인일부부담률 및 부담액
동지역	일반 환자	(일반) 요양급여비용총액의 40% (임신부) 요양급여비용총액의 20% (1세 미만) 요양급여비용총액의 10%
	의약분업 예외환자	(일반) 약값 총액의 30%＋나머지 요양급여비용의 40% (임신부) 약값 총액의 30%＋나머지 요양급여비용의 20% (1세 미만) 약값 총액의 21%＋나머지 요양급여비용의 10%
읍·면 지역	일반 환자	(일반) 요양급여비용총액의 35% (임신부) 요양급여비용총액의 20% (1세 미만) 요양급여비용총액의 10%
	의약분업 예외환자	(일반) 약값 총액의 30%＋나머지 요양급여비용의 35% (임신부) 약값 총액의 30%＋나머지 요양급여비용의 20% (1세 미만) 약값 총액의 21%＋나머지 요양급여비용의 10%

54 부림동에 사는 A씨는 딸이 횡단보도에서 교통사고를 당해 20일간 입원한 딸의 병간호를 하였고, 퇴원 후 부림동에 있는 병원에서 외래진료를 15번 받았다. 일반 환자이고 15세인 딸의 하루 입원비와 외래진료비는 각각 4만 원, 2만 원이며, 식대는 한 끼에 4,500원이었을 때, A씨가 지불해야 하는 딸의 부담액은 총 얼마인가?(단, 입원진료 시 식대는 하루에 3번이다)

① 321,000원　　　　　　　　　　② 310,000원
③ 305,000원　　　　　　　　　　④ 295,000원

55 다음 〈보기〉에서 외래진료 시 부담액이 높은 순서대로 바르게 나열한 것은?

─〈보기〉─

ㄱ. 일반 의약분업 예외환자로 ○○동 소재지 병원에서 약값 총액은 5만 원, 나머지 비용은 3만 원이었다.

ㄴ. △△읍 병원에서 임신부 일반 환자로 약값은 없고, 진료비가 5만 원이었다.

ㄷ. 1세 미만 일반 환자는 □□동에 있는 병원에 진료비로 2만 원을 지불하고 약값은 6만 원이었다.

ㄹ. ◇◇면 병원에 1세 미만 의약분업 예외환자는 약값이 총 20만 원이며, 나머지는 7만 원을 지불하였다.

① ㄱ－ㄴ－ㄷ－ㄹ
② ㄱ－ㄹ－ㄴ－ㄷ
③ ㄴ－ㄷ－ㄱ－ㄹ
④ ㄹ－ㄱ－ㄴ－ㄷ

56 다음은 K기업의 국토정보 유지관리사업에 대한 SWOT 분석결과이다. 이에 대한 판단으로 적절하지 않은 것을 〈보기〉에서 모두 고르면?

〈K기업의 국토정보 유지관리사업에 대한 SWOT 분석결과〉

구분	분석결과
강점(Strength)	• 도로명주소 서비스의 정확성 개선사업을 통한 국토정보 유지관리사업 추진 경험 • 위치기반 생활지원 서비스인 '랜디랑'의 성공적 구축
약점(Weakness)	• 국토정보 수집 관련 기기 및 설비 운용인력의 부족 • 공공수요에 편중된 국토정보 활용
기회(Opportunity)	• 국토정보체계 표준화에 성공한 해외 기관과의 지원협력 기회 마련
위협(Threat)	• 드론 조종사 양성을 위한 예산 확보 어려움

─〈보기〉─

㉠ 유지관리사업 추진 노하우를 해외 기관에 제공하고 이를 더욱 개선하기 위해 국내에서 예산을 확보하는 것은 SO전략에 해당한다.

㉡ 랜디랑의 성공적 구축 사례를 활용해 드론 운용사업의 잠재성을 강조하여 드론 조종사 양성 예산을 확보해 내는 것은 ST전략에 해당한다.

㉢ 해외 기관과의 협력을 통해 국토정보 유지관리사업을 개선하는 것은 WO전략에 해당한다.

㉣ 드론 조종사 양성을 위한 예산을 확보하여 기기 운용인력을 확충하기 위해 노력하는 것은 WT전략에 해당한다.

① ㉠, ㉡
② ㉠, ㉢
③ ㉡, ㉢
④ ㉡, ㉣

※ 24시간 가동체계를 갖춘 A종합병원의 K간호부장은 '간호인력 운용 합리화 계획'을 세우고자 한다. 다음 자료를 참고하여 이어지는 질문에 답하시오. [57~58]

〈시간대별 소요 간호인력 수〉

시간대(시)	2 ~ 6시	6 ~ 10시	10 ~ 14시	14 ~ 18시	18 ~ 22시	22 ~ 2시
소요인력(명)	5	20	30	15	50	10

〈근무 수칙〉

1) 간호인력은 휴게 시간을 포함하여 8시간 동안 연속으로 근무한다.
2) A종합병원 간호인력은 8시간씩 교대한다.
3) 교대 시 인수인계 시간은 고려하지 않는다.

57 K간호부장이 시간대별 소요 간호인력 수에 따라 포트폴리오를 구성할 경우, 필요한 최소 간호인력 수는 몇 명인가?

① 75명   ② 85명
③ 95명   ④ 105명

58 A종합병원은 야간 시간대에 중환자 및 응급환자의 수요가 증가함에 따라 2 ~ 6시 시간대의 필요 간호인력을 20명으로 확충하기로 하였다. 이때, 필요한 최소 간호인력 수는 몇 명인가?

① 85명   ② 100명
③ 110명   ④ 125명

※ A사원은 그 날의 날씨와 평균기온을 고려하여 〈조건〉에 따라 자신이 마실 음료를 고른다. 다음은 음료의 메뉴판과 이번 주 일기예보이다. 이어지는 질문에 답하시오. [59~60]

〈메뉴판〉

(단위 : 원)

커피류			차 및 에이드류		
구분	작은 컵	큰 컵	구분	작은 컵	큰 컵
아메리카노	3,900	4,300	자몽에이드	4,200	4,700
카페라테	4,400	4,800	레몬에이드	4,300	4,800
바닐라라테	4,600	5,000	자두에이드	4,500	4,900
카페모카	5,000	5,400	밀크티	4,300	4,800

〈이번 주 일기예보〉

구분	8월 22일 일요일	8월 23일 월요일	8월 24일 화요일	8월 25일 수요일	8월 26일 목요일	8월 27일 금요일	8월 28일 토요일
날씨	흐림	맑음	맑음	흐림	비	비	맑음
평균기온	24℃	26℃	28℃	27℃	27℃	25℃	26℃

───〈조건〉───

- A사원은 맑거나 흐린 날에는 차 및 에이드류를 마시고, 비가 오는 날에는 커피류를 마신다.
- 평균기온이 26℃ 미만인 날에는 작은 컵으로, 26℃ 이상인 날은 큰 컵으로 마신다.
- 커피를 마시는 날 중 평균기온이 25℃ 미만인 날은 아메리카노를, 25℃ 이상이면서 27℃ 미만인 날은 바닐라라테를, 27℃인 날은 카페라테를, 28℃ 이상인 날은 카페모카를 마신다.
- 차 및 에이드류를 마시는 날 중 평균기온이 27℃ 미만인 날은 자몽에이드를, 27℃ 이상인 날은 자두에이드를 마신다. 단, 비가 오지 않는 화요일과 목요일에는 반드시 밀크티를 마신다.

59 오늘이 8월 26일이라고 할 때, 〈조건〉에 따라 A사원이 오늘 마실 음료는?

① 아메리카노 큰 컵
② 카페라테 큰 컵
③ 바닐라라테 작은 컵
④ 자두에이드 작은 컵

60 A사원은 24일에 직장동료인 B사원에게 음료를 사주고자 한다. A사원은 〈조건〉에 따라 음료를 고르고, B사원에게는 자신이 전날 마신 음료와 같은 종류의 음료를 사준다고 할 때, A사원이 음료 두 잔을 주문하며 지불할 금액은 얼마인가?

① 9,000원
② 9,200원
③ 9,500원
④ 9,700원

| 01 | 국민건강보험법

61 다음 중 국민건강보험료에 대한 설명으로 옳지 않은 것은?

① 직장가입자가 사립학교의 교직원인 경우 국가가 보수월액보험료의 일부를 부담한다.

② 직장가입자가 근로자인 경우 사업주가 보수월액보험료의 50%를 부담한다.

③ 직장가입자의 보수 외 소득월액보험료는 직장가입자가 부담한다.

④ 지역가입자의 보험료는 세대주가 부담한다.

62 다음 중 건강보험 가입자에 대한 설명으로 옳은 것은?

① 지역가입자는 가입자 중 직장가입자와 그 피부양자를 제외한 자를 말한다.

② 병역법에 따른 현역병도 직장가입자에 해당한다.

③ 고용 기간이 1개월 미만인 일용근로자도 직장가입자에 해당한다.

④ 선거에 당선되어 취임하는 공무원으로서 매월 보수 또는 보수에 준하는 급료를 받지 아니하는 사람도 직장가입자에 해당한다.

63 다음 중 가입자의 자격 변동 시기에 대한 설명으로 옳지 않은 것은?

① 지역가입자가 교직원으로 사용된 날에 그 자격이 변동된다.

② 지역가입자가 적용대상사업장의 사용자로 된 날에 그 자격이 변동된다.

③ 직장가입자인 근로자가 그 사용관계가 끝난 날의 다음 날에 그 자격이 변동된다.

④ 직장가입자가 다른 적용대상사업장의 사용자가 된 날로부터 7일 후에 그 자격이 변동된다.

64 가입 자격을 상실한 지역가입자의 세대주는 그 명세를 며칠 이내에 보험자에게 신고해야 하는가?

① 7일

② 14일

③ 20일

④ 30일

65 다음 중 국민건강보험공단의 정관에 필수적으로 기재해야 하는 사항이 아닌 것은?

① 임원추천위원회 운영규정

② 예산 및 결산에 관한 사항

③ 자산 및 회계에 관한 사항

④ 재정운영위원회에 관한 사항

66 다음 중 국민건강보험공단의 비상임이사를 추천하는 단체에 포함되지 않는 것은?

① 소비자단체   ② 사용자단체

③ 자영업자단체   ④ 농어업인단체

67 다음 중 국민건강보험공단의 회계와 예산 등 재정 운영에 대한 설명으로 옳지 않은 것은?

① 공단은 직장가입자와 지역가입자의 재정을 분리해 별도로 운영한다.

② 공단은 회계연도마다 예산안을 편성해 이사회의 의결 후에 보건복지부장관의 승인을 받아야 한다.

③ 공단이 현금이 부족해 1년 이상의 장기로 차입하는 경우에는 보건복지부장관의 승인을 받아야 한다.

④ 공단은 징수위탁근거법의 위탁에 따른 국민연금사업에 관한 회계를 공단의 다른 회계와 구분해 회계처리 해야 한다.

68 다음 중 가입자가 본인일부부담금 외에 부담한 비용이 요양급여 대상에서 제외되는 비용인지 확인해줄 것을 요청할 수 있는 대상은 누구인가?

① 보건복지부장관

② 건강보험심사평가원

③ 국민건강보험공단 이사장

④ 국민건강보험공단 재정운용위원회

69 다음 중 빈칸 ㉠, ㉡에 들어갈 내용을 순서대로 바르게 나열한 것은?

> 보건복지부장관은 요양급여비용의 상한금액이 감액된 약제가 감액된 날부터 ___㉠___의 범위에서 대통령령으로 정하는 기간 내에 다시 약사법에 따른 의약품 등의 판매 질서의 위반과 관련된 경우에는 해당 약제에 대하여 ___㉡___의 범위에서 기간을 정해 요양급여의 적용을 정지할 수 있다.

	㉠	㉡
①	3년	1년
②	3년	3년
③	5년	1년
④	5년	3년

70 다음 중 요양급여비용과 요양기관에 대한 설명으로 옳지 않은 것은?

① 요양급여비용 대상에는 환자의 간호와 이송에 소요된 비용이 포함된다.
② 상급종합병원에 대해서는 요양급여의 절차 및 요양급여비용을 다른 요양기관과 다르게 할 수 있다.
③ 농어촌에 설치된 보건진료소, 한국희귀·필수의약품센터 등은 요양급여를 실시하는 요양기관에 포함된다.
④ 효율적인 요양급여를 위해 시설·장비·인력 및 진료과목 등의 기준에 해당하는 요양기관은 전문요양기관으로 인정받을 수 있다.

71 다음 글의 빈칸 ㉠, ㉡에 들어갈 내용을 순서대로 바르게 나열한 것은?

> 보험급여를 하지 아니하는 기간에 받은 보험급여는 공단이 급여제한기간에 보험급여를 받은 사실이 있음을 가입자에게 통지한 날부터 ___㉠___이 지난 날이 속한 달의 납부기한 이내에 체납된 보험료를 완납한 경우 또는 공단이 급여제한기간에 보험급여를 받은 사실이 있음을 가입자에게 통지한 날부터 2개월이 지난 날이 속한 달의 납부기한 이내에 분할납부 승인을 받은 체납보험료를 ___㉡___ 이상 낸 경우에만 보험급여로 인정한다.

	㉠	㉡
①	2개월	1회
②	2개월	3회
③	3개월	1회
④	3개월	3회

72 건강보험심사평가원의 원장과 감사의 임기는 각각 몇 년인가?

　　　원장　　감사
① 2년　　3년
② 2년　　2년
③ 3년　　3년
④ 3년　　2년

73 다음 중 국민건강보험료의 산정에 대한 설명으로 옳지 않은 것은?

① 직장가입자의 보수월액보험료는 보수월액에 보험료율을 곱하여 얻은 금액으로 산정한다.
② 월별 보험료액은 가입자의 보험료 평균액의 일정 비율에 해당하는 금액을 고려해 상한 및 하한을 정한다.
③ 보수는 근로자 등이 근로를 제공하고 사용자로부터 지급받는 금품(실비변상적인 성격을 갖는 금품은 제외한다)을 뜻한다.
④ 휴직 등의 사유로 보수의 전부 또는 일부가 지급되지 않는 가입자의 보수월액보험료는 해당 사유가 생기기 3개월 전의 보수월액을 기준으로 산정한다.

74 다음 〈보기〉에서 보건복지부장관이 보험료 부과제도에 대한 적정성을 평가할 때, 고려해야 하는 사항은 모두 몇 개인가?

┌─────────────────〈보기〉─────────────────┐
ㄱ 국민건강보험공단의 소득 관련 자료 보유 현황
ㄴ 인정기준 및 산정기준의 조정으로 인한 보험료 변동
ㄷ 심의위원회가 심의한 가입자의 소득 파악 현황 및 개선방안
ㄹ 직장가입자에게 부과되는 보험료와 지역가입자에게 부과되는 보험료 간 형평성
ㅁ 소득세법에 따른 종합소득 과세 현황. 여기서 종합소득은 종합과세되는 종합소득만을 포함하며, 분리과세되는 종합소득은 포함하지 않는다.
ㅂ 적정성 평가의 절차, 방법 및 그 밖에 적정성 평가를 위하여 필요한 사항은 보건복지부령으로 정한다.
└──────────────────────────────────────┘

① 2개　　　　　　　　　　　② 3개
③ 4개　　　　　　　　　　　④ 5개

75 다음 중 빈칸 ㉠, ㉡에 들어갈 내용을 순서대로 바르게 나열한 것은?

> • 직장가입자의 보수월액보험료는 ____㉠____ 가 납부한다.
> • 직장가입자의 보수 외 소득월액보험료는 ____㉡____ 가 납부한다.

	㉠	㉡
①	직장가입자	사용자
②	사용자	직장가입자
③	사용자	지방자치단체
④	직장가입자	지방자치단체

76 다음 중 보험료 등의 충당, 환급 등에 대한 설명으로 옳지 않은 것은?

① 충당하고 남은 금액이 있으면 납부의무자에게 환급하여야 한다.
② 과오납급을 환급할 경우에는 이자를 가산하지 않는다.
③ 납부의무자가 보험료 등으로 낸 금액 중 과오납부한 금액이 있으면 그 과오납금을 보험료 등에 우선 충당한다.
④ 납부의무자가 체납처분비로 낸 금액 중 과오납부한 금액이 있으면 그 과오납금을 연체금 또는 체납처분비에 우선 충당한다.

77 다음 중 자료의 제공 등에 대한 설명으로 옳지 않은 것은?

① 건강보험심사평가원이 국가나 지방자치단체로부터 자료를 제공받을 경우에는 제공하는 자료에 대한 사용료를 지급해야 한다.
② 국민건강보험공단이 요양기관이나 보험료율 산출 기관으로부터 자료를 제공받을 경우에는 제공하는 자료에 대한 수수료를 면제한다.
③ 건강보험심사평가원은 보험회사에 자료의 제공을 요청하는 경우 자료 제공 대상기간, 자료 제공 기한 등이 적힌 자료제공요청서를 발송해야 한다.
④ 국민건강보험공단은 징수위탁근거법에 따라 위탁받은 업무의 수행을 위해 국가 및 지방자치단체에 주민등록·가족관계등록 등의 자료를 요청할 수 있다.

※ 다음은 연체금의 징수에 대한 설명이다. 이어지는 질문에 답하시오. **[78~80]**

국민건강보험공단은 보험료 등의 납부의무자가 체납된 보험료 등을 내지 아니하면 납부기한 후 ___@___ 이 지난 날부
터 매 ___ⓑ___ 이 경과할 때마다 다음 ㉠, ㉡에 해당하는 연체금을 국민건강보험법 제80조 제1항에 따른 연체금에
더하여 징수한다.
㉠ 보험료 또는 보험급여 제한 기간 중 받은 보험급여에 대한 징수금을 체납한 경우 : 해당 체납금액의 ___ⓒ___ 에
해당하는 금액. 이 경우 연체금은 해당 체납금액의 ___ⓓ___ 을 넘지 못한다.
㉡ 위 ㉠ 외에 국민건강보험법에 따른 징수금을 체납한 경우 : 해당 체납금액의 ___ⓔ___ 에 해당하는 금액. 이 경우
연체금은 해당 체납금액의 ___ⓕ___ 을 넘지 못한다.

78 다음 글의 빈칸 ⓐ, ⓑ에 들어갈 내용을 순서대로 바르게 나열한 것은?

	ⓐ	ⓑ
①	15일	3일
②	15일	1일
③	30일	3일
④	30일	1일

79 다음 설명의 ⓒ, ⓓ에 들어갈 숫자를 순서대로 바르게 나열한 것은?

	ⓒ	ⓓ
①	6,000분의 1	1,000분의 50
②	6,000분의 1	1,000분의 100
③	3,000분의 1	1,000분의 50
④	3,000분의 1	1,000분의 100

80 다음 설명의 ⓔ, ⓕ에 들어갈 숫자를 더하면 얼마인가?

① $\dfrac{136}{1,500}$ 　　　　② $\dfrac{271}{1,500}$

③ $\dfrac{271}{3,000}$ 　　　　④ $\dfrac{541}{3,000}$

61 다음 중 공단 및 장기요양기관이 전자매체 또는 전자문서교환방식을 이용하지 않아도 되는 것은?

① 장기요양기관의 지정신청　　　　② 재가 · 시설 급여비용의 청구
③ 장기요양기관의 재무　　　　　　④ 장기요양기관의 인력정보

62 다음 중 장기요양기본계획에 대한 설명으로 옳지 않은 것은?

① 장기요양기본계획은 특별자치시장 · 특별자치도지사 · 시장 · 군수 · 구청장이 수립 · 시행한다.
② 장기요양기본계획은 노인 등에 대한 장기요양급여를 원활하게 제공하기 위하여 수립 · 시행한다.
③ 장기요양기본계획은 5년 단위로 수립 · 시행한다.
④ 장기요양기본계획에는 연도별 장기요양급여 대상인원 및 재원조달 계획 등의 사항이 포함된다.

63 다음 〈보기〉에서 국가 및 지방자치단체의 책무에 대한 설명으로 옳지 않은 것을 모두 고르면?

―――――〈보기〉―――――
⊙ 국민건강보험공단과 달리 지방자치단체는 노인성질환예방사업을 실시할 수 없다.
ⓒ 국가는 노인성질환예방사업을 수행하는 국민건강보험공단에 대해 이에 소요되는 비용을 지원할 수 있다.
ⓒ 지방자치단체는 장기요양급여의 원활한 제공을 위해 국민건강보험공단을 행정적 · 재정적으로 지원할 수 있다.
ⓔ 지방자치단체는 지역특성 등을 고려해 장기요양급여가 원활하게 제공될 수 있도록 적정한 수의 장기요양기관을 확충해야 한다.

① ㉠　　　　　　　　　　　　　　② ㉡
③ ㉡, ㉢　　　　　　　　　　　　④ ㉢, ㉣

64 보건복지부장관이 장기요양사업의 실태를 파악하기 위해 정기적으로 실시하는 실태조사의 시행 주기는 몇 년인가?

① 1년　　　　　　　　　　　　　　② 2년
③ 3년　　　　　　　　　　　　　　④ 5년

65 다음 〈보기〉에서 국민보험공단이 장기요양인정서를 작성할 경우 장기요양급여의 종류 및 내용을 정할 때, 고려해야 할 사항을 모두 고르면?

---〈보기〉---

㉠ 장기요양등급의 변경절차
㉡ 수급자와 그 가족의 욕구 및 선택
㉢ 수급자의 장기요양등급 및 생활환경
㉣ 시설급여를 제공하는 경우 장기요양기관이 운영하는 시설 현황

---

① ㉠, ㉡
② ㉠, ㉡, ㉣
③ ㉠, ㉢, ㉣
④ ㉡, ㉢, ㉣

66 다음 중 장기요양급여의 종류에 대한 설명으로 옳지 않은 것은?

① 방문요양은 장기요양요원이 수급자의 가정 등을 방문해 신체활동 및 가사활동 등을 지원하는 장기요양급여를 뜻한다.

② 방문목욕은 장기요양요원이 목욕설비를 갖춘 장비를 이용해 수급자의 가정 등을 방문해 목욕을 제공하는 장기요양급여를 뜻한다.

③ 방문간호는 장기요양요원인 간호사 등이 방문간호지시서에 따라 수급자의 가정 등을 방문해 간호, 진료의 보조, 요양에 관한 상담 또는 구강위생 등을 제공하는 장기요양급여를 뜻한다.

④ 주·야간보호는 수급자를 보건복지부령으로 정하는 범위 안에서 일정 기간 동안 장기요양기관에 보호해 신체활동 지원 및 심신기능의 유지·향상을 위한 교육·훈련 등을 제공하는 장기요양급여를 뜻한다.

67 다음 중 장기요양기관 지정의 갱신에 대한 설명으로 옳지 않은 것은?

① 장기요양기관 지정을 유지하려면 지정 유효기간이 끝나기 180일 전까지 지정 갱신을 신청해야 한다.

② 위 ①에서 신청 대상은 소재지를 관할구역으로 하는 특별자치시장·특별자치도지사·시장·군수·구청장이다.

③ 지정 갱신이 지정 유효기간 내에 완료되지 못한 경우에는 심사 결정이 이루어질 때까지 지정이 유효한 것으로 본다.

④ 지정 갱신 신청을 받은 기관의 장은 장기요양기관에 추가자료의 제출을 요구하거나 소속 공무원으로 하여금 현장심사를 하게 할 수 있다.

68 다음 중 빈칸에 공통으로 들어갈 내용으로 옳은 것은?

> • 장기요양기관 중 대통령령으로 정하는 기관을 운영하는 자와 그 종사자는 _____에 관한 교육을 받아야 한다.
> • 장기요양기관 중 대통령령으로 정하는 기관을 운영하는 자는 해당 기관을 이용하고 있는 장기요양급여 수급자에게 _____교육을 실시할 수 있다.

① 인권   ② 보건
③ 재활   ④ 치매

69 다음 중 장기요양요원의 보호에 대한 설명으로 옳지 않은 것은?

① 수급자의 가족이 장기요양요원에게 폭언을 하는 경우에 장기요양기관의 장은 장기요양요원의 업무를 전환할 수 있다.
② 수급자가 장기요양요원에게 성희롱 행위를 하는 경우에 장기요양기관의 장은 장기요양요원의 업무를 전환할 수 있다.
③ 수급자가 장기요양요원에게 수급자의 가족만을 위한 행위를 제공해 줄 것을 요구하는 경우에 장기요양기관의 장은 장기요양요원의 업무를 전환할 수 있다.
④ 수급자의 가족이 장기요양요원에게 그 가족의 생업을 지원하는 행위를 제공해 줄 것을 요구하는 경우에 장기요양기관의 장은 장기요양요원의 업무를 전환할 수 없다.

70 다음 글의 빈칸에 들어갈 기간으로 옳은 것은?

> 특별자치시장·특별자치도지사·시장·군수·구청장은 장기요양기관의 종사자가 거짓으로 시설급여비용을 청구하는 행위에 가담하면 해당 종사자가 장기요양급여를 제공하는 것을 _____의 범위에서 제한할 수 있다.

① 1년   ② 2년
③ 3년   ④ 5년

71 장기요양등급판정위원회 위원 중 공무원이 아닌 위원은 몇 차례까지 연임이 가능한가?

① 한 차례   ② 두 차례

③ 세 차례   ④ 제한 없음

72 다음 글의 빈칸에 들어갈 내용으로 옳은 것은?

> 의료급여법에 따른 의료급여 수급권자는 본인부담금의 _____의 범위에서 보건복지부장관이 정하는 바에 따라 차등해 감경할 수 있다.

① 100분의 20   ② 100분의 30

③ 100분의 60   ④ 100분의 80

73 다음 〈보기〉에서 장기요양사업의 관리운영기관의 정관에 포함될 사항을 모두 고르면?

> ──────〈보기〉──────
> ㉠ 장기요양급여
> ㉡ 장기요양보험료
> ㉢ 장기요양사업에 관한 예산 및 결산

① ㉡   ② ㉠, ㉡

③ ㉡, ㉢   ④ ㉠, ㉡, ㉢

74 다음 중 빈칸에 들어갈 내용으로 옳은 것은?

> 장기요양인정·장기요양등급·장기요양급여·부당이득·장기요양급여비용 등에 관한 국민건강보험공단의 처분에 이의가 있는 자는 _____에(게) 심사청구를 할 수 있다.

① 대통령   ② 보건복지부

③ 국민건강보험공단   ④ 관할 지방자치단체

75 다음 중 빈칸에 공통으로 들어갈 내용으로 옳은 것은?

> • 장기요양재심사위원회의 재심사에 관한 절차에 관하여는 ＿＿＿＿＿을 준용한다.
> • 장기요양재심사청구 사항에 대한 재심사위원회의 재심사를 거친 경우에는 ＿＿＿＿＿에 따른 행정심판을 청구하지 못한다.

① 국세기본법   ② 노인복지법

③ 행정심판법   ④ 사회보장기본법

76 다음 〈보기〉에서 노인장기요양보험법상 장기요양보험가입자 등에 대한 보수ㆍ소득 등의 자료 보고 명령 또는 소속 직원을 통한 관계 서류의 검사를 할 수 있는 자를 모두 고르면?

┌─────────────────────── 〈보기〉 ───────────────────────┐

㉠ 보건복지부장관   ㉡ 보건복지부차관

㉢ 시장ㆍ군수ㆍ구청장   ㉣ 국민보험공단 이사장

㉤ 특별시장ㆍ광역시장ㆍ도지사   ㉥ 특별자치시장ㆍ특별자치도지사

└───┘

① ㉠, ㉢, ㉤, ㉥   ② ㉠, ㉢, ㉣, ㉤

③ ㉡, ㉢, ㉣, ㉥   ④ ㉡, ㉢, ㉣, ㉤, ㉥

77 다음 중 노인장기요양보험법상 보고 및 검사에 대한 설명으로 옳지 않은 것은?

① 보건복지부장관은 장기요양기관에 장기요양급여의 제공 명세에 관련된 자료의 제출을 명할 수 있다.

② 보건복지부장관은 보고 또는 자료제출 명령을 효율적으로 수행하기 위해 국민건강보험공단에 행정응원을 요청할 수 있다.

③ 특별시장ㆍ광역시장ㆍ도지사는 장기요양기관의 재무ㆍ회계와 관련된 사항을 검사하기 위해 소속 공무원으로 하여금 관계 서류를 검사하게 할 수 있다.

④ 국민건강보험공단은 장기요양급여를 받은 자에게 장기요양급여에 관련된 자료의 제출을 명하거나 소속 공무원으로 하여금 관계인에게 질문을 하게 하거나 관계 서류를 검사하게 할 수 있다.

78 국민건강보험공단은 징수해야 할 금액이 1건당 얼마일 경우에는 징수하지 않는다. 그 금액은 얼마인가?

① 1,000원 미만　　　　　　　　　　② 3,000원 미만

③ 5,000원 미만　　　　　　　　　　④ 10,000원 미만

79 다음 글의 빈칸 ㉠, ㉡에 들어갈 내용을 순서대로 바르게 나열한 것은?

> 국민건강보험공단은 ___㉠___로서 대통령령으로 정하는 자가 장기요양보험가입자 또는 그 피부양자인 경우 장기요양급여를 받는 수급자로 결정되지 못한 때에는 대통령령으로 정하는 바에 따라 장기요양보험료의 ___㉡___를 감면할 수 있다.

	㉠	㉡
①	장애인	일부
②	국가유공자	일부
③	장애인	전부 또는 일부
④	국가유공자	전부 또는 일부

80 다음 중 보건복지부장관이 실시하는 실태조사의 내용을 정하는 기준은 무엇인가?

① 대통령령

② 보건복지부령

③ 국민건강보험공단 이사회가 의결하는 내규

④ 특별자치시·특별자치도·시·군·자치구의 조례

www.sdedu.co.kr

4일 차
기출응용 모의고사

〈문항 및 시험시간〉

평가영역	문항 수	시험시간	모바일 OMR 답안채점 / 성적분석 서비스	
[공통] 의사소통＋수리＋문제해결 [행정직 / 건강직 / 기술직] 국민건강보험법 [요양직] 노인장기요양보험법	80문항	80분		
			행정직 / 건강직 / 기술직	요양직

※ 수록 기준
국민건강보험법 : 법률 제19841호(시행 24.12.27.),
노인장기요양보험법 : 법률 제20213호(시행 25.02.07.)

4일 차 기출응용 모의고사

문항 수 : 80문항
시험시간 : 80분

제1영역 직업기초능력

01 다음 글의 중심 내용으로 가장 적절한 것은?

> 사피어 – 워프 가설은 어떤 언어를 사용하느냐에 따라 사고의 방식이 정해진다는 이론이다. 이에 따르면 언어는 인간의 사고나 사유를 반영함은 물론이고, 그 언어를 쓰는 사람들의 사고방식까지 영향을 미친다.
> 공동체의 언어 습관이 특정한 해석을 선택하도록 하기 때문에 우리는 일반적으로 우리가 행한 대로 보고 듣고 경험한다고 한 사피어의 관점에 영향을 받아, 워프는 언어가 경험을 조직한다고 주장했다. 한 문화의 구성원으로서, 특정한 언어를 사용하는 화자로서, 우리는 언어를 통해 암묵적 분류를 배우고 이 분류가 세계의 정확한 표현이라고 간주한다. 그리고 그 분류는 사회마다 다르므로, 각 문화는 서로 다른 의견을 가질 수 있는 개인들로 구성됨에도 불구하고 독특한 합의를 보여 준다.
> 가령, 에스키모어에는 눈에 대한 낱말이 많은데 영어로는 한 단어인 '눈(snow)'을 네 가지 다른 단어, 즉 땅 위의 눈(aput), 내리는 눈(quana), 바람에 날리는 눈(piqsirpoq), 바람에 날려 쌓이는 눈(quiumqsuq) 등으로 표현한다는 것이다. 북아프리카 사막의 유목민들은 낙타에 대한 10개 이상의 단어를 가지고 있으며, 우리도 마찬가지다. 영어의 'rice'에 해당하는 우리말은 '모', '벼', '쌀', '밥' 등이 있다.
> 그렇다면 언어와 사고, 언어와 문화의 관계는 어떻게 볼 수 있을까? 일단 우리는 언어와 정신 활동이 상호 의존성을 갖는다고 말할 수 있을 것이다. 하지만 그들 간의 관계 중 어떤 것이 우월한 것인지를 잘 식별할 수 없는 정도로 인식이 되고 나면, 우리의 생각은 언어 우위 쪽으로 기울기 쉽다.
> 왜냐하면 언어의 사용에 따라 사고가 달라지는 것이라고 규정하는 것이 사고를 통해 언어가 만들어진다는 것보다 훨씬 더 쉽게 이해되기 때문이다. 이러한 면에서 사피어 – 워프 가설은 언어 우위론적 입장을 보인다고 할 수 있다.
> 그러나 사피어 – 워프 가설이 언어 우위론의 근거로만 설명되는 것은 아니다. 앞의 에스키모어의 예를 보면, 사람들이 눈을 인지하는 방법이 달라진 것(사고의 변화)으로 인해 언어도 달라지게 되었는지, 반대로 언어 체계가 달라진 것으로 인해 눈을 인지하는 방법이 달라졌는지를 명확하게 설명할 수 없기 때문이다.

① 사피어 – 워프 가설의 예로 에스키모어가 있다.
② 사피어 – 워프 가설은 언어 우위론으로 입증할 수 있다.
③ 사피어 – 워프 가설은 학계에서 대체로 인정하는 추세이다.
④ 언어와 사고의 관계에 대한 사피어 – 워프 가설을 증명하기는 쉽지 않다.

02 다음 글에서 〈보기〉의 내용이 들어갈 위치로 가장 적절한 곳은?

(가) 피타고라스학파는 사실 학파라기보다는 오르페우스(Orpheus)교라는 신비주의 신앙을 가진 하나의 종교 집단이었다 한다. 피타고라스가 살던 당시 그리스에서는 막 철학적 사유가 싹트고 있었다. 당시 철학계에서는 이 세상의 다양한 사물과 변화무쌍한 현상 속에서 변하지 않는 어떤 '근본적인 것(Arkhe)'을 찾는 것이 유행이었다. 어떤 사람은 그것을 '물'이라 하고, 어떤 사람은 '불'이라 했다. 그런데 피타고라스는 특이하게도 그런 눈에 보이는 물질이 아니라 추상적인 것, 곧 '수(數)'가 만물의 근원이라고 생각했다.

(나) 피타고라스학파가 신봉하던 오르페우스는 인류 최초의 음악가였다. 이 때문에 그들은 음악에서도 수적 비례를 찾아냈다. 음의 높이는 현(絃)의 길이와의 비례 관계로 설명된다. 현의 길이를 1/3만 줄이면 음은 정확하게 5도 올라가고 반으로 줄이면 한 옥타브 올라간다. 여러 음 사이의 수적 비례는 아름다운 화음을 만들어 낸다.

(다) 이 신비주의자들이 밤하늘에 빛나는 별의 신비를 그냥 지나쳤을 리 없다. 하늘에도 수의 조화가 지배하고 있다. 별은 예정된 궤도를 따라 움직이고 일정한 시간에 나타나 일정한 시간에 사라진다. 그래서 그들에게 별의 움직임은 리드미컬한 춤이었다. 재미있게도 그들은 별들이 현악기 속에 각자의 음을 갖고 있다고 믿었다. 그렇다면 천체의 운행 자체가 거대한 교향곡이 아닌가.

(라) 아득한 옛날 사람들은 우리와는 다른 태도로 자연과 세계를 대했다. 그들은 세상의 모든 것에 생명이 있다고 믿었고, 그 생명과 언제든지 교감할 수 있었다. 무정한 밤하늘에서조차 그들은 별들이 그려내는 아름다운 그림을 보고, 별들이 연주하는 장엄한 곡을 들었다.

불행하게도 언제부터인가 우리는 세계를 이렇게 느끼길 그만두었다. 다시 그 시절로 되돌아갈 수는 없을까? 물론 그럴 수는 없다. 하지만 놀랍게도 우리 삶의 한구석엔 고대인들의 심성이 여전히 남아 있다. 여기서는 아직도 그들처럼 세계를 보고 느낄 수 있다. 바로 예술의 세계다.

〈보기〉

세상의 모든 것은 수로 표시된다. 수를 갖지 않는 사물은 없다. 그러면 모든 것에 앞서 존재하는 것이 바로 수가 아닌가. 수는 모든 것에 앞서 존재하며 혼돈의 세계에 질서를 주고 형체 없는 것에 형상을 준다. 따라서 수를 연구하는 것이 바로 존재의 가장 깊은 비밀을 탐구하는 것이었다. 그러므로 수학 연구는 피타고라스 교단에서 지켜야 할 계율 가운데 가장 중요한 것으로 여겨졌다.

① (가) 문단의 뒤
② (나) 문단의 뒤
③ (다) 문단의 뒤
④ (라) 문단의 뒤

※ 다음은 국민건강보험공단의 보험급여제한에 관련된 자료이다. 이어지는 질문에 답하시오. **[3~4]**

〈보험급여의 제한〉

- **고의 또는 중대한 과실로 인한 범죄행위로 사고를 발생시킨 경우**

건강보험은 보험의 원리에 의거 보험사고 발생에 우연성을 요구하므로 고의 또는 중대한 과실로 인한 범죄행위에 기인한 사고의 보험급여를 인정한다면 다수의 보험가입자가 공동으로 각출하여 일정한 보험사고에 대비해 경제적인 위험으로부터 보험급여를 받을 자를 보호하고자 하는 사회정의에 맞지 않고 건강보험의 이념에도 부합되지 않으므로 보험급여를 제한한다.

- **공단이나 요양기관의 요양에 관한 지시에 따르지 아니한 경우**

요양에 관한 지시는 건강보험 가입자 및 피부양자가 적당한 진료를 받게 하여 상병치유의 목적을 신속히 달성할 수 있도록 하는 것이며, 이와 같은 요양에 관한 지시를 따르지 않으면 치료를 지연, 확대시킴은 물론 급여비용을 증액시키고 나아가 다른 가입자들의 부담을 증가시키는 것으로 상부상조 정신의 건강보험제도 본질에 반하기 때문에 보험급여를 제한한다.

- **고의 또는 중대한 과실로 제55조에 따른 문서, 기타 물건의 제출을 거부하거나 질문 또는 진단을 기피한 경우**

보험급여의 적정성 확보를 위해 보험자가 보험사고에 대하여 조사할 수 있는 권한을 부여하고, 동 제도의 실효성을 거두기 위해 보험자의 제출명령 등에 대하여 보험급여를 받을 자가 그 이행을 거부하거나 기피할 경우에는 보험급여를 제한할 수 있으며 동 규정은 보험급여를 받을 자가 이를 위반하더라도 법령상 벌칙규정이 없으므로 보험자가 보험급여제한을 함으로써 제도의 실효성을 보장하기 위함이다.

- **업무(공무)상 등 재해로 인하여 다른 법령에 의한 보험급여나 보상을 받게 되는 경우**

업무(공무)상 재해에 관한 사용자의 의무를 건강보험급여의무에 우선시킴으로써 이중급여 배제와 사회보장의 형평성 도모를 위한 것으로 가입자가 업무상 또는 공무수행 중 업무 또는 공무에 의해 질병, 부상, 재해가 발생하여 다른 법령에 의한 보험급여나 보상을 받게 되는 경우에는 이중급여 배제차원에서 보험급여를 제한한다. 이는 업무상 또는 공무상 보험사고가 발생한 경우 근로기준법, 산업재해보상보험법, 공무원연금법 등 관련 법령 등에 의해 요양급여 또는 요양보상을 받게 되기 때문이며, 이러한 특별법상의 보상책임과 건강보험급여가 법 제도적으로 양립할 수 없기 때문이다.

- **건강보험료 체납에 따른 급여제한**

건강보험료를 6회 이상 납부하지 않은 경우 체납보험료를 전액 납부할 때까지 건강보험의 혜택을 받을 수 없다. 체납기간 중 보험급여를 받은 사실이 있음을 공단이 통지한 날부터 2개월이 경과한 날이 속한 달의 보험료 납부기한 이내에 체납된 보험료를 완납한 경우에는 보험급여를 인정한다. 체납보험료를 전액 납부하지 않은 상태로 병의원이나 약국 등을 이용할 경우에는 건강보험으로 진료받은 진료비(공단부담)를 환수하게 되며 연 소득이 2천만 원 또는 재산이 1억 원을 초과하는 경우에는 병·의원 및 약국 이용 시 진료비 전액(공단부담금＋본인부담금)을 본인이 직접 부담(사전급여제한)할 수 있다.

---

03 다음 중 윗글을 읽고 이해한 내용으로 적절하지 않은 것은?

① 건강보험료를 6회 이상 납부하지 않은 경우 건강보험 혜택을 받을 수 없다.
② 특별법상의 보상책임과 건강보험급여는 법 제도적으로 양립될 수 있다.
③ 보험사고의 발생에는 우연성을 요구한다.
④ 건강보험제도의 본질은 상부상조 정신에 있다.

04 국민건강보험공단의 A사원은 위의 글을 참고하여 보험급여제한에 대한 민원에 답변하고자 한다. 민원 (A) ~ (D)에 대한 답변이 바르게 연결된 것은?

민원 (A) : 아니 내가 내 몸이 괜찮은 것 같아서 퇴원한 건데, 보험급여를 받을 수 없다니 그게 무슨 소립니까? 내 병원비 전부 내줄 건가요?

민원 (B) : 일하던 중 기계에 오른쪽 손가락을 절단 당하는 상해를 입었습니다. 회사가 산재보험에 가입되어 있는데도 사장은 "치료비는 내가 전액 부담하겠으니 의료보험으로 처리하라."고 합니다. 가능한가요?

민원 (C) : 내 차의 블랙박스 내용이 도대체 왜 필요하다는 겁니까? 이건 사생활 침해 아닌가요? 당장 교통사고에 대해서 보험금을 지급해주세요.

민원 (D) : 최근에 약국을 이용했는데 건강보험으로 진료받은 진료비가 환수되었습니다. 무슨 일인가요?

답변 (A) : 보험급여의 적정성이 확보되도록 하기 위해서 보험급여를 받을 자가 보험자의 문서나 기타 물건의 제출명령 등에 대해서 거부하거나 기피할 경우 보험급여를 제한할 수 있습니다.

답변 (B) : 가입자가 다른 법령에 의한 보험급여를 받은 경우 이중급여 배제차원에서 보험급여를 제한하고 있습니다. 이는 사회보장의 형평성을 도모하기 위함입니다.

답변 (C) : 요양에 관한 지시를 따르지 않았기 때문입니다. 요양에 관한 지시를 따르지 아니할 경우 치료를 지연, 확대시킴은 물론 급여비용을 증액시키고 다른 가입자들의 부담을 증가시키기 때문에 보험급여를 제한하는 것입니다.

답변 (D) : 체납보험료를 전액 납부하지 않은 상태로 병·의원이나 약국 등을 이용할 경우에는 건강보험으로 진료받은 진료비를 환수하게 됩니다. 체납보험료가 있는지 확인해 보셔야 할 것 같습니다.

	민원 (A)	민원 (B)	민원 (C)	민원 (D)
①	답변 (C)	답변 (B)	답변 (A)	답변 (D)
②	답변 (B)	답변 (C)	답변 (A)	답변 (D)
③	답변 (A)	답변 (B)	답변 (C)	답변 (D)
④	답변 (C)	답변 (A)	답변 (B)	답변 (D)

05 다음 글의 주제로 가장 적절한 것은?

최근 사이버공동체를 중심으로 한 시민의 자발적 정치 참여 현상이 많은 관심을 끌고 있다. 이러한 현상과 관련하여 사회학자 A의 연구가 새삼 주목 받고 있다. A의 연구에 따르면 공동체의 구성원이 됨으로써 얻게 되는 '사회적 자본'이 시민사회의 성숙과 민주주의 발전을 가져오는 원동력이다. A의 이론에서는 공동체에 대한 자발적 참여를 통해 사회 구성원 간의 상호 의무감과 신뢰, 구성원들이 공유하는 규칙과 관행, 사회적 유대 관계와 같은 사회적 자본이 늘어나면, 사회 구성원 간의 협조적인 행위가 가능하게 된다고 보았다. 더 나아가 A는 자원봉사자와 같이 공동체 참여도가 높은 사람이 투표할 가능성이 높고 정부 정책에 대한 의견 개진도 활발해지는 등 정치 참여도가 높아진다고 주장하였다.

몇몇 학자들은 A의 이론을 적용하여 면대면 접촉에 따른 인간관계의 산물인 사회적 자본이 사이버공동체에서도 충분히 형성될 수 있다고 보았다. 그리고 사이버공동체에서 사회적 자본의 증가는 곧 정치 참여도 활성화시킬 것으로 기대했다. 하지만 이러한 기대와는 달리 정치 참여가 활성화되지 않았다. 요즘 젊은이들을 보면 각종 사이버공동체에 자발적으로 참여하는 수준은 높지만 투표나 다른 정치 활동에는 무관심하거나 심지어 정치를 혐오하기도 한다. 이런 측면에서 A의 주장은 사이버공동체가 활성화된 오늘날에는 잘 맞지 않는다.

이러한 이유 때문에 오늘날 사이버공동체를 중심으로 한 정치 참여를 더 잘 이해하기 위해서 '정치적 자본' 개념의 도입이 필요하다. 정치적 자본은 사회적 자본의 구성 요소와는 달리 정치 정보의 습득과 이용, 정치적 토론과 대화, 정치적 효능감 등으로 구성된다. 정치적 자본은 사회적 자본과 마찬가지로 공동체 참여를 통해서 획득되지만, 정치 과정에의 관여를 촉진한다는 점에서 사회적 자본과는 구분될 필요가 있다. 사회적 자본만으로 정치 참여를 기대하기 어렵고, 사회적 자본과 정치 참여 사이를 정치적 자본이 매개할 때 비로소 정치 참여가 활성화된다.

① 사이버공동체를 통해 축적된 사회적 자본에 정치적 자본이 더해질 때 정치 참여가 활성화된다.
② 사회적 자본은 정치적 자본을 포함하기 때문에 그 자체로 정치 참여의 활성화를 가져온다.
③ 사회적 자본이 많은 사회는 정치 참여가 활발하기 때문에 민주주의가 실현된다.
④ 사이버공동체의 특수성으로 인해 시민들의 정치 참여가 어렵게 되었다.

06 다음 글을 읽고 뒤르켐이 헤겔에게 비판할 수 있는 주장으로 가장 적절한 것은?

시민 사회라는 용어는 17세기에 등장했지만 19세기 초에 이를 국가와 구분하여 개념적으로 정교화한 인물이 헤겔이다. 그가 활동하던 시기에 유럽의 후진국인 프러시아에는 절대주의 시대의 잔재가 아직 남아 있었다. 산업 자본주의도 미성숙했던 때여서 산업화를 추진하고 자본가들을 육성하며 심각한 빈부 격차나 계급 갈등 등의 사회문제를 해결해야 하는 시대적 과제가 있었다. 그는 사익의 극대화가 국부를 증대해준다는 점에서 공리주의를 긍정했으나, 그것이 시민 사회 내에서 개인들의 무한한 사익 추구가 일으키는 빈부 격차나 계급 갈등을 해결할 수는 없다고 보았다. 그는 시민 사회가 개인들의 사적 욕구를 추구하며 살아가는 생활 영역이자 그 욕구를 사회적 의존 관계 속에서 추구하게 하는 공동체적 윤리성의 영역이어야 한다고 생각했다. 특히 시민 사회 내에서 사익 조정과 공익 실현에 기여하는 직업 단체와 복지 및 치안 문제를 해결하는 복지 행정 조직의 역할을 설정하면서, 이 두 기구가 시민 사회를 이상적인 국가로 이끌 연결 고리가 될 것으로 기대했다. 하지만 빈곤과 계급 갈등은 시민 사회 내에서 근원적으로 해결될 수 없는 것이었다. 따라서 그는 국가를 사회 문제를 해결하고 공적 질서를 확립할 최종 주체로 설정하면서 시민 사회가 국가에 협력해야 한다고 생각했다.

한편 1789년 프랑스 혁명 이후 프랑스 사회는 혁명을 이끌었던 계몽주의자들의 기대와는 다른 모습을 보이고 있었다. 사회는 사익을 추구하는 파편화된 개인들의 각축장이 되어 있었고 빈부 격차와 계급 갈등은 격화된 상태였다. 이러한 혼란을 극복하기 위해 노동자 단체와 고용주 단체 모두를 불법으로 규정한 르샤폴리에 법이 1791년부터 약 90년간 시행되었으나, 이 법은 분출되는 사익의 추구를 억제하지도 못하면서 오히려 프랑스 시민 사회를 극도로 위축시켰다.

뒤르켐은 이러한 상황을 아노미, 즉 무규범 상태로 파악하고 최대 다수의 최대 행복을 표방하는 공리주의가 사실은 개인의 이기심을 전제로 하고 있기에 아노미를 조장할 뿐이라고 생각했다. 그는 사익을 조정하고 공익과 공동체적 연대를 실현할 도덕적 개인주의의 규범에 주목하면서 이를 수행할 주체로서 직업 단체의 역할을 강조하였다. 뒤르켐은 직업 단체가 정치적 중간 집단으로서 구성원의 이해관계를 국가에 전달하는 한편 국가를 견제해야 한다고 보았던 것이다.

① 직업 단체는 정치적 중간집단의 역할로 빈곤과 계급 갈등을 근원적으로 해결하지 못해요.
② 직업 단체와 복지행정조직이 시민 사회를 이상적인 국가로 이끌어줄 열쇠에요.
③ 국가가 주체이기는 하지만 공동체적 연대의 실현을 수행할 중간 집단으로서의 주체가 필요해요.
④ 국가를 최종 주체로 설정한다면 사익을 조정할 수 있고, 공적 질서를 확립할 수 있어요.

07 다음 글에서 밑줄 친 ㉠~㉣의 수정 방안으로 가장 적절한 것은?

소아시아 지역에 위치한 비잔틴 제국의 수도 콘스탄티노플이 이슬람교를 신봉하는 오스만인들에 의해 함락되었다는 소식이 인접해 있는 유럽 지역까지 전해졌다. 그 지역 교회의 한 수도원 서기는 이에 대해 "㉠ 지금까지 이보다 더 끔찍했던 사건은 없었으며, 앞으로도 결코 없을 것이다."라고 기록했다.

1453년 5월 29일 화요일, 해가 뜨자마자 오스만 제국의 군대는 난공불락으로 유명한 케르코포르타 성벽의 작은 문을 뚫고 진군하기 시작했다. 해가 질 무렵, 약탈당한 도시에 남아있는 모든 것은 그들의 차지가 되었다. 비잔틴 제국의 86번째 황제였던 콘스탄티누스 11세는 서쪽 성벽 아래에 있는 좁은 골목에서 전사하였다. 이것으로 ㉡ 1,100년 이상 존재했던 소아시아 지역의 기독교도 황제가 사라졌다. 잿빛 말을 타고 화요일 오후 늦게 콘스탄티노플에 입성한 술탄 메흐메드 2세는 우선 성소피아 대성당으로 갔다. 그는 이 성당을 파괴하는 대신 이슬람 사원으로 개조하라는 명령을 내렸고, 우선 그 성당을 철저하게 자신의 보호하에 두었다. 또한, 학식이 풍부한 그리스 정교회 수사에게 격식을 갖추어 공석중인 총대주교직을 수여하고자 했다. 그는 이슬람 세계를 위해 ㉢ 기독교의 제단뿐만 아니라 그 이상의 것들도 활용했다. 역대 비잔틴 황제들이 제정한 법을 그가 주도하고 있던 법제화의 모델로 이용하였던 것이다. 이러한 행위들은 ㉣ 단절을 추구하는 정복왕 메흐메드 2세의 의도에서 비롯된 것이라고 할 수 있다.

그는 자신이야말로 지중해를 '우리의 바다'라고 불렀던 로마 제국의 진정한 계승자임을 선언하고 싶었던 것이다. 일례로 그는 한때 유럽과 아시아를 포함한 지중해 전역을 지배했던 제국의 정통 상속자임을 선언하면서, 의미심장하게도 자신의 직함에 '룸 카이세리', 즉 로마의 황제라는 칭호를 추가했다. 또한, 그는 패권 국가였던 로마의 옛 명성을 다시 찾기 위한 노력의 일환으로 로마 사람의 땅이라는 뜻을 지닌 루멜리아에 새로 수도를 정했다. 이렇게 함으로써 그는 오스만 제국이 유럽으로 확대될 것이라는 자신의 확신을 보여주었다.

① ㉠을 '지금까지 이보다 더 영광스러운 사건은 없었으며'로 고친다.
② ㉡을 '1,100년 이상 존재했던 소아시아 지역의 이슬람 황제가 사라졌다.'로 고친다.
③ ㉢을 '기독교의 제단뿐만 아니라 그 이상의 것들도 파괴했다.'로 고친다.
④ ㉣을 '연속성을 추구하는 정복왕 메흐메드 2세의 의도에서 비롯된 것'으로 고친다.

08 의료급여실의 A사원은 민원인이 자주 하는 질문만을 따로 모아 간행물에 실을 계획이다. 질문과 A사원의 답변을 순서대로 바르게 나열한 것은?

〈질문〉

Q1. 의료급여 수급권자인데 야간에 응급실에 가게 되었습니다. 응급실에서 진료한 경우 의료급여가 적용되나요?

Q2. 의료급여의뢰서 없이 2차 의료급여기관을 방문하여 진료를 받았습니다. 그리고 3차 의료급여기관에서 진료를 받기 위해, 2차 의료급여기관의 의뢰서를 발급받은 경우, 3차 의료급여기관의 진료비는 의료급여 혜택을 받을 수 있나요?

Q3. 의료급여환자에 대한 입원 식대 수가는 건강보험 식대 수가와 동일한가요?

Q4. 본인부담금 보상제 및 상한제는 모든 급여대상 본인부담금 기준으로 보상을 하나요?

〈답변〉

가. 의료급여법 시행규칙 별표1의2에 의하여 수급권자가 제3조의 규정에 의한 의료급여 절차에 의하지 아니하고 의료급여기관을 이용한 경우에 소요된 진료비용은 총액의 100분의 100 본인부담률을 적용해야 합니다.

나. 건강보험의 경우는 요양기관 종별에 따라 식대 항목별 단가가 다르나, 의료급여 식대 수가는 종별 구분 없이 항목별(일반식, 치료식 등) 단일 수가입니다. 또한, 일반식 가산, 치료식 영양관리료 등의 가산수가를 적용하지 않습니다.

다. 모두 의료급여가 적용되는 것은 아니며, 응급증상 및 이에 준하는 증상으로 진료한 경우 의료급여가 적용되어 응급의료관리료와 본인부담금이 지원됩니다.

라. 수급권자의 급여대상 본인부담금이 대통령령에서 정하는 금액을 초과한 경우, 그 초과금액의 전액에 해당하는 금액을 보상해드립니다. 그러나 노인 틀니, 치과임플란트 및 선별급여에 대한 본인부담금은 제외됩니다.

	Q1	Q2	Q3	Q4
①	가	나	다	라
②	가	라	나	다
③	다	가	나	라
④	다	나	라	가

문장의 동의성이란 형식이 다른 둘 이상의 문장이 동일한 의미 값을 갖는 것을 말하며 이러한 문장들을 '동의문'이라고 한다. 여기서 동의문의 의미 값이 같다는 것은 진리 조건적 측면에 국한된 것일 뿐, 형식이 다른 만큼 의미가 완전히 같을 수는 없다. 이러한 점을 바탕으로 네 가지 측면에서 문장의 동의성 여부를 살펴볼 수 있다.

첫째, 능동문과 피동문의 동의성 여부이다.

㉠ 사냥꾼이 사슴을 쫓았다.

㉡ 사슴이 사냥꾼에게 쫓겼다.

능동문과 피동문의 의미 값은 진리 조건적 측면에서 볼 때 동일한데, 한쪽이 참이라면 다른 쪽도 참이며, 한쪽이 거짓이면 다른 쪽도 거짓이 된다. 따라서 '사냥꾼이 사슴을 쫓았지만, 사슴은 사냥꾼에게 쫓기지 않았다.'는 성립되지 않는다. 그러나 능동문과 피동문의 진리 조건적 의미가 반드시 동일하다고 볼 수는 없다. 예를 들어 '영희가 욕을 먹었다.'와 '욕이 영희에게 먹혔다.'가 동의문이 되지 않는다는 점을 들 수 있다. 또한, 능동문과 피동문은 각각의 주어에 의미의 초점이 놓인다. 따라서 문장에 부사어를 넣으면 그 의미 차이가 드러나게 된다.

둘째, 반의 관계에 있는 단어 쌍의 어순 변형에 의한 동의성 여부이다.

㉠ 갑이 을에게 집을 샀다.

㉡ 을이 갑에게 집을 팔았다.

㉠, ㉡은 'X가 Y에게 Z를 ~ 하다.'라는 틀 속에서 X, Y의 선택이 '사다 / 팔다'의 반의어 선택과 상관성을 지님으로써 진리 조건적 의미가 동일하다. 그런데 이 경우 역시 능동문과 피동문에서처럼 주어에 의미의 초점이 놓인다. 이러한 사실은 각각의 문장에 '좋은 값으로'와 같은 부사어를 넣으면 그 의미 차이가 확연히 드러나는 것에서 알 수 있다.

㉠ 좋은 값으로, 갑이 을에게 집을 샀다.

㉡ 좋은 값으로, 을이 갑에게 집을 팔았다.

셋째, 언어적 거리의 차이에 대한 동의성 여부이다.

㉠ 영수가 그 새를 죽였다.

㉡ 영수가 그 새를 죽게 했다.

두 문장은 부분적인 동의성이 인정되지만, 언어적 거리의 차이가 의미 차이를 반영하고 있다. ㉠은 파생 접사 '-이-'에 의한 단형 사동문이며, ㉡은 '-게 하다'에 의한 장형 사동문인데, 전자는 그 행위가 직접적으로, 후자는 간접적으로 해석된다.

넷째, 참조점과 목표 선택의 동의성 여부이다.

㉠ 회사가 우체국 뒤에 있다.

㉡ 우체국이 회사 앞에 있다.

두 문장은 '회사'와 '우체국'의 위치에 대한 기술로, 진리 조건적 의미는 동일하다. 그러나 참조점과 목표의 선택에서는 차이가 나는데, ㉠에서는 '우체국'을 참조점으로 하여 목표인 '회사'를 파악하는 반면, ㉡에서는 '회사'를 참조점으로 하여 목표인 '우체국'을 파악한다. 이 경우 참조점은 화자와 청자가 공유하고 있는 배경 요소로서 ㉠은 '회사가 어디 있니?'라는 물음에 대한 답이 되며, ㉡은 '우체국이 어디 있니?'라는 물음의 답이 된다.

09 다음 중 윗글을 읽고 이해한 내용으로 적절하지 않은 것은?

① 장형 사동문은 간접적으로 해석될 수 있다.

② 동의문은 동일한 의미를 갖는 문장들을 말한다.

③ 참조점과 목표 선택의 차이가 나게 되면 동일한 물음의 답이 된다.

④ 능동문과 피동문의 진리 조건적 의미는 반드시 동일하다고 볼 수 없다.

10 다음 중 윗글을 읽고 〈보기〉를 이해한 내용으로 적절하지 않은 것은?

〈보기〉
ㄱ 철수가 영희를 가르친다.
ㄴ 분식집은 문방구 맞은편에 있다.
ㄷ 호랑이가 토끼를 잡아먹었다.
ㄹ 춘향이가 밥을 먹게 했다.

① ㄱ은 '영희가 철수에게 배운다.'와 진리 조건적 의미가 동일하나, 부사어를 통해 의미 차이가 날 수 있다.
② ㄴ의 참조점은 '분식집'으로 볼 수 있다.
③ ㄷ은 '토끼가 호랑이에게 잡아먹혔다.'와 진리 조건적 의미가 동일하다.
④ ㄹ은 장형 사동문의 사례로 볼 수 있다.

11 다음 중 제시된 단어의 표기가 옳은 것을 고르면?

• 성준이는 수업 시간에 ㉠ 딴생각 / 딴 생각을 많이 하는 편이다.
• 그는 내가 ㉡ 사사받은 / 사사한 교수님이다.
• 궂은 날씨로 인해 기대했던 약속이 ㉢ 파토 / 파투 났다.

	㉠	㉡	㉢
①	딴생각	사사받은	파토
②	딴생각	사사한	파투
③	딴 생각	사사한	파토
④	딴 생각	사사받은	파투

12 다음은 아동수당 제도에 대한 매뉴얼이다. 〈보기〉의 대화 중 적절한 것을 모두 고르면?

〈아동수당제도〉

- 아동수당은 만 6세 미만 아동의 보호자에게 월 10만 원의 수당을 지급하는 제도이다.
- 아동수당은 보육료나 양육수당과는 별개의 제도로서 다른 복지급여를 받고 있어도 수급이 가능하지만, 반드시 신청을 해야 혜택을 받을 수 있다.
- 6월 20일부터 사전 신청 접수가 시작되고, 9월 21일부터 수당이 지급된다.
- 아동수당 수급대상 아동을 보호하고 있는 보호자나 대리인은 20일부터 아동 주소지 읍·면·동 주민센터에 방문 신청 또는 복지로 홈페이지 및 모바일 앱에서 신청한다.
- 아동수당 제도 첫 도입에 따라 초기에 아동수당 신청이 한꺼번에 몰릴 것으로 예상되어 연령별 신청기간을 운영(연령별 신청기간은 만 0 ~ 1세는 20 ~ 25일, 만 2 ~ 3세는 26 ~ 30일, 만 4 ~ 5세는 7월 1 ~ 5일, 전 연령은 7월 6일부터)한다.
- 아동수당은 신청한 달의 급여분(사전신청은 제외)부터 지급. 따라서 9월분 아동수당을 받기 위해서는 9월 말까지 아동수당을 신청(단, 소급적용은 되지 않음)해야 한다.
- 아동수당 관련 신청서 작성요령이나 수급 가능성 등 자세한 내용은 아동수당 홈페이지에서 확인 가능하다.

〈보기〉

고객 : 저희 아이가 만 5세인데요. 아동수당을 지급받을 수 있나요?
(가) : 네, 만 6세 미만의 아동이면 9월 21일부터 10만 원의 수당을 지급받을 수 있습니다.
고객 : 제가 보육료를 지원받고 있는데, 아동수당도 받을 수 있는 건가요?
(나) : 아동수당은 보육료와는 별개의 제도로 신청만 하면 수당을 받을 수 있습니다.
고객 : 그럼 아동 수당을 신청을 하려면 어떻게 해야 하나요?
(다) : 아동 주소지의 주민센터를 방문하거나 복지로 홈페이지나 모바일 앱에서 신청하시면 됩니다.
고객 : 따로 정해진 신청기간은 없나요?
(라) : 6월 20일부터 사전 신청 접수가 시작되고, 9월 말까지 아동수당을 신청하면 되지만 소급 적용이 되지 않습니다. 10월에 신청하시면 9월 아동수당은 지급받을 수 없으므로 9월 말까지 신청해주시면 될 것 같습니다.
고객 : 네, 감사합니다.
(마) : 아동수당 관련 신청서 작성요령이나 수급 가능성 등의 자세한 내용은 메일로 문의해 주세요.

① (가), (나)
② (가), (다)
③ (가), (나), (다)
④ (나), (다), (마)

13 다음 글의 제목으로 가장 적절한 것은?

대부분의 사람이 주식 투자를 하는 목적은 자산을 증식하는 것이지만, 항상 이익을 낼 수는 없으며 이익에 대한 기대에는 언제나 손해에 따른 위험이 동반된다. 이러한 위험을 줄이기 위해서 일반적으로 투자자는 포트폴리오를 구성하는데, 이때 전반적인 시장상황에 상관없이 나타나는 위험인 '비체계적 위험'과 시장 상황에 연관되어 나타나는 위험인 '체계적 위험' 두 가지를 동시에 고려해야 한다.

비체계적 위험이란 종업원의 파업, 경영 실패, 판매의 부진 등 개별 기업의 특수한 상황과 관련이 있는 것으로 '기업 고유 위험'이라고도 한다. 기업의 특수 사정으로 인한 위험은 예측하기 어려운 상황에서 돌발적으로 일어날 수 있는 것들로, 여러 주식에 분산 투자함으로써 제거할 수 있다. 반면에 체계적 위험은 시장의 전반적인 상황과 관련한 것으로, 예를 들면 경기 변동, 인플레이션, 이자율의 변화, 정치 사회적 환경 등 여러 기업들에 공통으로 영향을 주는 요인들에 기인한다. 체계적 위험은 주식 시장 전반에 대한 위험이기 때문에 비체계적 위험에 대응하는 분산 투자의 방법으로도 감소시킬 수 없으므로 '분산 불능 위험'이라고도 한다. 그렇다면 체계적 위험에 대응할 방법은 없을까? '베타 계수'를 활용한 포트폴리오 구성으로 투자자는 체계적 위험에 대응할 수 있다. 베타 계수란 주식 시장 전체의 수익률 변동이 발생했을 때 이에 대해 개별 기업의 주가 수익률이 얼마나 민감하게 반응하는가를 측정하는 계수로, 종합주가지수의 수익률이 1% 변할 때 개별 주식의 수익률이 얼마나 변하는가를 나타내며, 수익률의 민감도로 설명할 수 있다. 따라서 투자자는 주식시장이 호황에 진입할 경우 베타 계수가 큰 종목의 투자 비율을 높이지만 불황이 예상되는 경우에는 베타 계수가 작은 종목의 투자 비율을 높여 위험을 최소화할 수 있다.

① 비체계적 위험과 체계적 위험의 사례 분석
② 비체계적 위험을 활용한 경기 변동의 예측 방법
③ 비체계적 위험과 체계적 위험을 고려한 투자 전략
④ 종합주가지수 변동에 민감한 비체계적 위험의 중요성

※ 다음 기사를 읽고 이어지는 질문에 답하시오. [14~16]

과거 국민건강보험공단은 건강보험 빅데이터를 활용하여 5개년(2011 ~ 2015년) 건강보험 적용대상자 중 감염성 장염 질환으로 요양기관을 이용한 진료현황을 분석해, 아래와 같은 결과를 발표하였다.

(가) 감염성 장염 질환 진료현황 연도별 추이를 분석한 결과 2015년 감염성 장염으로 진료를 받은 인원은 525만 명으로 2011년 424만 명 대비 23.6%(101만 명) 증가한 것으로 나타났다. 진료비는 2015년 기준 4,817억 원으로 2011년 3,305억 원 대비 45.7%(1,511억 원) 증가하였고, 1인당 연평균 진료비 또한 2015년 91,722원으로 2011년 77,819원 대비 17.9%(13,903원) 증가한 것으로 나타났다. 2015년 감염성 장염으로 인한 입, 내원 일수 역시 증가하였는데, 2011년 809만 일 대비 21.5%(173만 일) 증가한 983만 일이었다. 국민건강보험 일산 병원 소화기내과 조용석 교수는 감염성 장염 진료인원 및 진료비 등이 최근 5년간 증가한 원인에 대해서 다음과 같이 말했다. "어패류 및 육류 소비의 증가, 회 등 날 음식의 선호도 증가와 함께 집단 급식이 보편화되고 외식 사업 등이 발달하면서 감염성 장염 발생이 증가하는 것으로 여겨진다. 또한 증상이 심하지 않은 경증의 환자가 병원을 찾는 경향이 증가하고 있는 것도 하나의 원인일 수 있다. 그리고 많지는 않지만 해외여행이 증가하면서 해외에서 감염성 장염에 걸린 후 국내에 유입되는 경우의 보고도 꾸준하게 증가하고 있다."

(나) 감염성 장염 진료인원 수를 최근 3년간 평균을 내어 분석한 결과, 겨울철에 진료인원이 가장 많은 것으로 나타났다. 최근 3개년의 월별 평균 진료인원을 비교해 보면 1월에 74만 명으로 가장 많았고 뒤이어 12월 69만 2천 명, 8월 60만 8천 명 그리고 7월 55만 8천 명 순이었다. 월별 추세의 특징 중 하나는 봄과 가을에 진료인원이 감소하고 여름과 겨울에 증가하는 양상을 보인다는 점이었다. 가을철인 10월(43만 1천), 11월(46만 5천)과 봄철인 4월(46만 7천 명), 3월(47만 7천 명) 순으로 진료인원이 적었다. 국민건강보험 일산병원 소화기내과 조용석 교수는 감염성 장염 진료인원 수가 여름철(7월, 8월)과 더불어 겨울철(12월, 1월)에도 많이 발생하는 이유에 대해서 다음과 같이 말했다. "고온다습한 여름철은 세균이 번식하기 좋은 환경이어서 음식이 쉽게 상하며, 다른 계절보다 외출이나 여행이 잦고 외식을 많이 하게 된다. 이러한 이유로 인하여 여름철에는 세균에 의한 감염성 장염 환자가 많이 발생한다. 겨울철에는 바이러스에 의한 감염성 장염 환자가 많이 발생하는데 오염된 물 등을 통하여 감염되며 단체 발병이 종종 보고되고 있다. 또한, 노로 바이러스는 저온에서 잘 번식하며 얼음 속에서도 장기간 생존할 정도여서 겨울철 장염의 주원인으로 알려져 있다."

(다) 감염성 장염 진료인원은 저연령대일수록 많은 것으로 나타났다. 특히, 9세 이하 연령대에서 전체 진료인원의 28.0%(147만 명)가 발생하는 것으로 나타났으며, 그 뒤를 이어 10대 15.1%(79만 명), 20대 12.8%(67만 명) 순이었다. 연령대별 인구 비율을 고려한, 인구 10만 명 당 진료인원 수를 분석한 결과 역시 저연령대에서 진료 인원이 많은 것으로 나타났다. 특히, 9세 이하 연령대(3만 2,360명)와 10대(1만 4,407명)는 전체 연령 평균 수치인 1만 402명을 웃도는 것으로 나타났다. 국민건강보험 일산병원 소화기내과 조용석 교수는 감염성 장염 진료인원이 저연령일수록 많은 이유에 대해서 "오염된 물이나 음식을 통한 감염, 특히 집단 급식을 통한 집단 감염이 많으며, 유아 연령대에서는 손을 깨끗이 씻지 않고 음식을 집어먹는 등의 위생적인 문제로 감염성 장염 발생이 많다고 여겨진다."고 말했다. 감염성 장염 질환의 1인당 연평균 입원 진료비는 2015년 76만 8천 원으로 나타났다. 이는 1인당 연평균 외래 진료비 3만 7천 원 대비 20.2배 많은 것으로 나타났다.

(라) 감염성 장염 진료현황을 진료기관 종별로 비교해 본 결과 2015년 기준 진료인원 수는 '약국'을 제외하면 '의원' 급이 379만 명으로 가장 많았고, 뒤이어 '종합병원' 97만 명, '병원' 83만 명 순이었다. 또한, 진료비는 '종합병원' 2,190억 원으로 가장 높았고, '의원' 957억 원, '병원' 873억 원 순이었다.

14 다음 중 (가) ~ (라)에 해당하는 단락별 소제목으로 적절하지 않은 것은?

① (가) : 도별 감염성 장염 진료현황 추이분석
② (나) : 월별 감염성 장염 진료인원 현황
③ (다) : 연령대별 감염성 장염 진료인원 현황
④ (라) : 약국 및 기타 진료기관별 감염성 장염 진료현황

15 다음 중 감염성 장염의 원인으로 적절하지 않은 것은?

① 용변 후 손을 씻지 않음으로 인한 세균 번식
② 어패류 및 육류 소비의 증가
③ 해외여행의 증가
④ 집단 급식의 보편화

16 다음 중 윗글의 내용으로 적절하지 않은 것은?

① 2011년 대비 2015년의 감염성 장염으로 진료를 받은 인원은 100만 명 이상 증가하였다.
② 감염성 장염 진료인원은 9세 이하가 가장 많다.
③ 감염성 장염 진료인원은 여름 – 겨울 – 봄 – 가을 순으로 많다.
④ 증상이 미미한 경증 환자가 병원을 찾는 경향이 증가한 것은 감염성 장염 진료인원 및 진료비 등이 최근 5년간 증가한 원인 중 하나이다.

※ 연명의료중단에 대한 다음 글을 읽고 이어지는 질문에 답하시오. [17~18]

■ 연명의료중단 등 결정의 이행

연명의료중단 등 결정을 이행하려는 담당의사는 ① 이행 대상 환자인지 판단하고 ② 연명의료중단 등 결정에 대한 해당 환자의 의사를 확인한 후 ③ 이행하여야 함

① 이행 대상 환자 판단
  • 담당의사와 해당 분야 전문의 1명은 해당 환자가 임종과정에 있는지를 판단하여야 하며, 그 결과를 기록하여야 함
② 연명의료중단 등 결정에 대한 환자 의사 확인
  • 임종과정에 있는 환자에 대하여 연명의료중단 등 결정을 이행하려는 담당의사는 다음 중 어느 하나의 방법으로 환자의 의사를 확인하고 기록하여야 함
  가. 연명의료계획서로 확인
  나. 사전연명의료의향서로 확인
    − (환자의 의사능력이 있는 경우) 환자가 미리 작성한 사전연명의료의향서(이하 '의향서')가 있는 경우 담당의사가 그 내용을 환자에게 확인
    − (환자의 의사능력이 없는 경우) 미리 작성한 의향서가 있어도 환자가 의향서의 내용을 확인하기에 충분한 의사능력이 없다는 의학적 판단이 있는 경우, 의향서의 적법성을 담당의사와 해당 분야의 전문의가 함께 확인
  다. 환자의 의사에 대한 환자가족 2인 이상의 일치하는 진술로 확인
    − 위의 방법으로 환자의 의사를 확인할 수 없고, 환자도 자신의 의사를 표현할 수 없는 의학적인 상태인 경우, 담당의사와 해당 분야 전문의 1명은 환자의 연명의료중단 등 결정에 관한 의사로 보기에 충분한 기간 일관하여 표시된 연명의료중단 등에 관한 의사에 대하여 19세 이상의 환자가족 2명 이상의 일치하는 진술을 확인하면 환자의 의사로 간주함
    − '환자가족'이란, 19세 이상인 자로서 ① 배우자, ② 직계비속, ③ 직계존속을 말하며, ①, ②, ③이 모두 없는 경우에만 형제자매가 해당
    − 환자가족이 1명만 있는 경우에는 해당하는 1명의 진술로 가능
    − 환자가족의 진술과 배치되는 내용의 다른 환자가족의 진술이나 객관적인 증거가 있는 경우에는 환자의 의사로 추정할 수 없음
  라. 환자가족 전원의 합의를 통한 환자의 연명의료중단 등 결정
    − 연명의료계획서나 사전연명의료의향서 또는 환자가족의 진술 등으로 환자의 의사를 확인할 수 없고, 환자가 자신의 의사를 표현할 수 없는 의학적 상태일 때는 환자가족 전원의 합의로 연명의료중단 등 결정의 의사표시를 하고 이를 담당의사와 해당 분야 전문의 1명이 확인
    − 이때, ① 경찰관서에 행방불명 사실이 신고된 날부터 3년 이상 경과한 사람, ② 실종선고를 받은 사람, ③ 의식불명 또는 이에 준하는 사유로 자신의 의사를 표명할 수 없는 의학적 상태에 있는 사람으로서 전문의 1명 이상의 진단·확인을 받은 사람은 환자가족의 범위에서 제외함
    − 미성년자에 대해서는 환자의 친권자인 법정대리인의 의사표시를 담당의사와 해당 분야 전문의 1명이 확인
    − 다만, 담당의사 또는 해당 분야 전문의 1명이 환자가 연명의료중단 등 결정을 원하지 아니하였다는 사실을 확인한 경우에는 할 수 없음

③ 이행

- 담당의사는 확인된 환자의 연명의료중단 등 결정을 존중하여 이행하여야 함
- 이행하는 경우에도, 통증완화를 위한 의료행위와 영양분 공급, 물 공급, 산소의 단순 공급은 시행하지 않거나 중단해서는 아니 됨
- 담당의사는 이행을 거부할 수 있으며, 이 경우 의료기관의 장은 의료기관윤리위원회의 심의를 거쳐 담당의사를 교체하여야 함. 다만, 연명의료중단 등 결정의 이행 거부를 이유로 담당의사에게 해고나 그 밖의 불리한 처우를 하여서는 아니 됨
- 담당의사는 이행 과정 및 결과를 기록하여야 하며, 의료기관의 장은 그 결과를 관리기관의 장에게 통보하여야 함

17 다음 중 윗글에 대한 내용으로 적절하지 않은 것은?

① 연명의료중단 등 결정을 이행하기 전에 담당의사는 두 가지 단계를 거쳐야 한다.

② 이행 대상 환자인지 판단할 때는 담당의사뿐만 아니라 해당 분야 전문의의 의견도 필요하다.

③ 환자의 의사능력에 관계없이 환자가 사전에 의향서를 작성했다면 담당의사는 그 내용을 바탕으로 연명의료를 중단할 수 있다.

④ 만약 담당의사가 환자의 연명의료중단을 거부한다고 해도 이것을 이유로 의사에게 불리한 처우를 할 수는 없다.

18 다음 〈보기〉의 상황에서 갑이 판단할 수 있는 내용으로 적절하지 않은 것은?

─────〈보기〉─────

K병원 의사 갑의 담당환자 중 연명의료중단을 원하는 말기 암 환자인 김씨가 있다. 김씨는 가족들에게 경제적 부담을 주기 싫다며 석 달 전 사전연명의료의향서를 작성하였다. 최근 상태가 급격히 악화된 김씨는 본인의 의사도 제대로 표현할 수 없을 정도가 되었으며, 더는 어떠한 치료도 무의미한 상태가 되었다.

① 김씨에게는 배우자와 두 아들이 있으니 김씨 누나의 진술은 법적으로 효과가 없을 거야.

② 환자가족들을 불러 김씨가 평소 연명의료중단에 대해 일관된 의사를 보였는지 진술을 확인해야겠어.

③ 만약 환자가족의 진술로도 정확히 확인할 수 없다면, 환자가족 전원의 합의가 필요할 거야.

④ 김씨의 어머니가 실종되었다고 들었는데, 어머니는 환자가족 범위에 포함되지 않지만 18살인 막내아들은 포함해야 하겠네.

※ 다음 글을 읽고 이어지는 질문에 답하시오. [19~20]

〈아토피 피부염환자의 생활수칙〉

아토피 피부염은 대개 돌 무렵 일반적으로 말하는 태열의 형태로 발생하여, 유치원 및 초등학교 저학년 무렵, 사춘기 전 등 세 시기에서 그 증상이 일부 소실되고 이후 그 증상이 점점 완화된다. 사춘기 이후에 나타나는 심한 증상의 아토피 피부염은 일반적으로 영·유아기 및 소년기 아토피 피부염의 부적절한 치료 및 관리에 기인함이 알려져 있으며, 성인 아토피 피부염으로 지속된다. 다음은 일상생활에서 환자들이 쉽게 할 수 있는 생활 수칙이다.

1. 유발 혹은 악화 인자 제거
   • 실내에 적절한 온도와 습도를 유지하도록 하고 급격한 온도 변화를 피한다.
   • 적절한 목욕으로 피부를 청결히 하고, 건조하지 않게 목욕 직후 보습제를 바른다.
   • 세제는 피부에 자극을 줄 수 있으므로 사용을 최소화한다.
   • 새 옷은 화학성분을 없애기 위하여 세탁 후에 입도록 하고, 모직이나 합성섬유보다는 면으로 된 옷을 입는다.
   • 땀을 흘리거나 신체접촉이 많은 격렬한 운동은 피한다. 수영 후에는 염소잔류물을 씻어내고, 햇빛이 강한 시간에는 야외에서 활동하지 않는다.
   • "Itch - Scratch - Itch"의 악순환을 방지하기 위하여 긁지 않도록 하고, 손톱은 짧게 깎아주고 잘 때는 장갑을 끼워준다.
   • 집먼지와 집먼지 진드기의 서식처를 줄인다. 청소는 진공 청소기와 젖은 수건을 함께 사용하여 진드기, 먼지, 동물털, 비듬을 제거한다.
   • 정신적 스트레스는 피부염을 악화시킬 수 있으므로 집단교육이나 그룹치료 등을 통해 정서적 안정을 유도한다.

2. 피부 보습
   땀이나 자극성 물질 제거 목적으로는 샤워를, 피부 건조 예방 및 치료 목적으로는 미지근한 물을 담은 욕조에 10 ~ 20분 정도 몸을 담그는 입욕이 좋다. 때를 밀지 않으며 비누는 약산성의 저자극 제품을 사용한다. 대다수의 보습제가 적절한 약산성의 pH를 사용하므로, 피부 장벽이 심하게 손상되었을 때는 이 보습제 자체가 피부에 자극이 되는 경우도 있다. 이 경우에는 피부 장벽의 회복이 우선되어야 한다.

3. 알레르기 조절
   1) 음식물

   유아에서 발생하는 경우나 통상적인 치료에 잘 반응하지 않는 임상증상이 심한 아토피 피부염에서는 음식물 알레르기를 의심해 보아야 하며, 흔한 음식은 우유, 계란, 콩, 땅콩, 밀가루, 생선 등이다. 우리나라 환아의 부모들은 음식물에 예민하게 대응하는 경향이 있는데, 실제 환아의 일부에서만 음식물에 의해 피부염이 유발, 악화되며 나이가 들면서 점차 없어져 3세 이상에서는 드물다. 단자검사나 CAP-RAST 검사상 음성일 경우 그 음식물이 원인이 아니라고 판정할 수 있으나, 양성반응을 보일 경우 위양성일 가능성이 많으므로 제거식이와 음식물 유발검사를 시행하여 확진한다. 유발검사 시 주관적인 요소를 배재하기 위해서는 이중맹검시험이 정확하나 실제로는 시행하기가 쉽지 않다. 또한, 성장기의 어린이에게 무분별한 식이제한은 성장부진으로 이어질 수 있으니 주의를 기울어야 한다.

   2) 흡입항원
   아토피 피부염 환자의 많은 경우에서 집먼지 진드기, 꽃가루, 동물털, 진균 같은 대기 중 항원에 대한 즉시형 과민반응이 동반된다. 특히, 집먼지 진드기가 가장 흔한 원인항원으로, 진드기를 제거하거나 집먼지가 적은 환경으로 이사하면 임상적 호전을 보이는 경우가 많다.

19 다음 중 아토피 피부염을 완화하기 위해 취해야 할 행동으로 적절하지 않은 것은?

① 급격한 온도 변화는 아토피 피부염을 악화시킬 수 있으므로 실내 온도를 적절하게 유지한다.

② 목욕을 적절히 하되 몸에 자극이 가지 않도록 세제를 많이 짜 거품을 만들어 한다.

③ 땀을 많이 흘리는 운동은 피하고 햇빛이 강한 시간에는 야외활동을 자제한다.

④ 정신적 스트레스로 아토피 피부염이 악화될 수 있으므로 정서적 안정을 위해 노력한다.

20 다음 중 박스 안에서 틀린 단어는 모두 몇 개인가?

① 1개   ② 2개

③ 3개   ④ 4개

21 기온이 10℃일 때 소리의 속력은 337m/s이고, 35℃일 때 소리의 속력은 352m/s이다. 소리의 속력이 364m/s일 때 기온은?(단, 온도에 따른 소리의 속력 변화는 일정하다)

① 40℃   ② 45℃

③ 50℃   ④ 55℃

22 경림이와 소정이가 같은 지점에서 출발한 후, 서로 반대 방향으로 경림이는 시속 x km, 소정이는 시속 6km로 걸어갔다. 2시간 20분 후에 둘 사이의 거리가 24.5km가 되었다고 할 때, 경림이의 걸음 속도는?

① 4km/h   ② 4.5km/h

③ 5km/h   ④ 5.5km/h

23 K중학교에서 2 ~ 3학년을 대상으로 체육시험을 실시하였다. 2 ~ 3학년 학생 수는 200명이며, 전체 평균점수는 59.6점이었다. 3학년 학생 수는 전체 학생 수의 51%이고, 3학년 학생의 평균점수는 2학년 학생 평균점수의 3배보다 2점이 높을 때, 2학년과 3학년의 평균은 각각 얼마인가?

	2학년	3학년
①	26점	80점
②	27점	83점
③	28점	86점
④	29점	89점

24 A, B그릇에는 각각 농도 6%, 8%의 소금물 300g이 들어 있다. A그릇에서 소금물 100g을 퍼서 B그릇에 옮겨 담고, 다시 B그릇에서 소금물 80g을 퍼서 A그릇에 옮겨 담았다. 이때, A그릇에 들어 있는 소금물의 농도는 얼마인가?(단, 소수점 둘째 자리에서 반올림한다)

① 5%   ② 5.6%
③ 6%   ④ 6.4%

25 K사에서 환경미화를 위해 올해에도 실내공기 정화식물을 구입하기로 하였다. 작년에 구입한 식물은 올해 구입할 식물 수보다 2.5배 많으며, 16%가 시들었다. 작년에 시든 식물이 20그루라고 할 때, 올해 구입할 실내공기 정화식물의 수는?

① 45그루   ② 50그루
③ 55그루   ④ 60그루

26 다음은 K프랜차이즈의 지역별 가맹점 수와 결제 실적에 대한 자료이다. 이에 대한 설명으로 옳지 않은 것은?

〈K프랜차이즈의 지역별 가맹점 수 및 결제 건수 및 결제 금액〉

(단위 : 개, 건, 만 원)

지역	구분	가맹점 수	결제 건수	결제 금액
서울		1,269	142,248	241,442
6대 광역시	부산	34	3,082	7,639
	대구	8	291	2,431
	인천	20	1,317	2,548
	광주	8	306	793
	대전	13	874	1,811
	울산	11	205	635
전체		1,363	148,323	257,299

※ 단, 제시된 지역 외에는 가맹점이 없다.

〈K프랜차이즈의 가맹점 규모별 결제 건수 및 결제 금액〉

(단위 : 건, 만 원)

가맹점 규모	구분	결제 건수	결제 금액
소규모		143,565	250,390
중규모		3,476	4,426
대규모		1,282	2,483
전체		148,323	257,299

① 서울 지역 소규모 가맹점의 결제 건수는 137,000건 이하이다.
② 6대 광역시 가맹점의 결제 건수 합은 6,000건 이상이다.
③ 결제 건수 대비 결제 금액을 가맹점 규모별로 비교할 때 가장 작은 가맹점 규모는 중규모이다.
④ 가맹점 수 대비 결제 금액이 가장 큰 지역은 대구이다.

27 다음은 A대리의 3월 출장내역을 나타낸 자료이다. 〈조건〉을 근거로 판단할 때, A대리가 3월 출장여비로 받을 수 있는 총액은?

〈A대리의 3월 출장내역〉

구분	출장지	출장 시작 및 종료 시각	비고
출장 1	세종시	14 ~ 16시	관용차량 사용
출장 2	인천시	14 ~ 18시	-
출장 3	서울시	9 ~ 16시	업무추진비 사용

〈조건〉

- 출장여비 기준
  - 출장여비는 출장수당과 교통비의 합이다.
  1) 세종시 출장
    - 출장수당 : 1만 원
    - 교통비 : 2만 원
  2) 세종시 이외 출장
    - 출장수당 : 2만 원(13시 이후 출장 시작 또는 15시 이전 출장 종료 시 1만 원 차감)
    - 교통비 : 3만 원
- 출장수당의 경우 업무추진비 사용 시 1만 원이 차감되며, 교통비의 경우 관용차량 사용 시 1만 원이 차감된다.

① 7만 원　　　　　　　　　　　② 8만 원
③ 9만 원　　　　　　　　　　　④ 10만 원

28 B대리는 금연치료 프로그램 참가자의 문의전화를 받았다. 금연치료의약품과 금연보조제를 처방받아서 복용하고 있는데, 1월 한 달 동안 본인이 부담하는 의약품비가 얼마인지 궁금하다는 내용이었다. B대리는 참가자가 1월 4일부터 바레니클린을 복용하며, 금연패치를 사용하고 있다는 사실을 확인한 후 본인부담금을 알려주었다. 다음 중 본인부담금으로 옳은 것은?

구분	금연치료의약품		금연보조제		
	부프로피온	바레니클린	패치	껌	정제
용법	1일 2정	1일 2정	1일 1장	1일 4 ~ 12정	1일 4 ~ 12정
시장가격	680원/정	1,767원/정	1,353원/장	375원/정	417원/정
공단 지원액	500원/정	1,000원/정	1,500원/일		

※ 의료급여수급권자 및 최저생계비 150% 이하인 자는 상한액 이내 지원
※ 1월 투여기간 : 4 ~ 31일

① 40,068원
② 41,080원
③ 42,952원
④ 43,085원

29 S통신사 멤버십 회원인 B씨는 K랜드 S통신사 멤버십 할인 이벤트를 보고 우대쿠폰을 출력해 아내와 15살 아들, 7살 딸과 K랜드로 가족 나들이를 가기로 했다. B씨 가족이 주간권을 구매할 때와 야간권을 구매할 때 받는 할인금액의 차이는?

〈K랜드 S통신사 멤버십 할인 이벤트〉

• S통신사 멤버십 카드 소지 시 본인은 정상가의 40%를 할인받을 수 있습니다.
• S통신사 멤버십 카드 우대쿠폰을 통해 동반 3인까지 10%를 할인받을 수 있습니다.
• K랜드 이용권 정상가는 다음과 같습니다.

구분	주간권(종일)	야간권(17시 이후)
대인	54,000원	45,000원
청소년	46,000원	39,000원
소인	43,000원	36,000원

※ 소인 : 36개월 ~ 만 12세
※ 청소년 : 만 13세 ~ 18세

① 5,900원
② 6,100원
③ 6,300원
④ 6,500원

30 다음은 연령별 남녀 의료급여 수급권자 현황을 지역별로 조사한 자료이다. 이에 대한 설명으로 옳지 않은 것은?(단, 비율은 소수점 둘째 자리에서 반올림한다)

〈연령별 의료급여 수급권자 현황〉

(단위 : 명)

구분		10대	20대	30대	40대	50대	60대	70대	80대 이상
합계		116,542	68,508	43,730	115,118	174,594	157,038	160,050	118,508
서울특별시	남성	13,287	10,277	4,680	12,561	24,874	20,960	15,500	5,628
	여성	13,041	9,205	5,399	15,456	19,641	20,158	25,541	18,782
경기도	남성	13,753	7,982	4,283	11,756	22,337	17,818	13,955	6,405
	여성	13,568	7,859	6,021	14,953	16,930	17,303	25,039	22,002
강원도	남성	3,518	1,971	1,054	3,108	5,834	4,558	3,540	1,741
	여성	3,412	1,730	1,339	3,291	4,264	4,493	6,394	6,000
충청북도	남성	2,956	1,604	1,110	2,782	4,961	4,007	2,811	1,247
	여성	2,911	1,409	1,392	2,945	3,778	3,905	5,030	4,530
충청남도	남성	3,492	1,673	1,129	3,237	5,582	4,594	3,218	1,597
	여성	3,337	1,587	1,521	3,497	4,125	4,351	5,759	5,486
전라북도	남성	6,286	3,617	1,816	4,650	8,378	6,612	4,227	2,010
	여성	6,237	3,499	2,478	6,072	6,480	6,251	8,011	8,045
전라남도	남성	4,945	2,482	1,514	4,208	8,106	6,257	4,346	1,994
	여성	4,715	2,288	1,897	4,182	5,261	5,118	7,661	8,987
경상북도	남성	5,394	3,060	1,949	5,509	9,928	7,412	4,953	2,445
	여성	5,159	2,722	2,297	5,765	7,077	7,859	10,113	10,302
경상남도	남성	5,381	2,888	1,688	5,525	10,154	7,933	4,629	1,989
	여성	5,150	2,655	2,163	5,621	6,884	7,449	9,323	9,318

① 10대 여성 수급권자는 10대 전체 수급권자의 52% 이상이다.

② 40대부터 80대 이상의 모든 수급권자에서 80대 이상이 차지하는 비중은 약 16.3%이다.

③ 서울특별시 남성 수급권자 수가 네 번째로 적은 연령대와 같은 연령대의 강원도 남성과 여성 총수급권자는 6,399명이다.

④ 충청남도 50대 남성 수급권자 대비 60대 여성 수급권자 비율은 충청북도 50대 여성 수급권자 대비 60대 남성 수급권자 비율보다 30%p 미만으로 낮다.

31 다음은 국가별 4차 산업혁명 기반산업 R&D 투자 현황에 대한 자료이다. 이에 대한 설명으로 옳지 않은 것을 〈보기〉에서 모두 고르면?

〈국가별 4차 산업혁명 기반산업 R&D 투자 현황〉

(단위 : 억 달러)

국가	서비스				제조					
	IT서비스		통신 서비스		전자		기계장비		바이오·의료	
	투자액	상대 수준	투자액	상대 수준	투자액	상대 수준	투자액	상대 수준	투자액	상대 수준
한국	3.4	1.7	4.9	13.1	301.6	43.1	32.4	25.9	16.4	2.3
미국	200.5	100.0	37.6	100.0	669.8	100.0	121.3	96.6	708.4	100.0
일본	30.0	14.9	37.1	98.8	237.1	33.9	125.2	100.0	166.9	23.6
독일	36.8	18.4	5.0	13.2	82.2	11.7	73.7	58.9	70.7	10.0
프랑스	22.3	11.1	10.4	27.6	43.2	6.2	12.8	10.2	14.2	2.0

※ 투자액은 기반산업별 R&D 투자액의 합계이다.
※ 상대수준은 최대 투자국의 R&D 투자액을 100으로 두었을 때의 상대적 비율이다.

〈보기〉

ㄱ. 한국의 IT서비스 부문 투자액은 미국 대비 1.7%이다.
ㄴ. 미국은 모든 산업의 상대수준이다.
ㄷ. 한국의 전자 부문 투자액은 전자 외 부문 투자액을 모두 합한 금액의 6배 이상이다.
ㄹ. 일본과 프랑스의 부문별 투자액 순서는 동일하지 않다.

① ㄱ, ㄴ
② ㄴ, ㄷ
③ ㄷ, ㄹ
④ ㄴ, ㄷ, ㄹ

32 다음 측량학 용어에 대한 자료를 통해 〈보기〉의 빈칸에 들어갈 수를 바르게 구한 것은?

〈측량학 용어〉

- 축척 : 실제 수평 거리를 지도상에 얼마나 축소해서 나타냈는지를 보여주는 비율. 1/50,000, 1/25,000, 1/10,000, 1/5,000 등을 일반적으로 사용함
- 표고 : 표준 해면으로부터 지표의 어느 지점까지의 수직거리
- 등고선 : 지도에서 표고가 같은 지점들을 연결한 선, 축척 1/50,000 지도에서는 표고 20m마다, 1/25,000 지도에서는 표고 10m마다 등고선을 그림

  예 축척 1/50,000 지도에서 등고선이 그려진 모습

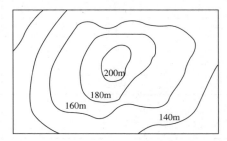

- 경사도 : 어떤 두 지점 X와 Y를 잇는 사면의 경사도는 다음의 식으로 계산

$$(경사도) = \frac{(두\ 지점\ 사이의\ 표고\ 차이)}{(두\ 지점\ 사이의\ 실제\ 수평\ 거리)}$$

〈보기〉

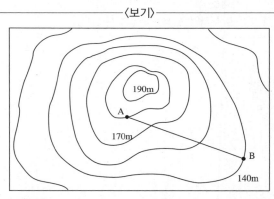

위의 지도는 축척 1/25,000로 제작되었다. 지도상의 지점 A와 B를 잇는 선분을 자로 재어 보니 길이가 4cm였다. 이때 두 지점 A와 B를 잇는 사면의 경사도는 _____이다.

① 0.015   ② 0.025

③ 0.03   ④ 0.055

33 다음은 국가별 여성 국회의원 수 현황을 나타낸 자료이다. 〈보기〉 중 옳지 않은 것은 모두 몇 개인가?

〈아시아 6개국 여성 국회의원 수 현황〉

(단위 : 명)

구분	2024년	2023년	2022년
한국	51	51	49
중국	709	699	699
인도	64	64	65
이란	19	17	9
일본	47	44	45
싱가포르	23	24	21

〈유럽 7개국 여성 국회의원 수 현황〉

(단위 : 명)

구분	2024년	2023년	2022년
오스트리아	63	56	56
벨기에	57	57	59
크로아티아	28	30	23
체코	44	40	40
덴마크	67	67	67
노르웨이	70	67	67
러시아	71	71	61

─〈보기〉─

ㄱ. 13개국 중 2024년 여성 국회의원 수가 전년 대비 동일한 국가는 3개국이다.
ㄴ. 유럽 7개국에서 2022 ~ 2024년 동안 여성 국회의원 수가 적은 순서로 첫 번째부터 네 번째까지 변함없다.
ㄷ. 3년 동안 중국의 여성 국회의원 수는 한국, 인도, 일본의 국회의원 수를 합한 인원보다 4배 이상이다.
ㄹ. 2023년 유럽 7개국 여성 국회의원 총인원은 아시아 6개국 여성 국회의원 총인원의 40% 미만을 차지한다.

① 없음
② 1개
③ 2개
④ 3개

※ 다음은 K초등학교 남학생과 여학생의 도서 선호 분야를 비율로 나타낸 자료이다. 이어지는 질문에 답하시오.
   [34~36]

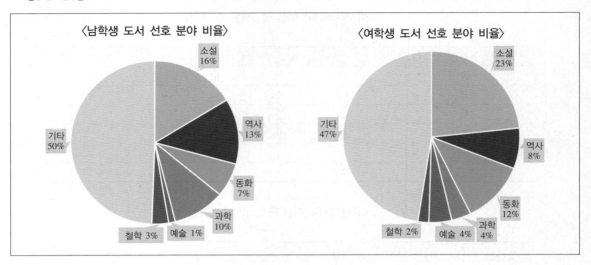

34 자료가 K초등학교 남학생 470명, 여학생은 450명을 대상으로 조사한 결과라면 남학생과 여학생 중에서 과학 분야를 선호하는 총 학생 수는 몇 명인가?

① 60명   ② 65명
③ 70명   ④ 75명

35 기타를 제외한 도서 선호 분야에서 남학생과 여학생 각각 가장 낮은 비율을 차지하는 분야의 학생 수를 구하려고 한다. 해당하는 분야의 총 학생 수의 10배는 몇 명인가?(단, 조사대상 인원은 남학생 500명, 여학생 450명이다)

① 104명   ② 115명
③ 126명   ④ 140명

36 다음 중 자료에 대한 내용으로 옳은 것은?

① 남학생과 여학생은 예술 분야보다 철학 분야를 더 선호한다.
② 과학 분야는 여학생 비율이 남학생 비율보다 높다.
③ 역사 분야는 남학생 비율이 여학생 비율의 2배 미만이다.
④ 동화 분야는 여학생 비율이 남학생 비율의 2배 이상이다.

※ 다음은 K국의 우호국 지원금에 대한 자료이다. 이어지는 질문에 답하시오. [37~38]

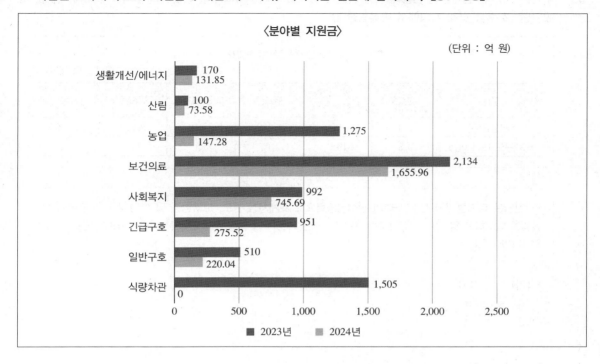

〈분야별 지원금〉

(단위 : 억 원)

분야	2023년	2024년
생활개선/에너지	170	131.85
산림	100	73.58
농업	1,275	147.28
보건의료	2,134	1,655.96
사회복지	992	745.69
긴급구호	951	275.52
일반구호	510	220.04
식량차관	1,505	0

37 다음 중 자료에 대한 설명으로 옳지 않은 것은?

① 2024년의 우호국 지원금은 전년 대비 모든 분야에서 감소하였다.
② 2023 ~ 2024년 동안 지원한 금액은 농업 분야보다 긴급구호 분야가 많다.
③ 2023 ~ 2024년 동안 가장 많은 금액을 지원한 분야는 동일하다.
④ 산림 분야의 지원금은 2023년 대비 2024년에 25억 원 이상 감소하였다.

38 2023년에 지원금이 많은 3가지 분야의 합과 2024년에 지원금이 많은 3가지 분야의 합의 차이는?

① 약 2,237억 원
② 약 2,344억 원
③ 약 2,401억 원
④ 약 2,432억 원

39 다음은 2024년 첨단산업 현황에 대한 자료이다. 〈보기〉의 (가)와 (나)에 들어갈 수치를 바르게 계산한 것은?(단, 소수점 첫째 자리에서 반올림한다)

〈2024년 첨단산업 현황〉

(단위 : 억 달러, %)

구분	평판TV	비즈니스 항공기	핸드폰	의료기기	반도체	SW
시장규모	964	1,980	1,689	2,216	2,410	10,090
SW 규모 대비 비중	9.6	19.6	16.7	22	23.9	−

─〈보기〉─

SW산업은 디지털 컨버전스 시대의 신성장동력으로 세계시장 규모, 고용창출 및 부가 가치율 면에서 여타 산업을 압도하고 있으며, 시장규모는 2024년 기준 10,090억 달러로 반도체시장의 약 (가)배, 핸드폰시장의 약 (나)배 규모이다.

	(가)	(나)
①	4	4
②	4	6
③	5	5
④	5	7

40 K기업의 연구소에서는 신소재 물질을 개발하고 있다. 최근 새롭게 연구하고 있는 4가지 물질의 농도 측정을 위해 A ~ D연구기관에 검사를 의뢰하였다. 측정결과가 다음과 같을 때, 이를 이해한 내용으로 옳지 않은 것은?

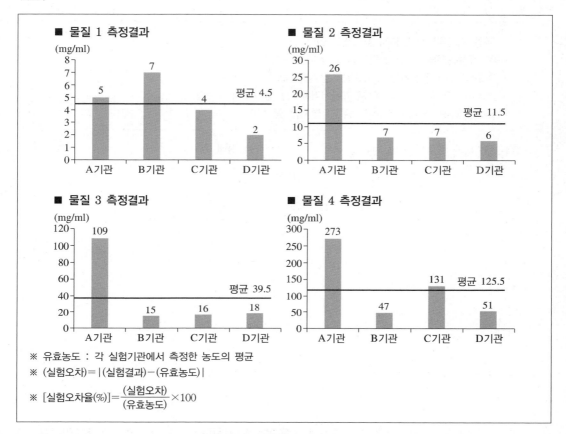

※ 유효농도 : 각 실험기관에서 측정한 농도의 평균
※ (실험오차)=|(실험결과)−(유효농도)|

$$[실험오차율(\%)]=\frac{(실험오차)}{(유효농도)}\times100$$

① 물질 1에 대한 B기관과 D기관의 실험오차율은 동일하다.
② 물질 3에 대한 실험오차율은 A기관이 가장 크다.
③ 물질 1에 대한 B기관의 실험오차율은 물질 2에 대한 A기관의 실험오차율보다 작다.
④ 물질 2에 대한 A기관의 실험오차율은 물질 2에 대한 나머지 기관의 실험오차율 합보다 작다.

41 K공단에서는 매주 수요일 오전에 주간 회의가 열린다. 주거복지기획부, 공유재산관리부, 공유재산개발부, 인재관리부, 노사협력부, 산업경제사업부 중 이번 주 주간 회의에 참여할 부서들의 〈조건〉이 다음과 같을 때, 이번 주 주간 회의에 참석할 부서의 최대 수는?

─────────────〈조건〉─────────────
- 주거복지기획부는 반드시 참석해야 한다.
- 공유재산관리부가 참석하면 공유재산개발부도 참석한다.
- 인재관리부가 참석하면 노사협력부는 참석하지 않는다.
- 산업경제사업부가 참석하면 주거복지기획부는 참석하지 않는다.
- 노사협력부와 공유재산관리부 중 한 부서만 참석한다.

① 2개   ② 3개
③ 4개   ④ 5개

42 K회사 영업지원팀 문팀장은 새로 출시한 제품 홍보를 지원하기 위해 월요일부터 목요일까지 매일 남녀 한 명씩을 홍보팀으로 보내야 한다. 영업지원팀에는 현재 남자 사원 4명(기태, 남호, 동수, 지원)과 여자 사원 4명(고은, 나영, 다래, 리화)이 근무하고 있다. 다음 〈조건〉을 만족할 때, 옳지 않은 것은?

─────────────〈조건〉─────────────
(가) 매일 다른 사람을 보내야 한다.
(나) 기태는 화요일과 수요일에 휴가를 간다.
(다) 동수는 다래의 바로 이전 요일에 보내야 한다.
(라) 고은은 월요일에는 근무할 수 없다.
(마) 남호와 나영은 함께 근무할 수 없다.
(바) 지원은 기태 이전에 근무하지만 화요일은 갈 수 없다.
(사) 리화는 고은과 나영 이후에 보낸다.

① 고은이 수요일에 근무한다면 기태는 리화와 함께 근무한다.
② 다래가 수요일에 근무한다면 화요일에는 동수와 고은이 근무한다.
③ 리화가 수요일에 근무한다면 남호는 화요일에 근무한다.
④ 고은이 화요일에 근무한다면 지원은 월요일에 근무할 수 없다.

43 다이어트를 하기로 마음먹은 A ~ D는 매일 '보건소 – 성당 – 우체국 – 경찰서 – 약수터' 코스를 함께 운동하며 이동하기로 했다. 이들은 각 코스를 이동하는 데 '뒤로 걷기, 파워워킹, 러닝, 자전거 타기'의 방법을 모두 사용하며, 동일 구간을 이동하는 동안에는 각각 서로 다른 하나의 이동 방법을 선택한다. 다음 〈조건〉이 모두 참일 때, C가 경찰서에서 약수터로 이동 시 사용 가능한 방법이 바르게 짝지어진 것은?

---〈조건〉---
- A와 C가 사용한 이동 방법의 순서는 서로 반대이다.
- B는 보건소에서 성당까지 파워워킹으로 이동했다.
- 우체국에서 경찰서까지 러닝으로 이동한 사람은 A이다.
- C가 경찰서에서 약수터로 이동한 방법과 D가 우체국에서 경찰서까지 이동한 방법은 같다.
- C는 러닝을 한 후 바로 파워워킹을 했다.

① 뒤로 걷기, 자전거 타기
② 파워워킹, 러닝
③ 러닝, 자전거 타기
④ 뒤로 걷기, 파워워킹

44 다음 〈조건〉에 따라 노래대회 예선이 진행된다. 甲이 심사위원장을 알아내고자 할 때, 〈보기〉에서 옳은 것을 모두 고르면?

---〈조건〉---
- 예선의 심사위원은 심사위원장 1인을 포함하여 총 4인이며, 그중 누가 심사위원장인지 참가자에게 공개되지 않는다.
- 심사위원은 참가자의 노래를 들은 후 동시에 ○ 또는 ×의 결정을 내리며, 다수결에 의해 예선 통과 여부가 결정된다.
- 만약 ○와 ×를 결정한 심사위원의 수가 같다면, 심사위원장이 ○ 결정을 한 경우 통과하고, × 결정을 한 경우 탈락한다.
- 4명의 참가자들은 어떤 심사위원이 자신에게 ○ 또는 × 결정을 내렸는지와 통과 또는 탈락 여부를 정확히 기억하여 甲에게 알려주었다.

---〈보기〉---
ㄱ. 4명의 참가자가 모두 심사위원 3인의 ○ 결정으로 통과했다면, 甲은 심사위원장을 알아낼 수 없다.
ㄴ. 4명의 참가자가 모두 같은 2인의 심사위원에게만 ○ 결정을 받아 탈락했다면, 甲은 심사위원장을 알아낼 수 있다.
ㄷ. 4명의 참가자가 모두 2인의 심사위원에게만 ○ 결정을 받았고, ○ 결정을 한 심사위원의 구성이 모두 다르다면, 甲은 심사위원장을 알아낼 수 있다.

① ㄱ   ② ㄴ
③ ㄱ, ㄷ   ④ ㄴ, ㄷ

※ 다음은 K동물병원의 접수 코드이다. 이어지는 질문에 답하시오. [45~48]

〈동물병원 접수 코드〉

• 접수 코드 부여 방식
[접수] – [진료시간] – [품종] – [업무] 순의 7자리 수
• 접수

신규고객	기존고객	장기고객
01	02	03

• 진료시간

오전	오후	주말
11	12	13

• 품종

개	고양이	새(조류)	파충류	가축	기타
10	20	30	40	50	60

• 업무

예방접종	치료	정기검진	상담	기타
1	2	3	4	5

• 이번 달 접수 현황

0111102	0211203	0113202	0312301	0313505
0212404	0111603	0111104	0213605	0313202
0113101	0312504	0311302	0111403	0212204
0312105	0212103	0213202	0311101	0111604

45 다음과 같은 상황에서 부여되는 접수 코드는?

화요일 오후 10시, 처음 가는 동네에서 반려견과 함께 산책을 하던 A씨는 반려견이 가시에 찔려 발바닥에서 피가 나는 것을 보고 근처 K동물병원에 들어가 치료해 달라고 하였다.

① 0112102
② 0112105
③ 0111102
④ 0112202

46 이번 달에 의사가 사정이 생겨 주말 진료와 상담 업무를 취소하기로 하였다면, 이번 달 접수가 취소되지 않는 건수는?

① 8건   ② 9건

③ 10건   ④ 11건

47 이번 달에 가장 많이 접수가 된 동물의 품종은?

① 개   ② 고양이

③ 가축   ④ 기타

48 다음 중 접수 번호가 옳은 것은?

① 0111001   ② 0214202

③ 03133033   ④ 0112404

49 X제품을 운송하는 Q씨는 업무상 편의를 위해 고객의 주문 내역을 임의의 기호로 기록하고 있다. 다음과 같은 주문 전화가 왔을 때 Q씨가 기록한 기호로 옳은 것은?

〈임의기호〉				
재료	연강	고강도강	초고강도강	후열처리강
	MS	HSS	AHSS	PHTS
판매량	낱개	1묶음	1box	1set
	01	10	11	00
지역	서울	경기남부	경기북부	인천
	E	S	N	W
윤활유 사용	청정용	냉각용	윤활용	밀폐용
	P	C	I	S
용도	베어링	스프링	타이어코드	기계구조
	SB	SS	ST	SM

※ Q씨는 [재료] – [판매량] – [지역] – [윤활유 사용] – [용도]의 순서로 기호를 기록한다.

〈주문전화〉

어 Q씨 나야. 인천 지점에서 같이 일했던 P. 필요한 것이 있어서 전화했어. 일단 서울 지점의 B씨가 스프링으로 사용할 제품이 필요하다고 하는데 한 박스 정도면 될 것 같아. 이전에 주문했던 대로 연강에 윤활용으로 윤활유를 사용한 제품으로 부탁하네. 나는 이번에 경기 남쪽으로 가는데 거기에 있는 내 사무실 알지? 거기로 초고강도강 타이어코드용으로 1세트 보내줘. 튼실한 걸로 밀폐용 윤활유 사용해서 부탁해. 저번에 냉각용으로 사용한 제품은 생각보다 좋진 않았어.

① MS11EISB, AHSS00SSST
② MS11EISS, AHSS00SSST
③ MS11EISS, HSS00SSST
④ MS11WISS, AHSS10SSST

50 다음은 K공단의 경제자유구역사업에 대한 SWOT 분석결과이다. 이를 바탕으로 경영전략을 세웠을 때, 〈보기〉에서 적절하지 않은 것을 모두 고르면?

〈경제자유구역사업에 대한 SWOT 분석결과〉

구분	분석결과
강점(Strength)	• 성공적인 경제자유구역 조성 및 육성 경험 • 다양한 분야의 경제자유구역 입주희망 국내기업 확보
약점(Weakness)	• 과다하게 높은 외자금액 비율 • 외국계 기업과 국내기업 간의 구조 및 운영상 이질감
기회(Opportunity)	• 국제경제 호황으로 인하여 타국 사업지구 입주를 희망하는 해외시장부문의 지속적 증가 • 국내진출 해외기업 증가로 인한 동형화 및 협업 사례 급증
위협(Threat)	• 국내거주 외국인 근로자에 대한 사회적 포용심 부족 • 대대적 교통망 정비로 인한 기성 대도시의 흡수효과 확대

〈SWOT 분석에 의한 경영전략〉

• SO전략 : 강점을 활용해 기회를 선점하는 전략
• ST전략 : 강점을 활용하여 위협을 최소화하거나 극복하는 전략
• WO전략 : 기회를 활용하여 약점을 보완하는 전략
• WT전략 : 약점을 최소화하고 위협을 회피하는 전략

─────〈보기〉─────

ㄱ. 성공적인 경제자유구역 조성 노하우를 활용하여 타국 사업지구로의 진출을 희망하는 해외기업을 유인 및 유치하는 전략은 SO전략에 해당한다.
ㄴ. 다수의 풍부한 경제자유구역 성공 사례를 바탕으로 외국인 근로자를 국내주민과 문화적으로 동화시킴으로써 원활한 지역발전의 토대를 조성하는 전략은 ST전략에 해당한다.
ㄷ. 기존에 국내에 입주한 해외기업의 동형화 사례를 활용하여 국내기업과 외국계 기업의 운영상 이질감을 해소하여 생산성을 증대시키는 전략은 WO전략에 해당한다.
ㄹ. 경제자유구역 인근 대도시와의 연계를 활성화하여 경제자유구역 내 국내 · 외 기업 간의 이질감을 해소하는 전략은 WT전략에 해당한다.

① ㄱ, ㄴ
② ㄱ, ㄷ
③ ㄴ, ㄷ
④ ㄴ, ㄹ

※ 다음 자료를 보고 이어지는 질문에 답하시오. [51~52]

발신인	금융기획부 E팀장	발신일	2025. 01. 20. (월) 14:15:54
수신인	인사부 K과장		
제목	프로젝트금융부서 인사에 대한 자료 요청		

안녕하세요. K과장님. 금융기획부 E팀장입니다.
이번에 새로 진행되는 프로젝트금융부서에 배치 가능한 사원들의 역량을 확인할 수 있는 자료의 요청을 부탁드립니다. 아무래도 외국 투자를 주목적으로 하는 부서인지라 외국어 능력 자료가 필수적이고, 다양한 자료를 활용하여 발표할 일이 많으므로 각종 서식을 잘 다루는지 확인할 수 있는 자료가 있으면 좋겠습니다.

발신인	인사부 K과장	발신일	2025. 01. 20. (월) 16:55:12
수신인	금융기획부 E팀장		
제목	RE : 프로젝트금융부서 인사에 대한 자료 요청		

E팀장님, 안녕하세요.
프로젝트금융부서에 배치 가능한 사원 5명의 역량을 다음과 같이 첨부하여 보냅니다. 사내에서 시행한 외국어능력 점수와 컴퓨터 활용능력 점수, 근무태도, 자격증 등으로 구성되어 있으며, 이밖에 다른 필요한 자료가 있으시다면 언제든 연락해 주십시오. 감사합니다.

〈사원별 인사자료〉

구분	외국어능력 점수	컴퓨터활용능력 점수	근무태도	자격증
윤정아	75점	85점	A등급	–
신민준	80점	80점	B등급	정보처리기사
이연경	95점	70점	C등급	–
김영진	90점	75점	B등급	정보처리산업기사

〈근무태도 등급별 점수〉

등급	점수
A등급	100점
B등급	90점
C등급	80점
D등급	70점
E등급	60점

51 외국어능력, 컴퓨터활용능력, 근무태도 점수의 평균이 높은 순으로 사원 2명을 선정한다고 할 때, 선정될 사원은 누구인가?

① 윤정아, 신민준　　　　　　　　② 윤정아, 김영진
③ 신민준, 이연경　　　　　　　　④ 신민준, 김영진

52 E팀장은 기존 평가방법에 외국어능력 점수에 가산점 10%를 주고, 자격증이 있는 경우 5점을 가산하여 합산한 값이 가장 높은 사원 1명을 선정하려고 한다. 다음 중 선정될 사원은 누구인가?

① 윤정아   ② 신민준
③ 이연경   ④ 김영진

53 K공단은 사원들의 복지 증진을 위해 안마의자를 구매할 계획이다. K공단의 평가기준이 다음과 같을 때, 〈보기〉 중 어떤 안마의자를 구매하겠는가?

〈K공단의 안마의자 구입 시 평가기준〉

• 사원들이 자주 사용할 것으로 생각되니 A/S 기간이 2년 이상이어야 한다.
• 사무실 인테리어를 고려하여 안마의자의 컬러는 레드보다는 블랙이 적절한 것으로 보인다.
• 겨울철에도 이용할 경우를 위해 안마의자에 온열기능이 있어야 한다.
• 안마의자의 구입 예산은 최대 2,500만 원까지며, 가격이 예산 안에만 해당하면 모두 구매 가능하다.
• 안마의자의 프로그램 개수는 최소 10개 이상은 되어야 하며, 많으면 많을수록 좋다.

〈보기〉

구분	가격	컬러	A/S 기간	프로그램	옵션
A안마의자	2,200만 원	블랙	2년	12개	온열기능
B안마의자	2,100만 원	레드	2년	13개	온열기능
C안마의자	2,600만 원	블랙	3년	15개	－
D안마의자	2,400만 원	블랙	2년	13개	온열기능

① A안마의자   ② B안마의자
③ C안마의자   ④ D안마의자

54 다음은 국민연금법의 일부 내용이다. 다음 〈보기〉에서 연금을 받을 수 있는 사람과 받는 연금의 종류가 바르게 연결된 것은?(단, 가입자의 나이는 2024년 5월 2일을 기준일로 하여 만 나이로 계산하며, 유족연금의 경우 가입자의 유족이 받는다)

가입 대상(제6조)
국내에 거주하는 국민으로서 18세 이상 60세 미만인 자는 국민연금 가입 대상이 된다. 다만, 「공무원연금법」, 「군인연금법」, 「사립학교교직원 연금법」 및 「별정우체국법」을 적용받는 공무원, 군인, 교직원 및 별정우체국 직원, 그 밖에 대통령령으로 정하는 자는 제외한다.

노령연금 수급권자(제61조)
① 가입기간이 10년 이상인 가입자 또는 가입자였던 자에 대하여는 60세(특수직종근로자는 55세)가 된 때부터 그가 생존하는 동안 노령연금을 지급한다.
② 가입기간이 10년 이상인 가입자 또는 가입자였던 자로서 55세 이상인 자가 대통령령으로 정하는 소득이 있는 업무에 종사하지 아니하는 경우 본인이 희망하면 제1항에도 불구하고 60세가 되기 전이라도 본인이 청구한 때부터 그가 생존하는 동안 일정한 금액의 연금(이하 "조기노령연금"이라 한다)을 받을 수 있다.

유족연금의 수급권자(제72조)
① 다음 각 호의 어느 하나에 해당하는 사람이 사망하면 그 유족에게 유족연금을 지급한다.
　1. 노령연금 수급권자
　2. 가입기간이 10년 이상인 가입자 또는 가입자였던 자
　3. 연금보험료를 낸 기간이 가입대상기간의 3분의 1 이상인 가입자 또는 가입자였던 자
　4. 사망일 5년 전부터 사망일까지의 기간 중 연금보험료를 낸 기간이 3년 이상인 가입자 또는 가입자였던 자. 단, 가입대상기간 중 체납기간이 3년 이상인 사람은 제외한다.
　5. 장애등급이 2급 이상인 장애연금 수급권자
② 제1항에도 불구하고 같은 항 제3호 또는 제4호에 해당하는 사람이 다음 각 호의 기간 중 사망하는 경우에는 유족연금을 지급하지 아니한다.
　1. 제6조 단서에 따라 가입 대상에서 제외되는 기간
　2. 국외이주·국적상실 기간

〈보기〉

구분	생년월일	국민연금 가입기간	비고
김갑돌	1966.03.02.	2010.03. ~ 2022.08.	–
이을석	1980.10.03.	2013.02. ~ 2023.05.	2023.09. 캐나다 이주 후 캐나다에서 사망
정병문	1969.04.21.	2012.07. ~ 2022.02.	현재 소득이 없음
박정환	1969.02.15.	2009.06. ~ 2023.12.	특수직종근로자

※ 가입자 모두 가입기간 동안 연금보험료를 납부하였다.

① 김갑돌 – 유족연금　　　　　② 이을석 – 유족연금
③ 정병문 – 조기노령연금　　　④ 박정환 – 노령연금

55 A~D 네 팀이 체육대회를 하고 있다. 순위 결정 기준과 각 팀의 현재까지 득점 현황에 근거하여 판단할 때, 항상 옳은 것을 〈보기〉에서 모두 고르면?

〈순위 결정 기준〉

- 각 종목의 1위에게는 4점, 2위에게는 3점, 3위에게는 2점, 4위에게는 1점을 준다.
- 각 종목에서 획득한 점수를 합산한 총점이 높은 순으로 종합 순위를 결정한다.
- 총점에서 동점이 나올 경우에는 1위를 한 종목이 많은 팀이 높은 순위를 차지한다.
  - 만약 1위 종목의 수가 같은 경우에는 2위 종목이 많은 팀이 높은 순위를 차지한다.
  - 만약 1위 종목의 수가 같고, 2위 종목의 수도 같은 경우에는 공동 순위로 결정한다.

〈득점 현황〉

종목명＼팀명	A	B	C	D
가	4	3	2	1
나	2	1	3	4
다	3	1	2	4
라	2	4	1	3
마	?	?	?	?
합계	?	?	?	?

※ 종목별 순위는 반드시 결정되고, 동순위는 나오지 않는다.

〈보기〉

ㄱ. A팀이 종목 마에서 1위를 한다면 종합 순위 1위가 확정된다.
ㄴ. B팀이 종목 마에서 C팀에게 순위에서 뒤처지면 종합 순위에서도 C팀에게 뒤처지게 된다.
ㄷ. C팀은 종목 마의 결과와 관계없이 종합 순위에서 최하위가 확정되었다.
ㄹ. D팀이 종목 마에서 2위를 한다면 종합 순위 1위가 확정된다.

① ㄱ   ② ㄹ
③ ㄱ, ㄴ   ④ ㄷ, ㄹ

※ 다음은 경조사 지원규정에 따라 이번 달에 지원을 받을 임직원들의 경조사 목록이다. 이어지는 질문에 답하시오. [56~58]

〈임직원 경조사 지원규정〉

• K공단은 임직원 경조사에 사안별로 다양한 지원을 제공한다.
• 경조사의 범위는 결혼식, 돌잔치, 장례식, 회갑, 결혼기념일, 입학 및 졸업으로 한정한다.
  1. 본인의 결혼식, 자녀의 돌잔치, 부모님 회갑에는 현금과 함께 화환을 제공한다.
  2. 부모의 장례식, 배우자의 장례식에는 현금과 함께 화환을 제공한다.
  3. 위의 1 ~ 2항에 언급하지 않은 사안에는 화환 또는 꽃다발만 제공하는 것으로 한다.
  ※ K공단에 재직 중인 2인 이상이 경조사 범위(1 ~ 2항)에 관련된 경우 한 명에게는 화환이나 꽃다발을, 다른 한 명에게는 현금을 제공한다.

〈이번 달 임직원 경조사 목록〉

구분	경조사	비고
황지원 대리	부친 장례식	이수현 과장 배우자
최진혁 사원	조모 장례식	–
이수현 과장	장인어른 장례식	황지원 대리 배우자
기성용 부장	본인 결혼식	–
조현우 차장	자녀 돌잔치	–
이강인 대리	배우자 졸업식	최영서 사원 배우자
정우영 대리	결혼기념일	–
이미연 과장	모친 회갑	–
최영서 사원	본인 졸업식	이강인 대리 배우자

---

56 이번 달 임직원 경조사 목록을 참고할 때, 현금과 화환을 모두 받을 수 있는 사람은 몇 명인가?

① 1명
② 2명
③ 3명
④ 4명

57 다음 〈보기〉 중 경조사 지원으로 현금을 받을 수 있는 사람을 모두 고르면?

┌─────────────────────────〈보기〉─────────────────────────┐
│ • K공단에 함께 재직하고 있는 배우자와의 결혼기념일에 휴가를 내는 A과장 │
│ • 첫 딸의 돌잔치를 소규모로 가족들끼리만 진행하는 B사원   │
│ • K공단에 재직하고 있지 않은 배우자와 함께 대학교를 졸업하는 C사원 │
└──┘

① A과장   ② B사원
③ A과장, B사원   ④ A사원, C사원

58 다음 경조사 지원에 따른 화환 구매 규정을 토대로 화환을 받는 임직원과 화환 가격이 바르게 연결된 것은?

┌──┐
│   〈경조사 지원에 따른 화환 구매 규정〉   │
│ • 경조사의 범위는 결혼식, 돌잔치, 장례식, 회갑, 결혼기념일, 입학 및 졸업으로 한정하며 해당 경조사에 따 │
│   라 화환이나 꽃다발을 제공한다.   │
│ • 축하화환과 근조화환을 구분하여 제공하되, 경조사에 따라 아래 표에 맞는 금액의 화환 혹은 꽃다발을 제공 │
│   한다.   │
│ ※ K공단에 재직 중인 2인 이상이 같은 경조사 범위에 관련된 경우 화환이나 꽃다발은 1회만 제공한다. │
└──┘

〈화환 가격표〉

경조사	종류	가격
결혼식	축하화환	82,000원
장례식	근조화환	95,000원
돌잔치	축하화환	73,000원
회갑	축하화환	80,000원
결혼기념일	축하화환	79,000원
입학 및 졸업	축하화환	56,000원

① 최영서 사원 – 79,000원   ② 정우영 대리 – 80,000원
③ 이미연 과장 – 95,000원   ④ 기성용 부장 – 82,000원

59

K공공기관은 본사 근무환경개선을 위해 공사를 시행할 업체를 선정하고자 한다. 다음 선정방식에 따라 시행업체를 선정할 때, 최종 선정될 업체는?

〈공사 시행업체 선정방식〉

• 평가점수는 적합성 점수와 실적점수, 입찰점수를 1:2:1의 비율로 합산하여 도출한다.
• 평가점수가 가장 높은 업체 한 곳을 최종 선정한다.
• 적합성 점수는 각 세부항목의 점수를 합산하여 도출한다.
• 입찰점수는 입찰가격이 가장 낮은 곳부터 10점, 8점, 6점, 4점을 부여한다.
• 평가점수가 동일한 경우, 실적점수가 우수한 업체에 우선순위를 부여한다.

〈업체별 입찰정보 및 점수〉

(단위 : 점)

평가항목	업체	A	B	C	D
적합성 점수(30점)	운영 건전성(8점)	8	6	8	7
	근무 효율성 개선(10점)	8	9	6	8
	환경친화설계(5점)	2	3	4	4
	미적 만족도(7점)	4	6	5	7
실적점수(10점)	최근 2년 시공실적(10점)	6	9	7	7
입찰점수(10점)	입찰가격(억 원)	7	10	11	9

※ 미적 만족도 항목은 지난달에 시행한 내부 설문조사 결과에 기반한다.
※ 괄호 안의 점수는 해당 평가항목의 만점 기준이다.

① A업체
② B업체
③ C업체
④ D업체

60 다음 자료를 근거로 판단할 때, 〈보기〉에서 옳은 것을 모두 고르면?

A국과 B국은 대기오염 정도를 측정하여 통합지수를 산정하고 이를 바탕으로 경보를 한다.
A국은 5가지 대기오염 물질 농도를 각각 측정하여 대기환경지수를 산정하고, 그 평균값을 통합지수로 한다. 통합지수의 범위에 따라 호흡 시 건강에 미치는 영향이 달라지며, 이를 기준으로 그 등급을 아래와 같이 6단계로 나눈다.

〈A국 대기오염 등급 및 경보기준〉

등급	좋음	보통	민감군에게 해로움	해로움	매우 해로움	심각함
통합지수	0 ~ 50	51 ~ 100	101 ~ 150	151 ~ 200	201 ~ 300	301 ~ 500
경보색깔	초록	노랑	주황	빨강	보라	적갈
행동지침	외부활동 가능		외부활동 자제			

※ 민감군 : 노약자, 호흡기 환자 등 대기오염에 취약한 사람

B국은 A국의 5가지 대기오염 물질을 포함한 총 6가지 대기오염 물질의 농도를 각각 측정하여 대기환경지수를 산정하고, 이 가운데 가장 높은 대기환경지수를 통합지수로 사용한다. 다만 오염물질별 대기환경지수 중 101 이상인 것이 2개 이상일 경우에는 가장 높은 대기환경지수에 20을 더하여 통합지수를 산정한다. 통합지수는 그 등급을 아래와 같이 4단계로 나눈다.

〈B국 대기오염 등급 및 경보기준〉

등급	좋음	보통	나쁨	매우 나쁨
통합지수	0 ~ 50	51 ~ 100	101 ~ 250	251 ~ 500
경보색깔	파랑	초록	노랑	빨강
행동지침	외부활동 가능		외부활동 자제	

〈보기〉

ㄱ. A국과 B국의 통합지수가 동일하더라도, 각 대기오염 물질의 농도는 다를 수 있다.
ㄴ. B국의 통합지수가 180이라면, 6가지 대기오염 물질의 대기환경지수 중 가장 높은 것은 180 미만일 수 없다.
ㄷ. A국이 대기오염 등급을 '해로움'으로 경보한 경우, 그 정보만으로는 특정 대기오염 물질 농도에 대한 정확한 수치를 알 수 없을 것이다.
ㄹ. B국 국민이 A국에 방문하여 경보색깔이 노랑인 것을 확인하고 B국의 경보기준을 따른다면, 외부활동을 자제할 것이다.

① ㄱ, ㄴ
② ㄱ, ㄷ
③ ㄴ, ㄹ
④ ㄱ, ㄷ, ㄹ

| 01 | 국민건강보험법

61 다음 〈보기〉에서 국민건강보험공단의 업무가 아닌 것을 모두 고르면?

───────────────〈보기〉───────────────

ㄱ. 보험급여의 관리
ㄴ. 피부양자의 자격 관리
ㄷ. 보험급여 비용의 지급
ㄹ. 요양급여비용의 심사
ㅁ. 요양급여의 적정성 평가

① ㄱ, ㄴ   ② ㄴ, ㄷ

③ ㄷ, ㄹ   ④ ㄹ, ㅁ

62 다음 중 본인일부부담금에 대한 설명으로 옳지 않은 것은?

① 선별급여는 다른 요양급여에 비하여 본인일부부담금을 하향 조절할 수 있다.
② 본인일부부담금의 총액이 본인부담상한액을 초과한 경우 공단이 그 초과 금액을 부담한다.
③ 본인부담상한액은 가입자의 소득수준 등에 따라 정한다.
④ 본인일부부담금 총액 산정 방법 등은 대통령령으로 정한다.

63 다음 〈보기〉에서 직장가입자에서 제외되는 사람을 모두 고르면?

───────────────〈보기〉───────────────

㉠ 병역법에 따른 현역병
㉡ 고용 기간이 1개월 미만인 일용근로자
㉢ 병역법에 따라 전환복무된 사람 및 군간부후보생
㉣ 선거에 당선되어 취임하는 공무원으로서 매월 보수를 받는 사람

① ㉠, ㉣   ② ㉠, ㉡, ㉢

③ ㉠, ㉡, ㉣   ④ ㉠, ㉡, ㉢, ㉣

64 다음 중 가입 자격의 상실 시기에 대한 설명으로 옳지 않은 것은?

① 가입자는 수급권자가 된 날에 그 자격을 잃는다.

② 가입자는 국적을 잃은 날의 다음 날에 그 자격을 잃는다.

③ 가입자는 직장가입자의 피부양자가 된 날의 7일 뒤에 그 자격을 잃는다.

④ 가입자는 국내에 거주하지 아니하게 된 날의 다음 날에 그 자격을 잃는다.

65 다음 중 국민건강보험공단의 설립등기에 필수적으로 포함되어야 하는 사항이 아닌 것은?

① 목적 및 명칭

② 공단의 해산

③ 주된 사무소 및 분사무소의 소재지

④ 이사장의 성명·주소 및 주민등록번호

66 해임된 날부터 얼마의 기간이 지나지 않은 사람은 국민건강보험공단의 임원이 될 수 없는가?

① 3년   ② 2년

③ 1년   ④ 6개월

67 다음 중 빈칸에 공통적으로 들어갈 내용으로 옳은 것은?

> 국민건강보험공단은 _____ 지원에 관한 법률에 따른 _____ 지원사업에 사용되는 비용에 충당하기 위하여 매년 예산의 범위에서 출연할 수 있다. 이 경우 출연 금액의 상한 등에 필요한 사항은 대통령령으로 정한다.

① 장애인활동   ② 재난적의료비

③ 아동의 빈곤예방   ④ 장애인 보조기기

68 다음 중 공단의 처분에 대한 이의신청 결정에 불복해 심판청구 할 때, 심판청구의 대상은?

① 보건복지부장관   ② 재정운영위원회

③ 건강보험분쟁조정위원회   ④ 건강보험정책심의위원회

69 다음 중 진료심사평가위원회의 심사위원에 대한 설명으로 옳지 않은 것은?

① 비상근 심사위원은 심사평가원의 원장이 보건복지부령으로 정하는 사람 중에서 위촉한다.

② 상근 심사위원은 국민건강보험공단 이사장이 추천하는 사람 중에서 보건복지부 장관이 임명한다.

③ 심사위원이 직무 여부와 관계없이 품위를 손상하는 행위를 한 경우에는 해임 또는 해촉될 수 있다.

④ 심사위원이 신체장애나 정신장애로 직무를 수행할 수 없다고 인정되는 경우에는 해임 또는 해촉될 수 있다.

70 다음 중 행위·치료재료 및 약제에 대한 요양급여대상 여부의 결정과 관련한 설명으로 옳지 않은 것은?

① 약제의 제조업자·수입업자 등은 요양급여대상에 포함되지 않은 약제에 대해 요양급여대상 여부의 결정을 신청할 수 있다.

② 요양급여대상 여부의 결정 신청을 받은 보건복지부장관은 정당한 사유가 없으면 요양급여대상의 여부를 결정해 신청인에게 통보해야 한다.

③ 보건복지부장관은 요양급여대상 여부의 결정 신청이 없으면 직권으로 행위·치료재료 및 약제의 요양급여 대상의 여부를 결정할 수 없다.

④ 요양급여대상 여부의 결정 신청의 시기, 절차, 방법 및 업무의 위탁 등에 필요한 사항은 보건복지부령으로 정한다.

71 다음 중 요양비 등 수급계좌에 대한 설명으로 옳지 않은 것은?

① 요양비 등 수급계좌의 신청 방법·절차와 관리에 필요한 사항은 대통령령으로 정한다.

② 요양비 등 수급계좌가 개설된 금융기관은 요양비 등 수급계좌에 요양비 등만이 입금되도록 해야 한다.

③ 국민건강보험공단은 수급자가 신청하면 요양비 등을 수급자 명의의 요양비 등 수급계좌로 입금해야 한다.

④ 국민건강보험공단은 정보통신장애 등의 사유로 요양비 등 수급계좌로 이체할 수 없으면 정보통신장애가 해소될 때까지 요양비 등을 지급하지 않아도 된다.

72 다음 중 재산보험료부과점수에 대한 설명으로 옳지 않은 것은?

① 재산보험료부과점수는 지역가입자의 재산을 기준으로 산정한다.

② 지역가입자가 실제 거주할 목적으로 은행에서 대출받아 주택을 구입하면 대출금액을 평가해 재산보험료부과점수 산정 시 제외할 수 있다.

③ 위 ②의 경우에 재산보험료부과점수 산정을 위해 필요한 금융정보를 국민보험공단에 제공하는 것에 대해 동의한다는 서면은 제출하지 않아도 된다.

④ 재산보험료부과점수의 산정방법과 산정기준을 정할 때 법령에 따라 재산권의 행사가 제한되는 재산에 대하여는 다른 재산과 달리 정할 수 있다.

73 다음 중 법인의 제2차 납부의무에 대한 설명으로 옳지 않은 것은?

① 법인의 재산으로 그 법인이 납부해야 하는 보험료, 연체금 및 체납처분비를 충당해도 부족하면 무한책임사원 또는 과점주주가 부족액에 대해 제2차 납부의무를 진다.

② 위 ①에서 과점주주의 경우에는 그 부족액을 그 법인의 발행주식 총수로 나눈 금액에 해당 과점주주가 실질적으로 권리를 행사하는 주식 수를 곱해 산출한 금액을 한도로 한다.

③ 사업이 양도·양수된 경우에는 양수인이 그 부족액에 대해 양수한 재산의 가액을 한도로 제2차 납부의무를 진다.

④ 위 ③의 경우에 양수인의 범위 및 양수한 재산의 가액은 심의위원회의 의결을 거쳐 보건복지부령으로 정한다.

74 다음은 가산금의 징수에 대한 설명이다. 빈칸에 들어갈 내용으로 옳은 것은?

> 사용자가 직장가입자가 될 수 없는 자를 거짓으로 직장가입자로 신고한 때는 국민건강보험공단은 아래 ㉠의 금액에서 ㉡의 금액을 뺀 금액의 _____에 상당하는 가산금을 사용자에게 징수한다.
> ㉠ 사용자가 직장가입자로 신고한 사람이 직장가입자로 처리된 기간 동안 그 가입자가 부담해야 하는 보험료의 총액
> ㉡ 위 ㉠의 기간 동안 국민건강보험공단이 해당 가입자에 대하여 부과한 보험료의 총액

① 100분의 10

② 100분의 15

③ 100분의 20

④ 100분의 25

75 다음 중 국민건강보험법이나 동법에 따른 명령에서 정한 기간의 계산에 대해 국민건강보험법에서 정한 사항 외에는 무슨 법령을 따르는가?

① 민법
② 국세징수법
③ 국민건강증진법
④ 사회보장기본법

76 다음 중 빈칸에 들어갈 내용으로 옳은 것은?

> 국민건강보험공단은 산업재해보상보험법에 따른 _____이 국민건강보험법에 따라 요양급여를 받을 수 있는 사람에게 산업재해보상보험법에 따른 요양급여를 지급한 후 그 지급결정이 취소되어 해당 요양급여의 비용을 청구하는 경우에는 그 요양급여가 국민건강보험법에 따라 실시할 수 있는 요양급여에 상당한 것으로 인정되면 그 요양급여에 해당하는 금액을 지급할 수 있다.

① 근로복지공단
② 국민연금공단
③ 한국자활복지개발원
④ 한국보건산업진흥원

77 다음 중 건강보험증에 대한 설명으로 옳지 않은 것은?

① 국민건강보험공단은 피부양자가 신청하는 경우 건강보험증을 발급해야 한다.
② 가입자가 요양급여를 받을 때에는 건강보험증을 요양기관에 제출하여야 한다.
③ 누구든지 건강보험증을 타인에게 대여해 보험급여를 받게 하여서는 아니 된다.
④ 피부양자는 학생증 등의 신분증명서로 요양기관이 그 자격을 확인할 수 있을 때에도 건강보험증을 제출해야 한다.

78 다음 〈보기〉에서 보험료 등의 독촉 및 체납처분에 대한 설명으로 옳은 것은 모두 몇 개인가?

─〈보기〉─
㉠ 독촉할 때에는 7일 이상 14일 이내의 납부기한을 정해 독촉장을 발부해야 한다.
㉡ 직장가입자의 사용자가 2명 이상인 경우에는 그들 2명에게 모두 독촉을 해야 효력이 있다.
㉢ 국민건강보험공단은 체납처분을 하기 전에 보험료 등의 체납 내역, 압류 가능한 재산의 종류, 압류 예정 사실 및 소액금융재산에 대한 압류금지 사실 등이 포함된 통보서를 발송해야 한다.
㉣ 위 ㉢의 경우에 법인 해산 등 긴급히 체납처분을 할 필요가 있어도 국민건강보험공단은 통보서를 발송해야 한다.

① 4개   ② 3개
③ 2개   ④ 1개

79 다음 빈칸에 들어갈 대상으로 옳지 않은 것은?

보건복지부장관의 권한은 대통령령으로 정하는 바에 따라 그 일부를 _____에게 위임할 수 있다.

① 광역시장   ② 도지사
③ 특별자치도지사   ④ 국회의원

80 다음 중 보고와 검사 등에 대한 설명으로 옳지 않은 것은?

① 보건복지부장관은 요양기관에 대해 요양·약제의 지급 등 보험급여에 관한 보고 또는 서류 제출을 명할 수 있다.
② 국민건강보험공단 이사장은 소속 직원으로 하여금 가입자의 이동·보수·소득 등에 관련한 서류를 검사하게 할 수 있다.
③ 보건복지부장관은 요양급여비용의 심사청구를 대행하는 단체에 대해 소속 공무원이 대행청구에 관한 자료 등을 조사하게 할 수 있다.
④ 보건복지부장관은 약제에 대한 요양급여비용 상한금액의 감액을 위해 의약품공급자에 대해 의약품 판매 질서 위반 행위에 관한 서류 제출을 할 수 있다.

61 다음 중 등급판정위원회의 설치에 대한 내용으로 옳지 않은 것은?

① 등급판정위원회는 위원장 1인을 포함하여 12인의 위원으로 구성한다.

② 등급판정위원회는 특별자치시·특별자치도·시·군·구 단위로 설치한다.

③ 등급판정위원회 위원의 임기는 3년으로 한다.

④ 등급판정위원회 위원은 특별자치시장·특별자치도지사·시장·군수·구청장이 추천한 위원은 7인, 의사 또는 한의사가 1인 이상 각각 포함되어야 한다.

62 다음 중 장기요양위원회의 구성에 대한 내용으로 옳지 않은 것은?

① 위원장은 1인, 부위원장은 1인이다.

② 16인 이상 22인 이하의 위원으로 구성한다.

③ 위원장은 보건복지부장관이 된다.

④ 부위원장은 위원 중에서 위원장이 지명한다.

63 다음 중 공무원이 아닌 사람으로 공무상 비밀 누설의 규정을 적용할 때, 공무원으로 의제될 수 없는 사람은?

① 등급판정위원회 위원

② 장기요양위원회 위원

③ 보건복지위원회 위원

④ 심사위원회 위원

64 다음 빈칸에 들어갈 내용으로 옳은 것은?

> "장기요양요원"이란 ＿＿＿에 소속되어 노인 등의 신체활동 또는 가사활동 지원 등의 업무를 수행하는 자를 말한다.

① 의료기관   ② 장기요양기관
③ 관리운영기관   ④ 관계 중앙행정기관

65 다음 글의 빈칸 ㉠, ㉡에 들어갈 내용을 순서대로 바르게 나열한 것은?

> 국가는 장기요양기본계획을 수립·시행함에 있어서 노인뿐만 아니라 ＿㉠＿ 등 일상생활을 혼자서 수행하기 어려운 모든 국민이 장기요양급여, 신체활동지원서비스 등을 제공받을 수 있도록 노력하고 나아가 이들의 생활안정과 ＿㉡＿을 지원할 수 있는 시책을 강구해야 한다.

	㉠	㉡
①	장애인	자립
②	미성년자	자립
③	장애인	의료서비스 이용
④	미성년자	의료서비스 이용

66 다음 중 빈칸 ㉠, ㉡에 들어갈 내용을 순서대로 바르게 나열한 것은?

> 시설급여는 장기요양기관에 ＿㉠＿ 입소한 수급자에게 신체활동 지원 및 심신기능의 유지·향상을 위한 ＿㉡＿ 등을 제공하는 장기요양급여를 뜻한다.

	㉠	㉡
①	장기간	진료·상담
②	장기간	교육·훈련
③	단기간	진료·상담
④	단기간	교육·훈련

67 다음 중 빈칸 ㉠~㉢에 들어갈 내용을 순서대로 바르게 나열한 것은?

> • 월 한도액의 산정기준 및 방법, 그 밖에 필요한 사항은 ___㉠___ 으로 정한다.
> • 급여 외 행위의 범위 등에 관한 구체적인 사항은 ___㉡___ 으로 정한다.
> • 장기요양급여의 중단 및 제한 기준과 그 밖에 필요한 사항은 ___㉢___ 으로 정한다.

	㉠	㉡	㉢
①	대통령령	대통령령	대통령령
②	보건복지부령	보건복지부령	보건복지부령
③	대통령령	대통령령	보건복지부령
④	보건복지부령	대통령령	보건복지부령

68 다음 중 빈칸에 들어갈 기간으로 옳은 것은?

> 특별자치시장·특별자치도지사·시장·군수·구청장은 장기요양기관의 장이 유효기간이 끝나기 _____ 전까지 지정 갱신 신청을 하지 않은 경우 장기요양기관의 장이 수급자의 권익을 보호하기 위한 조치를 취하였는지의 여부를 확인해야 한다.

① 15일

② 20일

③ 30일

④ 45일

69 다음 중 장기요양위원회의 위원 중에서 위원장이 아닌 위원을 임명 또는 위촉할 수 있는 권한을 가진 자는 누구인가?

① 대통령

② 보건복지부차관

③ 보건복지부장관

④ 국민건강보험공단 이사장

70 다음 〈보기〉에서 장기요양등급판정위원회 위원으로 추천될 수 있는 사람을 모두 고르면?

─────〈보기〉─────
ㄱ 의료법에 따른 의료인
ㄴ 보건복지부장관이 추천하는 자
ㄷ 사회복지사업법에 따른 사회복지사
ㄹ 국민건강보험공단 이사장이 추천하는 자
ㅁ 특별자치시·특별자치도·시·군·구 소속 공무원
ㅂ 법학 또는 장기요양에 관한 학식과 경험이 풍부한 자

① ㄱ, ㄷ, ㅁ, ㅂ   ② ㄱ, ㄹ, ㅁ, ㅂ
③ ㄴ, ㄷ, ㄹ, ㅂ   ④ ㄴ, ㄹ, ㅁ, ㅂ

71 다음 글의 빈칸 ㄱ, ㄴ에 들어갈 내용을 순서대로 바르게 나열한 것은?

___ㄱ___ 회의는 구성원 과반수의 출석으로 개의하고 ___ㄴ___ 과반수의 찬성으로 의결한다.

	ㄱ	ㄴ
①	등급판정위원회	출석위원
②	등급판정위원회	위원장
③	단기요양기관위원회	출석위원
④	단기요양기관위원회	위원장

72 특별자치시장 등은 장기요양기관이 유효기간 만료 며칠 전까지 지정 갱신 신청을 하지 않을 경우에 그 사실을 공단에 통보해야 하는가?

① 15일   ② 20일
③ 30일   ④ 45일

73 다음 중 청문 또는 유사명칭의 사용금지에 대한 설명으로 옳지 않은 것은?

① 시장·군수·구청장은 장기요양급여 제공의 제한 처분을 하려는 경우 청문을 생략할 수 있다.
② 시장·군수·구청장은 장기요양기관에 대해 업무정지명령 처분을 하려는 경우 청문을 해야 한다.
③ 특별자치시장·특별자치도지사는 장기요양기관에 대해 지정취소 처분을 하려는 경우 청문을 해야 한다.
④ 노인장기요양보험법에 따른 장기요양보험 사업을 수행하는 자가 아닌 자는 보험계약의 명칭에 "노인장기요양보험"이라는 용어를 쓰지 못한다.

74 다음 글의 빈칸에 들어갈 내용으로 옳은 것은?

> 장기요양기관의 장은 폐업·휴업 신고를 할 때 또는 장기요양기관의 지정 갱신을 하지 않아 유효기간이 만료될 때 장기요양급여 제공 자료를 _____(으)로 이관해야 한다.

① 보건복지부
② 국민건강보험공단
③ 소재지를 관할하는 세무서
④ 특별자치시·특별자치도·시·군·자치구

75 다음 중 과징금의 부과에 대한 설명으로 옳지 않은 것은?

① 과징금을 부과하는 위반행위의 종류, 위반의 정도에 따른 과징금의 금액과 부과절차 등에 필요한 사항은 대통령령으로 정한다.
② 특별자치시장·특별자치도지사·시장·군수·구청장은 과징금의 부과와 징수에 관한 사항을 대통령령으로 정하는 바에 따라 기록·관리하여야 한다.
③ 특별자치시장·특별자치도지사·시장·군수·구청장은 과징금을 내야 할 자가 납부기한까지 내지 않으면 지방세 체납처분의 예에 따라 징수한다.
④ 특별자치시장·특별자치도지사·시장·군수·구청장은 거짓으로 시설 급여비용을 청구한 장기요양기관에 업무정지명령을 해야 할 경우 그 장기요양기관을 이용하는 수급자가 심한 불편을 겪을 수 있을 때는 업무정지명령을 대신해 과징금을 부과할 수 있다.

76 다음 〈보기〉에서 지정 취소, 업무정지 등 행정제재처분의 효과가 승계되는 사람을 모두 고르면?

─────────〈보기〉─────────

　㉠ 장기요양기관을 양도한 경우 양수인
　㉡ 법인이 합병된 경우 합병으로 합병 후 존속하는 법인
　㉢ 장기요양기관 폐업 후 같은 장소에서 장기요양기관을 운영하는 자 중 종전에 행정제재처분을 받은 자
　㉣ 위 ㉢의 배우자
　㉤ 위 ㉢의 직계혈족

① ㉠, ㉡, ㉢　　　　　　　　　　　② ㉠, ㉢, ㉤
③ ㉡, ㉢, ㉣, ㉤　　　　　　　　　④ ㉠, ㉡, ㉢, ㉣, ㉤

77 다음 중 장기요양등급판정위원회 위원 중에서 공무원인 위원은 임기에 대한 설명으로 옳은 것은?

① 공무원인 위원의 임기는 1년이다.
② 공무원인 위원의 임기는 2년이다.
③ 공무원인 위원의 임기는 3년이다.
④ 공무원인 위원의 임기는 재임기간으로 한다.

78 장기요양재심사위원회의 위원은 위원장을 제외하고 몇 명 이내인가?

① 12인 이내　　　　　　　　　　　② 19인 이내
③ 29인 이내　　　　　　　　　　　④ 33인 이내

79 다음 중 빈칸에 들어갈 내용으로 옳은 것은?

> 국민건강보험공단의 심사청구 또는 재심사청구에 대한 결정에 불복하는 자는 _____으로 정하는 바에 따라 행정소송을 제기할 수 있다.

① 행정심판법   ② 국세기본법
③ 행정소송법   ④ 국민건강보험법

80 다음 〈보기〉에서 수급권의 보호 또는 소득 등의 의제에 대한 설명으로 옳지 않은 것을 모두 고르면?

─────〈보기〉─────
ⓐ 특별현금급여수급계좌의 예금에 관한 채권은 압류할 수 있다.
ⓑ 장기요양급여를 받을 권리는 양도하거나 담보로 제공할 수 없다.
ⓒ 노인장기요양보험법에 따른 장기요양급여로 지급된 현금 등은 국민기초생활 보장법의 소득 또는 재산으로 본다.

① ⓑ   ② ⓐ, ⓑ
③ ⓐ, ⓒ   ④ ⓑ, ⓒ

기출응용 모의고사
정답 및 해설

과년도 기출복원 모의고사 정답 및 해설

| 01 | 직업기초능력

01	02	03	04	05	06	07	08	09	10
③	③	①	④	③	④	②	④	③	②
11	12	13	14	15	16	17	18	19	20
③	①	①	④	③	②	④	①	③	①
21	22	23	24	25	26	27	28	29	30
③	③	①	②	④	④	②	④	③	③
31	32	33	34	35	36	37	38	39	40
②	④	③	①	②	③	②	③	③	④
41	42	43	44	45	46	47	48	49	50
②	②	①	②	④	③	②	③	③	①
51	52	53	54	55	56	57	58	59	60
③	③	②	④	④	③	③	④	④	④

01
정답 ③

제시문은 상병 중인 근로자들이 질병 및 부상 중에 무리하게 일하지 않고 충분한 휴식과 치료를 받고 근로지로 복귀할 수 있도록 돕고, 의료비 부담과 소득상실로 인해 빈곤층으로 전락하지 않도록 일정부분에 대한 소득을 보장하는 제도인 상병수당 제도가 시행되고 있다고 설명하고 있다. 따라서 글의 주제로 ③이 가장 적절하다.

오답분석
① 산재보상에 대해서는 언급하고 있지 않으므로 글의 주제로 적절하지 않다.
② 상병수당은 빈곤 예방에만 국한된 것이 아닌 건강회복 및 증진과 사회보장 등 인권 보호도 함께 지키기 위해 시행하는 제도이므로 글의 주제로 적절하지 않다.
④ 제시문에 따르면 상병수당 제도는 신설된 것이 아니라 기존에 있던 제도를 실제로 시행할 수 있도록 그 하위법령을 제도화한 것이다.

02
정답 ③

제시문은 공공기관인 국민건강보험공단이 가진 데이터와 국내 기업인 N사의 생성형 AI 기술력이 업무협약을 통해 합해지면서 국민들을 대상으로 이전보다 더 편리한 건강 정보 서비스가 실현되었다는 내용이다. 따라서 빈칸에 들어갈 내용으로 ③이 가장 적절하다.

03
정답 ①

K공단에서 위촉한 자문 약사는 다제약물 관리사업 대상자가 먹고 있는 약물의 복용상태, 부작용, 중복 등을 종합적으로 검토하고 그 결과를 바탕으로 상담, 교육 및 처방조정 안내를 실시한다. 또한 우리나라는 2000년에 시행된 의약 분업의 결과, 일부 예외사항을 제외하면 약사는 환자에게 약물의 처방을 할 수 없다. 따라서 약사는 환자의 약물점검 결과를 의사에게 전달하여 처방에 반영될 수 있도록 할 뿐 직접적인 처방을 할 수는 없다.

오답분석
② 다제약물 관리사업으로 인해 중복되는 약물을 파악하고 조치할 수 있다. 실제로 세 번째 문단의 다제약물 관리사업 평가에서 효능이 유사한 약물을 중복해서 복용하는 환자가 40.2% 감소되는 등의 효과가 확인되었다.
③ 다제약물 관리사업은 10종 이상의 약을 복용하는 만성질환자를 대상으로 약물관리 서비스를 제공하는 사업이다.
④ 병원의 경우 입원 및 외래환자를 대상으로 의사, 약사 등으로 구성된 다학제팀이 약물관리 서비스를 제공하는 반면, 지역사회에서는 다학제 협업 시스템이 미흡하다는 의견이 나오고 있다. 이에 K공단은 도봉구 의사회와 약사회, 전문가로 구성된 지역협의체를 구성하여 의·약사 협업 모형을 개발하였다.

04
정답 ④

제시문의 첫 번째 문단은 아토피 피부염의 정의를 나타내므로 이어서 연결될 수 있는 문단은 아토피 피부염의 원인을 설명하는 (라) 문단이다. 또한, (가) 문단의 앞부분 내용이 (라) 문단의 뒷부분과 연계되므로 (가) 문단이 다음에 오는 것이 적절하다. 그리고 (나) 문단의 첫 번째 문장에서 앞의 약물치료와 더불어 일상생활에서의 예방법을 말하고 있으므로 (나) 문단의 앞에는 아토피 피부염의 약물치료 방법인 (다) 문단이 오는 것이 가장 자연스럽다. 따라서 (라) – (가) – (다) – (나)의 순서로 나열해야 한다.

05
정답 ③

제시문은 뇌경색이 발생하는 원인과 발생했을 때 치료 방법을 소개하고 있다. 따라서 글의 주제로 '뇌경색의 발병 원인과 치료 방법'이 가장 적절하다.

오답분석

① 뇌경색의 주요 증상에 대해서는 언급하고 있지 않다.
② 뇌경색 환자는 기전에 따라 항혈소판제나 항응고제 약물 치료를 한다고 하였지만, 전체 내용을 아우르는 주제는 아니다.
④ 뇌경색이 발생했을 때의 조치사항은 언급하고 있지 않다.

06
정답 ④

제시문은 장애인 건강주치의 시범사업을 소개하며 3단계 시범사업에서 기존과 달라지는 것을 위주로 설명하고 있다. 따라서 가장 처음에 와야 할 문단은 3단계 장애인 건강주치의 시범사업을 소개하는 (마) 문단이다. 이어서 장애인 건강주치의 시범사업 세부 서비스를 소개하는 문단이 와야 하는데, 서비스 종류를 소개하는 문장이 있는 (다) 문단이 이어지는 것이 가장 적절하다. 이어서 2번째 서비스인 주장애관리를 소개하는 (가) 문단이 와야 하며, 그다음으로 3번째 서비스인 통합관리 서비스와 추가적으로 방문 서비스를 소개하는 (라) 문단이 오는 것이 적절하다. 마지막으로 장애인 건강주치의 시범사업에 신청하는 방법을 소개하며 글을 끝내는 것이 적절하므로 (나) 문단이 이어져야 한다. 따라서 글의 순서를 바르게 나열하면 (마) - (다) - (가) - (라) - (나)이다.

07
정답 ②

허리디스크는 디스크의 수핵이 탈출하여 생긴 질환이므로 허리를 굽히거나 앉아 있을 때 디스크에 가해지는 압력이 높아져 통증이 더 심해진다. 반면 척추관협착증의 경우 서 있을 때 척추관이 더욱 좁아지게 되어 통증이 더욱 심해진다.

오답분석

① 허리디스크는 디스크의 탄력 손실이나 갑작스런 충격으로 인해 균열이 생겨 발생하고, 척추관협착증은 오랜 기간 동안 황색 인대가 두꺼워져 척추관에 변형이 일어나 발생하므로 허리디스크의 증상이 더 급작스럽게 나타난다.
③ 허리디스크는 자연치유가 가능하지만, 척추관협착증은 불가능하다. 따라서 허리디스크는 주로 통증을 줄이고 안정을 취하는 보존치료를 하지만, 척추관협착증은 변형된 부분을 제거하는 외과적 수술을 한다.
④ 허리디스크와 척추관협착증 모두 척추 중앙의 신경 다발(척수)이 압박받을 수 있으며, 심할 경우 하반신 마비 증세를 보일 수 있으므로 빠른 치료를 받는 것이 중요하다.

08
정답 ④

고령인 사람이 서 있을 때 통증이 나타난다면 퇴행성 척추질환인 척추관협착증(요추관협착증)일 가능성이 높다. 반면 허리디스크(추간판탈출증)는 젊은 나이에도 디스크에 급격한 충격이 가해지면 발생할 수 있고, 앉아 있을 때 통증이 심해진다. 따라서 ㉠에는 척추관협착증, ㉡에는 허리디스크가 들어가야 한다.

09
정답 ③

제53조 제5항에서 공단으로부터 분할납부 승인을 받고 승인된 보험료를 1회 이상 낸 경우에는 보험급여를 할 수 있다고 하였으므로 분할납부가 완료될 때까지 보험급여가 제한되지 않는다.

오답분석

① 제53조 제1항 제2호에 따르면 고의 또는 중대한 과실로 공단 및 요양기관의 요양에 관한 지시를 따르지 아니한 경우 보험급여를 하지 않는다.
② 제53조 제2항에서 국가나 지방자치단체로부터 보험급여에 상당하는 급여를 받게 되는 경우에는 그 한도에서 보험급여를 하지 않는다고 하였다.
④ 승인받은 분할납부 횟수가 5회 미만인 경우이므로 해당 분할납부 횟수인 4회 이상 보험료를 내지 않으면 보험급여가 제한된다.

10
정답 ②

제시된 기사는 독거노인·장애인을 위한 응급안전안심서비스의 집중신청기간을 고지하면서 이에 대한 참여를 설명하는 글이다. 따라서 기사의 주제는 '독거노인·장애인 응급안전안심서비스 정책과 집중신청기간 안내'가 가장 적절하다.

오답분석

① 정책 소개를 위해 2022년 한 해 동안의 성과를 소개하고 있지만 전체적인 기사의 주제는 아니다.
③ 독거노인·장애인 응급안전안심서비스는 가정에 ICT 기반의 장비를 설치하여 구급·구조를 돕는 서비스이지만 장비 목록 자체가 제시된 기사의 주제는 아니다.
④ 보건복지부는 응급안전안심서비스 집중신청기간 동안 신청자를 받고 있으며 따로 대상자를 현장조사하지는 않는다. 따라서 제시된 기사와는 관련 없다.

11 정답 ③

마지막 문단에서 '집중신청기간 이후에도 계속해서 신청 창구는 열려있으니 많은 신청 바란다.'라고 하였으므로 집중신청기간이 지나도 계속해서 서비스를 신청할 수 있음을 알 수 있다.

① 세 번째 문단에서 기초지자체장이 생활여건 등을 고려해 상시 보호가 필요하다고 인정하는 경우 응급안전안심서비스를 신청하여 이용할 수 있다고 하였다.
② 두 번째 문단에서 응급안전안심서비스를 이용하는 경우 가정 내 화재, 화장실 내 실신 또는 침대에서 낙상 등의 응급상황을 화재·활동량 감지기가 자동으로 119와 응급관리요원에 알리거나, 응급호출기로 간편하게 119에 신고할 수 있다고 하였다.
④ 세 번째 문단에서 집중신청기간 동안 서비스 대상자나 그 보호자는 행정복지센터나 시·군·구 지역센터에 방문하거나 전화 등으로 서비스를 신청할 수 있다고 하였다.

12 정답 ①

제시문은 국민건강보험공단이 국제 워크숍을 개최하면서 서로 다른 문화적·사회적 차이에 놓여있는 각 나라들의 지식과 정보를 습득하고, 이를 통해 필요한 방안을 모색할 계기를 만들 수 있다는 내용이다. 따라서 글의 제목으로 ①이 가장 적절하다.

13 정답 ①

네 번째 문단의 '아기의 호흡곤란 증상이 뚜렷하고 ~ 폐 표면 활성제를 투여한다.'를 통해 산후 치료로 가장 보편적인 것은 폐 전면 활성제가 아닌 폐 표면 활성제임을 알 수 있다.

14 정답 ④

제시문은 투명페트병 자원순환 프로젝트 기념행사의 개최에 대한 설명을 시작(ㄴ)으로, 그중에서도 자원순환 프로젝트의 일환인 투명페트병 무인회수기에 대한 소개(ㄱ)를 이어가고 있다. 추가적으로 무인회수기로 인해 일어나는 자원관리 효과에 대해 보충설명(ㄹ)하고 있으며, 마무리로는 국민건강보험공단 이사장의 말(ㄷ)을 인용하여 글을 정리하고 있다. 따라서 ㄴ-ㄱ-ㄹ-ㄷ 순으로 나열해야 한다.

15 정답 ③

제시문은 정부가 국민 건강 증진을 목적으로 담뱃값 인상을 실시했지만 이는 충분한 논의가 없어 흡연자의 반발을 사 기형적 소비를 만연하게 했다고 지적하고 있다. 또한 밀수 담배가 만연할 것이라는 근거를 들어 정부의 논리인 국민 건강 증진이 성립될 수 없다고 지적하고 있다. 따라서 글의 주제로는 ③이 가장 적절하다.

①·②·④ 글의 부분적인 내용만을 담고 있어, 전반적인 내용을 아우를 수 있는 글의 주제로는 적절하지 않다.

16 정답 ②

제시문의 첫 문단은 국민건강보험이 국민행복카드 서비스를 제공한다는 내용이다. 따라서 그 뒤에는 왜 서비스를 제공하게 되었는지를 설명하는 (나), 해결 방법인 (라), 부가 설명인 (가), 앞으로의 기대효과인 (다)가 와야 한다.

17 정답 ④

'개악하다'는 '고치어 도리어 나빠지게 하다.'는 뜻으로, '개선하다'의 반의어이다.

18 정답 ①

보기는 의약품 안전사용 모니터링이 약물 부작용 발생을 모니터링하는 시스템임을 알려주는 내용이므로 (가)에 들어가는 것이 가장 적절하다. 또한 (가) 뒤에 이어지는 내용으로, 그동안 약물 부작용 사례 수집의 어려움이 이번 시스템 구축으로 용이해졌음을 말하고 있으므로, 이 또한 보기가 (가)에 들어갈 근거가 된다.

19 정답 ③

제시된 기사는 빅데이터를 활용하여 의약품 안전사용 모니터링이 가능해졌다고 설명하고 있다. 따라서 기사의 제목으로 ③이 가장 적절하다.

20 정답 ①

가. 뇌혈관은 중증질환에 해당되고, 소득수준도 조건에 해당되기 때문에 이 사업의 지원금을 받을 수 있다.
나. 기준중위소득 50% 이하는 160만 원 초과 시 지원받을 수 있다.

다. 기준중위소득 200%는 연소득 대비 의료비부담비율을 고려해 개별심사를 지원할 수 있다. 이때 재산 과표 5.4억 원을 초과하는 고액재산보유자는 지원이 제외되나 재산이 5.4억 원인 다의 어머니는 심사에 지원할 수 있다.
라. 통원 치료는 대상질환에 해당하지 않는다.

21　정답 ③

2021년의 건강보험료 부과 금액은 전년 대비 $69,480-63,120=$
$6,360$십억 원 증가하였다. 이는 2020년 건강보험료 부과 금액의
10%인 $63,120\times0.1=6,312$십억 원보다 크므로 2021년의 건강
보험료 부과 금액은 전년 대비 10% 이상 증가하였음을 알 수 있다.
2022년 또한 $76,775-69,480=7,295$십억 원 $> 69,480\times0.1$
$=6,948$십억 원이므로 건강보험료 부과 금액은 전년 대비 10%
이상 증가하였다.

오답분석

① 제시된 자료를 통해 확인할 수 있다.
② 연도별 전년 대비 1인당 건강보험 급여비 증가액을 구하면 다
　음과 같다.
　• 2020년 : $1,400,000-1,300,000=100,000$원
　• 2021년 : $1,550,000-1,400,000=150,000$원
　• 2022년 : $1,700,000-1,550,000=150,000$원
　• 2023년 : $1,900,000-1,700,000=200,000$원
　따라서 1인당 건강보험 급여비가 전년 대비 가장 크게 증가한
　해는 2023년이다.
④ 2019년 대비 2023년의 1인당 건강보험 급여비 증가율은
　$\dfrac{1,900,000-1,300,000}{1,300,000}\times100 ≒ 46\%$이므로 40% 이상 증가
　하였다.

22　정답 ③

분기별 사회복지사 인력의 합은 다음과 같다.
• 2022년 3분기 : $391+670+1,887=2,948$명
• 2022년 4분기 : $385+695+1,902=2,982$명
• 2023년 1분기 : $370+700+1,864=2,934$명
• 2023년 2분기 : $375+720+1,862=2,957$명
분기별 전체 보건인력 중 사회복지사 인력의 비율은 다음과 같다.

• 2022년 3분기 : $\dfrac{2,948}{80,828}\times100 ≒ 3.65\%$

• 2022년 4분기 : $\dfrac{2,982}{82,582}\times100 ≒ 3.61\%$

• 2023년 1분기 : $\dfrac{2,934}{86,236}\times100 ≒ 3.40\%$

• 2023년 2분기 : $\dfrac{2,957}{86,707}\times100 ≒ 3.41\%$

따라서 옳지 않은 것은 ③이다.

23　정답 ①

• 2019년 징수율
　– 직장가입자 : $\dfrac{6,698,187}{6,706,712}\times100 ≒ 99.87\%$

　– 지역가입자 : $\dfrac{886,396}{923,663}\times100 ≒ 95.97\%$

• 2020년 징수율
　– 직장가입자 : $\dfrac{4,898,775}{5,087,163}\times100 ≒ 96.3\%$

　– 지역가입자 : $\dfrac{973,681}{1,003,637}\times100 ≒ 97.02\%$

• 2021년 징수율
　– 직장가입자 : $\dfrac{7,536,187}{7,763,135}\times100 ≒ 97.08\%$

　– 지역가입자 : $\dfrac{1,138,763}{1,256,137}\times100 ≒ 90.66\%$

• 2022년 징수율
　– 직장가입자 : $\dfrac{8,368,972}{8,376,138}\times100 ≒ 99.91\%$

　– 지역가입자 : $\dfrac{1,058,943}{1,178,572}\times100 ≒ 89.85\%$

따라서 직장가입자 건강보험금 징수율이 가장 높은 해는 2022년
이고, 지역가입자 건강보험금 징수율이 가장 높은 해는 2020년
이다.

24　정답 ②

시 · 도별 2021년 대비 2022년 정신건강 예산의 증가폭은 다음과
같다. 실제 시험에서는 선택지를 먼저 확인하여 2번째와 3번째 순
서에 해당하는 지역의 증가액만 구해 시간을 절약하도록 한다.
• 서울 : $58,981,416-53,647,039=5,334,377$천 원
• 부산 : $24,205,167-21,308,849=2,896,318$천 원
• 대구 : $12,256,595-10,602,255=1,654,340$천 원
• 인천 : $17,599,138-12,662,483=4,936,655$천 원
• 광주 : $13,479,092-12,369,203=1,109,889$천 원
• 대전 : $14,142,584-12,740,140=1,402,444$천 원
• 울산 : $6,497,177-5,321,968=1,175,209$천 원
• 세종 : $1,515,042-1,237,124=277,918$천 원
• 제주 : $5,600,120-4,062,551=1,537,569$천 원
따라서 증가폭이 가장 큰 지역부터 순서대로 나열하면 서울 – 인
천 – 부산 – 대구 –제주 – 대전 – 울산 – 광주 – 세종 이 된다.

25　정답 ④

2022년 시 · 도별 전문의 의료 인력 대비 간호사 인력 비율은 다음
과 같다. 실제 시험에서는 선택지에 제시된 지역만 구하여 시간을
절약하도록 한다.

• 서울 : $\dfrac{8,286}{1,905}\times100 ≒ 435\%$

• 부산 : $\dfrac{2,755}{508}\times100 ≒ 542.3\%$

• 대구 : $\dfrac{2,602}{546}\times100 ≒ 476.6\%$

• 인천 : $\dfrac{679}{112}\times100 ≒ 606.3\%$

• 광주 : $\dfrac{2,007}{371}\times100 ≒ 541\%$

- 대전 : $\frac{2,052}{399} \times 100 \fallingdotseq 514.3\%$

- 울산 : $\frac{8}{2} \times 100 = 400\%$

- 세종 : $\frac{594}{118} \times 100 \fallingdotseq 503.4\%$

- 경기 : $\frac{6,706}{1,516} \times 100 \fallingdotseq 442.3\%$

- 강원 : $\frac{1,779}{424} \times 100 \fallingdotseq 419.6\%$

- 충북 : $\frac{1,496}{308} \times 100 \fallingdotseq 485.7\%$

- 충남 : $\frac{955}{151} \times 100 \fallingdotseq 632.5\%$

- 전북 : $\frac{1,963}{358} \times 100 \fallingdotseq 548.3\%$

- 전남 : $\frac{1,460}{296} \times 100 \fallingdotseq 493.2\%$

- 경북 : $\frac{1,158}{235} \times 100 \fallingdotseq 492.8\%$

- 경남 : $\frac{4,004}{783} \times 100 \fallingdotseq 511.4\%$

- 제주 : $\frac{1,212}{229} \times 100 \fallingdotseq 529.3\%$

따라서 전문의 의료 인력 대비 간호사 인력 비율이 가장 높은 지역은 충남이다.

26   정답 ④
20대의 연도별 흡연율은 40대 흡연율로, 30대는 50대의 흡연율로 반영되었으므로 옳지 않다.

27   정답 ②
정부지원금 유형 A의 수령자는 200×0.36=72명, 20대는 200×0.41=82명이므로 20대 중 정부지원금 유형 A의 수령자가 차지하는 비율은 $\frac{72}{82} \times 100 \fallingdotseq 87\%$이다.

오답분석
① 100만×(200×0.36)+200만×(200×0.42)+300만×(200×0.22)=37,200만 원이다.
③ 20대는 200×0.41=82명이고, 정부지원 수령금을 합산한 금액이 200만 원인 사람은 200×0.42=84명이다. 따라서 200만 원 수령자 중 20대가 차지하는 비율은 $\frac{82}{84} \times 100 \fallingdotseq 97\%$이다.
④ 정부지원금 수혜자가 2배가 된다면 총 400명이 될 것이므로, 정부지원금에 들어간 총비용도 100만×(400×0.36)+200만×(400×0.42)+300만×(400×0.22)=74,400만 원으로 2배가 된다.

28   정답 ④
총무부서 직원은 총 250×0.16=40명이다. 2020년과 2021년의 독감 예방접종 여부가 총무부서에 대한 자료라면, 총무부서 직원 중 2020년과 2021년의 예방접종자 수의 비율 차는 56-38=18%p이다. 따라서 40×0.18≒7.2이므로 약 7명 증가하였다.

오답분석
① 2020년 독감 예방접종자 수는 250×0.38=95명, 2021년 독감 예방접종자 수는 250×0.56=140명이므로, 2020년에는 예방접종을 하지 않았지만, 2021년에는 예방접종을 한 직원은 총 140-95=45명이다.
② 2020년의 예방접종자 수는 95명이고, 2021년의 예방접종자 수는 140명이다. 따라서 $\frac{140-95}{95} \times 100 \fallingdotseq 47\%$ 증가했다.
③ 2020년의 예방접종을 하지 않은 직원들을 대상으로 2021년의 독감 예방접종 여부를 조사한 자료라고 한다면, 2020년과 2021년 모두 예방접종을 하지 않은 직원은 총 250×0.62×0.44 ≒ 68명이다.

29   정답 ③
2020년 예방접종을 한 직원은 250×0.38=95명이고, 부서별 예방접종을 한 직원은 250×(0.08+0.06+0.14)=70명이다. 즉, 제조부서 직원 중 예방접종을 한 직원은 95-70=25명이다. 따라서 제조부서 직원은 총 250×0.44=110명이므로, 제조부서 직원 중 2020년에 예방접종을 한 직원의 비율은 $\frac{25}{110} \times 100 \fallingdotseq 22\%$이다.

30   정답 ③
2018년과 2019년의 총 표본 수를 구하는 것으로 (가)와 (나)를 계산할 수 있다. 2018년의 총 표본 수는 10,558명이며, 2019년의 총 표본 수는 10,102명이다.
(가)=10,558-(3,206+783+1,584+1,307+1,910)
　　=10,558-8,790=1,768
(나)=10,102-(3,247+740+1,655+1,891+1,119)
　　=10,102-8,652=1,450
따라서 (가)+(나)=1,768+1,450=3,218이다.

31   정답 ②
ㄴ. 문화예술행사를 관람한 70대 이상의 사람의 수는 2018년에 1,279×53.1%≒679명이며, 2019년에 1,058×49.9%≒528명이다.
ㄷ. 2018년에 소득이 100만 원 이상 300만 원 미만인 사람의 수는 3,007명이다. 문화예술행사를 관람한 사람의 수는 1,204×41.6%+1,803×24.1%≒501+435=936명으로 관람 비율은 936÷3,007×100≒31.1%이다. 2019년에 소득이 100만 원 이상 200만 원 미만인 사람 중 문화예술행사를 관람하지 않은 사람의 비율은 39.6%이다.

ㄱ. 2018년에 가구소득이 100만 원 미만이면서 문화예술행사를 관람한 사람의 수는 $869 \times 57.5\% \fallingdotseq 500$명이며, 가구소득이 100만 원 이상 200만 원 미만이면서 문화예술행사를 관람한 사람의 수는 $1,204 \times 41.6\% \fallingdotseq 501$명이다.
ㄹ. 2019년에 문화예술행사를 관람한 사람의 수는 40대가 $1,894 \times 89.1\% \fallingdotseq 1,688$명, 50대가 $1,925 \times 80.8\% \fallingdotseq 1,555$명이다.

32   정답 ④

④는 질병 환자 한 명당 발열 환자 비율이 아닌 질병 환자 한 명당 감기 환자 비율을 나타낸 그래프이다.

33   정답 ③

ㄱ. 부산광역시의 감기 환자의 수는 37,101명으로 경상남도의 감기 환자의 수인 43,694명보다 적다.
ㄴ. 대구광역시의 질병 환자가 가입한 의료보험의 수는 $56,985 \times 1.2 = 68,382$개로 6만 5천 개 이상이다.
ㄹ. 질병 환자 한 명당 발열 환자 수는 서울이 $129,568 \div 246,867 \fallingdotseq 0.52$로 가장 크다. 그 외 지역들은 발열 환자 수가 전체 질병 환자의 반이 되지 않는다.

ㄷ. 질병 환자 한 명당 발열 환자 수는 강원도의 경우 $15,516 \div 35,685 \fallingdotseq 0.43$이지만, 울산광역시의 경우는 $12,505 \div 32,861 \fallingdotseq 0.38$이므로 옳지 않다.

34   정답 ①

입구와 출구가 같고, 둘레의 길이가 456m인 타원 모양의 호수 둘레를 따라 4m 간격으로 일정하게 심어져 있는 가로수는 $456 \div 4 = 114$그루이며, 입구에 심어져 있는 가로수를 기준으로 6m 간격으로 가로수를 옮겨 심으려고 할 때, 4m와 6m의 최소공배수인 12m 간격의 가로수 $456 \div 12 = 38$그루는 그 자리를 유지하게 된다. 이때 호수 둘레를 따라 6m 간격으로 일정하게 가로수를 심을 때, 필요한 가로수는 $456 \div 6 = 76$그루이므로 그대로 두는 가로수 38그루를 제외한 $76 - 38 = 38$그루를 새롭게 옮겨 심어야 한다.

35   정답 ②

• 미혼여성의 수를 x명이라고 하면 $1 : 2 = 6 : x$이므로 $x = 12$
따라서 기획팀 여성의 수는 $6 + 12 = 18$명이다.
• 기획팀 남성의 수를 y명이라고 하면 $3 : 2 = y : 18$이므로
$2y = 54 \rightarrow y = 27$
따라서 기획팀의 총인원은 $27 + 18 = 45$명이다.

36   정답 ④

ⅰ) 총원화금액 : $(4 \times 1,000) + (3 \times 1,120) + (2 \times 1,180)$
$= 9,720$원
ⅱ) 평균환율 : $\dfrac{9,720}{9} = 1,080$원/달러

37   정답 ②

$200 \times 1,080 = 216,000$원

38   정답 ③

A사원이 혼자 일을 끝내는 데 걸리는 시간은 15일, A, B사원이 같이 할 때는 6일이 걸린다. B사원이 혼자 일하는 데 걸리는 시간을 b일, 일의 양을 1이라 가정하고, 하루에 할 수 있는 일의 양에 대한 방정식을 세우면 다음과 같다.

$\dfrac{1}{15} + \dfrac{1}{b} = \dfrac{1}{6} \rightarrow 6b + (6 \times 15) = 15b \rightarrow 9b = 6 \times 15 \rightarrow b = 10$

따라서 B사원 혼자 정리하는 데 걸리는 시간은 10일이다.

39   정답 ②

면접에서 최종 합격자 250명의 2배를 필기시험에서 뽑고, 면접시험 자격이 주어지는 인원의 4.5배수가 서류 지원자에서 필기시험에 응시할 수 있다. 따라서 국민건강보험공단의 최소 서류 지원자는 $250 \times 2 \times 4.5 = 2,250$명이다.

40   정답 ④

이뇨제의 1인 투여량은 60mL/일이고 진통제의 1인 투여량은 60mg/일이므로 이뇨제를 투여한 환자 수와 진통제를 투여한 환자 수의 비는 이뇨제 사용량과 진통제 사용량의 비와 같다.
• 2018년 : $3,000 \times 2 < 6,720$
• 2019년 : $3,480 \times 2 = 6,960$
• 2020년 : $3,360 \times 2 < 6,840$
• 2021년 : $4,200 \times 2 > 7,200$
• 2022년 : $3,720 \times 2 > 7,080$
따라서 2018년과 2020년에 진통제를 투여한 환자 수는 이뇨제를 투여한 환자 수의 2배보다 많다.

① 2022년에 사용량이 감소한 의약품은 이뇨제와 진통제로 이뇨제의 사용량 감소율은 $\dfrac{3,720 - 4,200}{4,200} \times 100 \fallingdotseq -11.43\%$이고, 진통제의 사용량 감소율은 $\dfrac{7,080 - 7,200}{7,200} \times 100 \fallingdotseq -1.67\%$p 이다. 따라서 전년 대비 2022년 사용량 감소율이 가장 큰 의약품은 이뇨제이다.

② 5년 동안 지사제 사용량의 평균은 $\dfrac{30+42+48+40+44}{5}=$ 40.8정이고, 지사제의 1인 1일 투여량은 2정이다. 따라서 지사제를 투여한 환자 수의 평균은 $\dfrac{40.8}{2}=20.4$이므로 약 20명이다.

③ 이뇨제 사용량은 매년 '증가 – 감소 – 증가 – 감소'를 반복하였다.

41
정답 ②

P씨는 아이가 4명이므로 일반 다자녀가구 지원 대상자에 해당된다. 1 ~ 3월에는 동절기로 적용되어 월 18,000원씩 경감받고, 4 ~ 6월에는 동절기 외로 적용되어 월 2,470원씩 경감받을 수 있다. 따라서 P씨가 1 ~ 6월 동안 받을 수 있는 주택용 도시가스의 취사난방용 요금 경감금액은 $(18,000 \times 3) + (2,470 \times 3) = 54,000 + 7,410 = 61,410$원이다.

42
정답 ②

북평택에서 동탄을 1회 왕복할 때 필요한 통행료는 $2,700 + 2,700 = 5,400$원이므로 3회 왕복할 때 필요한 통행료는 $5,400 \times 3 = 16,200$원이다. A씨의 고속도로 이용 비율은 20% 이상 70% 미만이고, 심야 시간에 이동한다. 하이패스를 이용하며 화물차 전용 단말기를 설치했으므로 30% 할인을 적용받아 통행료의 70%만 지불하면 된다. 따라서 A씨의 1주일 동안의 통행료는 $16,200 \times 6 \times 0.7 = 68,040$원이다.

43
정답 ①

통행료 면제 규정에 따르면 1 ~ 5급까지의 5.18 민주화운동 부상자 탑승차량은 통행료 면제 대상이다. 따라서 B씨는 통행료를 지불하지 않아도 된다.

44
정답 ②

'잎이 넓다.'를 P, '키가 크다.'를 Q, '더운 지방에서 자란다.'를 R, '열매가 많이 맺힌다.'를 S라 하면, 첫 번째 명제는 P → Q, 두 번째 명제는 ~P → ~R, 네 번째 명제는 R → S이다. 두 번째 명제의 대우인 R → P와 첫 번째 명제인 P → Q에 따라 R → P → Q이므로 네 번째 명제가 참이 되려면 Q → S인 명제 또는 이와 대우 관계인 ~S → ~Q인 명제가 필요하다.

오답분석

① ~P → S이므로 참인 명제가 아니다.
③ 제시된 모든 명제와 관련이 없는 명제이다.
④ R → Q와 대우 관계인 명제이지만, 네 번째 명제가 참임을 판단할 수 없다.

45
정답 ④

'풀을 먹는 동물'을 P, '몸집이 크다.'를 Q, '사막에서 산다.'를 R, '물속에서 산다.'를 S라 하면, 첫 번째 명제는 P → Q, 두 번째 명제는 R → ~S, 네 번째 명제는 S → Q이다. 네 번째 명제가 참이 되려면 두 번째 명제와 대우 관계인 S → ~R에 의해 ~R → P인 명제 또는 이와 대우 관계인 ~P → R인 명제가 필요하다.

오답분석

① Q → S로 네 번째 명제의 역이지만, 어떤 명제가 참이라고 해서 그 역이 반드시 참이 될 수는 없다.
② 제시된 모든 명제와 관련이 없는 명제이다.
③ R → Q이므로 참인 명제가 아니다.

46
정답 ③

모든 1과 사원은 가장 실적이 많은 2과 사원보다 실적이 많고, 3과 사원 중 일부는 가장 실적이 많은 2과 사원보다 실적이 적다. 따라서 3과 사원 중 일부는 모든 1과 사원보다 실적이 적다.

47
정답 ②

• A : 초청 목적이 6개월가량의 외국인 환자의 간병이므로 G-1-10 비자를 발급받아야 한다.
• B : 초청 목적이 국내 취업조건을 모두 갖춘 자의 제조업체 취업이므로 E-9-1 비자를 발급받아야 한다.
• C : 초청 목적이 K대학교 교환학생이므로 D-2-6 비자를 발급받아야 한다.
• D : 초청 목적이 국제기구 정상회의 참석이므로 A-2 비자를 발급받아야 한다.

48
정답 ③

건강생활실천지원금제 신청자 목록에 따라 신청자별로 확인하면 다음과 같다.
• A : 주민등록상 주소지가 시범지역에 속하지 않는다.
• B : 주민등록상 주소지는 관리형에 속하지만, 고혈압 또는 당뇨병 진단을 받지 않았다.
• C : 주민등록상 주소지는 예방형에 속하고, 체질량지수와 혈압이 건강관리가 필요한 사람이므로 예방형이다.
• D : 주민등록상 주소지는 관리형에 속하고, 고혈압 진단을 받았으므로 관리형이다.
• E : 주민등록상 주소지는 예방형에 속하고, 체질량지수와 공복혈당 건강관리가 필요한 사람이므로 예방형이다.
• F : 주민등록상 주소지가 시범지역에 속하지 않는다.
• G : 주민등록상 주소지는 관리형에 속하고, 당뇨병 진단을 받았으므로 관리형이다.
• H : 주민등록상 주소지가 시범지역에 속하지 않는다.
• I : 주민등록상 주소지는 예방형에 속하지만, 필수조건인 체질량지수가 정상이므로 건강관리가 필요한 사람에 해당하지 않는다.
따라서 예방형 신청이 가능한 사람은 C, E이고, 관리형 신청이 가능한 사람은 D, G이다.

49   정답 ③

출산장려금 지급 시기의 가장 우선순위인 임신일이 가장 긴 임산부는 B, C, D임산부이다. 이 중에서 만 19세 미만인 자녀 수가 많은 임산부는 C, D임산부이고, 소득 수준이 더 낮은 임산부는 C임산부이다. 따라서 C임산부가 가장 먼저 출산장려금을 받을 수 있다.

50   정답 ①

고독사 및 자살 위험이 크다고 판단되는 경우 만 60세 이상으로 하향 조정이 가능하다.

오답분석
② 노인맞춤돌봄서비스 중 생활교육서비스에 해당한다.
③ 특화서비스는 가족, 이웃과 단절되거나 정신건강 등의 문제로 자살, 고독사 위험이 높은 취약 노인을 대상으로 상담 및 진료 서비스를 제공한다.
④ 안전지원서비스를 통해 노인의 안전 여부를 확인할 수 있다.

51   정답 ③

노인맞춤돌봄서비스는 만 65세 이상의 기초생활수급자, 차상위계층, 기초연금수급자의 경우 신청이 가능하다. F와 H는 소득수준이 기준에 해당하지 않으므로 제외되며, J는 만 64세이므로 제외된다. 또한 E, G, K는 유사 중복사업의 지원을 받고 있으므로 제외된다. 따라서 E, F, G, H, J, K 6명은 노인맞춤돌봄서비스 신청이 불가능하다.

오답분석
A와 I의 경우 만 65세 이하이지만 자살, 고독사 위험이 높은 우울형 집단에 속하고, 만 60세 이상이므로 신청이 가능하다.

52   정답 ③

A씨의 2021년 장기요양보험료를 구하기 위해서는 A씨의 소득을 먼저 구해야 한다. 2023년 A씨가 낸 장기요양보험료는 20,000원이고, 보험료율이 0.91%이므로 A씨의 소득은 $20,000 \div 0.0091 \fallingdotseq 2,197,802$원이다. 따라서 A씨의 지난 5년간 소득은 2,197,802원으로 동일하므로 2021년 장기요양보험료는 $2,197,802 \times 0.0079 \fallingdotseq 17,363$원이다.

53   정답 ②

산모의 어머니인 B가 딸의 임신확인서와 산모와의 관계를 입증할 수 있는 서류인 주민등록등본을 가지고 지원 신청서를 작성하였으므로 지원제도 신청이 가능하다.

오답분석
① A는 산모의 친구이므로 지원이 불가능하다.
③ C는 의료급여를 받는 수급권자이므로 제외 대상자에 해당한다. 따라서 지원이 불가능하다.
④ D의 딸은 출국으로 인해 건강보험 급여정지자이므로 제외 대상자에 해당한다. 따라서 지원이 불가능하다.

54   정답 ④

인턴들의 업무 평가 결과에 따라 점수를 계산하면 다음과 같다.

인턴	업무량	업무 효율성	업무 협조성	업무 정확성	근무 태도	합계
A인턴	우수 - 8점	탁월 - 20점	보통 - 16점	보통 - 10점	우수 - 10점	64점
B인턴	보통 - 6점	보통 - 10점	우수 - 20점	우수 - 16점	보통 - 8점	60점
C인턴	탁월 - 10점	보통 - 10점	탁월 - 30점	탁월 - 20점	보통 - 8점	78점
D인턴	보통 - 6점	우수 - 16점	탁월 - 30점	탁월 - 20점	우수 - 10점	82점

따라서 A인턴은 20만 원, B인턴은 10만 원, C인턴은 30만 원, D인턴은 40만 원을 받으므로 D인턴이 가장 많은 장려금을 받는다.

55   정답 ③

변경된 평가 결과에 따라 점수를 계산하면 다음과 같다.

인턴	업무량	업무 효율성	업무 협조성	업무 정확성	근무 태도	합계
A인턴	우수 - 8점	탁월 - 20점	보통 - 16점	우수 - 16점	우수 - 10점	70점
B인턴	보통 - 6점	보통 - 10점	우수 - 20점	우수 - 16점	우수 - 10점	62점
C인턴	탁월 - 10점	탁월 - 20점	탁월 - 30점	탁월 - 20점	보통 - 8점	88점
D인턴	보통 - 6점	우수 - 16점	우수 - 20점	탁월 - 20점	우수 - 10점	72점

따라서 A인턴은 20만 원, B인턴은 20만 원, C인턴은 40만 원, D인턴은 30만 원을 받으므로 C인턴이 가장 많은 장려금을 받는다.

56　　정답 ③

• 금연진료 · 상담료

　S는 고혈압 진료를 병행하였으므로 금연(동시)진료 비용으로 책정해야 한다.

　－ 최초상담료 : $(22,500 \times 0.2) - 1,500 = 3,000$원

　－ 유지상담료 : $(13,500 \times 0.2) - 900 = 1,800$원

　3회 차부터 금연진료 · 상담료의 본인부담금은 없으므로 S대리의 금연진료 · 상담료의 본인부담금은 $3,000 + 1,800 = 4,800$원이다.

• 약국금연 관리비용

　약국을 2회 방문하였고 금연치료의약품을 처방받았으므로 약국금연 관리비용 본인부담금은 $1,600 \times 2 = 3,200$원이다.

• 금연치료의약품 비용

　S가 처방받은 금연치료의약품은 챔픽스정이다. 챔픽스정의 1정당 본인부담금은 400원이고 7주간 처방받은 챔픽스정은 $2 \times (28 + 21) = 98$정이므로, 금연치료의약품 본인부담금은 $400 \times 98 = 39,200$원이다.

따라서 S가 낸 본인부담금은 $4,800 + 3,200 + 39,200 = 47,200$원이다.

57　　정답 ③

• 일비 : $2만 \times 3 = 6만$ 원
• 항공운임 : $100만 \times 2 = 200만$ 원
• 철도운임 : $7만 \times 2 = 14만$ 원
• 자가용승용차운임 : $20만 \times 3 = 60만$ 원
• 숙박비 : $15만 \times 2 = 30만$
• 식비 : $2만 5천 \times 3 = 7만 5천$ 원

따라서 A부장이 받을 수 있는 여비의 총액은 $6만 + 200만 + 14만 + 60만 + 30만 + 7만 5천 = 317만 5천$ 원이다.

58　　정답 ④

• 가군
　－ 일비 : $2만 \times 2 = 4만$ 원
　－ 항공운임 : $100만 \times 1 = 100만$ 원
　－ 선박운임 : $50만 \times 1 = 50만$ 원
　－ 철도운임 : $7만 \times 2 = 14만$ 원
　－ 버스운임 : $1,500 \times 2 = 3천$ 원
　－ 자가용승용차운임 : $20만 \times 2 = 40만$ 원
　－ 숙박비 : $15만 \times 1 = 15만$ 원
　－ 식비 : $2.5만 \times 2 = 5만$ 원

그러므로 $4만 + 100만 + 50만 + 14만 + 3천 + 40만 + 15만 + 5만 = 228만 3천$ 원이다.

• 나군
　－ 일비 : $2만 \times 2 = 4만$ 원
　－ 항공운임 : $50만 \times 1 = 50만$ 원
　－ 선박운임 : $20만 \times 1 = 20만$ 원
　－ 철도운임 : $7만 \times 2 = 14만$ 원
　－ 버스운임 : $1,500 \times 2 = 3천$ 원
　－ 자가용승용차운임 : $20만 \times 2 = 40만$ 원
　－ 숙박비 : $7만 \times 1 = 7만$ 원
　－ 식비 : $2만 \times 2 = 4만$ 원

그러므로 $4만 + 50만 + 20만 + 14만 + 3천 + 40만 + 7만 + 4만 = 139만 3천$ 원이다.

• 다군
　－ 일비 : $2만 \times 2 = 4만$ 원
　－ 항공운임 : $50만 \times 1 = 50만$ 원
　－ 선박운임 : $20만 \times 1 = 20만$ 원
　－ 철도운임 : $3만 \times 2 = 6만$ 원
　－ 버스운임 : $1,500 \times 2 = 3천$ 원
　－ 자가용승용차운임 : $20만 \times 2 = 40만$ 원
　－ 숙박비 : $6만 \times 1 = 6만$ 원
　－ 식비 : $2만 \times 2 = 4만$ 원

그러므로 $4만 + 50만 + 20만 + 6만 + 3천 + 40만 + 6만 + 4만 = 130만 3천$ 원이다.

따라서 $228만 3천 + 139만 3천 + 130만 3천 = 497만 9천$ 원이다.

59　　정답 ④

A는 지역가입자로서 경감을 받을 수 있는 요건에 해당되므로 주택임대소득을 반영하지 않은 경우보다 반영한 경우의 건강보험료가 더 높아야 경감받을 수 있다.

오답분석

① A는 4년 단기주택등록을 하였으므로 적용되는 건강보험 경감률은 40%이다.

② A의 소형 임대주택이 서울에 위치한 주택이었더라도 주거전용면적상 요건을 충족하므로 보험료 경감받을 수 있다.

③ A가 등록한 소형 임대주택의 기준시가가 50% 상승하더라도 요건인 6억 원 미만이므로 경감 여부에는 변화가 없다.

60　　정답 ④

ㄷ. 온라인은 복지로 홈페이지, 오프라인은 읍면동 주민센터에서 보조금 신청서를 작성 후 제출하면 되지만, 카드사의 홈페이지에서는 보조금 신청서 작성이 불가능하다.

ㄹ. 읍면동 주민센터 외에도 전국 은행과 주요 카드사 지점을 방문하면 카드를 발급받을 수 있다.

오답분석

ㄱ. 어린이집 보육료 및 유치원 학비는 신청자가 별도로 인증하지 않아도 보조금 신청 절차에서 인증된다.

ㄴ. 온라인과 오프라인 신청 모두 연회비가 무료임이 명시되어 있다.

| 02 | 국민건강보험법

61	62	63	64	65	66	67	68	69	70
①	③	①	②	③	③	④	①	②	④

71	72	73	74	75	76	77	78	79	80
④	②	②	②	②	①	④	②	③	①

61
정답 ①

피부양자의 인정기준 중 부양요건(규칙 별표 1) 중 6번 요건에 의해 직계비속의 배우자는 동거 시에만 피부양자 자격이 인정된다.

오답분석
② 배우자의 직계존속의 경우 동거 시 피부양자 자격이 인정되며, 비동거 시에도 동거하고 있는 배우자의 형제자매가 없거나, 있어도 보수 또는 소득이 없는 경우 부양이 인정된다(규칙 별표 1 7번 요건).
③ 배우자의 경우 동거의 유무와 상관없이 피부양자 자격이 인정된다(규칙 별표 1 1번 요건).
④ 한쪽 부모님과 재혼한 배우자 또한 부모인 직계존속으로 인정하며, 동거 시 부양을 인정한다. 또한 비동거 시에도 부모와 동거하고 있는 형제자매가 없거나, 있어도 보수 또는 소득이 없는 경우 부양이 인정된다(규칙 별표 1 2번 요건).

62
정답 ③

요양기관이 속임수나 부당한 방법으로 가입자 및 피부양자에게 50만 원의 요양급여비용을 부담하게 한 경우 부당한 방법으로 부담하게 한 금액의 5배 이하의 금액을 과징금으로 부과할 수 있으므로 최대 50×5=250만 원이다.

과징금(법 제99조 제1항)
보건복지부장관은 요양기관이 속임수나 그 밖의 부당한 방법으로 보험자·가입자 및 피부양자에게 요양급여비용을 부담하게 한 경우에 해당하여 업무정지 처분을 하여야 하는 경우로서 그 업무정지 처분이 해당 요양기관을 이용하는 사람에게 심한 불편을 주거나 보건복지부장관이 정하는 특별한 사유가 있다고 인정되면 업무정지 처분을 갈음하여 속임수나 그 밖의 부당한 방법으로 부담하게 한 금액의 5배 이하의 금액을 과징금으로 부과·징수할 수 있다.

63
정답 ①

2차 감액의 경우 요양급여비용 상한금액의 <u>100분의 40</u>을 넘지 아니하는 범위에서 요양급여비용 상한금액의 일부를 감액할 수 있다(법 제41조의2 제2항).

오답분석
ㄱ. 법 제41조의2 제1항에 해당한다.
ㄷ. 법 제41조의2 제2항에 해당한다.
ㄹ. 법 제41조의2 제4항에 해당한다.

64
정답 ②

공단은 보험료를 <u>3회</u> 이상 체납한 자가 신청하는 경우 보건복지부령으로 정하는 바에 따라 분할납부를 승인할 수 있다. 이때, 분할납부 승인을 받은 자가 정당한 사유 없이 <u>5회</u> 이상 그 승인된 보험료를 납부하지 아니하면 그 분할납부의 승인을 취소한다(법 제82조 제1항·제3항).
따라서 3+5=8이다.

65
정답 ③

선별급여(법 제41조의4)
① 요양급여를 결정함에 있어 경제성 또는 치료효과성 등이 불확실하여 그 검증을 위하여 추가적인 근거가 필요하거나, 경제성이 낮아도 가입자와 피부양자의 건강회복에 잠재적 이득이 있는 등 대통령령으로 정하는 경우에는 예비적인 요양급여인 선별급여로 지정하여 실시할 수 있다.
② 보건복지부장관은 대통령령으로 정하는 절차와 방법에 따라 제1항에 따른 선별급여("선별급여")에 대하여 주기적으로 요양급여의 적합성을 평가하여 요양급여 여부를 다시 결정하고, 제41조 제3항에 따른 요양급여의 기준을 조정하여야 한다.
따라서 선별급여에 대한 설명으로 옳은 것은 ㉠, ㉡, ㉢으로 3개이다.

66
정답 ③

요양기관이 정당한 이유 없이 요양급여를 거부하거나, 요양비 명세서나 요양 명세를 적은 영수증을 내주지 않은 경우는 500만 원 이하의 벌금(법 제117조)에 해당한다.

오답분석
① 100만 원 이하의 과태료(법 제119조 제4항 제4호)
② 500만 원 이하의 과태료(법 제119조 제3항 제1호)
④ 500만 원 이하의 과태료(법 제119조 제3항 제4호)

67   정답 ④

선거에 당선되어 취임하는 공무원으로서 매월 보수 또는 보수에 준하는 급료를 받지 아니하는 사람만 직장가입자 제외 대상으로, 이는 지역가입자에 해당한다(법 제6조 제2항 제3호).

오답분석

① 법 제54조 제4호에 해당한다.
② 법 제54조 제3호에 해당한다.
③ 법 제6조 제2항 제1호에 해당한다.

68   정답 ①

제96조의4를 위반하여 서류(요양급여비용 청구서류, 건강보험 관련 서류, 요양비 청구서류, 보험급여 청구서류)를 보존하지 아니한 자는 100만 원 이하의 과태료를 부과한다(법 제119조 제4항 제4호).

오답분석

② 1년 이하의 징역 또는 1천만 원 이하의 벌금(법 제115조 제5항 제3호)
③ 500만 원 이하의 과태료(법 제119조 제3항 제2호)
④ 3년 이하의 징역 또는 3천만 원 이하의 벌금(법 제115조 제2항 제2호)

69   정답 ②

임의계속가입자는 자격의 변동 시기 등에도 불구하고 대통령령으로 정하는 기간 동안 직장가입자의 자격을 유지한다. 다만, 최초로 내야 할 직장가입자 보험료를 그 납부기한부터 2개월이 지난 날까지 내지 아니한 경우에는 그 자격을 유지할 수 없다(법 제110조 제2항).

오답분석

① 법 제110조 제4항에 해당한다.
③ 법 제110조 제3항에 해당한다.
④ 법 제110조 제1항에 해당한다.

70   정답 ④

보험료 등은 국세와 지방세를 제외한 다른 채권에 우선하여 징수한다. 다만, 보험료 등의 납부기한 전에 전세권·질권·저당권 또는 동산·채권 등의 담보에 관한 법률에 따른 담보권의 설정을 등기 또는 등록한 사실이 증명되는 재산을 매각할 때에 그 매각대금 중에서 보험료 등을 징수하는 경우 그 전세권·질권·저당권 또는 동산·채권 등의 담보에 관한 법률에 따른 담보권으로 담보된 채권에 대하여는 그러하지 아니하다(법 제85조).

71   정답 ④

임의계속가입자의 보험료는 보건복지부장관이 정하여 고시하는 바에 따라 그 일부를 경감할 수 있고, 보수월액보험료는 그 임의계속가입자가 전액을 부담하고 납부한다(법 제110조 제4항, 제5항).

오답분석

① 임의계속가입자의 신청 방법·절차 등에 필요한 사항은 보건복지부령으로 정한다(법 제110조 제7항).
② 사용관계가 끝난 사람 중 직장가입자로서의 자격을 유지한 기간이 보건복지부령으로 정하는 기간 동안 통산 1년 이상인 사람은 지역가입자가 된 이후 최초로 지역가입자 보험료를 고지받은 날부터 그 납부기한에서 2개월이 지나기 이전까지 공단에 직장가입자로서의 자격을 유지할 것을 신청할 수 있다(법 제110조 제1항).
③ 임의계속가입자 신청 후 최초로 내야 할 직장가입자 보험료를 그 납부기한부터 2개월이 지난날까지 내지 아니한 경우에는 그 자격을 유지할 수 없다(법 제110조 제2항 후단).

72   정답 ②

요양급여비용의 심사는 건강보험심사평가원의 업무이다(법 제63조 제1항 제1호).

국민건강보험공단의 업무(법 제14조 제1항)
1. 가입자 및 피부양자의 자격 관리
2. 보험료와 그 밖에 이 법에 따른 징수금의 부과·징수
3. 보험급여의 관리
4. 가입자 및 피부양자의 질병의 조기발견·예방 및 건강관리를 위하여 요양급여 실시 현황과 건강검진 결과 등을 활용하여 실시하는 예방사업으로서 대통령령으로 정하는 사업
5. 보험급여 비용의 지급
6. 자산의 관리·운영 및 증식사업
7. 의료시설의 운영
8. 건강보험에 관한 교육훈련 및 홍보
9. 건강보험에 관한 조사연구 및 국제협력
10. 이 법에서 공단의 업무로 정하고 있는 사항
11. 국민연금법, 고용보험 및 산업재해보상보험의 보험료징수 등에 관한 법률, 임금채권보장법 및 석면피해구제법("징수위탁근거법")에 따라 위탁받은 업무
12. 그 밖에 이 법 또는 다른 법령에 따라 위탁받은 업무
13. 그 밖에 건강보험과 관련하여 보건복지부장관이 필요하다고 인정한 업무

73 정답 ②

2023년 직장가입자의 보험료율은 1만 분의 709(7.09%)로 하되, A는 국외에서 업무에 종사하는 직장가입자이므로 보험료율은 정해진 보험료율의 100분의 50으로 감경(법 제73조 제2항)되므로 3.545%가 된다. 그리고 A는 업무 목적으로 1개월 이상 국외에 체류하기 때문에 100% 면제되어야 하지만, 국내에 피부양자가 있는 경우이므로 50% 경감된 금액을 납부하면 된다(법 제74조). 이를 계산하면 다음과 같다.

(건강보험료)＝(보수월액)×(보험료율)
＝300만×3.545%＝106,350원

따라서 직장가입자는 사업주와 반씩 나누어 내므로(법 제76조) 월 보험료로 53,175원을 내야 한다.

74 정답 ②

임의계속가입자의 보수월액은 보수월액보험료가 산정된 최근 12개월간의 보수월액을 평균한 금액으로 한다(법 제110조 제3항).

오답분석

① 임의계속가입자의 보수월액보험료는 그 임의계속가입자가 전액을 부담하고 납부한다(법 제110조 제5항).
③ 임의계속가입자의 보험료는 보건복지부장관이 정하여 고시하는 바에 따라 그 일부를 경감할 수 있다(법 제110조 제4항).
④ 임의계속가입자는 대통령령으로 정하는 기간 동안 직장가입자의 자격을 유지한다(법 제110조 제2항).

75 정답 ②

심의위원회는 위원장 1명과 부위원장 1명을 포함하여 25명의 위원으로 구성한다(법 제4조 제2항).

오답분석

① 심의위원회 위원의 임기는 3년으로 한다. 다만, 위원의 사임 등으로 새로 위촉된 위원의 임기는 전임위원 임기의 남은 기간으로 한다(법 제4조 제5항).
③ 요양급여의 기준 등 건강보험정책에 관한 사항들을 심의・의결하기 위하여 보건복지부장관 소속으로 건강보험정책심의위원회를 둔다(법 제4조 제1항 제2호).
④ 심의위원회 위원은 시민단체, 소비자단체, 농어업인단체 및 자영업자단체가 추천하는 각 1명이 포함되며, 보건복지부장관이 임명 또는 위촉한다(법 제4조 제4항 제2호).

76 정답 ①

요양급여비용을 청구하려는 요양기관은 심사평가원에 요양급여비용의 심사청구를 하여야 하며, 심사청구를 받은 심사평가원은 이를 심사한 후 지체 없이 그 내용을 공단과 요양기관에 알려야 한다(법 제47조 제2항).

따라서 요양급여비용의 청구 및 통보 순서는 '요양기관 → 심사평가원 → 공단'이다.

77 정답 ④

외국인 등에 대한 특례(법 제109조 제8항)

국내체류 외국인 등(제9항 단서의 적용을 받는 사람에 한정)에 해당하는 지역가입자의 보험료는 그 직전 월 25일까지 납부하여야 한다. 다만, 다음에 해당되는 경우에는 공단이 정하는 바에 따라 납부하여야 한다.
1. 자격을 취득한 날이 속하는 달의 보험료를 징수하는 경우
2. 매월 26일 이후부터 말일까지의 기간에 자격을 취득한 경우

78 정답 ②

등기(법 제18조)

공단의 설립등기에는 다음 각 호의 사항을 포함하여야 한다.
1. 목적
2. 명칭
3. 주된 사무소 및 분사무소의 소재지
4. 이사장의 성명・주소 및 주민등록번호

79 정답 ③

보험료의 경감 등(법 제75조 제1항)

다음 각 호의 어느 하나에 해당하는 가입자 중 보건복지부령(㉠)으로 정하는 가입자에 대하여는 그 가입자 또는 그 가입자가 속한 세대의 보험료의 일부를 경감할 수 있다.
1. 섬・벽지(僻地)・농어촌 등 대통령령(㉡)으로 정하는 지역에 거주하는 사람
2. 65세 이상인 사람
3. 장애인복지법에 따라 등록한 장애인
4. 국가유공자 등 예우 및 지원에 관한 법률에 따른 국가유공자
5. 휴직자
6. 그 밖에 생활이 어렵거나 천재지변 등의 사유로 보험료를 경감할 필요가 있다고 보건복지부장관이 정하여 고시하는 사람

80 정답 ①

• A : 가입자 및 피부양자의 개인정보를 누설하거나 직무상 목적 외의 용도로 이용 또는 정당한 사유 없이 제3자에게 제공한 자는 5년 이하의 징역 또는 5천만 원 이하의 벌금에 처한다(법 제115조 제1항).
• B : 업무를 수행하면서 알게 된 정보를 누설하거나 직무상 목적 외의 용도로 이용 또는 제3자에게 제공한 자는 3년 이하의 징역 또는 3천만 원 이하의 벌금에 처한다(법 제115조 제2항 제2호).
• C : 거짓이나 그 밖의 부정한 방법으로 보험급여를 받거나 타인으로 하여금 보험급여를 받게 한 사람은 2년 이하의 징역 또는 2천만 원 이하의 벌금에 처한다(법 제115조 제4항).
• D : 요양비 명세서나 요양 명세를 적은 영수증을 내주지 아니한 자는 500만 원 이하의 벌금에 처한다(법 제117조).

따라서 A가 가장 많은 벌금을 부과받는다.

| 03 | 노인장기요양보험법

61	62	63	64	65	66	67	68	69	70
②	②	①	④	③	①	②	④	②	③

71	72	73	74	75	76	77	78	79	80
①	②	④	①	④	③	③	①	③	③

61　　　　　　　　　　　　　　　　　정답 ②

장기요양기관을 운영하는 자는 폐쇄회로 텔레비전에 기록된 영상정보를 60일 이상 보관하여야 한다(법 제33조의2 제3항).

62　　　　　　　　　　　　　　　　　정답 ②

등급판정위원회는 신청인이 신청자격요건을 충족하고 6개월 이상 동안 혼자서 일상생활을 수행하기 어렵다고 인정하는 경우 심신상태 및 장기요양이 필요한 정도 등 대통령령으로 정하는 등급판정기준에 따라 수급자로 판정한다(법 제15조 제2항).

오답분석

① 법 제12조에 해당한다.
③ 법 제14조 제1항 제1호에 해당한다.
④ 법 제15조 제1항에 해당한다.

63　　　　　　　　　　　　　　　　　정답 ①

장기요양지원센터의 업무(법 제47조의2 제2항)
1. 장기요양요원의 권리 침해에 관한 상담 및 지원
2. 장기요양요원의 역량강화를 위한 교육지원
3. 장기요양요원에 대한 건강검진 등 건강관리를 위한 사업
4. 그 밖에 장기요양요원의 업무 등에 필요하여 대통령령으로 정하는 사항

64　　　　　　　　　　　　　　　　　정답 ④

행정제재처분 효과의 승계(법 제37조의4 제1항)
장기요양기관 지정의 취소 행위를 이유로 한 행정제재처분("행정제재처분")의 효과는 그 처분을 한 날부터 3년간 다음 각 호의 어느 하나에 해당하는 자에게 승계된다.
1. 장기요양기관을 양도한 경우 양수인
2. 법인이 합병된 경우 합병으로 신설되거나 합병 후 존속하는 법인
3. 장기요양기관 폐업 후 같은 장소에서 장기요양기관을 운영하는 자 중 종전에 행정제재처분을 받은 자(법인인 경우 그 대표자를 포함한다)나 그 배우자 또는 직계혈족

오답분석

① 법 제37조의4 제1항 제1호에 해당한다.
② 법 제37조의4 제4항에 해당한다.
③ 법 제37조의4 제1항에 해당한다.

65　　　　　　　　　　　　　　　　　정답 ③

ⓛ 공단은 장기요양급여를 받고 있는 자가 정당한 사유 없이 제15조 제4항에 따른 조사를 받는 경우 장기요양급여의 전부 또는 일부를 제공하지 아니하게 할 수 있다(법 제29조 제1항).
ⓒ 공단은 거짓 보고 또는 증명에 의하거나 거짓 진단에 따라 장기요양급여가 제공된 때 거짓의 행위에 관여한 자에 대하여 장기요양급여를 받은 자와 연대하여 징수금을 납부하게 할 수 있다(법 제43조 제2항).

오답분석

ⓖ 공단은 거짓이나 그 밖의 부정한 방법으로 장기요양인정을 받은 경우로 의심되는 경우 조사 결과를 등급판정위원회에 제출하여야 하고, 등급판정위원회는 공단에 제출된 조사 결과를 토대로 다시 수급자 등급을 조정하고 수급자 여부를 판정할 수 있다(법 제15조 제4항, 제5항).

66　　　　　　　　　　　　　　　　　정답 ①

월 한도액 범위를 초과하여 장기요양급여를 받은 경우에 그 장기요양급여, 장기요양급여비용 또는 의사소견서 등 발급비용에 상당하는 금액을 징수한다(법 제43조 제1항 제2호).

오답분석

② 법 제43조 제1항 제3호에 해당한다.
③ 법 제43조 제1항 제5호에 해당한다.
④ 법 제43조 제1항 제4의2에 해당한다.

67　　　　　　　　　　　　　　　　　정답 ②

등급판정위원회는 제2항에 따라 심의·판정을 하는 때 신청인과 그 가족, 의사소견서를 발급한 의사 등 관계인의 의견을 들을 수 있다(법 제15조 제3항).

오답분석

① 등급판정위원회는 신청인이 신청서를 제출한 날부터 30일 이내에 제15조에 따른 장기요양등급판정을 완료하여야 한다(법 제16조 제1항).
③ 공단은 등급판정위원회가 장기요양인정 및 등급판정의 심의를 완료한 경우 지체 없이 장기요양등급, 장기요양급여의 종류 및 내용, 그 밖에 장기요양급여에 관한 사항으로서 보건복지부령으로 정하는 사항이 포함된 장기요양인정서를 작성하여 수급자에게 송부하여야 한다(법 제17조 제1항).
④ 공단은 제14조에 따른 조사가 완료된 때 조사결과서, 신청서, 의사소견서, 그 밖에 심의에 필요한 자료를 등급판정위원회에 제출하여야 한다(법 제15조 제1항).

68
정답 ④

특별자치시장·특별자치도지사·시장·군수·구청장이 장기요양기관 지정을 하려는 경우에는 다음의 사항을 검토하여 장기요양기관을 지정하여야 한다(법 제31조 제3항).

1. 장기요양기관을 운영하려는 자의 장기요양급여 제공 이력
2. 장기요양기관을 운영하려는 자 및 그 기관에 종사하려는 자가 이 법, 사회복지사업법 또는 노인복지법 등 장기요양기관의 운영과 관련된 법에 따라 받은 행정처분의 내용
3. 장기요양기관의 운영 계획
4. 해당 지역의 노인인구 수 및 장기요양급여 수요 등 지역 특성
5. 그 밖에 특별자치시장·특별자치도지사·시장·군수·구청장이 장기요양기관으로 지정하는 데 필요하다고 인정하여 정하는 사항

69
정답 ②

국가 또는 지방자치단체는 폐쇄회로 텔레비전 설치비의 전부 또는 일부를 지원할 수 있다(법 제33조의2 제4항).

오답분석
① 법 제33조의2 제3항에 해당한다.
③ 법 제33조의2 제1항 제1호에 해당한다.
④ 법 제33조의2 제1항에 해당한다.

70
정답 ③

오답분석
ⓒ·ⓜ 재가급여에 해당한다(법 제23조 제1항 제1호).

> **장기요양급여의 종류(법 제23조 제1항)**
> • 재가급여 : 방문요양, 방문목욕, 방문간호, 주·야간보호, 단기보호, 기타재가급여
> • 시설급여 : 장기요양기관에 장기간 입소한 수급자에게 제공하는 장기요양급여
> • 특별현금급여 : 가족요양비, 특례요양비, 요양병원간병비

71
정답 ①

등급판정위원회는 신청인이 신청서를 제출한 날부터 30일 이내에 장기요양등급판정을 완료하여야 한다. 다만, 신청인에 대한 정밀조사가 필요한 경우 등 기간 이내에 등급판정을 완료할 수 없는 부득이한 사유가 있는 경우 30일 이내의 범위에서 이를 연장할 수 있다(법 제16조 제1항).

오답분석
② 공단은 등급판정위원회가 장기요양인정 및 등급판정의 심의를 완료한 경우 지체 없이 해당 사항이 포함된 장기요양인정서를 작성하여 수급자에게 송부하여야 한다(법 제17조 제1항).

③ 공단은 조사가 완료된 때 조사결과서, 신청서, 의사소견서, 그 밖에 심의에 필요한 자료를 등급판정위원회에 제출하여야 한다(법 제15조 제1항).
④ 등급판정위원회는 신청인이 신청서를 제출한 날부터 30일 이내에 장기요양등급판정을 완료하여야 한다(법 제16조 제1항).

72
정답 ②

등급판정위원회의 설치(법 제52조 제4항)
등급판정위원회 위원은 다음 각 호의 자 중에서 공단 이사장이 위촉한다. 이 경우 특별자치시장·특별자치도지사·시장·군수·구청장이 추천한 위원은 7인, 의사 또는 한의사가 1인 이상 각각 포함되어야 한다.

1. 의료법에 따른 의료인
2. 사회복지사업법에 따른 사회복지사
3. 특별자치시·특별자치도·시·군·구 소속 공무원
4. 그 밖에 법학 또는 장기요양에 관한 학식과 경험이 풍부한 자

73
정답 ④

지정취소를 받은 후 3년이 지나지 아니한 자는 장기요양기관으로 지정받을 수 없다(법 제37조 제8항 제1호).

오답분석
① 특별자치시장·특별자치도지사·시장·군수·구청장은 장기요양기관을 지정한 때 지체 없이 지정 명세를 공단에 통보하여야 한다(법 제31조 제4항).
② 재가급여를 제공하는 장기요양기관 중 의료기관이 아닌 자가 설치·운영하는 장기요양기관이 방문간호를 제공하는 경우에는 방문간호의 관리책임자로서 간호사를 둔다(법 제31조 제5항).
③ 특별자치시장·특별자치도지사·시장·군수·구청장은 장기요양기관이 거짓이나 그 밖의 부정한 방법으로 지정을 받은 경우에는 지정을 취소하여야 한다(법 제37조 제1항 제1호).

74
정답 ①

공단은 규정에도 불구하고 외국인근로자의 고용 등에 관한 법률에 따른 외국인근로자 등 대통령령(ⓐ)으로 정하는 외국인이 신청하는 경우 보건복지부령(ⓑ)으로 정하는 바에 따라 장기요양보험가입자에서 제외할 수 있다(법 제7조 제4항).

75 정답 ④

특별자치시장·특별자치도지사·시장·군수·구청장은 제37조 제1항 제4호(거짓이나 그 밖의 부정한 방법으로 재가 및 시설 급여비용을 청구한 경우)에 해당하는 행위를 이유로 업무정지명령을 하여야 하는 경우로서 그 업무정지가 해당 장기요양기관을 이용하는 수급자에게 심한 불편을 줄 우려가 있는 등 보건복지부장관이 정하는 특별한 사유가 있다고 인정되는 경우에는 업무정지명령을 갈음하여 거짓이나 그 밖의 부정한 방법으로 청구한 금액의 5배 이하의 금액을 과징금으로 부과할 수 있다(법 제37조의2 제2항). 따라서 보기의 사례에서 업무정지에 갈음한 과징금의 최대 금액은 12,844천 원의 5배인 64,220천 원이다.

76 정답 ③

①·②·④는 가족요양비에 해당하고, ③은 요양병원간병비에 해당한다(법 제26조).

가족요양비(법 제24조 제1항)
공단은 다음 각 호의 어느 하나에 해당하는 수급자가 가족 등으로부터 방문요양에 상당한 장기요양급여를 받은 때 대통령령으로 정하는 기준에 따라 해당 수급자에게 가족요양비를 지급할 수 있다.
1. 도서·벽지 등 장기요양기관이 현저히 부족한 지역으로서 보건복지부장관이 정하여 고시하는 지역에 거주하는 자
2. 천재지변이나 그 밖에 이와 유사한 사유로 인하여 장기요양기관이 제공하는 장기요양급여를 이용하기가 어렵다고 보건복지부장관이 인정하는 자
3. 신체·정신 또는 성격 등 대통령령으로 정하는 사유로 인하여 가족 등으로부터 장기요양을 받아야 하는 자

77 정답 ③

장기요양보험료는 국민건강보험법 제69조 제4항·제5항 및 제109조 제9항 단서에 따라 산정한 보험료액에서 같은 법 제74조 또는 제75조에 따라 경감 또는 면제되는 비용을 공제한 금액에 같은 법 제73조 제1항에 따른 건강보험료율 대비 장기요양보험료율의 비율을 곱하여 산정한 금액으로 한다(법 제9조 제1항).
2023년 건강보험료율은 7.09%이고, 장기요양보험료율은 건강보험료율의 0.9082%이므로 0.9082%÷7.09% ≒ 12.81%이다. 따라서 장기요양보험료는 70,000×12.81%=8,967원이고, 1원 단위 이하를 절사하여 8,960원이다.

78 정답 ①

수급자는 돌볼 가족이 없는 경우 등 대통령령으로 정하는 사유가 있는 경우 신청서를 제출한 날부터 장기요양인정서가 도달되는 날까지의 기간 중에도 장기요양급여를 받을 수 있다(법 제27조 제2항).

오답분석
② 수급자는 장기요양급여를 받으려면 장기요양기관에 장기요양인정서와 개인별장기요양이용계획서를 제시하여야 한다. 다만, 수급자가 장기요양인정서 및 개인별장기요양이용계획서를 제시하지 못하는 경우 장기요양기관은 공단에 전화나 인터넷 등을 통하여 그 자격 등을 확인할 수 있다(법 제27조 제3항).
③ 수급자는 장기요양인정서와 개인별장기요양이용계획서가 도달한 날부터 장기요양급여를 받을 수 있다(법 제27조 제1항).
④ 공단은 장기요양급여를 받고 있는 자가 정당한 사유 없이 등급판정에 따른 조사나 자료의 제출 또는 보고 및 검사에 따른 요구에 응하지 아니하거나 답변을 거절한 경우 장기요양급여의 전부 또는 일부를 제공하지 아니하게 할 수 있다(법 제29조 제1항).

79 정답 ③

재심사위원회의 재심사에 관한 절차에 관하여는 행정심판법을 준용한다(법 제56조의2 제1항).

오답분석
① 심사청구는 그 처분이 있음을 안 날부터 90일 이내에 문서(전자문서를 포함)로 하여야 하며, 처분이 있은 날부터 180일을 경과하면 이를 제기하지 못한다(법 제55조 제2항 본문).
② 정당한 사유로 그 기간에 심사청구를 할 수 없었음을 증명하면 그 기간이 지난 후에도 심사청구를 할 수 있다(법 제55조 제2항 단서).
④ 재심사위원회는 보건복지부장관 소속으로 두고, 위원장 1인을 포함한 20인 이내의 위원으로 구성한다(법 제56조 제2항).

80 정답 ③

결격사유(법 제32조의2)
1. 미성년자, 피성년후견인 또는 피한정후견인
2. 정신건강증진 및 정신질환자 복지서비스 지원에 관한 법률의 정신질환자. 다만, 전문의가 장기요양기관 설립·운영 업무에 종사하는 것이 적합하다고 인정하는 사람은 그러하지 아니하다.
3. 마약류 관리에 관한 법률의 마약류에 중독된 사람
4. 파산선고를 받고 복권되지 아니한 사람
5. 금고 이상의 실형을 선고받고 그 집행이 종료(집행이 종료된 것으로 보는 경우를 포함)되거나 집행이 면제된 날부터 5년이 경과되지 아니한 사람
6. 금고 이상의 형의 집행유예를 선고받고 그 유예기간 중에 있는 사람
7. 대표자가 위의 규정 중 어느 하나에 해당하는 법인

1일 차 기출응용 모의고사 정답 및 해설

제 1 영역 직업기초능력

01	02	03	04	05	06	07	08	09	10
④	④	②	④	③	①	④	④	③	④
11	12	13	14	15	16	17	18	19	20
②	④	④	①	④	①	④	③	④	①
21	22	23	24	25	26	27	28	29	30
②	④	④	②	②	④	③	④	①	①
31	32	33	34	35	36	37	38	39	40
④	③	①	①	①	①	③	②	②	①
41	42	43	44	45	46	47	48	49	50
④	②	④	③	②	③	②	③	②	③
51	52	53	54	55	56	57	58	59	60
②	③	③	④	③	④	②	④	④	④

01
정답 ④

'또한'은 '어떤 것을 전제로 하고 그것과 같게, 그 위에 더'를 뜻하는 부사로, 앞의 내용에 새로운 내용을 첨가할 때 사용한다. 그러나 @의 앞 내용은 뒤 문장의 이유나 근거에 해당하므로 '또한'이 아닌 '그러므로'를 사용하는 것이 문맥상 자연스럽다.

02
정답 ④

식사에 대한 상세한 설명이 주어지거나, 요리가 담긴 접시 색이 밝을 때 비만인 사람들의 식사량이 증가했다는 내용을 통해 비만인 사람들이 외부로부터의 자극에 의해 식습관에 영향을 받기 쉽다는 것을 알 수 있다.

03
정답 ②

첫 번째 문단에 따르면 통각 수용기에는 감각 적응 현상이 거의 일어나지 않는다.

오답분석

① 첫 번째 문단에 따르면 통각 수용기는 피부에 가장 많아 피부에서 발생한 통증은 위치를 확인하기 쉽다.
③ 두 번째 문단에 따르면 Aδ섬유는 직경이 크고 전도 속도가 빠르며, C섬유는 직경이 작고 전도 속도가 느리다.
④ 두 번째 문단에 따르면 Aδ섬유를 따라 전도된 통증 신호가 대뇌 피질로 전달되면, 대뇌 피질에서는 날카롭고 쑤시는 듯한 짧은 초기 통증을 느끼고 통증이 일어난 위치를 파악한다.

04
정답 ④

제시문은 인공광의 필요성과 한계점, 부정적 영향에 대해 설명하고 있는 글이다. 따라서 (다) 인공광의 필요성 - (라) 인공광의 단점 - (나) 간과할 수 없는 인공광의 부정적 영향 - (가) 인공광의 부정적 영향을 간과할 수 없는 이유 순으로 나열하는 것이 가장 적절하다.

05
정답 ③

제시문의 구조는 담배의 유해성을 설명한 후, 유해성과 관련하여 담배회사와 국민건강보험공단 간의 소송에 대해 설명하고 있다. 따라서 (라) 약초로 알고 있던 선조의 생각과는 달리 유해한 담배 - (가) 연구결과에 따른 흡연자들의 높은 암 발생률 - (다) 담배의 유해성을 안건으로 담배회사와 소송을 진행하고 있는 국민건강보험공단 - (나) 이에 대응하는 국민건강보험공단 순으로 나열해야 한다.

06
정답 ①

S는 자신의 연구 결과를 토대로 가족 구성원이 많은 집에 사는 아이들은 가족 구성원들이 집안으로 끌고 들어오는 병균들에 의한 잦은 감염 덕분에 장기적으로 알레르기 예방에 유리하다고 주장하고 있다. 결국 이는 알레르기에 걸릴 확률은 병균들에 얼마나 많이 노출되었는지에 달려 있으므로 빈칸에 들어갈 내용으로는 이와 의미가 유사한 ①이 가장 적절하다.

07
정답 ④

제시문에서는 '카타르시스'와 니체가 말한 비극의 기능을 제시하며 비극을 즐기는 이유를 설명하고 있다. 따라서 제시문의 제목으로는 ④가 가장 적절하다.

08
정답 ④

나이가 들수록 퇴화하는 망막 세포의 손상을 막아 주는 것은 망막의 구성 성분인 오메가 3이다. 루틴은 눈 건강을 위한 항염 작용에 도움이 된다.

09
정답 ③

제시된 기사의 핵심 문단은 첫 번째 문단이므로 기사의 제목 또한 첫 번째 문단을 통해 유추할 수 있다. 첫 번째 문단에 따르면 국민건강보험공단은 친환경 생태 조성을 위해 친환경 추진 전략을 수립하고 이러한 전략에 따른 로드맵을 통해 탄소중립 과제를 도출해 실천하고 있다. 따라서 기사의 제목으로는 ③이 가장 적절하다.

오답분석

①·②·④ 이러한 친환경 전략을 추진하기 위한 로드맵으로 주제를 뒷받침하는 하위의 내용들이다. 따라서 제목으로는 적절하지 않다.

10
정답 ④

네 번째 문단에 따르면 국민건강보험공단은 2030년 온실가스 50% 감축을 목표로 설정한 탄소중립 로드맵의 3대 중점 목표로 공단 업무 관련 전자행정 서비스 확대, 국민과 함께하는 다양한 자원순환 활동 전개, 탄소중립 사옥 운영 등을 제시했다. 그러나 이러한 중점 목표를 이행하기 위한 구체적 방안에 대한 설명은 없다.

오답분석

① 두 번째 문단에 따르면 국민건강보험공단의 에너지절약추진위원회는 친환경 전략 추진의 담당 주체로서 온실가스 감축 추진 체계·계획 수립 등의 역할을 맡으며, 반기마다 1회(연간 2회) 정기회의 개최를 원칙으로 한다.

② 두 번째 문단에 따르면 공단은 '더 건강한' 친환경 생태 조성을 목표로 세우고, 공단의 업(業)을 연계한 '더 깨끗한' 친환경 공단 운영, 국민·유관 기관 협업을 통한 '더 다양한' 자원순환 활동 추진, 친환경 고효율 설비 확대를 통한 '더 쾌적한' 탄소중립 사옥 구축 등을 전략 방향으로 제시했다.

③ 세 번째 문단에 따르면 국민건강보험공단은 내·외부 전문가의 진단·점검을 통해 공단의 에너지 효율 저하 원인을 분석해 개선 과제를 도출한 다음 이를 토대로 에너지 절약 추진계획을 수립하여 실행하고 있다.

11
정답 ②

미네랄은 인체의 96.5%를 차지하는 산소, 탄소, 수소, 질소를 제외한 나머지 원소로 구성되어 있다.

12
정답 ④

(라)는 수돗물이 식수로 안전함을 강조하고 있으나, 위험한 물에 대한 언급은 없다. 따라서 '식수로 안전한 물과 위험한 물'이라는 주제는 옳지 않다.

13
정답 ④

제시문에서는 '건강한 물'의 정의를 서두로 그 기준과 요소에 대해 설명하고 있다. 따라서 글의 제목으로 ④가 가장 적절하다.

14
정답 ①

• 첫 번째 빈칸 : 공간 정보가 정보 통신 기술의 발전으로 시간에 따른 변화를 반영할 수 있게 되었다는 빈칸 뒤의 내용을 통해 빈칸에는 시간에 따른 공간의 변화를 포함한 공간 정보를 이용할 수 있게 되면서 '최적의 경로 탐색'이 가능해졌다는 내용의 ㉠이 가장 적절하다.

• 두 번째 빈칸 : ㉡은 빈칸의 앞 문장의 '탑승할 버스 정류장의 위치, 다양한 버스 노선, 최단 시간 등을 분석하여 제공하는' 지리정보시스템이 '더 나아가' 제공하는 정보에 관해 이야기한다. 따라서 빈칸에는 ㉡이 가장 적절하다.

• 세 번째 빈칸 : 빈칸 뒤의 내용에서는 공간 정보가 활용되고 있는 다양한 분야와 앞으로 활용될 수 있는 분야를 이야기하고 있으므로 빈칸에는 공간 정보의 활용 범위가 계속 확대되고 있다는 ㉢이 가장 적절하다.

15
정답 ④

제시문의 주된 내용은 제1차 세계대전에 패한 독일의 국민들이 열악한 경제 상황 때문에 자유의 권리를 포기했다는 것이다. 따라서 글의 주제로 ④가 가장 적절하다.

16
정답 ①

가뭄 사진을 본 이후로 지금껏 별다른 감흥을 주지 않았던 스프링클러가 가뭄을 떠올리게 하는 변화를 가져왔으므로 빈칸에는 역접의 접속어인 '하지만'이 가장 적절하다.

17
정답 ④

'또아리'는 잘못된 표기로, '둥글게 빙빙 틀어 놓은 것. 또는 그런 모양'을 의미하는 '똬리'가 올바른 표기이다.

오답분석
① 어간 '익-'에 '-히'가 붙어서 부사로 된 '익히'는 어간의 원형을 밝혀 적으므로 올바른 표기이다.
②·③ 명사 뒤에 '-이' 이외의 모음으로 시작된 접미사가 붙어서 된 말은 그 명사의 원형을 밝혀 적지 않으므로 '이파리'와 '끄트머리'는 올바른 표기이다.

18
정답 ③

오답분석
① 제도화되지 않았으며 제도화를 위한 논의를 하는 단계이다.
② 재난적 의료비는 소득 대비 의료비부담을 측정하는 국제지표이다.
④ 제시문에서 확인할 수 없는 내용이다.

19
정답 ④

제시된 기사는 국민건강보험공단의 중증질환 재난적 의료비 지원 사업의 효과와 제도화 방안에 대한 내용이다. 따라서 기사의 제목으로 ④가 가장 적절하다.

20
정답 ①

보기의 '이 둘'은 제시문의 산제와 액제를 의미하므로 이 둘에 대해 설명하고 있는 위치에 들어가야 한다. 또 상반되는 사실을 나타내는 두 문장을 이어 줄 때 사용하는 접속어 '하지만'을 통해 산제와 액제의 단점을 이야기하는 보기 문장 앞에는 산제와 액제의 장점에 대한 내용이 와야 함을 알 수 있다. 따라서 보기는 (가)에 들어가는 것이 가장 적절하다.

21
정답 ②

P점으로부터 멀리 있는 물체를 A, 가까이 있는 물체를 B라고 하자. P로부터 B까지의 거리를 $x$km라 하면, A까지의 거리는 $4x$km이다.
13시간 후 P로부터 A까지의 거리는 $(4x+13)$km, B까지의 거리는 $(x+13)$km이므로 식으로 나타내면 다음과 같다.
$(4x+13) : (x+13) = 7 : 5$
$\rightarrow 7(x+13) = 5(4x+13)$
$\rightarrow 13x = 26$
$\therefore x = 2$
따라서 현재 P로부터 두 물체까지의 거리는 각각 $4 \times 2 = 8$km, 2km이다.

22
정답 ④

P업체 견인차의 속력을 $x$km/h(단, $x \neq 0$)라 하자.
K업체 견인차의 속력이 63km/h일 때, 40분 만에 사고지점에 도착하므로 K업체부터 사고지점까지의 거리는 $63 \times \dfrac{40}{60} = 42$km이다.
사고지점은 P업체보다 K업체에 40km 더 가까우므로 P업체에서 사고지점까지의 거리는 $42+40=82$km이다.
P업체의 견인차가 K업체의 견인차보다 늦게 도착하지 않으려면 사고지점에 도착하는 데 걸리는 시간이 40분보다 적거나 같아야 한다.
$\dfrac{82}{x} \leq \dfrac{2}{3}$
$\rightarrow 2x \geq 246$
$\therefore x \geq 123$
따라서 P업체의 견인차가 내야 하는 최소 속력은 123km/h이다.

23
정답 ④

아버지의 나이를 x세, 형의 나이를 y세라고 하고, 어머니의 나이를 $(x-4)$세, 동생의 나이를 $(y-2)$세라고 하자.
먼저, 형과 동생의 나이의 합이 40세이므로 형의 나이를 구하면 다음과 같다.
$y+(y-2)=40$
$\therefore y=21$
아버지와 어머니의 나이의 합이 형의 나이보다 6배 많으므로 아버지의 나이를 구하면 다음과 같다.
$x+(x-4)=6 \times 21$
$\rightarrow 2x=130$
$\therefore x=65$
따라서 아버지의 나이는 65세이다.

24
정답 ②

식염수 100g의 농도를 x%라고 하면 다음과 같은 식이 성립한다.
$\left(\dfrac{x}{100} \times 100\right) + \left(\dfrac{20}{100} \times 400\right) = \dfrac{17}{100} \times (100+400)$
$\rightarrow x+80=85$
$\therefore x=5$
따라서 식염수 100g의 농도는 5%이다.

25
정답 ②

두 소금물을 합하면 소금물의 양은 800g이 되고, 이 소금물을 농도 10% 이상인 소금물로 만들기 위한 물의 증발량을 xg이라고 하자.

$$\frac{(300 \times 0.07) + (500 \times 0.08)}{800 - x} \times 100 \geq 10$$

$$\rightarrow (21+40) \times 10 \geq 800 - x$$

$$\rightarrow x \geq 800 - 610$$

$$\therefore x \geq 190$$

따라서 800g인 소금물에서 최소 190g 이상의 물을 증발시켜야 농도 10% 이상인 소금물을 만들 수 있다.

26
정답 ②

일본은 2024년도 평균교육기간이 2023년 평균교육기간보다 12.8 $-$12.7$=$0.1년 높다.

오답분석

① 한국은 2022 ~ 2024년까지 평균교육기간이 12.1년으로 동일하다.

③ 2022년보다 2023년의 평균교육기간이 높아진 국가는 중국, 인도, 인도네시아, 일본, 터키로 5개국이다.

④ 2022 ~ 2024년 동안 매년 평균교육기간이 8년 이하인 국가는 중국, 인도, 인도네시아, 터키로 4개국이다.

27
정답 ③

2022년도 평균교육기간이 8년 이하인 국가는 중국, 인도, 인도네시아, 터키로 네 국가의 평균교육기간의 평균은

$$\frac{7.7+6.3+7.9+7.8}{4} = \frac{29.7}{4} = 7.425년이다.$$

28
정답 ④

- 2023년 상반기 보훈 분야의 전체 청구건수
  : 35$+$1,865$=$1,900건
- 2024년 상반기 보훈 분야의 전체 청구건수
  : 17$+$1,370$=$1,387건

따라서 전년 동기 대비 2024년 상반기 보훈 분야의 전체 청구건수의 감소율은 $\frac{1,900 - 1,387}{1,900} \times 100 = 27\%$이다.

29
정답 ①

2024년 상반기 입원 진료비 중 세 번째로 비싼 분야는 자동차 보험 분야이다.

- 2023년 상반기 자동차 보험 분야 입원 진료비 : 4,984억 원
- 2024년 상반기 자동차 보험 분야 입원 진료비 : 5,159억 원

따라서 전년 동기에 비해 2024년 상반기 자동차 보험 분야의 입원 진료비는 5,159$-$4,984$=$175억 원 증가했다.

30
정답 ①

ㄱ. 2022년 대비 2024년 의사 수의 증가율은 $\frac{11.40 - 10.02}{10.02}$ $\times 100 \fallingdotseq 13.77\%$이며, 간호사 수의 증가율은 $\frac{19.70 - 18.60}{18.60}$ $\times 100 \fallingdotseq 5.91\%$이다. 따라서 의사 수의 증가율은 간호사 수의 증가율보다 13.77$-$5.91$=$7.86%p 높다.

ㄷ. 2015 ~ 2019년 의사 한 명당 간호사 수를 구하면 다음과 같다.

- 2015년 : $\frac{11.06}{7.83} \fallingdotseq 1.41$명
- 2016년 : $\frac{11.88}{8.45} \fallingdotseq 1.41$명
- 2017년 : $\frac{12.05}{8.68} \fallingdotseq 1.39$명
- 2018년 : $\frac{13.47}{9.07} \fallingdotseq 1.49$명
- 2019년 : $\frac{14.70}{9.26} \fallingdotseq 1.59$명

따라서 2019년의 의사 한 명당 간호사 수가 약 1.59명으로 가장 많다.

오답분석

ㄴ. 2016 ~ 2024년 전년 대비 의사 수 증가량이 2천 명 이하인 해는 2019년이다. 2019년의 의사와 간호사 수의 차이는 14.70$-$9.26$=$5.44만 명으로 5만 명 이상이다.

ㄹ. 2018 ~ 2021년 간호사 수 평균은

$$\frac{13.47 + 14.70 + 15.80 + 18.00}{4} \fallingdotseq 15.49만 명으로 15만 명$$

이상이다.

31
정답 ④

생후 1주일 내 신생아 사망자 수는 1,162$+$910$=$2,072명이고, 생후 셋째 날 신생아 사망자 수는 166$+$114$=$280명이므로 생후 1주일 내 신생아 사망률 중 셋째 날 신생아 사망률은 $\frac{280}{2,072} \times$ 100 $\fallingdotseq$ 13.5%이다.

오답분석

① 생후 첫날 신생아 사망률은 여아가 3.8$+$27.4$+$8.6$=$39.8% 이고, 남아가 2.7$+$26.5$+$8.3$=$37.5%로 여아가 남아보다 높다.

② 신생아 사망률은 산모의 연령이 40세 이상일 때가 제일 높으나, 출생아 수는 40세 이상이 제일 적기 때문에 신생아 사망자 수는 산모의 연령이 19세 미만인 경우를 제외하고는 40세 이상의 경우보다 더 많다.

③ 생후 1주일 내에서 첫날 여아의 사망률은 39.8%이고, 남아의 사망률은 37.5%이므로 첫날 신생아 사망률은 50%를 넘지 않는다.

32

정답 ③

2018년 대비 2024년에 발생률이 증가한 암은 폐암, 대장암, 유방암인 것을 확인할 수 있다.

① 위암의 발생률은 점차 감소하다가 2023년부터 다시 증가하는 것을 확인할 수 있다.

② 2024년에 위암으로 죽은 사망자 수는 알 수 없으므로 옳지 않은 설명이다.

④ 전년 대비 2024년 암 발생률 증가폭은 다음과 같다.
- 위암 : $24.3 - 24.0 = 0.3$%p
- 간암 : $21.3 - 20.7 = 0.6$%p
- 폐암 : $24.4 - 22.1 = 2.3$%p
- 대장암 : $8.9 - 7.9 = 1.0$%p
- 유방암 : $4.9 - 2.4 = 2.5$%p
- 자궁암 : $5.6 - 5.6 = 0$%p

따라서 폐암의 발생률은 계속적으로 증가하고 있지만, 전년 대비 2024년 암 발생률 증가폭은 유방암이 더 크므로 옳지 않은 설명이다.

33

정답 ①

의료기기 업체 수의 증감률 전체 총합을 구하면 27.27%이며, 이를 2017년을 제외하여 7로 나누면 평균 증감율은 약 3.90%이다.

34

정답 ①

4 ~ 7월까지 상장주식수가 전월 대비 계속 증가하는 업종은 유통업이며, 전월 대비 증가량이 가장 적은 달은 6월($1,694 - 1,691 = 3$백만 주)이다.

② 3 ~ 7월 동안 상장주식수가 동일한 달이 있는 업종은 '통신업, 의료정밀, 화학'이다. 세 업종의 7월 상장주식수의 총합은 $877 + 113 + 3,378 = 4,368$백만 주로 40억 주 이상이다.

③ 4월 대비 5월의 의료정밀 상장주식량 증감량은 $939 - 1,050 = -111$백만 주이며, 유통업 상장주식수 증감량인 $1,691 - 1,678 = 13$백만 주의 8배($13 \times 8 = 104$백만 주)보다 많다.

④ 매월 상장주식수가 가장 많은 두 업종은 건설업과 화학이며, 두 업종의 5월 총 상장주식수는 $3,322 + 3,375 = 6,697$백만 주이고, 나머지(통신업, 의료정밀, 유통업) 상장주식수의 합은 $877 + 939 + 1,691 = 3,507$백만 주이다. 따라서 화학과 건설업의 상장주식수 합은 나머지 상장주식수 합의 2배($3,507 \times 2 = 7,014$백만 주)보다 적다.

35

정답 ①

ㄹ. 여성의 비만율은 2023년에 증가하고 있다.

ㅁ. 남성의 월평균 음주율의 증감 추이는 '증가 - 증가 - 증가'이고, 비만율의 증감 추이는 '감소 - 증가 - 증가'이다.

36

정답 ①

자료의 내용을 종합해 보면 출산율의 하락과 초고령사회로 나아가는 우리 사회의 현상과 문제점을 제시한다고 볼 수 있다. 정년의 단축은 초고령사회의 문제점을 해결할 수 있는 방안과는 거리가 멀다. 이보다는 노인을 생산가능인구화하는 방안을 제시하는 것이 옳다.

37

정답 ③

서울 외 지역에서 2023년 기준 전년 대비 가장 높은 비율로 증가한 곳은 요양병원이다.
- 상급종합병원 : $\dfrac{79.26 - 76.85}{76.85} \times 100 ≒ 3.1\%$
- 종합병원 : $\dfrac{46.32 - 44.96}{44.96} \times 100 ≒ 3.0\%$
- 병원 : $\dfrac{13.69 - 12.73}{12.73} \times 100 ≒ 7.5\%$
- 요양병원 : $\dfrac{7.44 - 6.45}{6.45} \times 100 ≒ 15.3\%$
- 의원 : $\dfrac{5.63 - 5.23}{5.23} \times 100 ≒ 7.6\%$

① 2020년 서울 지역의 100병상당 간호사 수 추이는 병원과 요양병원에서 감소한 적이 있다.

② 서울 지역에서 2019년 대비 2024년도의 증가율은 상급종합병원이 요양병원보다 높다.
- 상급종합병원 : $\dfrac{111.78 - 61.52}{61.52} \times 100 ≒ 81.7\%$
- 요양병원 : $\dfrac{13.83 - 9.69}{9.69} \times 100 ≒ 42.7\%$

④ 2022년에 전년 대비 100병상당 간호사 수는 서울 외 지역의 상급종합병원이 12.73명으로 가장 많이 증가하였다.

38 정답 ②

서울과 서울 외 지역의 의료기관 종별 100병상당 간호사 수를 합치면 다음 표와 같다.

구분	2019	2020	2021	2022	2023	2024
서울(명)	152.39	158.66	179.74	190.25	207.06	237.51
서울 외 지역(명)	117.76	115.28	130.72	146.22	152.34	175.4
차이(명)	34.63	43.38	49.02	44.03	54.72	62.11

ㄱ. 서울 지역의 전체 100병상당 간호사 수 추이는 계속 증가하고 있다.
ㄷ. 2024년도의 서울과 서울 외 지역의 전체 100병상당 간호사 차이는 62.11명이다.

ㄴ. 서울과 서울 외 지역의 전체 100병상당 간호사 차이는 2022년에 2021년보다 작아졌다.
ㄹ. 2021년도의 서울과 서울 외 지역의 전체 100병상당 간호사 차이는 49.02명이다.

39 정답 ②

제시된 표의 '출생성비'는 '여자 출생아 수 대비 남자 출생아 수의 비율'이므로 '남자 출생아 수 대비 여자 출생아 수의 비율'은 출생성비의 역수이다. 따라서 2022년 대비 2023년 출생성비는 감소하였으므로, '남자 출생아 수 대비 여자 출생아 수의 비율'은 반대로 증가하였음을 알 수 있다.

① 합계출산율은 2022년에 1.239명, 2021년에 1.205명으로 $\frac{1.239-1.205}{1.205} \times 100 \fallingdotseq 2.8\%$ 증가했으므로 10% 미만이다.
③ 합계출산율은 '감소 – 감소'하였으나 출생성비의 경우 감소 – 증가'하였으므로 옳지 않은 설명이다.
④ 합계출산율은 2022년에 전년 대비 증가하였다.

40 정답 ①

ㄱ. 이혼건수 대비 혼인건수 비율은 2021년에 $\frac{305,507}{115,510} \fallingdotseq 2.6$ 이고, 2022년에 $\frac{302,828}{109,153} \fallingdotseq 2.8$이므로 2022년의 비율이 높다.

ㄴ. 출생성비 대비 혼인건수는 2021년에 $\frac{305,507}{105.3} \fallingdotseq 2,901.3$건/명이고, 2022년에 $\frac{302,828}{105.3} \fallingdotseq 2,875.9$건/명이므로 2021년의 비율이 더 높다.

이때, 분모인 출생성비는 2021년과 2022년이 동일하므로, 불필요한 계산 없이 분자인 혼인건수의 대소만을 비교해 보면, 혼인건수가 더 많은 2021년이 출생성비 대비 혼인건수가 더 높다는 것을 빠르게 알 수 있다.

ㄷ. 2022년 합계출산율의 전년 대비 증가율은 $\frac{1.239-1.205}{1.205} \times 100 \fallingdotseq 2.8\%$이고, 같은 해 이혼건수의 전년 대비 감소율은 $\frac{109,153-115,510}{115,510} \times 100 \fallingdotseq -5.5\%$이다. 따라서 부호와 상관없이 숫자로 대소비교하면, 2022년 이혼건수의 전년 대비 감소율이 더 크다.
ㄹ. 2023년과 2024년의 합계출산율과 이혼건수는 모두 전년 대비 감소하므로 옳은 설명이다.

41 정답 ④

주어진 조건을 정리하면 다음과 같다.
• A → (C∨F), B → G
• ~(D∧E)
• A∨C∨F
• ~A
• (B∨G) → D
• ~C
따라서 조건에 의해 2025년 3월 인사 파견에서 선발될 직원은 D, F, G이다.

① A는 근무 평정이 70점 이하여서 선발될 수 없으므로 옳지 않다.
② 자격부과실 직원인 C 또는 F 중 최소한 1명은 선발되어야 하므로 옳지 않다.
③ B가 선발될 경우 G도 같이 선발되어야 하므로 옳지 않다.

42 정답 ②

성수기는 매년 별도 공지가 되고, 그 시기는 여름과 겨울로 한정한다.

① 금요일은 주말에 포함되므로 월평균소득이 246만 원을 초과하는 임직원은 이용할 수 없다.
③ 이용요금은 조식이 포함되어 있지 않은 가격이며, 조식 가격에 대한 정보는 알 수 없다.
④ 기본점수는 연령에 따라 매년 1회 부과된다.

43 정답 ④

A씨를 포함한 모든 신청자는 주말 동안 임직원 휴양콘도를 이용하고자 한다. 하지만 병의 경우 월소득이 300만 원으로 월평균소득 246만 원을 초과하였기 때문에 성수기와 주말에는 이용할 수 없으므로 순위에서 제외된다.

휴양콘도 이용우선순위의 첫 번째는 주말, 성수기 선정박수가 적은 임직원이다. 따라서 주말과 성수기 이용횟수가 적은 을이 우선 이용자로 선정되어야 하지만 신혼여행의 경우 최우선 선정대상이기 때문에 정이 첫 번째, 을이 두 번째 순위가 된다.

남은 신청자인 갑과 A씨는 주말, 성수기 선정박수가 1일로 동일하므로 두 번째 우선순위 조건의 이용가능 점수를 확인하면, 갑은 55세로 연령에 따른 기본점수 100점에 성수기에 1박 이용하였으므로 20점을 차감하여 80점이다. 그리고 A씨는 33세이므로 기본점수 80점에 주말 1박 이용하였으므로 10점을 차감하여 70점이 된다.

따라서 정이 첫 번째, 을이 두 번째, 갑이 세 번째, A씨가 네 번째 순위자가 된다.

44 정답 ③

① (A) : ©, ⑩
② (B) : ⑭, ④
④ (D) : ©, ©

45 정답 ②

다음과 같이 경기를 할 때, B팀은 최대 승점 5점을 얻는다.

구분	1경기	2경기	3경기	4경기
A팀	장사 – 3점	왼손 – 0점	오른손 – 1점	오른손 – 1점
B팀	왼손 – 0점	장사 – 3점	오른손 – 1점	오른손 – 1점

① 다음과 같이 경기를 할 때, A, B팀 모두 최대 승점 5점을 얻는다.

구분	1경기	2경기	3경기	4경기
A팀	장사 – 1점	왼손 – 3점	오른손 – 0점	오른손 – 1점
B팀	장사 – 1점	오른손 – 0점	왼손 – 3점	오른손 – 1점

③·④ 다음과 같이 경기를 할 때, B팀은 최대 승점 7점을 얻는다.

구분	1경기	2경기	3경기	4경기
A팀	장사 – 3점	왼손 – 0점	오른손 – 0점	오른손 – 1점
B팀	오른손 – 0점	장사 – 3점	왼손 – 3점	오른손 – 1점

46 정답 ③

외국인 등록이 되어 있는 17세 이상인 외국인의 경우 사전 등록 없이 자동출입국심사대를 이용할 수 있다.

① 35세 A씨는 19세 이상이므로 사전 등록 절차 없이 자동출입국심사대를 이용할 수 있으나, 7세인 A씨의 아들 B군은 사전 등록이 필요하다.
② 인적사항이 변경된 C씨의 경우 사전 등록이 필요하다.
④ 출입국관리 공무원의 대면심사가 필요한 체류만료일이 1개월 이내인 외국인의 경우 자동출입국심사대 이용이 제한되므로 E씨의 자동출입국심사대 이용은 제한된다.

47 정답 ②

고급 포장과 스토리텔링은 모두 수제 초콜릿의 강점에 해당되므로 SWOT 분석에 의한 마케팅 전략으로 볼 수 없다. SO전략과 ST전략으로 보일 수 있으나, 기회를 포착하거나 위협을 회피하는 모습을 보이지 않으므로 적절하지 않다.

① 수제 초콜릿의 스토리텔링(강점)을 포장에 명시하여 소비자들의 요구를 충족(기회)시키는 SO전략에 해당된다.
③ 값비싼 포장(약점)을 보완하여 좋은 식품에 대한 인기(기회)에 발맞춰 홍보하는 WO전략에 해당된다.
④ 수제 초콜릿의 존재를 모르는(약점) 점을 마케팅 강화를 통해 대기업과의 경쟁(위협)을 이겨내는 WT전략에 해당된다.

48 정답 ③

각 임직원의 항목 평균 점수를 구하면 다음과 같다.

(단위 : 점)

성명	조직기여	대외협력	기획	평균	순위
유시진	58	68	83	69.67	9
최은서	79	98	96	91	1
양현종	84	72	86	80.67	6
오선진	55	91	75	73.67	8
이진영	90	84	97	90.33	2
장수원	78	95	85	86	4
김태균	97	76	72	81.67	5
류현진	69	78	54	67	10
강백호	77	83	66	75.33	7
최재훈	80	94	92	88.67	3

따라서 상위 4명인 최은서, 이진영, 최재훈, 장수원이 해외연수 대상자로 선정된다.

49
정답 ②

평균 점수의 내림차순으로 순위를 정리하면 다음과 같다.

(단위 : 점)

성명	조직기여	대외협력	기획	평균	순위
최은서	79	98	96	91	1
이진영	90	84	97	90.33	2
최재훈	80	94	92	88.67	3
장수원	78	95	85	86	4
김태균	97	76	72	81.67	5
양현종	84	72	86	80.67	6
강백호	77	83	66	75.33	7
오선진	55	91	75	73.67	8
유시진	58	68	83	69.67	9
류현진	69	78	54	67	10

따라서 8위인 오선진은 해외연수 대상자가 될 수 없다.

50
정답 ③

HS1245는 2019년 9월에 생산된 엔진의 시리얼 번호를 의미한다.

오답분석

① QQ3258 → 첫째 자릿수(제조년)에 Q는 없다.
② LI2316 → 둘째 자릿수(제조월)에 I는 없다.
④ SU3216 → 첫째 자릿수(제조년)에 S는 없다.

51
정답 ②

DU6548 → 2015년 10월에 생산된 엔진이다.

오답분석

① FN4568 → 2017년 7월에 생산된 엔진이다.
③ WS2356 → 2000년 9월에 생산된 엔진이다.
④ HH2314 → 2019년 4월에 생산된 엔진이다.

52
정답 ③

세 번째 조건에 따라, 지역지원부의 A팀장은 반드시 출장에 참여하여야 한다.

또한 일곱 번째 조건에 따라 B대리와 C주임 중 최소 한 명은 출장에 참여하여야 하며, 마지막 조건에 따라 부서별로 최소한 1명씩은 참여하여야 하므로, 부서별 참여인원은 지역지원부가 2명, 산업지원부가 1명, 컨소시엄지원부가 1명이 된다. 컨소시엄지원부는 1명만 출장이 가능하므로, 두 가지 경우로 구분하여 볼 수 있다.

(ⅰ) G주임이 참여하는 경우

여섯 번째 조건에 따라 H사원은 출장에 참여하지 못하며, 다섯 번째 조건에 따라 C주임도 출장에 참여하여야 한다. 따라서 나머지 한 명은 산업지원부 직원 중 어느 누구라도 참여가 가능하며, 이 경우 가능한 경우는 다음과 같다.

- A팀장, C주임, D대리, G주임 / A팀장, C주임, E대리, G주임 / A팀장, C주임, F사원, G주임

(ⅱ) H사원이 참여하는 경우

네 번째 조건에 따라 F사원은 출장을 갈 수 없게 된다. 또한 G주임이 출장에 참여하지 않으므로, 다섯 번째 조건에 따라 C주임도 참여하지 못하게 된다. 따라서 일곱 번째 조건에 따라 B대리가 출장에 참여하게 되고, 나머지 한 명은 D대리와 E대리 중 한 명이 참여하게 된다. 그러므로 가능한 경우의 수는 다음과 같다.

- A팀장, B대리, D대리, H사원 / A팀장, B대리, E대리, H사원

③의 경우, G주임이 혼자 출장에 참여하게 되므로 다섯 번째 조건에 위배된다.

53
정답 ③

다음의 논리 순서를 따라 주어진 조건을 정리하면 쉽게 접근할 수 있다.

• 여섯 번째, 마지막 조건 : G는 첫 번째 자리에 앉는다.
• 일곱 번째 조건 : C는 세 번째 자리에 앉는다.
• 네 번째, 다섯 번째 조건 : 만약 A와 B가 네 번째, 여섯 번째 또는 다섯 번째, 일곱 번째 자리에 앉으면, D와 F는 나란히 앉을 수 없다. 따라서 A와 B는 두 번째, 네 번째 자리에 앉는다. 이때, 남은 자리는 다섯, 여섯, 일곱 번째 자리이므로 D와 F는 다섯, 여섯 번째 또는 여섯, 일곱 번째 자리에 앉게 되고, 나머지 한 자리에 E가 앉는다.

이 사실을 종합하여 주어진 조건을 표로 정리하면 다음과 같다.

구분	첫번째	두번째	세번째	네번째	다섯번째	여섯번째	일곱번째
경우 1	G	A	C	B	D	F	E
경우 2	G	A	C	B	F	D	E
경우 3	G	A	C	B	E	D	F
경우 4	G	A	C	B	E	F	D
경우 5	G	B	C	A	D	F	E
경우 6	G	B	C	A	F	D	E
경우 7	G	B	C	A	E	D	F
경우 8	G	B	C	A	E	F	D

따라서 어떠한 경우에도 C의 옆자리는 항상 A와 B가 앉는다.

오답분석

① 네 번째 조건에서 D와 F는 나란히 앉는다고 하였다.
②·④ 경우 4와 경우 8일 때에만 성립한다.

54 정답 ④

정규직의 주당 근무시간을 비정규직 1과 같이 줄여 근무여건을 개선하고, 퇴사율이 가장 높은 비정규직 2의 직무교육을 시행하여 퇴사율을 줄이는 것이 가장 적절하다.

오답분석

① 설문조사 결과에서 연봉보다는 일과 삶의 균형을 더 중요시한다고 하였으므로 연봉이 상승하는 것은 퇴사율에 영향을 미치지 않음을 알 수 있다.

② 정규직을 비정규직으로 전환하는 것은 고용의 안정성을 낮추어 퇴사율을 더욱 높일 수 있다.

③ 직무교육을 안 하는 비정규직 2보다 직무교육을 하는 정규직과 비정규직 1의 퇴사율이 더 낮기 때문에 이는 적절하지 않다.

55 정답 ③

먼저 10+117+6=133명의 전체 참여인원을 수용할 수 있어야 하므로 최대 수용인원이 124명인 세미나실은 제외한다. 다음으로 마이크와 프로젝터가 모두 있어야 하므로 한빛관은 제외한다. 마지막으로 발대식 전날 정오인 4월 16일 12시부터 1박 2일의 발대식이 진행되는 18일까지 예약이 가능해야 하므로 16일 오후 3 ~ 5시에 예약이 있는 비전홀은 제외한다. 따라서 모든 조건을 만족하는 대회의실이 예약할 시설로 가장 적절하다.

56 정답 ④

조건에 따라 최고점과 최저점을 제외한 3명의 면접관의 평균과 보훈 가점을 더한 총점은 다음과 같다.

구분	총점	순위
A	$\frac{80+85+75}{3}=80$점	7위
B	$\frac{75+90+85}{3}+5 ≒ 88.33$점	3위
C	$\frac{85+85+85}{3}=85$점	4위
D	$\frac{80+85+80}{3} ≒ 81.67$점	6위
E	$\frac{90+95+85}{3}+5=95$점	2위
F	$\frac{85+90+80}{3}=85$점	4위
G	$\frac{80+90+95}{3}+10 ≒ 98.33$점	1위
H	$\frac{90+80+85}{3}=85$점	4위
I	$\frac{80+80+75}{3}+5 ≒ 83.33$점	5위
J	$\frac{85+80+85}{3} ≒ 83.33$점	5위
K	$\frac{85+75+75}{3}+5 ≒ 83.33$점	5위
L	$\frac{75+90+70}{3} ≒ 78.33$점	8위

따라서 총점이 가장 높은 6명의 합격자를 면접을 진행한 순서대로 나열하면 G − E − B − C − F − H 순이다.

57 정답 ②

보수월액보험료(월)는 (보수월액)×[(보험료율)(7.09%)]이므로 2,400,000×7.09%=170,160원이다. 여기서 본인부담금은 50%이므로 A사원이 부담하는 보험료는 85,080원이다.

58 정답 ④

문제에서 계산된 산정 방식은 변경 전 방식으로 계산되었다. 바뀐 장기요양보험료 산정 방식에 따라 계산하면 $50,000 \times \frac{0.9082\%}{7.09\%}$ ≒ 6,404.79…원이다.

오답분석

① 2025년 1월부터 건강보험료율은 1.49%, 장기요양보험료율(소득 대비)은 0.0505%p가 인상되었다.

② 사립학교 교원은 가입자가 50%, 사용자가 30%, 국가가 20% 순으로 건강보험료를 부담한다.

③ 월 소득월액보험료는 구하는 식 아래 '(소득월액)=(연간 보수 외 소득)÷12'라고 명시되어 있다.

59 정답 ④

• C의 경우, 경영학 분야 학위를 갖추고 있으며, 제출기간 내에 등기우편이 도착하였으므로 후보로 적절하다.

• D의 경우, 공공부문과 민간부문에서 모두 일한 경력이 있으므로 공공성, 기업성을 조화시킬 능력을 갖추었다고 볼 수 있으며, 지원서류 제출계획도 올바르다.

오답분석

• A의 경우, 경영이나 토지, 도시, 주택분야 전문인이 아니라 의료분야에서의 경력을 갖고 있어 직접적 연관성이 떨어지고, 무엇보다 음주운전 경력으로 인해 공직자로서의 준법성, 도덕성을 갖추었다고 보기 어렵다.

• B의 경우, 건설분야에서 장기간 근무한 경력이 있으며, 제출서류를 갖추었으나 방문접수가 불가능한 3월 8일(토)에 방문접수를 하려고 하므로 제출방법에 문제가 있다.

60 정답 ④

발행형태가 4로 전집이기 때문에 한 권으로만 출판된 것이 아님을 알 수 있다.

오답분석

① 국가번호가 05(미국)로 미국에서 출판되었다.
② 서명식별번호가 1011로 1011번째 발행되었다. 441은 발행자의 번호로 이 책을 발행한 출판사의 발행자번호가 441이라는 것을 의미한다.
③ 발행자번호는 441로 세 자리로 이루어져 있다.

제**2**영역 법률

|01| 국민건강보험법

61	62	63	64	65	66	67	68	69	70
②	④	③	④	②	④	③	②	③	②
71	72	73	74	75	76	77	78	79	80
②	②	③	③	①	①	①	①	④	②

61 정답 ②

오답분석

ㄴ. 보험급여 비용을 받을 권리는 3년 동안 행사하지 아니하면 소멸시효가 완성된다(법 제91조 제1항 제4호).
ㄹ. 연체금 및 가산금으로 과오납부한 금액을 환급받을 권리의 소멸시효는 보험료의 고지 또는 독촉, 보험급여 또는 보험급여 비용의 청구의 사유로 중단된다(법 제91조 제2항).

62 정답 ④

건강보험을 적용받고 있던 사람이 유공자 등 의료보호대상자로 되었으나 건강보험의 적용배제신청을 보험자에게 하지 아니한 사람은 가입자 또는 피부양자가 된다(법 제5조 제1항 제2호 나목).

오답분석

① 법 제5조 제1항 제1호에 해당한다.
②·③ 법 제5조 제1항 제2호에 해당한다.

63 정답 ③

공단은 회계연도마다 결산보고서와 사업보고서를 작성하여 다음 해 2월 말일까지 보건복지부장관에게 보고하여야 한다(법 제39조 제1항).

64 정답 ④

사업장의 사용자는 제1 ~ 2호의 어느 하나에 해당하게 되면 그때부터 14일 이내에 보건복지부령으로 정하는 바에 따라 보험자에게 신고하여야 한다. 제1호에 해당되어 보험자에게 신고한 내용이 변경된 경우에도 또한 같다(법 제7조).

오답분석

① 사업장의 사용자는 휴업·폐업 등 보건복지부령으로 정하는 사유가 발생한 경우에 해당하게 되면 그 때부터 14일 이내에 보건복지부령으로 정하는 바에 따라 보험자에게 신고하여야 한다(법 제7조 제1호).

②·③ 사업장의 사용자는 제6조 제2항에 따라 직장가입자가 되는 근로자·공무원 및 교직원을 사용하는 사업장이 된 경우에 해당하게 되면 그 때부터 14일 이내에 보건복지부령으로 정하는 바에 따라 보험자에게 신고하여야 한다(법 제7조 제2호).

65
정답 ②

지역가입자가 다른 세대로 전입한 날 등에는 보건복지부령으로 정하는 바에 따라 자격이 변동된 날부터 14일 이내에 지역가입자의 세대주가 보험자에게 신고하여야 한다(법 제9조 제2항).

66
정답 ④

국민건강보험공단이 자산의 관리·운영 및 증식을 위해 취하는 방법은 ㉠, ㉡, ㉢, ㉣, ㉤이다.
㉠·㉡ 법 제14조 제2항 제1호에 해당한다.
㉢ 법 제14조 제2항 제4호에 해당한다.
㉣ 법 제14조 제2항 제3호에 해당한다.
㉤ 법 제14조 제2항 제2호에 해당한다.

> **업무 등(법 제14조 제2항)**
> 제1항 제6호에 따른 자산의 관리·운영 및 증식사업은 안정성과 수익성을 고려하여 다음 각 호의 방법에 따라야 한다.
> 1. 체신관서 또는 은행법에 따른 은행에의 예입 또는 신탁
> 2. 국가·지방자치단체 또는 은행법에 따른 은행이 직접 발행하거나 채무이행을 보증하는 유가증권의 매입
> 3. 특별법에 따라 설립된 법인이 발행하는 유가증권의 매입
> 4. 자본시장과 금융투자업에 관한 법률에 따른 신탁업자가 발행하거나 같은 법에 따른 집합투자업자가 발행하는 수익증권의 매입
> 5. 공단의 업무에 사용되는 부동산의 취득 및 일부 임대
> 6. 그 밖에 공단 자산의 증식을 위하여 대통령령으로 정하는 사업

67
정답 ③

이사장의 임기는 3년, 이사(공무원인 이사는 제외한다)와 감사의 임기는 각각 2년으로 한다(법 제20조 제7항).

68
정답 ②

요양기관, 치료재료의 제조업자·수입업자 등 보건복지부령으로 정하는 자는 요양급여대상 또는 비급여대상으로 결정되지 아니한 진찰·검사, 처치·수술 및 그 밖의 치료, 예방·재활의 요양급여에 관한 행위 및 치료재료에 대하여 요양급여대상 여부의 결정을 보건복지부장관에게 신청하여야 한다(법 제41조의3 제1항).

69
정답 ③

요양기관은 신고한 내용이 변경된 경우에는 그 변경된 날부터 15일(㉠) 이내에 보건복지부령으로 정하는 바에 따라 심사평가원(㉡)에 신고하여야 한다(법 제43조 제2항).

70
정답 ②

유공자 등 의료보호 대상자는 건강보험의 피부양자가 될 수 없지만, 보험자인 국민건강보험공단에 건강보험의 적용을 신청한 사람은 피부양자가 될 수 있다(국민건강보험법 제5조 제1항 참고).

오답분석
㉠ 의료급여 수급권자는 건강보험의 가입자 또는 피부양자가 될 수 없다.
㉡ 건강보험을 적용받던 중 의료보호 대상자가 되었다면 적용배제 신청을 하지 않았어야 가입자 또는 피부양자가 될 수 있다.

71
정답 ②

공단은 납입 고지의 송달 지연 등 보건복지부령으로 정하는 사유가 있는 경우 납부의무자의 신청에 따라 납부기한부터 1개월의 범위에서 납부기한을 연장할 수 있다. 이 경우 납부기한 연장을 신청하는 방법, 절차 등에 필요한 사항은 보건복지부령으로 정한다(법 제78조 제2항).

72
정답 ②

보험료, 연체금 및 가산금을 징수할 권리, 보험급여를 받을 권리 등은 3년 동안 행사하지 아니하면 소멸시효가 완성된다(법 제91조 제1항 제1 ~ 6호).

73
정답 ③

신고 등(법 제94조 제1항)
공단은 사용자, 직장가입자 및 세대주에게 다음 각 호의 사항을 신고하게 하거나 관계 서류(전자적 방법으로 기록된 것을 포함한다. 이하 같다)를 제출하게 할 수 있다.
1. 가입자의 거주지 변경
2. 가입자의 보수·소득
3. 그 밖에 건강보험사업을 위하여 필요한 사항

74 정답 ③

응급의료기금은 국민건강보험공단이 징수한 과징금을 사용해 지원하는 기금이다(법 제99조 제8항).

오답분석

①·②·④ 공단은 국민연금법, 산업재해보상보험법, 고용보험법 및 임금채권보장법에 따라 국민연금기금, 산업재해보상보험및예방기금, 고용보험기금 및 임금채권보장기금으로부터 각각 지급받은 출연금을 징수위탁근거법에 따라 위탁받은 업무에 소요되는 비용에 사용하여야 한다(법 제114조 제1항).

75 정답 ①

업무를 수행하면서 알게 된 정보를 누설하거나 직무상 목적 외의 용도로 이용 또는 제3자에게 제공한 자는 <u>3년 이하의 징역 또는 3,000만 원 이하의 벌금</u>에 처한다(법 제115조 제2항 제2호).

76 정답 ①

<u>보건복지부장관</u>은 대통령령으로 정하는 절차와 방법에 따라 선별급여에 대하여 주기적으로 요양급여의 적합성을 평가하여 요양급여 여부를 다시 결정하고, 요양급여의 기준을 조정하여야 한다(법 제41조의4 제2항).

77 정답 ①

재정운영위원회의 위원장은 <u>공익을 대표하는 위원 10명 중에서 호선</u>한다(법 제33조 제2항).

78 정답 ①

공단에 관하여 국민건강보험법과 공공기관의 운영에 관한 법률에서 정한 사항 외에는 <u>민법(㉠)</u> 중 <u>재단법인(㉡)</u>에 관한 규정을 준용한다(법 제40조).

79 정답 ④

보건복지부장관은 요양급여비용의 상한금액이 감액된 약제가 감액된 날부터 <u>5년(㉠)</u>의 범위에서 대통령령으로 정하는 기간 내에 다시 감액의 대상이 된 경우에는 요양급여비용 상한금액의 <u>100분의 40(㉡)</u>을 넘지 아니하는 범위에서 요양급여비용 상한금액의 일부를 감액할 수 있다(법 제41조의2 제2항).

80 정답 ②

<u>금융정보를 제공한 금융회사 등의 장은 금융정보의 제공 사실을 명의인에게 통보하여야 한다.</u> 다만, 명의인이 동의한 경우에는 금융실명거래 및 비밀보장에 관한 법률에도 불구하고 통보하지 아니할 수 있다(법 제96조의2 제3항).

오답분석

① 법 제96조의2 제4항에 해당한다.
③ 법 제96조의2 제1항에 해당한다.
④ 법 제96조의2 제2항에 해당한다.

|02| 노인장기요양보험법

61	62	63	64	65	66	67	68	69	70
②	③	①	③	①	②	②	②	③	④
71	72	73	74	75	76	77	78	79	80
③	①	②	④	④	②	④	①	③	②

61
정답 ②

장기요양인정의 유효기간은 최소 1년 이상으로서 대통령령으로 정한다(법 제19조 제1항).

62
정답 ③

오답분석

① 법 제36조 제3항 제1호에 해당한다.
② 법 제36조 제3항 제2호에 해당한다.
④ 법 제36조 제3항 제3호에 해당한다.

장기요양기관의 폐업 등의 신고 등(법 제 36조 제3항)
장기요양기관의 장은 장기요양기관을 폐업하거나 휴업하려는 경우 또는 장기요양기관의 지정 갱신을 하지 아니하려는 경우 보건복지부령으로 정하는 바에 따라 수급자의 권익을 보호하기 위하여 다음 각 호의 조치를 취하여야 한다.
1. 해당 장기요양기관을 이용하는 수급자가 다른 장기요양기관을 선택하여 이용할 수 있도록 계획을 수립하고 이행하는 조치
2. 해당 장기요양기관에서 수급자가 제40조 제1항 및 제3항에 따라 부담한 비용 중 정산하여야 할 비용이 있는 경우 이를 정산하는 조치
3. 그 밖에 수급자의 권익 보호를 위하여 필요하다고 인정되는 조치로서 보건복지부령으로 정하는 조치

63
정답 ①

"장기요양급여"란 6개월(㉠) 이상 동안 혼자서 일상생활을 수행하기 어렵다고 인정되는 자에게 신체활동·가사활동의 지원 또는 간병(㉡) 등의 서비스나 이에 갈음하여 지급하는 현금 등을 말한다(법 제2조 제2호).

64
정답 ③

장기요양보험료는 국민건강보험법에 따라 산정한 보험료액에서 같은 법에 따라 경감 또는 면제되는 비용을 공제한 금액에 장기요양보험료율을 곱하여 산정한 금액으로 한다(법 제9조 제1항). 지역가입자의 월별 보험료액은 세대단위로 산정하되, 지역가입자가 속한 세대의 월별 보험료액은 재산보험료부과점수에 재산보험료부과점수당 금액을 곱한 금액으로 한다(국민건강보험법 제69조 제5항).

따라서 재산보험료부과점수(ⓐ)에 재산보험료부과점수당 금액(ⓒ)을 곱한 금액에서 경감 또는 면제되는 비용(ⓓ)을 뺀 후에 장기요양보험료율(ⓑ)을 곱한 ③이 계산식으로 옳다.

65
정답 ①

㉠ 법 제14조 제1항에 해당한다.
㉣ 법 제14조 제3항에 해당한다.

오답분석

㉡ 지리적 사정 등으로 직접 조사하기 어려운 경우 또는 조사에 필요하다고 인정하는 경우 특별자치시·특별자치도·시·군·구(자치구를 말한다)에 대하여 조사를 의뢰하거나 공동으로 조사할 것을 요청할 수 있다(법 제14조 제1항).
㉢ 공단은 장기요양인정에 관한 사항을 조사하는 경우 2명 이상의 소속 직원이 조사할 수 있도록 노력하여야 한다(법 제14조 제2항).

66
정답 ②

장기요양인정의 갱신 신청은 유효기간이 만료되기 전 30일까지 이를 완료하여야 한다(법 제20조 제2항).

67
정답 ②

정보통신장애나 그 밖에 대통령령으로 정하는 불가피한 사유로 특별현금급여수급계좌로 이체할 수 없을 때에는 현금 지급 등 대통령령으로 정하는 바에 따라 특별현금급여를 지급할 수 있다(법 제27조의2 제1항).

오답분석

① 법 제27조의2 제3항에 해당한다.
③ 법 제27조의2 제2항에 해당한다.
④ 법 제27조의2 제1항에 해당한다.

68
정답 ②

보건복지부장관은 장기요양기관 재무·회계기준을 정할 때에는 장기요양기관의 특성 및 그 시행시기 등을 고려하여야 한다(법 제35조의2 제2항).

69
정답 ③

제14조 제3항에 해당한다.

오답분석

① 거동이 현저하게 불편하거나 도서·벽지 지역에 거주하여 의료기관을 방문하기 어려운 자 등 대통령령으로 정하는 자는 의사소견서를 제출하지 아니할 수 있다(법 제13조 제2항).
② 의사소견서의 발급비용·비용부담방법·발급자의 범위, 그 밖에 필요한 사항은 보건복지부령으로 정한다(법 제13조 제3항).

④ 공단은 장기요양인정에 관한 사항을 조사하는 경우 2명 이상의 소속 직원이 조사할 수 있도록 노력하여야 한다(법 제14조 제2항).

70 정답 ④

노인장기요양보험법의 규정에 따른 급여의 범위 및 대상에 포함되지 아니하는 장기요양급여(ⓒ), 수급자가 장기요양인정서에 기재된 장기요양급여의 종류 및 내용과 다르게 선택하여 장기요양급여를 받은 경우 그 차액(ⓒ), 장기요양급여의 월 한도액을 초과하는 장기요양급여(㉠)에 대한 비용은 수급자 본인이 전부 부담한다(법 제40조 제3항).

71 정답 ③

ⓒ 법 제43조 제1항 제2호에 해당한다.
ⓔ 법 제43조 제1항 제5호에 해당한다.

오답분석

㉠ 공단은 장기요양급여의 제한 등을 받을 자가 장기요양급여를 받은 경우 그 장기요양급여에 상당하는 금액을 징수한다(법 제43조 제1항 제3호).
ⓒ 공단은 장기요양급여비용을 받은 자가 제37조 제1항 제4호에 따른 거짓이나 그 밖의 부정한 방법으로 재가 및 시설 급여비용을 청구하여 이를 지급받은 경우 그 장기요양급여비용의 상당하는 금액을 징수한다(법 제43조 제1항 제4호).

72 정답 ①

위원장이 아닌 위원은 근로자단체, 사용자단체, 시민단체, 노인단체, 농어업인단체 또는 자영자단체를 대표하는 자(㉠), 장기요양기관 또는 의료계를 대표하는 자(ⓒ), 대통령령으로 정하는 관계 중앙행정기관의 고위공무원단 소속 공무원, 장기요양에 관한 학계 또는 연구계를 대표하는 자, 공단 이사장이 추천하는 자(ⓒ) 중에서 보건복지부장관이 임명 또는 위촉한 자로 하고 이에 해당하는 자를 각각 동수로 구성하여야 한다(법 제46조 제2항).

73 정답 ②

국민건강보험공단은 제2항 제13호에 따른 장기요양급여의 제공 기준을 개발하고 장기요양급여비용의 적정성을 검토하기 위한 장기요양기관을 설치할 때 노인(㉠)인구 및 지역특성 등을 고려한 지역 간 불균형 해소를 고려하여야 하고, 설치 목적에 필요한 최소한(ⓒ)의 범위에서 이를 설치·운영하여야 한다(법 제48조 제3항).

74 정답 ④

심사청구는 그 처분이 있음을 안 날부터 90일(㉠) 이내에 문서로 하여야 하며, 처분이 있은 날부터 180일(ⓒ)을 경과하면 이를 제기하지 못한다. 다만, 정당한 사유로 그 기간에 심사청구를 할 수 없었음을 증명하면 그 기간이 지난 후에도 심사청구를 할 수 있다(법 제55조 제2항).

75 정답 ④

ⓒ·ⓒ 공단은 장기요양사업 중 장기요양보험료를 재원으로 하는 사업과 국가·지방자치단체의 부담금을 재원으로 하는 사업의 재정을 구분하여 운영하여야 한다. 다만, 관리운영에 필요한 재정은 구분하여 운영하지 아니할 수 있다(법 제50조 제2항).

오답분석

㉠ 공단은 장기요양사업에 대하여 독립회계를 설치·운영하여야 한다(법 제50조 제1항).

76 정답 ②

국가는 매년 예산의 범위 안에서 해당 연도 장기요양보험료 예상 수입액의 100분의 20에 상당하는 금액을 공단에 지원한다(법 제58조 제1항).

77 정답 ④

국가와 지방자치단체는 대통령령으로 정하는 바에 따라 의료급여 수급권자의 장기요양급여비용, 의사소견서 발급비용, 방문간호지시서 발급비용 중 공단이 부담하여야 할 비용 및 관리운영비의 전액을 부담한다(법 제58조 제2항).

78 정답 ①

과태료는 대통령령으로 정하는 바에 따라 관할 특별자치시장·특별자치도지사·시장·군수·구청장이 부과·징수한다(법 제69조 제3항). 따라서 노인장기요양보험법상의 과태료를 징수할 수 있는 자는 ㉠, ⓒ, ⓒ, ⓜ, ④이다.

79 정답 ③

장기요양기관은 수급자가 장기요양급여를 쉽게 선택하도록 하고 장기요양기관이 제공하는 급여의 질을 보장하기 위하여 장기요양기관별 급여의 내용, 시설·인력(㉠) 등 현황자료 등을 공단이 운영하는 인터넷 홈페이지(ⓒ)에 게시하여야 한다(법 제34조 제1항).

80 정답 ②

보건복지부장관은 지정을 받은 인권교육기관의 지정을 취소하거나 6개월 이내의 기간을 정하여 업무의 정지를 명할 수 있다(법 제35조의3 제4항).

2일 차 기출응용 모의고사 정답 및 해설

제 **1** 영역 직업기초능력

01	02	03	04	05	06	07	08	09	10
④	③	③	③	④	①	④	④	④	④
11	12	13	14	15	16	17	18	19	20
①	②	②	④	④	③	④	④	③	①
21	22	23	24	25	26	27	28	29	30
④	④	②	④	④	③	①	②	②	③
31	32	33	34	35	36	37	38	39	40
③	③	③	③	③	①	②	①	③	③
41	42	43	44	45	46	47	48	49	50
④	①	③	③	②	③	②	④	④	②
51	52	53	54	55	56	57	58	59	60
②	④	②	②	④	②	④	④	④	④

01 정답 ④

등장수축은 전체 근육 길이가 줄어드는 동심 등장수축과 늘어나는 편심 등장수축으로 나뉜다. 따라서 등장수축에서 근육섬유가 수축할 때, 전체 근육 길이가 줄어든다는 것은 적절하지 않다.

02 정답 ③

문서작성 시 주의사항
• 문서는 육하원칙에 의해서 써야 한다.
• 문서는 그 작성 시기가 중요하다.
• 문서는 한 사안을 한 장의 용지에 작성해야 한다.
• 문서작성 후 반드시 다시 한 번 내용을 검토해야 한다.
• 문서의 첨부자료는 반드시 필요한 자료 외에는 첨부하지 않도록 한다.
• 문서내용 중 금액, 수량, 일자 등의 기재에 정확성을 기하여야 한다.
• 문장표현은 작성자의 성의가 담기도록 경어나 단어 사용에 신경을 써야 한다.

03 정답 ③

외국인 건강보험 가입자도 대한민국 국민과 동일하게 입원, 외래 진료, 중증질환, 건강검진 등의 건강보험 혜택을 받을 수 있다.

오답분석
① 유학생의 경우 입국하여 외국인 등록을 한 날에 가입된다.
② 같은 체류지(거소지)에 배우자와 함께 거주하여 가족 단위로 보험료 납부를 원하는 경우에는 가족관계를 확인할 수 있는 서류를 지참하여 방문 신청해야 한다.
④ 보험료를 미납할 경우 건강보험 혜택 제한, 체류 허가 제한 등의 불이익이 발생할 수 있다.

04 정답 ③

수면 패턴은 휴일과 평일 모두 일정하게 지키는 것이 성장하는 아이들의 수면 리듬을 유지하는 데 좋다. 따라서 휴일에 늦잠을 자는 것은 적절하지 않다.

05 정답 ④

제시문에서는 금융권, 의료업계, 국세청 등 다양한 영역에서 빅데이터가 활용되고 있는 사례들을 열거하고 있다. 따라서 글의 주제로 ④가 가장 적절하다.

06 정답 ①

첫 번째 문단에서 엔테크랩이 개발한 감정인식 기술은 모스크바시 경찰 당국에 공급할 계획이라고 하였으므로 아직 도입되어 활용되고 있는 것은 아니다.

07 정답 ④

빈칸 앞 문장에서는 감정인식 기술을 수사기관에 도입할 경우 새로운 차원의 수사가 가능하다고 하였고, 빈칸의 뒤 문장에서는 이 기술이 어느 부서에서 어떻게 이용될 것인지 밝히지 않았고 결정된 것이 없다고 하였으므로 역접의 접속어인 '그러나'가 적절하다.

08　정답 ④

제시문에서는 우리말과 영어의 어순 차이에 대해 설명하면서 우리말에서 주어 다음에 목적어가 오는 것은 '나의 의사보다 상대방에 대한 관심을 먼저 보이는 우리의 문화'에서 기인한 것이라고 언급하고 있다. 그리고 '나의 의사를 밝히는 것이 먼저인 영어를 사용하는 사람들의 문화'라는 내용으로 볼 때, 상대방에 대한 관심보다 나의 생각을 우선시하는 것은 영어의 문장 표현이다.

09　정답 ④

세 번째 문단에서 녹내장을 예방할 수 있는 방법은 아직 알려져 있지 않고, 가장 좋은 예방법이 조기에 발견하는 것이라고 하였다. 따라서 녹내장 발병을 예방할 수 있는 방법은 아직 없다고 볼 수 있다.

오답분석

① 녹내장은 일반적으로 주변 시야부터 좁아지기 시작해 중심 시야로 진행되는 병이다.
② 상승된 안압이 시신경으로 공급되는 혈류량을 감소시켜 시신경 손상이 발생될 수 있다.
③ 녹내장은 안압이 상승하여 발생하는 병이므로 안압이 상승할 수 있는 상황은 되도록 피해야 한다.

10　정답 ④

제시문은 A병원 내과 교수팀이 난치성 결핵균에 대한 치료성적이 세계 최고 수준으로 인정받았으며, 이로 인해 많은 결핵 환자들에게 큰 희망을 주었다는 내용의 글이다. 따라서 (다) 우리나라가 난치성 결핵균에 대한 치료성적이 세계 최고 수준이라고 발표됨 — (나) A병원 내과 교수팀이 난치성 결핵의 치료 성공률을 세계 최고 수준으로 높임 — (라) 현재 치료 성공률이 80%에 이름 — (가) 이는 난치성 결핵환자들에게 큰 희망이 될 것임 순으로 나열해야 한다.

11　정답 ①

'나뉘다'는 '나누다'의 피동형으로 피동을 만드는 접사인 '-어지다'를 결합할 경우 이중피동이 되기 때문에 옳은 표현은 '나뉘어'이다.

12　정답 ②

'가엾다'는 '가엽다'와 함께 쓰이는 표준어이므로 '가엾어'는 옳은 표기이다.

오답분석

① '콧배기'는 비표준어로 '코빼기'가 옳은 표기이다.
③ '알타리무'는 비표준어로 '총각무'가 옳은 표기이다.
④ '구루마'는 일본어로 '수레'가 옳은 표기이다.

13　정답 ②

• (가) : 청소년의 척추 질환을 예방하는 대응 방안과 관련된 ⓒ이 가장 적절하다.
• (나) : 책상 앞에 앉아 있는 바른 자세와 관련된 ⓒ이 가장 적절하다.
• (다) : 틈틈이 척추 근육을 강화하는 운동을 해 주는 것과 관련된 자세를 말하는 ㉠이 가장 적절하다.

14　정답 ④

빈칸 앞의 '기증 전 단계의 고민은 물론이고 막상 기증한 뒤에'라는 내용을 통해 이는 공여자의 고민에 해당하고 있음을 알 수 있다. 따라서 빈칸 ㉣은 공여자가 기증 후 공여를 받는 사람, 즉 수혜자와의 관계에 대한 우려를 다루고 있다.

오답분석

① ㉠ : 생체 — 두 번째 문단에서 '신장이나 간을 기증한 공여자에게서 만성 신·간 부전의 위험이 확인됐다.'고 하였다. 따라서 이 글은 살아있는 상태에서 기증한 증, 생체 기증자에 대해 다루고 있음을 알 수 있다.
② ㉡ : 상한액 — 빈칸은 앞서 말한 '진료비를 지원하는 제도'를 이용하는 데에 대한 제한을 다루고 있음을 짐작할 수 있다. 따라서 하한액보다는 상한액이 들어가는 것이 문맥상 적절하다.
③ ㉢ : 불특정인 — 빈칸 앞의 '아무 조건 없이'라는 말로 볼 때, 문맥상 특정인보다는 불특정인이 들어가는 것이 적절하다.

15　정답 ④

제시문은 빠른 사회변화 속 다양해지는 수요에 맞춘 주거복지 정책의 예로 예술인을 위한 공동주택, 창업 및 취업자를 위한 주택, 의료안심주택을 들고 있다. 따라서 글의 주제로 적절한 것은 '다양성을 수용하는 주거복지 정책'이다.

16 　　　　　　　　　　　　　　　 정답 ③

마지막 문단에서 고혈압의 기준을 하향 조정하면 환자가 큰 폭으로 늘어나기 때문에, 이 정책은 이를 통해 이득을 볼 수 있는 제약회사와 의사가 협력한 대표적인 의료화정책이란 비판을 받고 있다.

오답분석
① 첫 번째 문단에서 고혈압은 국민에게 너무 친숙한 질병이라고 하였다.
② 첫 번째 문단에서 여러 연구를 통하여 밝혀진 고혈압으로 인한 위험 중 대표적이고 중한 질병이 심장병과 뇌졸중이라고 하였다.
④ 두 번째 문단에서 평균 혈압이 2mmHg만 낮아져도 심장병 사망률은 7%, 뇌졸중 사망률은 10% 감소한다고 하였으므로 어떤 집단의 심장병과 뇌졸중 사망률이 각각 31%, 54%일 때 평균 혈압이 2mmHg 낮아진다면 이 집단의 심장병과 뇌졸중 사망률은 각각 24%, 44%가 된다.

17 　　　　　　　　　　　　　　　 정답 ④

손과 몸의 상하좌우 움직임은 2차원적인 것, 앞뒤 움직임은 3차원적인 것이다. TOF 카메라는 깊이 정보를 측정하는 기계이므로 3차원 공간 좌표에서 이루어지는 손과 몸의 앞뒤 움직임도 인지할 수 있다.

오답분석
① TOF 카메라는 밝기 또는 색상으로 표현된 동영상 형태로 깊이 정보를 출력한다.
② TOF 카메라는 적외선을 사용하기 때문에 태양광이 있는 곳에서는 사용하기 어렵고, 보통 10m 이내로 촬영 범위가 제한된다.
③ TOF 카메라는 대상에서 반사된 빛을 통해 깊이 정보를 측정한다. 따라서 빛 흡수율이 높은 대상은 깊이 정보를 획득하기 어렵다.

18 　　　　　　　　　　　　　　　 정답 ④

제시문의 두 번째 문단에서 전기자동차 산업이 확충되고 있음을 언급하면서 구리가 전기자동차의 배터리를 만드는 데 핵심 재료임을 언급하고 있다. 따라서 글의 주제로는 ④가 가장 적절하다.

오답분석
① 제시문을 통해 알 수 없는 내용이다.
② 제시문에서 '그린 열풍'을 언급하고 있으나 그 이유는 제시되어 있지 않다.
③ 제시문에서 산업금속 공급난이 우려된다고 하나, 그로 인한 문제가 제시되어 있지는 않다.

19 　　　　　　　　　　　　　　　 정답 ③

두 번째 문단은 우울증의 긍정적인 면모인 보호 기제로서의 측면에 대한 내용을 다루고 있다. ⓒ은 지금의 경쟁사회가 정신적인 소진 상태를 초래하기 쉬운 환경이라는 내용이므로, 오늘날 우울증이 급격히 늘어나는 원인을 설명하고 있는 세 번째 문단의 마지막 문장 바로 앞에 들어가는 것이 더 적절하다.

오답분석
① 우울증과 창조성의 관계를 설명하면서 그 예시로 우울증을 갖고 있었던 위대한 인물들을 들고 있다. 따라서 천재와 우울증이 동전의 양면과 같으므로 인류 문명의 진보를 이끌었다고 볼 수 있다는 내용의 ㉠은 문단의 결론이므로 삭제할 필요가 없다.
② 문장의 주어가 '엄청난 에너지를 소모하는 것', 즉 행위이므로 이 행위는 어떤 상태에 이르게 '만드는' 것이 되어야 문맥이 자연스럽다. 따라서 문장의 주어와 호응하는 것은 '이르게도 할 수 있다.'이다.
④ ㉣을 기준으로 앞 문장은 새로운 조합을 만들어내는 창조성 있는 사람이 이익을 갖게 된다는 내용이고, 뒤 문장은 새로운 조합을 만들어내는 일이 많은 에너지를 요하는 어려운 일이라는 내용이다. 따라서 뒤 문장은 앞 문장의 결과라고 보기 어렵다.

20 　　　　　　　　　　　　　　　 정답 ①

제시된 문단은 신탁 원리의 탄생 배경인 12세기 영국의 상황에 대해 이야기하고 있다. 따라서 이어지는 문단은 (가) 신탁 제도의 형성과 위탁자, 수익자, 수탁자의 관계 등장 – (다) 불안정한 지위의 수익자 – (나) 적극적인 권리 행사가 허용되지 않는 연금 제도에 기반한 신탁 원리 – (라) 연금 운용 권리를 현저히 약화시키는 신탁 원리와 그 대신 부여된 수탁자 책임의 문제점 순으로 나열해야 한다.

21 　　　　　　　　　　　　　　　 정답 ④

3대의 버스 중 출근 시간보다 일찍 도착할 2대의 버스를 고르는 경우의 수는 $_3C_2=3$가지이다.

따라서 구하고자 하는 확률은 $3 \times \frac{3}{8} \times \frac{3}{8} \times \frac{1}{2} = \frac{27}{128}$ 이다.

22 　　　　　　　　　　　　　　　 정답 ④

철수가 출발하고 나서 영희를 따라잡은 시간을 x분이라고 하자. 철수와 영희는 5 : 3 비율의 속력으로 간다고 했으므로 철수의 속력을 $5am/$분이라고 하면 영희의 속력은 $3am/$분이다.
$5am/$분$\times x$분$=3am/$분$\times 30$분$+3am/$분$\times x$분
$\rightarrow 5ax=90a+3ax$
$\rightarrow 2ax=90a$
$\therefore x=45$
따라서 철수가 영희를 따라잡은 시간은 45분 만이다.

23
정답 ②

아이스크림을 x개 산다면, 과자는 $(17-x)$개를 사야 한다.

$600x + 1,000(17-x) \leq 15,000$

$\rightarrow 400x \geq 2,000$

$\therefore x \geq 5$

따라서 아이스크림은 최소 5개를 사야 한다.

24
정답 ④

농도가 15%인 소금물의 양을 xg이라고 하면 다음과 같은 식이 성립한다.

$\dfrac{10}{100} \times 200 + \dfrac{15}{100} \times x = \dfrac{13}{100} \times (200+x)$

$\rightarrow 20 + 0.15x = 26 + 0.13x$

$\rightarrow 0.02x = 6$

$\therefore x = 300$

따라서 농도가 15%인 소금물은 300g이 필요하다.

25
정답 ④

자녀가 없는 가구 중 상해 / 재해보장보험에 가입한 가구 수와 자녀가 2명인 가구 중 연금보험에 가입한 가구 수는 구체적 수치를 구할 수 없으며, 이 두 항목을 도출하는 데 바탕이 되는 공통요소도 존재하지 않는다.

오답분석

① 자녀 수가 2명 이상인 가구에는 표에 있는 자녀 수가 2명인 가구와 3명 이상인 가구가 모두 포함된다. 두 유형의 경우 모두 변액보험 가입가구의 비율이 10%를 초과한다.

② 자녀 수가 1명인 가구 중 각 보험에 가입한 가구의 비율을 합하면 262.9%로 200%를 초과한다. 따라서 자녀 수가 1명인 가구 중 3개 이상의 보험에 중복 가입한 가구가 반드시 있음을 알 수 있다.

③ 민영생명보험에 가입한 가구 중 실손의료보험에 가입한 가구의 비중은 58.2%로, 민영생명보험에 가입하지 않은 가구 중 실손의료보험에 가입한 가구의 비율인 24.7%의 $\dfrac{58.2}{24.7} \fallingdotseq 2.4$ 배이다.

26
정답 ③

모든 국가의 65세 이상 경제활동 참가율 합은 $29.4 + 17.4 + 4 + 5.9 + 15.2 + 32 + 21.8 + 8.6 = 134.3$%이며, 우리나라 업종별 고령근로자 비율의 총합은 $20 + 7 + 10 + 4 + 7 + 12.5 + 11 + 20 + 35 = 126.5$%이다. 두 비율의 차이는 $134.3 - 126.5 = 7.8$%p이다.

오답분석

① 아이슬란드의 조사 인구를 10,000명이라 하면, 네덜란드의 조사 인구는 20,000명이 된다. 65세 이상 경제활동 참가율에 따라 아이슬란드의 고령근로자 수는 $10,000 \times 0.152 = 1,520$명,

네덜란드는 $20,000 \times 0.059 = 1,180$명이다. 따라서 네덜란드의 조사 인구가 아이슬란드보다 2배 많아도 네덜란드의 고령근로자 수는 아이슬란드보다 적다.

② 운수업 및 교육 서비스업에 종사하는 고령근로자 수는 $180 \times 0.04 + (48 \times 0.11) = 12.48$천 명이며, 제조업에 종사하는 고령근로자 수는 $1,080 \times 0.07 = 75.6$천 명이다. 따라서 운수업 및 교육 서비스업에 종사하는 고령근로자는 제조업에 종사하는 고령근로자 수의 $\dfrac{12.48}{75.6} \times 100 \fallingdotseq 16.5$%로 15% 이상이다.

④ 농업과 제조업을 제외한 모든 업종의 전체 근로자 수에서 공공기관과 외국기업에 종사하는 전체 근로자 비율은

$\dfrac{92+12}{97+180+125+160+48+92+12} \times 100 = \dfrac{104}{714} \times 100$

$\fallingdotseq 14.6$%로 15% 미만이다.

27
정답 ①

문제에 주어진 자료를 참고하여 독일의 조사 인구와 영국의 고령근로자 수를 구하면 다음과 같다.

- (A) : $a \times 0.04 = 132 \rightarrow a = \dfrac{132}{0.04} = 3,300$

- (B) : $3,540 \times 0.086 = b \rightarrow b = 304.44$

28
정답 ②

연도별 마늘 재배면적 및 가격 추이를 살펴보면, 2018년의 경우 마늘 가격이 상승하고 마늘 재배면적도 넓어졌다.

오답분석

① 2024년 조생종의 증감률은 -6.5%이고, 중만생종의 증감률은 -1.0%이다.

③ 마늘의 재배면적은 2020년이 29,352ha로 가장 넓다.

④ 전년 대비 2024년 양파의 면적은 19,896ha에서 19,538ha로 감소하였고, 마늘 재배면적은 20,758ha에서 24,864ha로 증가하였다.

29
정답 ②

구간 '육식률 80% 이상'과 '육식률 50% 이상 80% 미만'에서의 사망률 1위 암은 '위암'으로 동일하나, '육식률 30% 이상 50% 미만'에서의 사망률 1위 암은 '대장암'이다.

오답분석

① '육식률 80% 이상'에서의 위암 사망률(85%)과 '채식률 100%'에서 위암 사망률(4%) 차이는 81%로 유일하게 80%가 넘게 차이난다.

③ '전립선암'은 '채식률 100%'에서 사망률 8%로, '육식률 30% 미만' 구간의 사망률 5%보다 높다.

④ '육식률 80% 이상'에서의 사망률이 50% 미만인 암은 '전립선암(42%)', '폐암(48%)', '난소암(44%)' 3개이며, '육식률 50% 이상 80% 미만'에서의 사망률이 50% 이상인 암은 '대장암(64%)', '방광암(52%)', '위암(76%)' 3개로 동일하다.

30

정답 ③

뇌혈관 질환으로 사망할 확률은 남성이 54.7, 여성이 58.3으로 남성이 여성보다 낮다.

31

정답 ③

우편물을 가장 적게 보냈던 2024년의 1인당 우편 이용 물량은 96통 정도이므로 $365 \div 96 ≒ 3.80$이다. 즉, 3.80일에 1통은 보냈다는 뜻이므로 4일에 한 통 이상은 보냈다고 볼 수 있다.

오답분석

① 1인당 우편 이용 물량은 증가와 감소를 반복한다.
② 1인당 우편 이용 물량이 2016년에 가장 높았고, 2024년에 가장 낮았다. 꺾은선 그래프와 혼동하지 않도록 유의해야 한다.
④ 접수 우편 물량은 2023 ~ 2024년 사이에 증가했다.

32

정답 ③

제시된 자료와 조건을 이용해 갑 ~ 무의 출장여비를 구하면 다음과 같다.

• 갑의 출장여비
 – 숙박비 : $145 \times 3 = \$435(∵$ 실비지급)
 – 식비 : $72 \times 4 = \$288(∵$ 마일리지 미사용)
 ∴ 갑의 출장여비 : $435 + 288 = \$723$
• 을의 출장여비
 – 숙박비 : $170 \times 3 \times 0.8 = \$408(∵$ 정액지급)
 – 식비 : $72 \times 4 \times 1.2 = \$345.6(∵$ 마일리지 사용)
 ∴ 을의 출장여비 : $408 + 345.6 = \$753.6$
• 병의 출장여비
 – 숙박비 : $110 \times 3 = \$330(∵$ 실비지급)
 – 식비 : $60 \times 5 \times 1.2 = \$360(∵$ 마일리지 사용)
 ∴ 병의 출장여비 : $330 + 360 = \$690$
• 정의 출장여비
 – 숙박비 : $100 \times 4 \times 0.8 = \$320(∵$ 정액지급)
 – 식비 : $45 \times 6 = \$270(∵$ 마일리지 미사용)
 ∴ 정의 출장여비 : $320 + 270 = \$590$
• 무의 출장여비
 – 숙박비 : $75 \times 5 = \$375(∵$ 실비지급)
 – 식비 : $35 \times 6 \times 1.2 = \$252(∵$ 마일리지 사용)
 ∴ 무의 출장여비 : $375 + 252 = \$627$

따라서 출장여비를 가장 많이 지급받는 출장자부터 순서대로 나열하면 '을 – 갑 – 병 – 무 – 정'이다.

33

정답 ③

ⓣ의 납부할 금액은 ⓞ의 환자부담 총액에서 ⓣ의 이미 납부한 금액을 제외한 금액이다. 이때, ⓞ의 환자부담 총액은 (ⓐ－ⓗ)+ⓒ+ⓓ+ⓔ이다.

- ⓐ : $10,000 + 50,000 + 30,000 + 8,000 + 14,000 + 40,000 + 50,000 + 20,000 + 35,000 + 80,000 = 337,000$원
- ⓒ : $14,000$원
- ⓓ : $60,000$원
- ⓔ : $600,000$원
- ⓗ : $7,000$원
- ⓞ : $337,000 - 7,000 + 14,000 + 60,000 + 600,000 = 1,004,000$원
- ⓣ : $100,000$원

따라서 ⓣ은 $1,004,000 - 100,000 = 904,000$원이다.

34

정답 ③

경산모의 $\frac{1}{3}$ 은 $150 \times 0.58 \times \frac{1}{3} = 29$명, 30대는 $150 \times (0.32 + 0.1) = 63$명이다. 따라서 경산모의 $\frac{1}{3}$ 이 30대라고 할 때, 30대에서 경산모의 비율은 $\frac{29}{63} \times 100 ≒ 46\%$이다.

오답분석

① 초산모는 $150 \times 0.42 = 63$명, 20대는 $150 \times (0.12 + 0.46) = 87$명으로, 초산모가 모두 20대라고 할 때, 20대에서 초산모가 차지하는 비율은 $\frac{63}{87} \times 100 ≒ 72\%$로 70% 이상이다.
② 초산모는 $150 \times 0.42 = 63$명, 단태아는 $150 \times 0.76 = 114$명으로, 초산모가 모두 단태아를 출산했다고 하면, 단태아를 출산한 경산모의 수는 $114 - 63 = 51$명이다. 따라서 단태아를 출산한 산모 중 경산모가 차지하는 비율은 $\frac{51}{114} \times 100 ≒ 44\%$이므로 48% 미만이다.
④ 20대 산모는 $150 \times (0.12 + 0.46) = 87$명, 30대 산모는 $150 \times (0.32 + 0.1) = 63$명으로 20대 산모는 30대 산모보다 24명 더 많다.

35

정답 ③

경산모는 $150 \times 0.58 = 87$명이고, 25세 이상 35세 미만 산모의 $\frac{1}{3}$ 은 $150 \times (0.46 + 0.32) \times \frac{1}{3} = 39$명이다. 따라서 해당 연령대가 전체 경산모에서 차지하는 비율은 $\frac{39}{87} \times 100 ≒ 44\%$이다.

36 정답 ①

2019년 대비 2020년 기업체 수 증가율은 $\frac{360-344}{344}\times100\fallingdotseq$ 4.7%이며, 2020년 대비 2021년 기업체 수 증가율은 $\frac{368-360}{360}$ $\times100\fallingdotseq2.2$%이다. 따라서 두 증가율의 차이는 $4.7-2.2=2.5$%p 이다.

37 정답 ②

연도별 전년 대비 기업체 수의 증감량을 계산하면 다음과 같다.
- 2019년 : $344-346=-2$천 개
- 2020년 : $360-344=16$천 개
- 2021년 : $368-360=8$천 개
- 2022년 : $368-368=0$개
- 2023년 : $372-368=4$천 개
- 2024년 : $375-372=3$천 개

따라서 2019 ~ 2024년까지 전년 대비 기업체 수 증감량의 절댓값을 모두 합하면 $2+16+8+0+4+3=33$천 개다.

38 정답 ①

2024년 50대, 60대, 70세 이상 연령의 전체 흡연율 합은 $22.7+14.6+9.1=46.4$%로, 2024년 19세 이상 성인의 전체 흡연율인 22.6%보다 높으므로 옳지 않다.

오답분석
② 2024년 연령대별 흡연율과 고위험 음주율 자료에서 여자의 고위험 음주율은 연령대가 높아질수록 낮아짐을 알 수 있다.
③ 2024년 연령대별 고위험 음주율에서 남자는 50 ~ 59세에서 26%, 여자는 19 ~ 29세에서 9.6%로 가장 높았다.
④ 우리나라 19세 이상 성인의 전체 흡연율 및 고위험 음주율은 2019년에 각각 26.3%, 13.6%이고, 2024년에는 22.6%, 13.2%로 2019년 대비 감소하였다.

39 정답 ③

2023년 내국인 신용카드 매출액 중 면세점에서의 매출액이 차지하는 비중은 $\frac{427.2}{1,897.6}\times100\fallingdotseq22.5$%로 25% 미만이다.

오답분석
① 면세점에서의 내국인 신용카드 매출액은 2019년부터 2024년까지 계속 증가세를 보이지만, 외국인 신용카드 매출액은 2024년에 전년 대비 감소한다.
② 전년 대비 2021년 외국인 신용카드 매출액의 증가율은 $\frac{608.6-381.8}{381.8}\times100\fallingdotseq59.4$%로 전년 대비 60% 미만이다.

④ 2019년부터 2023년까지 면세점 외에서의 외국인 신용카드 매출액은 꾸준히 증가하나, 2022년에는 전년 대비 $\frac{236.4-232.4}{232.4}\times100\fallingdotseq1.7$% 성장하였으므로 15% 미만이다.

40 정답 ③

ㄴ. 2022년 면세점의 내국인 신용카드 매출액은 전년 대비 $\frac{384.7-292.3}{292.3}\times100\fallingdotseq31.6$% 증가하였다.
ㄹ. 2019년 면세점의 내국인 신용카드 매출액의 7배는 271.5×7 $=1,900.5$이고, 2023년 내국인 전체의 신용카드 매출액은 1,897.6이므로 7배 미만이다.

오답분석
ㄱ. 2019년 면세점 외에서의 외국인 신용카드 매출액은 당해 면세점 외에서의 신용카드 매출액의 10% 미만이라는 점을 파악하면 별도의 수치계산 없이도 옳은 설명임을 파악할 수 있다.
ㄷ. 2021년부터 2024년까지 전체 신용카드 매출액 중 외국인 신용카드 매출액의 비중은 2021년에 약 31.9%, 2022년에 약 28.5%, 2023년에 약 34.4%, 2024년에 약 22.6%로 매년 40% 미만이다.

41 정답 ④

먼저 세 번째 조건에 따라 3팀은 3호실에 위치하고, 네 번째 조건에 따라 8팀과 2팀은 4호실 또는 8호실에 각각 위치한다. 이때, 두 번째 조건에 따라 2팀과 5팀은 앞뒤로 나란히 위치해야 하므로 결국 2팀과 5팀이 각각 8호실과 7호실에 나란히 위치하고, 4호실에는 8팀이 위치한다. 또한 첫 번째 조건에 따라 1팀과 7팀은 1호실 또는 5호실에 각각 위치하는데, 마지막 조건에서 4팀은 1팀과 5팀 사이에 위치한다고 하였으므로 4팀이 5팀 바로 앞 6호실에 위치하고, 1팀은 5호실에 위치한다. 따라서 1호실에는 7팀이 위치하고, 바로 뒤 2호실에는 6팀이 위치한다.
이를 종합하여 기획 1 ~ 8팀의 사무실을 배치하면 다음과 같다.

창고	입구	계단
기획 7팀		기획 1팀
기획 6팀	복도	기획 4팀
기획 3팀		기획 5팀
기획 8팀		기획 2팀

따라서 기획 4팀과 기획 6팀은 복도를 사이에 두고 마주하는 것을 알 수 있다.

오답분석
① 창고 뒤에는 기획 7팀의 사무실이 위치하며, 기획 1팀의 사무실은 계단 쪽 라인에 위치한다.
② 기획 2팀의 사무실은 8호실에 위치한다.
③ 기획 3팀과 5팀은 복도를 사이에 두고 마주한다.

42
정답 ①

주어진 자료를 표로 정리하면 다음과 같다.

구분	태어난 때	간격 1	들어간 때	간격 2	해동된 때	간격 3
A	2086년	19년	2105년	8년	2113년	7년
B	2075년	26년	2101년	18년 4개월	2119년 4월	1년 5개월
C	2083년 5월 17일	20년 10개월	2104년 3월 17일	16년 5개월	2120년 8월 31일	1주일

ㄱ. 위의 표에서 냉동되어 있던 기간은 간격 2에 해당하며 이에 따르면 세 사람이 냉동되어 있던 기간은 모두 다르다.

오답분석

ㄴ. 냉동되어 있던 기간은 나이에 산입되지 않는다고 하였으므로 대화시점의 나이는 간격 1과 간격 3을 더한 것이 된다. 따라서 A는 26살임에 반해, C는 21살이 되지 않은 상태이므로 A가 C보다 나이가 많다.

ㄷ. 위의 표에 따르면 가장 먼저 냉동캡슐에 들어간 사람은 B(2101년)이다.

43
정답 ③

보유한 글로벌 네트워크를 통해 해외시장에 진출하는 것은 강점을 활용하여 기회를 포착하는 SO전략이다.

오답분석

① SO전략은 강점을 활용하여 외부환경의 기회를 포착하는 전략이므로 적절하다.

② WO전략은 약점을 보완하여 외부환경의 기회를 포착하는 전략이므로 적절하다.

④ ST전략은 강점을 활용하여 외부환경의 위협을 회피하는 전략이므로 적절하다.

44
정답 ③

어린이 식사를 미리 주문한 A에게 가장 먼저 제공하고, 저칼로리식(특별식)을 미리 주문한 E에게 두 번째로 제공한다. 다음으로는 좌측 2열 창가에 있는 F, 우측 2열 창가에서 두 번째에 있는 B, 중앙 5열에 있는 D, 좌측 8열 창가에서 두 번째에 있는 C, 중앙 8열에 있는 G의 순서로 제공한다.

45
정답 ②

1순위부터 3순위 품목들을 20세트 구매 시 배송비를 제외한 총금액은 다음과 같다.

순위	품목	총금액
1	소고기	62,000×20×0.9=1,116,000원
2	참치	31,000×20×0.9=558,000원
3	돼지고기	37,000×20=740,000원

2순위 참치세트 총금액이 1순위 소고기세트보다 1,116,000－558,000=558,000원 저렴하므로 세 번째 조건에 따라 차순위인 참치세트를 준비한다. 마지막 조건에 따라 배송비를 제외한 총금액이 50만 원 이상이므로 6순위 김세트는 준비하지 않는다.

따라서 K회사에서 명절 선물로 준비하는 상품은 B업체의 참치이다.

46
정답 ③

• 민주 : 보습력이 가장 뛰어난 것은 반짝이와 수분톡톡인데, 두 제품 모두 발림성도 별이 3개로 동일하다. 따라서 민주는 반짝이와 수분톡톡 어느 것을 선택해도 무방하다.

• 호성 : 발림성, 보습력, 향이 모두 우수한 것은 반짝이와 수분톡톡인데, 이 중 가격이 낮은 것은 수분톡톡이므로 호성은 수분톡톡을 선택한다.

• 유진 : 향이 가장 좋은 것은 반짝이, 수분톡톡, 솜구름인데, 세 제품 모두 발림성도 별이 3개로 동일하다. 그러나 크기가 가장 작은 것은 용량이 가장 작은 반짝이이므로 유진은 반짝이를 선택한다.

47
정답 ②

정보에서 에코백 색깔의 순위를 1위부터 나열하면 '베이지색 - 검은색 - 노란색 - 주황색 - 청록색'이다. 두 번째 정보에서 1위인 베이지색 에코백의 개수는 50개 중 40%이므로 50×0.4=20개를 준비하고, 2위인 검은색은 전체 개수의 20% 이상 30% 이하이므로 10개 이상 15개 이하 준비가 가능하다.

그런데 마지막 정보에서 3위 이하로 노란색, 주황색, 청록색은 6개 이상씩 준비해야 하기 때문에 검은색 에코백은 최대 50-20-(6×3)=12개를 준비할 수 있다. 따라서 검은색 개수에 따라 노란색, 주황색, 청록색 에코백 개수를 정리하면 다음과 같다.

ⅰ) 검은색 에코백을 10개 준비할 경우 방법은 6가지이다.

(단위 : 개)

노란색	주황색	청록색
6	7	7
7	6	7
7	7	6
6	6	8
6	8	6
8	6	6

ⅱ) 검은색 에코백을 11개 준비할 경우 방법은 3가지이다.

(단위 : 개)

노란색	주황색	청록색
6	6	7
6	7	6
7	6	6

iii) 검은색 에코백을 12개 준비할 경우 방법은 1가지이다.

(단위 : 개)

노란색	주황색	청록색
6	6	6

ㄴ. 검은색은 10개 이상 15개 이하 범위이지만 노란색, 주황색, 청록색을 각각 6개 이상씩 준비해야 하므로 12개까지 가능하다. 따라서 베이지색은 20개, 검은색은 최대 12개로, 이 두 가지 색의 최대 개수의 합은 20+12=32개이다.

ㄹ. 오픈 행사로 준비하는 에코백의 경우의 수는 총 10가지이다.

오답분석

ㄱ. 검은색 에코백을 10개 준비했을 경우 가능한 경우의 수는 6가지이다.

ㄷ. 3위부터 5위까지는 6개 이상씩 준비해야 하므로 최소 6×3=18개를 준비해야 한다.

48 정답 ④

• 다섯 번째 조건에 따라 K대리는 밀양을 방문한다.

• 마지막 조건의 대우명제는 '밀양을 방문하면 동래를 방문하지 않는다.'이다. 이에 따라 동래는 방문하지 않는다.

• 세 번째 조건의 대우명제에 따라 목포도 방문하지 않는다.

• 첫 번째 조건에 따라 K대리는 목포를 제외하고 양산, 세종을 방문해야 한다.

• 두 번째 조건의 대우명제에 따라 성남을 방문하지 않는다.

• 네 번째 조건에 따라 익산을 방문한다.

따라서 K대리는 양산, 세종, 익산, 밀양은 방문하고, 성남, 동래, 목포는 방문하지 않는다. 이에 따라 옳은 설명을 한 사람은 세리와 진경이다.

49 정답 ④

주어진 조건에 따라 부서별 위치를 정리하면 다음과 같다.

구분	1층	2층	3층	4층	5층	6층
경우 1	해외사업부	인사교육부	기획부	디자인부	서비스개선부	연구·개발부
경우 2	해외사업부	인사교육부	기획부	서비스개선부	디자인부	연구·개발부

따라서 3층에 위치한 기획부의 문대리는 출근 시 반드시 계단을 이용해야 하므로 ④는 항상 옳다.

오답분석

① 경우 1일 때 디자인부의 김대리는 출근 시 엘리베이터를 타고 4층에서 내린다.

② 경우 2일 때 디자인부의 김대리는 서비스개선부의 조대리보다 엘리베이터에서 나중에 내린다.

③ 커피숍과 같은 층에 위치한 부서는 해외사업부이다.

50 정답 ②

다섯 번째와 마지막 조건에 따라 D는 해외취업국, E는 외국인력국에 배치된다. 또한, 네 번째 조건에 따라 B, C, F가 모두 외국인력국에 배치된다면 해외취업국에 배치될 수 있는 직원은 A와 D뿐이므로 두 번째 조건을 충족하지 못하게 된다. 따라서 B, C, F는 D와 함께 해외취업국에 배치되며, A는 세 번째 조건에 따라 E와 함께 외국인력국에 배치된다.

오답분석

ㄱ. B는 해외취업국에 배치된다.

ㄴ. A는 외국인력국, D는 해외취업국으로, 각각 다른 부서에 배치된다.

51 정답 ②

월요일과 화요일에는 크림이 들어간 카페모카, 비엔나커피 중 하나를 마시는데, 화요일에는 우유가 들어가지 않은 음료를 마시므로 비엔나커피를 마시고, 전날 마신 음료는 다음 날 마시지 않으므로 월요일에는 카페모카를 마신다. 수요일에는 바닐라가 들어간 유일한 음료인 바닐라라테를 마신다. 목요일에는 우유가 들어가지 않은 아메리카노와 비엔나커피 중 하나를 마시는데, 비엔나커피는 일주일에 2번 이상 마시지 않으며, 비엔나커피는 이미 화요일에 마셨으므로 아메리카노를 마신다. 금요일에는 홍차라테를 마시고, 토요일과 일요일에는 시럽이 없고 우유가 들어가는 카페라테와 홍차라테 중 하나를 마신다. 바로 전날 마신 음료는 마시지 않으므로 토요일에는 카페라테를, 일요일에는 홍차라테를 마신다.

이를 표로 정리하면 다음과 같다.

일	월	화	수	목	금	토
홍차라테	카페모카	비엔나커피	바닐라라테	아메리카노	홍차라테	카페라테

따라서 아메리카노를 마신 날은 목요일이다.

52 정답 ④

바뀐 조건에 따라 甲이 요일별로 마실 음료를 정리하면 다음과 같다.

일	월	화	수	목	금	토
카페라테	카페모카	비엔나커피	바닐라라테	아메리카노	카페라테	홍차라테

금요일에는 카페라테를 마시고, 토요일과 일요일에는 시럽이 없고 우유가 들어가는 카페라테와 홍차라테를 한 잔씩 마신다. 바로 전날 마신 음료는 마실 수 없으므로 토요일에는 홍차라테를, 일요일에는 카페라테를 마신다.

53
정답 ②

복지대상자가 2항목 이상 해당 시 둘 중 임의로 하나만 입력해야
하므로 복지대상자가 노년층에만 해당되는지 그 이상 중복해서 해
당되는지의 유무는 해당 복지코드만으로는 파악할 수 없다.

오답분석

① EN(에너지바우처) 복지의 주제가 R(주거)이므로 옳은 설명
이다.
③ 5 ~ 6번째 자리가 월평균소득에 대한 내용이므로 A2에 대한
옳은 설명이다.
④ 복지코드에 01(관할주민센터)이라고 기입되어 있다.

54
정답 ②

복지코드 순으로 정리하면 다음과 같다.
- 복지분류 : 언어발달지원 → LA
- 주제 : 교육 → D
- 대상 : 영유아 또는 다문화 → 0 또는 6
- 월평균소득 : 120% 이하 → B2
- 신청기관 : 시·군·구청 → 00
- 신청방법 : 온라인 → ON
따라서 A의 복지코드는 'LAD6B200ON'이다.

55
정답 ④

ⓛ HOR4A100EM : 영구임대주택공급 – 주거 – 노년 – 50% 이하
– 시·군·구청 – 우편
ⓔ EDD4B204CA : 정보화교육 – 교육 – 노년 – 120% 이하 –
고용지원센터 – 전화

오답분석

㉠ EDOE3A201ON : 복지코드는 총 10자리로, 사용할 수 없는
코드이다.
ⓒ LOD3N103VS : N1은 월평균소득에 없는 표기이다.

56
정답 ②

암과 관련된 진료가 아니라 일반병원이므로 I, 이비인후과이므로
08, 예약방문이므로 1, 수술이 진행되므로 a3, 만 21세이므로 2
에 해당된다. 따라서 K의 접수 기호는 'I – 081a32'이다.

57
정답 ④

치료유형이 b2이므로 약을 처방받고 귀가하였다.

58
정답 ④

연령대가 0이므로 만 10세 미만이다.

59
정답 ④

어린이병원(P)이므로 만 40세 이상 만 50세 미만(4)의 접수는 적
절하지 않다.

60
정답 ④

게임 규칙과 결과를 토대로 경우의 수를 따져보면 다음과 같다.

라운드	벌칙 제외	총퀴즈 개수(개)
3	A	15
4	B	19
5	C	21
	D	
	C	22
	E	
	D	22
	E	

ㄴ. 총 22개의 퀴즈가 출제되었다면, E는 정답을 맞혀 벌칙에서
제외된 것이다.
ㄷ. 게임이 종료될 때까지 총 21개의 퀴즈가 출제되었다면, C, D
가 벌칙에서 제외된 경우로 5라운드에서 E에게는 정답을 맞
힐 기회가 주어지지 않았다. 따라서 퀴즈를 푸는 순서가 벌칙
을 받을 사람 선정에 영향을 준 것을 알 수 있다.

오답분석

ㄱ. 5라운드까지 4명의 참가자가 벌칙에서 제외되었으므로 정답
을 맞힌 퀴즈는 8개, 벌칙을 받을 사람은 5라운드까지 정답을
맞힌 퀴즈는 0개나 1개이므로 정답을 맞힌 퀴즈는 8개나 9개
이다.

|01| 국민건강보험법

61	62	63	64	65	66	67	68	69	70
②	④	④	④	①	④	④	②	②	②
71	72	73	74	75	76	77	78	79	80
①	④	①	②	①	①	①	④	③	②

61

정답 ②

건강검진(법 제52조)
① 공단은 가입자와 피부양자에 대하여 질병의 조기 발견과 그에 따른 요양급여를 하기 위하여 건강검진을 실시한다.
② 제1항에 따른 건강검진의 종류 및 대상은 다음 각 호와 같다.
　　1. 일반건강검진 : 직장가입자, 세대주인 지역가입자, 20세 이상인 지역가입자 및 20세 이상인 피부양자
　　2. 암검진 : 암관리법 제11조 제2항에 따른 암의 종류별 검진 주기와 연령 기준 등에 해당하는 사람
　　3. 영유아건강검진 : 6세 미만의 가입자 및 피부양자
③ 제1항에 따른 건강검진의 검진항목은 성별, 연령 등의 특성 및 생애 주기에 맞게 설계되어야 한다.
④ 제1항에 따른 건강검진의 횟수・절차와 그 밖에 필요한 사항은 대통령령으로 정한다.

62

정답 ④

A의 삼촌은 직장가입자의 방계존속으로, 피부양자 요건에 해당하지 않는다.

오답분석
① 법 제5조 제2항 제2호에 해당한다.
②・③ 법 제5조 제2항 제4호에 해당한다.

적용 대상 등(법 제5조 제2항)
제1항의 피부양자는 다음 각 호의 어느 하나에 해당하는 사람 중 직장가입자에게 주로 생계를 의존하는 사람으로서 소득 및 재산이 보건복지부령으로 정하는 기준 이하에 해당하는 사람을 말한다.
1. 직장가입자의 배우자
2. 직장가입자의 직계존속(배우자의 직계존속을 포함한다)
3. 직장가입자의 직계비속(배우자의 직계비속을 포함한다)과 그 배우자
4. 직장가입자의 형제・자매

63

정답 ④

심의위원회 위원의 임기는 3년으로 한다. 다만 위원의 사임 등으로 새로 위촉된 위원의 임기는 전임위원 임기의 남은 기간으로 한다(법 제4조 제5항).

오답분석
① 심의위원회는 위원장 1명과 부위원장 1명을 포함하여 25명의 위원으로 구성한다(법 제4조 제2항).
② 심의위원회의 위원장은 보건복지부차관이 되고, 부위원장은 위원 중에서 위원장이 지명하는 사람이 된다(법 제4조 제3항).
③ 심의위원회의 위원은 근로자단체 및 사용자단체가 추천하는 각 2명, 시민단체・소비자단체・농어업인단체 및 자영업자단체가 추천하는 각 1명, 의료계를 대표하는 단체 및 약업계를 대표하는 단체가 추천하는 8명, 대통령령으로 정하는 중앙행정기관 소속 공무원 2명, 국민건강보험공단의 이사장 및 건강보험심사평가원의 원장이 추천하는 각 1명, 건강보험에 관한 학식과 경험이 풍부한 4명 등 모두 25명이다(법 제4조 제4항).

64

정답 ④

가입자는 국내에 거주하게 된 날에 직장가입자 또는 지역가입자의 자격을 얻는다. 다만, 보험자에게 건강보험의 적용을 신청한 유공자 등 의료보호대상자는 그 신청한 날에 각각 자격을 얻는다(법 제8조 제1항 제4호).

오답분석
① 법 제8조 제1항 제1호에 해당한다.
② 법 제8조 제1항 제2호에 해당한다.
③ 법 제8조 제1항 제3호에 해당한다.

자격의 취득 시기 등(법 제8조 제1항)
가입자는 국내에 거주하게 된 날에 직장가입자 또는 지역가입자의 자격을 얻는다. 다만, 다음 각 호의 어느 하나에 해당하는 사람은 그 해당되는 날에 각각 자격을 얻는다.
1. 수급권자이었던 사람은 그 대상자에서 제외된 날
2. 직장가입자의 피부양자이었던 사람은 그 자격을 잃은 날
3. 유공자 등 의료보호대상자이었던 사람은 그 대상자에서 제외된 날
4. 제5조 제1항 제2호 가목에 따라 보험자에게 건강보험의 적용을 신청한 유공자 등 의료보호대상자는 그 신청한 날

65

정답 ①

법무장관 및 국방부장관은 직장가입자나 지역가입자가 병역법에 따른 현역병, 전환복무된 사람 및 군간부후보생 또는 교도소, 그 밖에 이에 준하는 시설에 수용되어 있는 경우에 해당하면 보건복지부령으로 정하는 바에 따라 그 사유에 해당된 날부터 1개월 이내에 보험자에게 알려야 한다(법 제9조 제3항).

66   정답 ④

국민연금법, 고용보험 및 산업재해보상보험의 보험료징수 등에 관한 법률, 임금채권보장법 및 석면피해구제법 등을 가리켜 "징수위탁근거법"이라 한다(법 제14조 제1항 제11호). 따라서 감염병의 예방 및 관리에 관한 법률은 징수위탁근거법에 포함되지 않는다.

67   정답 ④

임원의 당연퇴임 및 해임(법 제24조 제2항)
임명권자는 임원이 다음 각 호의 어느 하나에 해당하면 그 임원을 해임할 수 있다.
1. 신체장애나 정신장애로 직무를 수행할 수 없다고 인정되는 경우
2. 직무상 의무를 위반한 경우
3. 고의나 중대한 과실로 공단에 손실이 생기게 한 경우
4. 직무 여부와 관계없이 품위를 손상하는 행위를 한 경우
5. 이 법에 따른 보건복지부장관의 명령을 위반한 경우

68   정답 ②

요양기관은 요양급여비용을 최초로 청구하는 때에 요양기관의 시설·장비 및 인력 등에 대한 현황을 건강보험심사평가원에 신고하여야 한다(법 제43조 제1항).

69   정답 ②

일반건강검진 대상은 직장가입자, 세대주인 지역가입자, 20세 이상인 지역가입자 및 20세 이상인 피부양자 등이다(법 제52조 제2항 제1호).

70   정답 ②

공단으로부터 분할납부 승인을 받고 그 승인된 보험료를 1회(㉠) 이상 낸 경우에는 보험급여를 할 수 있다. 다만, 분할납부 승인을 받은 사람이 정당한 사유 없이 5회(승인받은 분할납부 횟수가 5회(㉡) 미만인 경우에는 해당 분할납부 횟수를 말한다) 이상 그 승인된 보험료를 내지 아니한 경우에는 그러하지 아니하다(법 제53조 제5항).

71   정답 ①

국민건강보험공단, 건강보험심사평가원 및 대행청구기관에 종사하였던 사람 또는 종사하는 사람은 가입자 및 피부양자의 개인정보를 누설하거나 직무상 목적 외의 용도로 이용 또는 정당한 사유 없이 제3자에게 제공하는 경우 5년 이하의 징역 혹은 5천만 원 이하의 벌금에 처한다(법 제115조 제1항). 이때 개인정보란 개인정보보호법 제2조 제1호에서 규정하는 정보를 말하는데, 주민등록번호는 이에 해당하므로 A씨가 가장 많은 벌금을 내게 된다.

② 요양기관은 요양급여비용의 심사청구를 의료법에 따른 의사회·치과의사회·한의사회·조산사회 또는 각각의 지부 및 분회, 의료법에 따른 의료기관 단체, 약사법에 따른 약사회 또는 지부 및 분회가 대행하게 할 수 있다(법 제47조 제7항). 이러한 요양급여비용의 심사청구를 대행하는 단체(대행청구단체)의 종사자로서 거짓이나 그 밖의 부정한 방법으로 요양급여비용을 청구한 자는 3년 이하의 징역 또는 3천만 원 이하의 벌금에 처한다(법 제115조 제2항 제1호).
③ 보건의료원은 국민건강보험법 제42조 제1항에서 규정하는 요양기관에 속하며, 요양기관은 정당한 이유 없이 요양급여를 거부하지 못한다(법 제42조 제5항). 이를 위반한 자는 500만 원 이하의 벌금에 처한다(법 제117조).
④ 보건복지부장관은 요양기관에 대하여 요양·약제의 지급 등 보험급여에 관한 보고 또는 서류 제출을 명하거나, 소속 공무원이 관계인에게 질문하게 하거나 관계 서류를 검사하게 할 수 있다(법 제97조 제2항). 이에 불구하고 서류 제출을 하지 않은 자, 거짓으로 보고하거나 거짓 서류를 제출한 자, 검사나 질문을 거부·방해 또는 기피한 자는 1천만 원 이하의 벌금에 처한다(법 제116조).

72   정답 ④

보험료율 등(법 제73조)
① 직장가입자의 보험료율은 1,000분의 80(㉠)의 범위에서 심의위원회의 의결을 거쳐 대통령령으로 정한다.
② 국외에서 업무에 종사하고 있는 직장가입자에 대한 보험료율은 제1항에 따라 정해진 보험료율의 100분의 50(㉡)으로 한다.
③ 지역가입자의 보험료율과 재산보험료부과점수당 금액은 심의위원회의 의결을 거쳐 대통령령으로 정한다.

73   정답 ①

공단은 체납처분이 끝나고 체납액에 충당될 배분금액이 그 체납액에 미치지 못하는 경우에는 재정운영위원회의 의결을 받아 보험료 등을 결손처분 할 수 있다(법 제84조 제1항 제1호).

74   정답 ②

시효는 보험급여 또는 보험급여 비용의 청구로 중단된다(법 제91조 제2항 제2호).

① 법 제91조 제2항 제1호에 해당한다.
③ 법 제91조 제1항 제5호에 해당한다.
④ 법 제91조 제3항에 해당한다.

75

정답 ①

공단은 그 업무의 일부를 국가기관, 지방자치단체 또는 다른 법령에 따른 사회보험 업무를 수행하는 법인이나 그 밖의 자에게 위탁할 수 있다. 다만, 보험료와 징수위탁보험료 등의 징수 업무는 그러하지 아니하다(법 제112조 제2항).

오답분석

②·③·④ 법 제112조 제1항에 해당한다.

업무 위탁(법 제112조 제1항)

공단은 대통령령으로 정하는 바에 따라 다음 각 호의 업무를 체신관서, 금융기관 또는 그 밖의 자에게 위탁할 수 있다.
1. 보험료의 수납 또는 보험료납부의 확인에 관한 업무
2. 보험급여비용의 지급에 관한 업무
3. 징수위탁근거법의 위탁에 따라 징수하는 연금보험료, 고용보험료, 산업재해보상보험료, 부담금 및 분담금 등의 수납 또는 그 납부의 확인에 관한 업무

76

정답 ①

보건복지부장관은 과징금을 납부하여야 할 자가 납부기한까지 이를 내지 아니하면 대통령령으로 정하는 절차에 따라 그 과징금 부과 처분을 취소하고 업무정지 처분을 하거나 국세 체납처분의 예에 따라 이를 징수한다. 다만, 요양기관의 폐업 등으로 업무정지 처분을 할 수 없으면 국세 체납처분의 예에 따라 징수한다(법 제99조 제5항). 즉, 과징금 부과 처분은 취소된다.

오답분석

② 법 제99조 제5항에 해당한다.
③·④ 법 제99조 제7항에 해당한다.

77

정답 ①

공단은 징수하여야 할 금액이나 반환하여야 할 금액이 1건당 2,000원 미만인 경우(상계 처리할 수 있는 본인일부부담금 환급금 및 가입자나 피부양자에게 지급하여야 하는 금액은 제외한다)에는 징수 또는 반환하지 아니한다(법 제106조).

78

정답 ④

휴업·폐업 등 보건복지부령으로 정하는 사유가 발생한 경우에는 사업장의 사용자는 14일 이내에 보건복지부령으로 정하는 바에 따라 보험자에게 신고하여야 한다(법 제7조 제2호). 이를 위반하여 신고를 하지 아니하거나 거짓으로 신고한 사용자에게는 500만원 이하의 과태료를 부과한다(법 제119조 제3항 제1호).

79

정답 ③

영유아건강검진 대상은 6세 미만의 가입자 및 피부양자이다(법 제52조 제2항 제3호).

80

정답 ②

공단은 보험급여를 받을 수 있는 사람이 고의 또는 중대한 과실로 공단이나 요양기관의 요양에 관한 지시에 따르지 아니한 경우에 해당하면 보험급여를 하지 아니한다(법 제53조 제1항 제2호).

오답분석

① 법 제53조 제1항 제1호에 해당한다.
③ 법 제53조 제1항 제4호에 해당한다.
④ 법 제53조 제1항 제3호에 해당한다.

|02| 노인장기요양보험법

61	62	63	64	65	66	67	68	69	70
①	④	③	②	③	①	②	④	②	④
71	72	73	74	75	76	77	78	79	80
④	②	②	①	③	③	④	①	③	④

61
정답 ①

보고 및 검사(법 제61조 제1항)
보건복지부장관, 특별시장·광역시장·도지사 또는 특별자치시장·특별자치도지사·시장·군수·구청장은 다음 각 호의 어느 하나에 해당하는 자에게 보수·소득이나 그 밖에 보건복지부령으로 정하는 사항의 보고 또는 자료의 제출을 명하거나 소속 공무원으로 하여금 관계인에게 질문을 하게 하거나 관계 서류를 검사하게 할 수 있다.
1. 장기요양보험가입자
2. 피부양자
3. 의료급여수급권자

62
정답 ④

"장기요양사업"이란 장기요양보험료(㉠), 국가 및 지방자치단체의 부담금(㉡) 등을 재원으로 하여 노인 등에게 장기요양급여를 제공하는 사업을 말한다(법 제2조 제3호).

63
정답 ③

㉡ 법 제3조 제1항에 해당한다.
㉣ 법 제3조 제2항에 해당한다.

오답분석
㉠ 장기요양급여는 노인 등이 가족과 함께 생활하면서 가정에서 장기요양을 받는 재가급여를 우선적으로 제공하여야 한다(법 제3조 제3항).
㉢ 장기요양급여는 노인 등의 심신상태나 건강 등이 악화되지 아니하도록 의료서비스와 연계하여 이를 제공하여야 한다(법 제3조 제4항).

64
정답 ②

장기요양보험료는 국민건강보험법에 따른 보험료(건강보험료)와 통합하여 징수한다(법 제8조 제2항).

오답분석
① 법 제8조 제1항에 해당한다.
③ 법 제8조 제3항에 해당한다.
④ 법 제8조 제2항에 해당한다.

65
정답 ③

장기요양인정을 신청할 수 있는 자는 노인 등으로서 다음 각 호의 어느 하나에 해당하는 자격을 갖추어야 한다(법 제12조). 여기서 "노인 등"은 65세 이상의 노인 또는 65세 미만의 자로서 치매·뇌혈관성질환 등 대통령령으로 정하는 노인성 질병을 가진 자(법 제2조 제1호)를 가리킨다. 따라서 장기요양보험가입자는 신청자격이 있다.

66
정답 ①

등급판정위원회는 신청인이 신청서를 제출한 날부터 30일 이내에 장기요양등급판정을 완료하여야 한다(법 제16조 제1항).

67
정답 ②

- 가족요양비의 지급절차와 그 밖에 필요한 사항은 보건복지부령(㉠)으로 정한다(법 제24조 제2항).
- 장기요양급여가 인정되는 기관 또는 시설의 범위, 특례요양비의 지급절차, 그 밖에 필요한 사항은 보건복지부령(㉡)으로 정한다(법 제25조 제2항).
- 요양병원간병비의 지급절차와 그 밖에 필요한 사항은 보건복지부령(㉢)으로 정한다(법 제26조 제2항).

68
정답 ④

공단은 장기요양급여를 받고 있거나 받을 수 있는 자가 장기요양기관이 거짓이나 그 밖의 부정한 방법으로 장기요양급여비용을 받는 데 가담한 경우 장기요양급여를 중단하거나 1년의 범위에서 장기요양급여의 횟수 또는 제공 기간을 제한할 수 있다(법 제29조 제2항).

오답분석
① 법 제29조 제2항에 해당한다.
②·③ 법 제29조 제1항에 해당한다.

69
정답 ②

㉠ 법 제32조의2 제3호에 해당한다.
㉡ 법 제32조의2 제4호에 해당한다.
㉢ 법 제32조의2 제1호에 해당한다.
㉣ 법 제32조의2 제6호에 해당한다.
㉤ 법 제32조의2 제2호에 해당한다.

오답분석
㉥ 금고 이상의 실형을 선고받고 그 집행이 종료되거나 집행이 면제된 날부터 5년이 경과되지 아니한 사람이 결격사유에 해당된다(법 제32조의2 제5호).

70 정답 ④

장기요양기관의 장은 폐업하거나 휴업하고자 하는 경우 폐업이나 휴업 예정일 전 30일까지 특별자치시장·특별자치도지사·시장·군수·구청장에게 신고하여야 한다. 신고를 받은 특별자치시장·특별자치도지사·시장·군수·구청장은 지체 없이 신고 명세를 공단에 통보하여야 한다(법 제36조 제1항).

71 정답 ④

특별자치시장·특별자치도지사·시장·군수·구청장은 제37조 제1항 각 호의 어느 하나(같은 항 제4호는 제외한다)에 해당하는 행위를 이유로 업무정지명령을 하여야 하는 경우로서 그 업무정지가 해당 장기요양기관을 이용하는 수급자에게 심한 불편을 줄 우려가 있는 등 보건복지부장관이 정하는 특별한 사유가 있다고 인정되는 경우에는 업무정지명령을 갈음하여 2억 원 이하의 과징금을 부과할 수 있다. 다만, 제37조 제1항 제6호를 위반한 행위로서 보건복지부령으로 정하는 경우에는 그러하지 아니하다(법 제37조의2 제1항).

72 정답 ②

행정제재처분의 효과는 그 처분을 한 날부터 3년간 승계된다(법 제37조의4 제1항).

73 정답 ②

공단은 장기요양기관이 정당한 사유 없이 제61조 제2항에 따른 자료제출 명령에 따르지 아니하거나 질문 또는 검사를 거부·방해 또는 기피하는 경우 이에 응할 때까지 해당 장기요양기관에 지급하여야 할 장기요양급여비용의 지급을 보류할 수 있다. 이 경우 공단은 장기요양급여비용의 지급을 보류하기 전에 해당 장기요양기관에 의견 제출의 기회를 주어야 한다(법 제38조 제7항).

오답분석
① 장기요양기관은 지급받은 장기요양급여비용 중 보건복지부장관이 정하여 고시하는 비율에 따라 그 일부를 장기요양요원에 대한 인건비로 지출하여야 한다(법 제38조 제6항).
④ 제1항부터 제3항까지 및 제7항의 규정에 따른 재가 및 시설 급여비용의 심사기준, 장기요양급여비용의 가감지급의 기준, 청구절차, 지급방법 및 지급 보류의 절차·방법 등에 관한 사항은 보건복지부령으로 정한다(법 제38조 제8항).

74 정답 ①

장기요양위원회 회의는 구성원 과반수(㉠)의 출석으로 개의하고 출석위원 과반수(㉡)의 찬성으로 의결한다(법 제47조 제1항).

75 정답 ③

장기요양위원회의 설치 및 기능(법 제45조)
다음 각 호의 사항을 심의하기 위하여 보건복지부장관 소속으로 장기요양위원회를 둔다.
1. 제9조 제2항에 따른 장기요양보험료율
2. 제24조부터 제26조까지의 규정에 따른 가족요양비, 특례요양비 및 요양병원간병비의 지급기준
3. 제39조에 따른 재가 및 시설 급여비용
4. 그 밖에 대통령령으로 정하는 주요 사항

76 정답 ③

장기요양사업의 관리운영기관은 공단으로 한다(법 제48조 제1항).

77 정답 ④

㉢ 장기요양급여를 받고자 하는 자 또는 수급자가 신체적·정신적인 사유로 이 법에 따른 장기요양인정의 신청, 장기요양인정의 갱신신청 또는 장기요양등급의 변경신청 등을 직접 수행할 수 없을 때 본인의 가족이나 친족, 그 밖의 이해관계인은 이를 대리할 수 있다(법 제22조 제1항).
㉣ 사회복지전담공무원은 관할 지역 안에 거주하는 사람 중 장기요양급여를 받고자 하는 사람 또는 수급자가 장기요양인정신청 등을 직접 수행할 수 없을 때 본인 또는 가족의 동의를 받아 그 신청을 대리할 수 있다(법 제22조 제2항 제1호).

㉠ 법 제22조 제2항 제2호에 해당한다.
㉡ 법 제22조 제3항에 해당한다.

78 정답 ①

장기요양급여비용의 명세서, 기록·관리하여야 할 장기요양급여 제공 자료의 내용 및 보존기한, 그 밖에 필요한 사항은 <u>보건복지부령</u>으로 정한다(법 제35조 제7항).

② 장기요양기관의 장은 장기요양급여 제공에 관한 자료를 기록·관리하여야 하며, 장기요양기관의 장 및 그 종사자는 장기요양급여 제공에 관한 자료를 거짓으로 작성하여서는 아니 된다(법 제35조 제4항).
③·④ 누구든지 영리를 목적으로 금전, 물품, 노무, 향응, 그 밖의 이익을 제공하거나 제공할 것을 약속하는 방법으로 수급자를 장기요양기관에 소개, 알선 또는 유인하는 행위 및 이를 조장하는 행위를 하여서는 아니 된다(법 제35조 제6항).

79 정답 ③

특별자치시장·특별자치도지사·시장·군수·구청장은 제37조 제1항 제4호에 해당하는 행위를 이유로 업무정지명령을 하여야 하는 경우로서 그 업무정지가 해당 장기요양기관을 이용하는 수급자에게 심한 불편을 줄 우려가 있는 등 보건복지부장관이 정하는 특별한 사유가 있다고 인정되는 경우에는 업무정지명령을 갈음하여 거짓이나 그 밖의 부정한 방법으로 청구한 금액의 <u>5배</u> 이하의 금액을 과징금으로 부과할 수 있다(법 제37조의2 제2항).

80 정답 ④

<u>보건복지부장관 또는 특별자치시장·특별자치도지사·시장·군수·구청장</u>은 공표 여부 등을 심의하기 위하여 공표심의위원회를 설치·운영할 수 있다(법 제37조의3 제3항).

3일 차 기출응용 모의고사 정답 및 해설

제1영역 직업기초능력

01	02	03	04	05	06	07	08	09	10
③	③	③	③	②	③	④	③	④	①
11	12	13	14	15	16	17	18	19	20
③	②	②	②	④	①	②	④	③	①
21	22	23	24	25	26	27	28	29	30
③	③	②	④	②	④	③	①	③	④
31	32	33	34	35	36	37	38	39	40
②	②	④	④	④	②	②	④	①	④
41	42	43	44	45	46	47	48	49	50
①	④	④	③	③	③	③	④	②	②
51	52	53	54	55	56	57	58	59	60
③	②	①	④	④	②	②	②	②	③

01
정답 ③

• 첫 번째 빈칸 : 앞 문장에서 '도로'라고 구체적으로 한정하고 있기 때문에, 빈칸에 들어갈 규범이 '약하다'라고 하려면, '도로'로 한정해야 한다. 따라서 ⓒ이 가장 적절하다.
• 두 번째 빈칸 : 첫 번째 빈칸과 같은 방법을 적용하면 된다. 앞 문장에서 '도로의 교량'이라고 언급하고 있으므로, ⓐ이 가장 적절하다.
• 세 번째 빈칸 : 빈칸보다는 강하다고 할 수 없다고 했으므로, 앞 문장과 빈칸은 구체적으로 한정하고 있는 부분이 다르다. 따라서 ⓔ이 가장 적절하다.

02
정답 ③

글의 맥락상 '뒤섞이어 있음'을 의미하는 '혼재(混在)'가 적절하다.
• 잠재(潛在) : 겉으로 드러나지 않고 속에 잠겨 있거나 숨어 있음

03
정답 ③

제시문은 크게 '피자의 시작과 본토 – 한국의 피자 도입과 확산'으로 나눌 수 있다. 이탈리아에서 나타난 현대적 의미의 피자의 시작을 논하는 것으로 글이 시작되었으므로, 그 후에는 이탈리아의 피

자 상황을 나타내는 (다)와 (가)가 차례대로 오는 것이 적절하며, 한국의 '경우'라고 쓰여 있는 것을 보아 그 뒤에는 (라)와 (나)가 오는 것이 적절하다. 따라서 (다) – (가) – (라) – (나) 순으로 나열해야 한다.

04
정답 ③

(가) 문단은 인간 면역결핍 바이러스(HIV)의 정의를 설명하고 있고, (나) ~ (마) 문단은 HIV 감염 증상을 시기별로 설명하고 있으며, (바) ~ (아) 문단은 HIV 감염에 대한 진단방법을 설명하고 있다. 따라서 (가) / (나), (다), (라), (마) / (바), (사), (아)로 구분하는 것이 가장 적절하다.

05
정답 ②

(B)의 '발진'은 '피부 부위에 작은 종기가 광범위하게 돋는 질환, 또는 그런 상태'를 의미하며, ②의 '발진'은 '배나 비행기 따위가 출발하여 나아감'을 의미한다.

오답분석
① 저하 : 정도, 수준, 능률 따위가 떨어져 낮아짐
③ 동반 : 어떤 사물이나 현상이 함께 생김
④ 침투 : 세균이나 병균 따위가 몸속에 들어옴

06
정답 ③

HIV 감염 진단을 위한 혈액검사는 국내 대부분의 병원이나 보건소에서 받을 수 있다.

07
정답 ④

빈칸에 들어갈 진술을 판단하기 위해 앞의 문단에서 제기한 질문의 형태에 유의하자. 즉, 세 번째 문단을 정리해 보면 제시문의 중심 내용은 올바른 답을 추론해 내는 데 필요한 모든 정보와 정답 제시가 올바른 추론능력의 필요충분조건은 아니라는 것이다. 따라서 왓슨의 어리석음은 추론에 필요한 정보를 활용하지 못한 데에 있는 것이다.

오답분석
① 왓슨의 문제는 정보를 올바로 추론하지 못한 데에 있다.
② 왓슨은 올바른 추론의 방법을 알고 있지 못했다.
③ 왓슨이 전문적인 추론 훈련을 받지 못했다는 정보는 없다.

08
정답 ③

제시문에서는 인류의 발전과 미래에 인류에게 닥칠 문제를 해결하기 위해 우주 개발이 필요하다는, 우주 개발의 정당성에 대해 논의하고 있다. 따라서 글의 주제로 ③이 가장 적절하다.

09
정답 ④

미세먼지 마스크는 정전기를 띠고 있는 특수 섬유로 이루어져 있어 대부분의 미세먼지를 잡을 수 있지만, 이 구조로 인해 재활용을 할 수 없다는 단점이 있다.

10
정답 ①

빈칸 앞 문장에서는 '미세먼지 전용 마스크는 특수 섬유로 구성되어 대부분의 미세먼지를 잡을 수 있다.'라고 하였고, 빈칸 뒤 문장에서는 '미세먼지 마스크는 이런 구조 탓에 재활용이 불가능하다.'라고 하였으므로 서로 상반되는 내용을 이어주는 '하지만'이 가장 적절하다.

11
정답 ③

③은 플라시보 소비의 특징인 가심비, 즉 심리적 만족감보다는 상품의 가격을 중시하는 가성비에 따른 소비에 가깝다고 볼 수 있다.

12
정답 ②

대게 → 대개

13
정답 ②

희귀난치병 어린이 돕기 프로젝트는 2008년부터 시작되었으므로 2025년 기준 17년이 되었다.

오답분석

① 매년 개최되는 'K공단과 함께하는 건강 플러스 행복 캠프'는 2025년 기준 11회를 맞이하였으므로 이번 캠프 이전에 10차례 개최되었음을 알 수 있다.
③ K공단의 임직원들이 자발적으로 모금한 성금으로 희귀난치병 어린이 돕기 프로젝트의 다양한 프로그램을 실시한다.
④ 건강 플러스 행복 캠프를 위하여 직원의 약 97%가 성금 모금에 동참하여 약 19억 원을 모았고, 이를 통해 총 282명의 환우가 행복 캠프에 참여했다.

14
정답 ②

보기에서는 투과율이 비슷한 조직들 간의 구별이 어렵기 때문에 다른 조직과의 투과율 차이가 큰 경우로 한정된다는 X선의 활용 범위의 한계를 제시한다. 두 번째 문단의 마지막 문장에서는 이러한 한계를 극복한 것이 CT라고 말한다. 따라서 보기의 위치는 ㈏가 가장 적절하다.

15
정답 ④

제7조 제5항에 따르면, 소속기관장은 휴업급여와의 통합청구가 힘께 가능함을 안내하여야 한다고 되어 있으므로 의무가 발생한다.

오답분석

① 제6조 제3항에 따르면 해당 근로자가 공단에 신고한 특수형태근로종사자에 해당하는지 여부를 확인하는 것은 부서장이 아닌 소속기관장이다.
② 제7조 제1항에 따르면, 근로자는 최초로 요양급여를 신청하려는 때에 요양급여신청서, 초진소견서를 반드시 제출하여야 하지만, 별지 제3-2호의 업무상질병 전문소견서는 소속기관장의 요구가 있는 경우에만 제출하면 된다.
③ 제7조 제3항에 따르면 3년이 아니라 5년간 보관하도록 하여야 한다.

16
정답 ①

제시문은 인간의 질병 구조가 변화하고 있고 우리나라는 고령화 시대를 맞이함에 따라 만성질환이 증가하였으며 이에 따라 간호사가 많이 필요해진 상황에 대해 말하고 있다. 하지만 제도는 간호사를 많이 채용하지 않고 있으며 뒤처진 제도에 대한 아쉬움에 대해 설명하고 있는 글이다. 따라서 (나) 변화한 인간의 질병 구조 - (가) 고령화 시대를 맞아 증가한 만성질환 - (다) 간호사가 필요한 현실과는 맞지 않는 고용 상황 - (라) 간호사의 필요성과 뒤처진 의료 제도에 대한 안타까움 순으로 나열해야 한다.

17
정답 ②

목욕을 할 때는 아주 차거나 뜨거운 물보다 30 ~ 40도의 온도가 적당하다.

18
정답 ④

㉣에서는 물에서 사는 생명을 위한 온도뿐만 아니라 세탁 온도도 함께 다루고 있으므로 옷감에 대한 언급을 포함한 제목이 적절하다.

19
정답 ③

발효차와 생차의 적정 물 온도는 제시하고 있지만 발효차와 생차의 차이에 대한 내용은 확인할 수 없다.

20　　　　　　　　　　　　　정답 ①

포괄수가제는 안과, 이비인후과, 외과, 산부인과 4개 진료과의 백내장 수술(수정체 수술), 편도 수술 및 아데노이드 수술, 항문 수술(치질 등), 탈장 수술(서혜 및 대퇴부), 맹장 수술(충수 절제술), 제왕절개 분만, 자궁 및 자궁 부속기관(난소, 난관 등) 수술(악성 종양 제외) 7개 질병군을 대상으로 한다.

오답분석

② 질병에 따라 미리 정해진 금액을 내는 포괄수가제가 시행됨에 따라 병원비를 미리 가늠할 수 있어 계산도 간편해졌다.

③ 7개 질병군으로 입원한 환자의 수술과 관련된 진료뿐 아니라 수술로 인한 합병증과 환자가 입원 당시 같이 앓고 있던 질병의 치료까지 포함하여 포괄수가가 적용된다.

④ 본인 희망의 건강검진 등 예방 진료는 포괄수가 항목에서 제외된다.

21　　　　　　　　　　　　　정답 ③

사원수와 임원수를 각각 x명, y명이라고 하자(단, x, y는 자연수).
사원 x명을 발탁할 때 업무 효율과 비용은 각각 $3x$ point, $4x$ point이고 임원 y명을 발탁할 때 업무 효율과 비용은 각각 $4y$ point, $7y$point이므로 다음과 같은 식이 성립한다.

$3x+4y=60 \rightarrow x=-\dfrac{4}{3}y+20 \cdots \bigcirc$

$4x+7y \leq 100 \cdots \bigcirc$

$\bigcirc$을 $\bigcirc$에 대입하면

$4\left(-\dfrac{4}{3}y+20\right)+7y \leq 100$

$5y \leq 60$

$\therefore y \leq 12$

이때 x와 y는 자연수이므로 가능한 x, y값을 순서쌍으로 나타내면 (4, 12), (8, 9), (12, 6), (16, 3)이다.
따라서 사원수와 임원수를 합한 최솟값은 $4+12=16$이다.

22　　　　　　　　　　　　　정답 ③

A, B업체가 협력하기 전의 생산량을 100이라고 할 때, 불량률을 고려한 생산량은 $100 \times (1-0.02)=98$이다.
협력한 후 생산량이 30% 증가하였으므로 생산량은 130이고, C업체가 공단에 입주한 후의 불량률을 고려한 생산량은 $130 \times (1-0.04)=124.8$이다.
$124.8 \div 98 \fallingdotseq 1.27$
따라서 불량률이 증가한 이후의 생산량은 A, B업체가 협력하기 이전 생산량의 약 1.27배이다.

23　　　　　　　　　　　　　정답 ②

철수가 A지역에서 C지역까지 가는 데 걸린 시간은 $\dfrac{200}{80}=2$시간 30분이다. 만수는 철수보다 2시간 30분 늦게 도착했으므로 걸린 시간은 5시간이다.
따라서 만수의 속력은 $\dfrac{300}{5}=60$km/h이다.

24　　　　　　　　　　　　　정답 ④

K공단에서 출장지까지의 거리를 $x$km라 하자.
이때 K공단에서 휴게소까지의 거리는 $\dfrac{4}{10}x=\dfrac{2}{5}x$km, 휴게소에서 출장지까지의 거리는 $\left(1-\dfrac{2}{5}\right)x=\dfrac{3}{5}x$km이다.

$\left(\dfrac{2}{5}x \times \dfrac{1}{75}\right)+\dfrac{30}{60}+\left(\dfrac{3}{5}x \times \dfrac{1}{75+25}\right)=\dfrac{200}{60}$

$\rightarrow \dfrac{2}{375}x+\dfrac{3}{500}x=\dfrac{17}{6}$

$\rightarrow 8x+9x=4,250$

$\therefore x=250$

따라서 K공단에서 출장지까지의 거리는 250km이다.

25　　　　　　　　　　　　　정답 ②

황사의 발생횟수는 2022년에 최고치를 기록했다.

26　　　　　　　　　　　　　정답 ④

• 지환 : 2021년부터 2024년까지 방송수신료 매출액은 전년 대비 증가 – 감소 – 감소 – 증가, 프로그램 판매 매출액은 전년 대비 감소 – 증가 – 증가 – 감소 추이를 보이고 있으므로 방송수신료 매출액의 증감 추이와 반대된다.

• 동현 : 각 항목의 매출액 순위는 '광고 – 방송수신료 – 기타 사업 – 협찬 – 기타 방송사업 – 프로그램 판매' 순서이며, 2020년부터 2024년까지 동일하다.

• 세미 : 2020년 대비 2024년에 매출액이 상승하지 않은 항목은 방송수신료와 협찬으로 총 2개이다.

오답분석

• 소영 : 항목별로 최대 매출액과 최소 매출액의 차를 구해보면 다음과 같다.

– 방송수신료 : $5,717-5,325=392$천만 원

– 광고 : $23,825-21,437=2,388$천만 원

– 협찬 : $3,306-3,085=221$천만 원

– 프로그램 판매 : $1,322-1,195=127$천만 원

– 기타 방송사업 : $2,145-1,961=184$천만 원

– 기타 사업 : $4,281-4,204=77$천만 원

기타 사업의 매출액 변동폭은 7억 7천만 원이므로, 모든 항목의 최대 매출액과 최소 매출액의 차이가 10억 원 이상인 것은 아니다.

27   정답 ③

2023년 대비 2024년 본인부담금 상한액 증가율은 다음과 같다.

- 9분위 : $\dfrac{4,180,000-4,110,000}{4,110,000}\times100≒1.7\%$

- 8분위 : $\dfrac{3,100,000-3,080,000}{3,080,000}\times100≒0.6\%$

따라서 9분위가 8분위보다 높다.

오답분석

① $\dfrac{2,600,000-2,560,000}{2,560,000}\times100≒1.6\%$

② $\dfrac{5,230,000}{800,000}≒6.5$

④ $\dfrac{2,080,000-2,050,000}{2,050,000}\times100≒1.5\%$

28   정답 ①

A씨의 월 급여는 3,480만÷12=290만 원이다.
국민연금, 건강보험료, 고용보험료를 제외한 금액을 계산하면
$2,900,000-[2,900,000\times(0.045+0.0312+0.0065)]$
$→2,900,000-(2,900,000\times0.0827)$
$→2,900,000-239,830=2,660,170$원
- 장기요양보험료 : $(2,900,000\times0.0312)\times0.0738≒6,670$원
 (∵ 원 단위 절사)
- 지방세 : $68,000\times0.1=6,800$원
따라서 A씨의 월 실수령액을 계산하면 $2,660,170-(6,670+68,000+6,800)=2,578,700$원이고, 연 실수령액은 $2,578,700\times12=30,944,400$원이다.

29   정답 ③

ⅰ) 연봉 3천만 원인 K사원의 월 수령액은 3천만÷12=250만 원이고 월평균 근무시간은 200시간이므로, 시급은 250÷200=12,500원이다.

ⅱ) K사원이 평일에 야근한 시간은 2(1일)+3(4일)+3(9일)+2(26일)=10시간이다. 따라서 야근 수당은 (12,500+5,000)×10=175,000원이다.

ⅲ) K사원이 주말에 특근한 시간은 3(14일)+5(27일)=8시간이므로, 특근 수당은 (12,500+10,000)×8=180,000원이다.
식대는 야근·특근 수당에 포함되지 않으므로, K사원의 한 달간 야근 및 특근 수당의 총액은 175,000+180,000=355,000원이다.

30   정답 ④

- 2019년 서부지역을 여행한 남부지역 출신 : 510,000명
- 2024년 동부지역을 여행한 서부지역 출신 : 400,000명
따라서 2024년 동부지역을 여행한 서부지역 출신 대비 2019년 서부지역을 여행한 남부지역 출신의 비율은 $\dfrac{510,000}{400,000}\times100≒128\%$이다.

31   정답 ②

- 2019년 남부지역 관광객 중 서부지역 출신의 비율
 : $\dfrac{300}{980}\times100≒30.6\%$

- 2024년 남부지역 관광객 중 서부지역 출신의 비율
 : $\dfrac{400}{1,200}\times100≒33.3\%$

따라서 남부지역 관광객 중 서부지역 출신이 차지하는 비율은 5년 동안 증가했다.

오답분석

① 전체 관광객은 증가하였으나, 동부·북부지역의 관광객은 줄어들었으므로 옳지 않은 설명이다.

③ • 2019년 본인의 출신지를 여행하는 관광객이 차지하는 비율
 : $\dfrac{(550+400+830+420)}{4,970}=\dfrac{2,200}{4,970}\times100≒44.3\%$

 • 2024년 본인의 출신지를 여행하는 관광객이 차지하는 비율
 : $\dfrac{(500+300+800+300)}{5,200}=\dfrac{1,900}{5,200}\times100≒36.5\%$

따라서 본인의 출신지를 여행하는 관광객이 차지하는 비율은 2019년에 비해 2024년에 감소하였다.

④ 모든 관광객이 동일한 지출을 한다고 가정하면, 여행지별 관광수지는 (여행지 관광객 합계)＞(출신지 관광객 합계)일 경우 흑자이고, (여행지 관광객 합계)＜(출신지 관광객 합계)일 경우 적자이다.

32   정답 ②

2021년과 2024년 처리 건수 중 인용 건수 비율은 다음과 같다.

- 2021년 : $\dfrac{3,667}{32,737}\times100≒11.20\%$

- 2024년 : $\dfrac{3,031}{21,080}\times100≒14.38\%$

따라서 2024년과 2021년 처리 건수 중 인용 건수 비율의 차이는 $14.38-11.20=3.18\%p$이므로, 2024년이 2021년에 비해 3%p 이상 높다.

오답분석

ㄱ. 기타처리 건수의 전년 대비 감소율은 다음과 같다.

- 2022년 : $\dfrac{12,871-16,674}{16,674}\times100≒-22.81\%$

- 2023년 : $\dfrac{10,166-12,871}{12,871}\times100≒-21.02\%$

- 2024년 : $\dfrac{8,204-10,166}{10,166}\times100≒-19.30\%$

따라서 기타처리 건수의 전년 대비 감소율은 매년 감소하였다.

ㄷ. 2022년과 2023년의 처리 건수 대비 조정합의 건수의 비율은 다음과 같다.

- 2022년 : $\frac{2,764}{28,744} \times 100 \fallingdotseq 9.62\%$

- 2023년 : $\frac{2,644}{23,573} \times 100 \fallingdotseq 11.22\%$

따라서 2022년이 2023년보다 낮다.

ㄹ. 조정합의 건수 대비 의견표명 건수 비율은 다음과 같다.

- 2021년 : $\frac{467}{2,923} \times 100 \fallingdotseq 15.98\%$

- 2022년 : $\frac{474}{2,764} \times 100 \fallingdotseq 17.15\%$

- 2023년 : $\frac{346}{2,644} \times 100 \fallingdotseq 13.09\%$

- 2024년 : $\frac{252}{2,567} \times 100 \fallingdotseq 9.82\%$

따라서 조정합의 건수 대비 의견표명 건수 비율이 높은 순서로 나열하면 2022년 → 2021년 → 2023년 → 2024년이다. 또한, 평균처리일이 짧은 순서로 나열하면 2022년 → 2024년 → 2021년 → 2023년이다. 따라서 평균처리일 기간과 조정합의 건수 대비 의견표명 건수 비율의 순서는 일치하지 않는다.

33 　　　　　　　　　　　　　　　　정답 ④

온실가스 총량은 2022년에 한 번 감소했다가 다시 증가한다.

오답분석

① 이산화탄소는 조사 기간 동안 가장 큰 비중을 차지한다.
② 2024년에 42,721.67ppm으로 가장 큰 값을 가진다.
③ 32,719.1, 32,977.4, 35,045.7, 42,586.5, 42,721.67ppm으로 해가 지남에 따라 지속적으로 증가하고 있다.

34 　　　　　　　　　　　　　　　　정답 ④

참여율이 4번째로 높은 해는 2021년이고, 2021년 참여율의 전년 대비 증가율은 $\frac{14.6-12.9}{12.9} \times 100 \fallingdotseq 13.2\%$이다.

35 　　　　　　　　　　　　　　　　정답 ③

'1권 이상'의 성인 독서율은 2023년 대비 2024년 사례수 증가율만큼 증가한다. 빈칸 (가)의 50대 성인 독서율의 경우, 2023년 대비 2024년 사례수가 $\frac{1,200-1,000}{1,000} \times 100 = 20\%$ 증가하였다. 따라서 (가)에 들어갈 수치는 $60 \times 1.2 = 72$이다.

36 　　　　　　　　　　　　　　　　정답 ②

2021년부터 2024년까지 전년도 대비 시·도별 매년 합계출산율 증감 추이를 보면 '증가 - 증가 - 감소 - 감소'로 모두 같다. 따라서 빈칸 ㉠, ㉡에 들어갈 적절한 수치는 ②이다.

37 　　　　　　　　　　　　　　　　정답 ②

가입상품별 총요금을 구하면 아래와 같다.
- 인터넷 : 22,000원
- 인터넷+일반전화 : 20,000원+1,100원=21,100원
- 인터넷+인터넷전화
  : 20,000원+1,100원+2,400원+1,650원=25,150원
- 인터넷+TV(베이직) : 19,800원+12,100원=31,900원
- 인터넷+TV(스마트) : 19,800원+17,600원=37,400원
- 인터넷+TV(프라임) : 19,800원+19,800원=39,600원
- 인터넷+일반전화+TV(베이직)
  : 19,800원+1,100원+12,100원=33,000원
- 인터넷+일반전화+TV(스마트)
  : 19,800원+1,100원+17,600원=38,500원
- 인터넷+일반전화+TV(프라임)
  : 19,800원+1,100원+19,800원=40,700원
- 인터넷+인터넷전화+TV(베이직)
  : 19,800원+1,100원+2,400원+1,650원+12,100원
  =37,050원
- 인터넷+인터넷전화+TV(스마트)
  : 19,800원+1,100원+2,400원+1,100원+17,600원
  =42,000원
- 인터넷+인터넷전화+TV(프라임)
  : 19,800원+1,100원+2,400원+19,800원=43,100원
∴ 43,100원-21,100원=22,000원

38 　　　　　　　　　　　　　　　　정답 ④

1차 병원 의료종사자의 월평균 급여는 180만 원으로, 이는 2차 병원의 $\frac{180}{240} \times 100 = 75\%$, 3차 병원의 $\frac{180}{300} \times 100 = 60\%$이다.

오답분석

① 3차 병원의 진료과목 수는 12개로 2차 병원 8개의 $12 \div 8 = 1.5$배이다.
② 2차 병원의 평균의사 수는 5.5명으로 3차 병원의 125명의 $\frac{5.5}{125} \times 100 = 4.4\%$이다. 따라서 5% 미만이다.
③ 1차·2차·3차 병원 의료기관의 의사와 간호사 수를 비교하면 다음과 같다.

(단위 : 명)

구분	1차 병원	2차 병원	3차 병원
의사	1.5	5.5	125
간호사	0.9	7.4	350

따라서 1차 병원을 제외한 2차·3차 병원은 간호사 수가 더 많다.

39
정답 ①

평균 진료과목당 평균 병상 수는 2차 병원이 $\frac{84}{8}=10.5$개, 3차 병원이 $\frac{750}{12}=62.5$개로 그 차는 $62.5-10.5=52$개이다.

오답분석

ⓒ 3차 병원의 평균 의료종사자 수는 3,125명이고 평균 의사 수는 125명이다. 따라서 평균 의료종사자수 중 의사가 차지하는 비율은 $\frac{125}{3,125}\times100=4\%$이다.

ⓒ 3차 병원에서 의료종사자에게 지급되는 월평균 급여는 3,125×300=937,500만 원이고, 간호사와 의사에게 지급되는 월평균 급여는 $(350\times405)+(125\times1,650)=141,750+206,250=348,000$만 원이다. 따라서 간호사·의사를 제외한 의료종사자의 급여로 지급되는 비용은 평균 $937,500-348,000=589,500$만 원으로, 58억 원 이상이다.

40
정답 ④

2022년 천 명당 활동 의사 수가 가장 적은 나라는 1.6명인 대한민국이며, 가장 많은 나라는 4.9명인 그리스이다.

오답분석

① 2023년 천 명당 활동 의사 수는 네덜란드가 3.7명으로 가장 많은 그리스의 5.0명보다 1.3명 적다.

② 대한민국이 매년 천 명당 활동 의사 수가 가장 적다는 사실을 볼 때, 대한민국의 의료서비스 지수가 멕시코보다 더 열악하다고 할 수 있다.

③ 2017 ~ 2019년에는 두 배가 안 되는 수치를 보이고 있다.

41
정답 ①

음주측정에 불응으로 벌금형 처벌을 받은 것은 '경징계 의결'로 처리되는 경우이다.

42
정답 ④

오답분석

① 통보될 당시 직원이 소속된 기관의 장이 징계위원회를 개최하여야 하므로 甲공공기관장이 징계위원회를 개최해야 한다.

② 알코올농도가 0.193%이므로 면허가 취소되는 것은 맞지만 1회에 그친 것이므로, 경징계인 견책이나 감봉에 해당한다.

③ 경징계인 견책 또는 감봉 대상이기 때문에 최대 12개월간 승진임용대상이 되지 못한다.

43
정답 ④

문화회관 이용 가능 요일표와 주간 주요 일정표에 따라 교육을 진행할 수 있는 요일과 시간대는 화요일 오후, 수요일 오후, 금요일 오전이다.

44
정답 ③

ⅰ) 월요일에 진료를 하는 경우 첫 번째 조건에 의해 수요일에 진료를 하지 않는다. 그러면 마지막 조건에 의해 금요일에 진료를 한다. 또한, 세 번째 조건의 대우에 의해 화요일에 진료를 하지 않는다. 따라서 월요일, 금요일에 진료를 한다.

ⅱ) 월요일에 진료를 하지 않는 경우 두 번째 조건에 의해 화요일에 진료를 한다. 그러면 세 번째 조건에 의해 금요일에 진료를 하지 않는다. 또한, 마지막 조건의 대우에 의해 수요일에 진료를 한다. 따라서 화요일, 수요일에 진료를 한다.

45
정답 ③

주어진 조건을 토대로 가능한 상황을 정리해 보면 다음과 같다.

구분	A	B	C	D
첫 해	장미	진달래	튤립	×
둘째 해	진달래	장미	×	나팔꽃 or 백합
셋째 해(1)	장미	×	튤립, (나팔꽃 or 백합)	
셋째 해(2)	×	진달래		

따라서 3년 차에 가능한 조합은 ③이다.

46
정답 ③

선택지별 부품 구성에 따른 총 가격 및 총 소요시간을 계산하면 다음과 같으며, 총 소요시간에서 30초는 0.5분으로 환산한다.

구분	부품	총 가격	총 소요시간
①	A, B, E	$(20\times3)+(35\times5)$ $+(80\times1)=315$원	$6+7+8.5$ $=21.5$분
②	A, C, D	$(20\times3)+(33\times2)$ $+(50\times2)=226$원	$6+5.5+11.5$ $=23$분
③	B, C, E	$(35\times5)+(33\times2)$ $+(80\times1)=321$원	$7+5.5+8.5$ $=21$분
④	B, D, F	$(35\times5)+(50\times2)$ $+(90\times2)=455$원	$7+11.5+10$ $=28.5$분

세 번째 조건에 따라 ④의 부품 구성은 총 소요시간이 25분 이상이므로 제외된다. 마지막 조건에 따라 ①, ②, ③의 부품 구성의 총 가격 차액이 서로 100원 미만 차이가 나므로 총 소요시간이 가장 짧은 것을 택한다. 따라서 총 소요시간이 21분으로 가장 짧은 B, C, E부품으로 마우스를 조립한다.

47

정답 ③

밴쿠버 지사에 메일이 도착한 시각은 4월 22일 오전 12시 15분이지만, 업무 시간이 아니므로 메일을 읽을 수 없다. 따라서 밴쿠버 지사에서 가장 빠르게 읽을 수 있는 시각은 전력 점검이 끝난 4월 22일 오전 10시 15분이다. 모스크바는 밴쿠버와 10시간의 시차가 있으므로 이때의 모스크바의 현지 시각은 4월 22일 오후 8시 15분이다.

48

정답 ④

C는 3층에 내렸으므로 다섯 번째 조건에 의해 B는 6층, F는 7층에 내린 것을 알 수 있다. 네 번째 조건에서 G는 C보다 늦게, B보다 빨리 내렸다고 하였으므로 G는 4층 또는 5층에 내렸다. 그리고 I는 D보다 늦게, G보다는 일찍 내렸으며, D는 A보다 늦게 내렸으므로 A는 1층, D는 2층, I는 4층에서 내렸다. 그러므로 G는 5층에서 내렸음을 알 수 있다. 또한, 두 번째 조건에 의해 H는 홀수 층에서 내렸으므로 H는 9층, E는 8층에서 내렸다. 따라서 짝수 층에서 내리지 않은 사람은 G이다.

49

정답 ②

예금 업무를 보려는 사람들의 대기 순번과 공과금 업무를 보려는 사람들의 대기 순번은 별개로 카운트된다. A는 예금 업무이고, A보다 B가 늦게 발권하였으나 대기번호는 A보다 빠른 4번이므로, B는 공과금 업무를 보려고 한다는 사실을 알 수 있다. 그리고 1인당 업무 처리시간은 모두 동일하게 주어지므로, 주어진 조건들을 표로 정리하면 다음과 같다.

예금 창구		공과금 창구	
대기번호 2번	업무진행 중	대기번호 3번	업무진행 중
대기번호 3번	–	대기번호 4번	B
대기번호 4번	–	대기번호 5번	C
대기번호 5번	E	대기번호 6번	–
대기번호 6번	A	대기번호 7번	–
대기번호 –번	D	대기번호 8번	–

따라서 대기자 순서는 'B−C−E−A−D'이다.

50

정답 ②

한글 자음을 순서에 따라 바로 뒤의 자음으로 변환하면 다음과 같다.

ㄱ	ㄴ	ㄷ	ㄹ	ㅁ	ㅂ	ㅅ
ㄴ	ㄷ	ㄹ	ㅁ	ㅂ	ㅅ	ㅇ
ㅇ	ㅈ	ㅊ	ㅋ	ㅌ	ㅍ	ㅎ
ㅈ	ㅊ	ㅋ	ㅌ	ㅍ	ㅎ	ㄱ

한글 모음을 순서에 따라 영어로 변환하면 다음과 같다.

ㅏ	ㅐ	ㅑ	ㅒ	ㅓ	ㅔ	ㅕ
a	b	c	d	e	f	g
ㅖ	ㅗ	ㅘ	ㅙ	ㅚ	ㅛ	ㅜ
h	i	j	k	l	m	n
ㅝ	ㅞ	ㅟ	ㅠ	ㅡ	ㅢ	ㅣ
o	p	q	r	s	t	u

ㄴ=ㄱ, u=ㅣ, ㅂ=ㅁ, ㅋ=ㅊ, u=ㅣ, ㅊㅊ=ㅉ, u=ㅣ, ㄴ=ㄱ, b=ㅐ

따라서 김대리가 말한 메뉴는 김치찌개이다.

51

정답 ③

ㅈ=ㅊ, ㅗ=i, ㄴ=ㄷ, ㅈ=ㅊ, ㅜ=n, ㅇ=ㅈ, ㄱ=ㄴ, ㅘ=j, 공백=0, ㅂ=ㅅ, ㅐ=b, ㄹ=ㅁ, ㅓ=g

따라서 암호화 규칙에 따라 변환하면 'ㅊiㄷㅊnㅈㄴj0ㅅbㅁg'이다.

52

정답 ②

SWOT 분석이란 조직의 환경을 분석하기 위해 사용되는 정책환경 분석기법으로, 조직 내부환경과 관련된 강점(Strength), 약점(Weakness), 조직 외부환경과 관련된 기회(Opportunity), 위협(Threat)을 분석하는 방법이다. 따라서 바르게 분류한 것은 ②이다.

53

정답 ①

맑은 날에는 김갑돌 씨가 정상적으로 알아들으므로, 11월 1일과 11월 5일에는 각각 1101호, 301호에 천 묶음과 천백 원 봉투를 제대로 전달하였다. 이을동 씨는 날씨에 관계없이 제대로 알아들으므로, 11월 6일에는 301호에 삼백 원 봉투를 전달하였다. 11월 2일은 비가 온 날이므로, "삼 묶음을 1101호에 내일 전달해 주세요."라고 말하는 것을 김갑돌 씨는 "천 묶음을 301호에 내일 전달해 주세요."로 들었을 것이다. 따라서 7일간 301호에는 천 묶음, 천백 원 봉투, 삼백 원 봉투가 전달되었고, 1101호에는 천 묶음이 전달되었다.

54

정답 ④

입원진료 시 본인부담률은 A씨의 딸이 15세이므로 요양급여비용 총액의 5%를 부담하고, 식대는 총액의 50%를 부담한다. 또한 외래진료의 경우는 동지역이고, 일반 환자이므로 요양급여비용총액의 40%를 부담한다. 따라서 A씨가 지불해야 하는 딸의 부담액은 $40,000 \times 20 \times 0.05 + 3 \times 20 \times 4,500 \times 0.5 + 20,000 \times 15 \times 0.4 = 40,000 + 135,000 + 120,000 = 295,000$원이다.

55

정답 ④

ㄱ. 소재지는 동지역이고, 일반 의약분업 예외환자로 본인일부부담률은 '약값 총액의 30%+나머지 요양급여비용의 40%'이다. 부담액은 5만×0.3+3만×0.4=2.7만 원이다.

ㄴ. 소재지는 읍지역이고, 임신부 일반 환자로 요양급여비용총액의 20%를 부담한다. 부담액은 5만×0.2=1만 원이다.

ㄷ. 소재지는 동지역이고, 1세 미만 일반 환자로 요양급여비용총액의 10%를 부담한다. 부담액은 (2+6)만×0.1=0.8만 원이다.

ㄹ. 소재지는 면지역이고, 1세 미만 의약분업 예외환자로 본인일부부담률은 '약값 총액의 21%+나머지 요양급여비용의 10%'이다. 부담액은 20만×0.21+7만×0.1=4.9만 원이다.

따라서 외래진료 시 부담액이 높은 순서는 'ㄹ－ㄱ－ㄴ－ㄷ'이다.

56

정답 ②

㉠ 사업추진 경험을 강점으로 활용하여 예산 확보가 어렵다는 위협요소를 제거해 나가는 전략으로서 ST전략에 해당한다.

㉢ 국토정보 유지관리사업은 이미 강점에 해당하므로, 약점을 보완하여야 하는 WO전략으로 적절하지 않다.

57

정답 ②

시간대별 필요 간호인력 수 자료에 따라 필요한 최소 간호인력 수를 표로 정리하면 다음과 같다.

시간대 / 근무조	2~6시	6~10시	10~14시	14~18시	18~22시	22~2시	소요
2시 시작조	5	5					5
6시 시작조		15	15				15
10시 시작조			15	15			15
14시 시작조				0	0		0
18시 시작조					50	50	50
22시 시작조	0					0	0
필요 인력 수	5	20	30	15	50	10	85

따라서 필요한 최소 간호인력 수는 85명이다.

58

정답 ②

2~6시 시간대의 필요 간호인력을 20명으로 확충한 후 최소 간호인력 수를 표로 정리하면 다음과 같다.

시간대 / 근무조	2~6시	6~10시	10~14시	14~18시	18~22시	22~2시	소요
2시 시작조	20	20					20
6시 시작조		0	0				0
10시 시작조			30	30			30
14시 시작조				0	0		0
18시 시작조					50	50	50
22시 시작조	0					0	0
필요 인력 수	20	20	30	15	50	10	100

따라서 필요한 최소 간호인력 수는 100명이다.

59

정답 ②

26일은 첫 번째 조건에 따라 비가 오는 날이므로 A사원은 커피류를 마신다. 또한, 두 번째 조건에 따라 평균기온은 27℃로 26℃ 이상이므로 큰 컵으로 마시고, 세 번째 조건에 따라 카페라테를 마신다.

60

정답 ③

24일은 비가 오지 않는 화요일이며, 평균기온은 28℃이므로 A사원은 밀크티 큰 컵을 마신다. 그리고 23일은 맑은 날이고 26℃이므로 A사원은 자몽에이드 큰 컵을 마셨을 것이다. 그러므로 B사원에게는 자몽에이드 큰 컵을 사 줄 것이다. 따라서 A사원이 지불할 금액은 9,500원(=4,800+4,700)이다.

제2영역 법률

|01| 국민건강보험법

61	62	63	64	65	66	67	68	69	70
④	①	④	②	①	③	①	②	③	①
71	72	73	74	75	76	77	78	79	80
①	④	④	③	②	②	①	④	①	③

61 정답 ④

지역가입자의 보험료는 그 가입자가 속한 세대의 지역가입자 전원이 연대하여 부담한다(법 제76조 제3항).

오답분석

② 법 제76조 제1항에 해당한다.
③ 법 제76조 제1항 제1호에 해당한다.
④ 법 제76조 제2항에 해당한다.

62 정답 ①

지역가입자는 직장가입자와 그 피부양자를 제외한 가입자를 말한다(법 제6조 제3항).

오답분석

② 병역법에 따른 현역병은 직장가입자가 아니다(법 제6조 제2항 제2호).
③ 고용 기간이 1개월 미만인 일용근로자는 직장가입자가 아니다(법 제6조 제2항 제1호).
④ 선거에 당선되어 취임하는 공무원으로서 매월 보수 또는 보수에 준하는 급료를 받지 아니하는 사람은 직장가입자가 아니다(법 제6조 제2항 제3호).

63 정답 ④

가입자는 직장가입자가 다른 적용대상사업장의 사용자로 되거나 근로자 등으로 사용된 날에 해당하게 된 날에 그 자격이 변동된다(법 제9조 제1항 제2호).

오답분석

①·②·③ 법 제9조 제1항에 해당한다.

64 정답 ②

자격을 잃은 경우 직장가입자의 사용자와 지역가입자의 세대주는 그 명세를 보건복지부령으로 정하는 바에 따라 자격을 잃은 날부터 14일 이내에 보험자에게 신고하여야 한다(법 제10조 제2항).

65 정답 ①

임원추천위원회 운영규정은 국민건강보험공단의 내부규정으로 정한다.

> **정관(법 제17조 제1항)**
> 공단의 정관에는 다음 각 호의 사항을 적어야 한다.
> 1. 목적
> 2. 명칭
> 3. 사무소의 소재지
> 4. 임직원에 관한 사항
> 5. 이사회의 운영
> 6. 재정운영위원회에 관한 사항
> 7. 보험료 및 보험급여에 관한 사항
> 8. 예산 및 결산에 관한 사항
> 9. 자산 및 회계에 관한 사항
> 10. 업무와 그 집행
> 11. 정관의 변경에 관한 사항
> 12. 공고에 관한 사항

66 정답 ③

심의위원회의 위원은 시민단체, 소비자단체, 농어업인단체 및 자영업자 단체가 추천하는 1명을 보건복지부장관이 임명 또는 위촉한다(법 제4조 제4항 제2호).

> **비상임이사의 임명(법 제20조 제4항)**
> 비상임이사는 다음 각 호의 사람을 보건복지부장관이 임명한다.
> 1. 노동조합·사용자단체·시민단체·소비자단체·농어업인단체 및 노인단체가 추천하는 각 1명
> 2. 대통령령으로 정하는 바에 따라 추천하는 관계 공무원 3명

67 정답 ①

공단은 직장가입자와 지역가입자의 재정을 통합하여 운영한다(법 제35조 제2항).

오답분석

② 공단은 회계연도마다 예산안을 편성하여 이사회의 의결을 거친 후 보건복지부장관의 승인을 받아야 한다. 예산을 변경할 때에도 또한 같다(법 제36조).
③ 공단은 지출할 현금이 부족한 경우에는 차입할 수 있다. 다만, 1년 이상 장기로 차입하려면 보건복지부장관의 승인을 받아야 한다(법 제37조).
④ 공단은 건강보험사업 및 징수위탁근거법의 위탁에 따른 국민연금사업·고용보험사업·산업재해보상보험사업·임금채권보장사업에 관한 회계를 공단의 다른 회계와 구분하여 각각 회계처리하여야 한다(법 제35조 제3항).

68 정답 ②

가입자나 피부양자는 본인일부부담금 외에 자신이 부담한 비용이 요양급여 대상에서 제외되는 비용인지 여부에 대하여 <u>심사평가원</u>에 확인을 요청할 수 있다(법 제48조 제1항).

69 정답 ③

보건복지부장관은 요양급여비용의 상한금액이 감액된 약제가 감액된 날부터 <u>5년(㉠)</u>의 범위에서 대통령령으로 정하는 기간 내에 다시 약사법에 따른 의약품 등의 판매 질서의 위반과 관련된 경우에는 해당 약제에 대하여 <u>1년(㉡)</u>의 범위에서 기간을 정하여 요양급여의 적용을 정지할 수 있다(법 제41조의2 제3항).

70 정답 ①

요양급여(<u>간호와 이송은 제외한다</u>)는 다음 각 호의 요양기관에서 실시한다. 이 경우 보건복지부장관은 공익이나 국가정책에 비추어 요양기관으로 적합하지 아니한 대통령령으로 정하는 의료기관 등은 요양기관에서 제외할 수 있다(법 제42조 제1항).

71 정답 ①

보험급여를 하지 아니하는 기간에 받은 보험급여는 공단이 급여제한기간에 보험급여를 받은 사실이 있음을 가입자에게 통지한 날부터 <u>2개월(㉠)</u>이 지난 날이 속한 달의 납부기한 이내에 체납된 보험료를 완납한 경우, 공단이 급여제한기간에 보험급여를 받은 사실이 있음을 가입자에게 통지한 날부터 2개월이 지난 날이 속한 달의 납부기한 이내에 분할납부 승인을 받은 체납보험료를 <u>1회(㉡)</u> 이상 낸 경우(다만, 분할납부 승인을 받은 사람이 정당한 사유 없이 5회 이상 그 승인된 보험료를 내지 아니한 경우에는 그러하지 아니하다) 중 하나에 해당하는 경우에만 보험급여로 인정한다(법 제53조 제6항 제1 ~ 2호).

72 정답 ④

원장의 임기는 <u>3년</u>, 이사(공무원인 이사는 제외한다)와 감사의 임기는 각각 <u>2년</u>으로 한다(법 제65조 제7항).

73 정답 ④

휴직이나 그 밖의 사유로 보수의 전부 또는 일부가 지급되지 아니하는 가입자의 보수월액보험료는 해당 사유가 생기기 <u>전</u> 달의 보수월액을 기준으로 산정한다(법 제70조 제2항).

74 정답 ③

오답분석

㉤ 소득세법에 따른 종합소득(종합과세되는 종합소득과 분리과세되는 종합소득을 포함한다) 과세 현황(법 제72조의3 제2항 제3호)
㉥ 적정성 평가의 절차, 방법 및 그 밖에 적정성 평가를 위하여 필요한 사항은 대통령령으로 정한다(법 제72조의3 제3항).

> **보험료 부과제도에 대한 적정성 평가(법 제72조의3 제2항)**
> 보건복지부장관은 제1항에 따른 적정성 평가를 하는 경우에는 다음 각 호를 종합적으로 고려하여야 한다.
> 1. 제4조 제1항 제5호 나목에 따라 심의위원회가 심의한 가입자의 소득 파악 현황 및 개선방안
> 2. 공단의 소득 관련 자료 보유 현황
> 3. 소득세법 제4조에 따른 종합소득(종합과세되는 종합소득과 분리과세되는 종합소득을 포함한다) 과세 현황
> 4. 직장가입자에게 부과되는 보험료와 지역가입자에게 부과되는 보험료 간 형평성
> 5. 제1항에 따른 인정기준 및 산정기준의 조정으로 인한 보험료 변동
> 6. 그 밖에 적정성 평가 대상이 될 수 있는 사항으로서 보건복지부장관이 정하는 사항

75 정답 ②

직장가입자의 보험료는 다음 각 호의 구분에 따라 그 각 호에서 정한 자가 납부한다(법 제77조 제1항).
1. 보수월액보험료 : 사용자. 이 경우 사업장의 사용자가 2명 이상인 때에는 그 사업장의 <u>사용자(㉠)</u>는 해당 직장가입자의 보험료를 연대하여 납부한다.
2. 보수 외 소득월액보험료 : <u>직장가입자(㉡)</u>

76 정답 ②

과오납금에 대통령령으로 정하는 <u>이자를 가산하여야 한다</u>(법 제86조 제3항).

오답분석

① 법 제86조 제2항에 해당한다.
③ㆍ④ 법 제86조 제1항에 해당한다.

77
정답 ①

국가, 지방자치단체, 요양기관, 보험업법에 따른 보험료율 산출 기관 그 밖의 공공기관 및 공공단체가 공단 또는 심사평가원에 제공하는 자료에 대하여는 사용료와 수수료 등을 면제한다(법 제96조 제6항).

오답분석

③ 법 제96조 제5항에 해당한다.
④ 법 제96조 제1항에 해당한다.

78
정답 ④

공단은 보험료 등의 납부의무자가 체납된 보험료 등을 내지 아니하면 납부기한 후 30일(ⓐ)이 지난날부터 매 1일(ⓑ)이 경과할 때마다 해당하는 연체금을 제1항에 따른 연체금에 더하여 징수한다(법 제80조 제2항).

79
정답 ①

보험료 또는 보험급여 제한 기간 중 받은 보험급여에 대한 징수금을 체납한 경우 : 해당 체납금액의 6,000분의 1(ⓒ)에 해당하는 금액. 이 경우 연체금은 해당 체납금액의 1,000분의 50(ⓓ)을 넘지 못한다(법 제80조 제2항 제1호).

80
정답 ③

제1호 외에 국민건강보험법에 따른 징수금을 체납한 경우 : 해당 체납금액의 3,000분의 1(ⓔ)에 해당하는 금액. 이 경우 연체금은 해당 체납금액의 1,000분의 90(ⓕ)을 넘지 못한다(법 제80조 제2항 제2호).

따라서 ⓔ+ⓕ= $\dfrac{1}{3,000} + \dfrac{90}{1,000} = \dfrac{1+270}{3,000} = \dfrac{271}{3,000}$ 이다.

|02| 노인장기요양보험법

61	62	63	64	65	66	67	68	69	70
④	①	①	③	④	④	①	①	④	①
71	72	73	74	75	76	77	78	79	80
①	③	④	③	③	①	④	①	③	②

61
정답 ④

전자문서의 사용(법 제59조)

① 장기요양사업에 관련된 각종 서류의 기록, 관리 및 보관은 보건복지부령으로 정하는 바에 따라 전자문서로 한다.
② 공단 및 장기요양기관은 장기요양기관의 지정신청, 재가·시설 급여비용의 청구 및 지급, 장기요양기관의 재무·회계정보처리 등에 대하여 전산매체 또는 전자문서교환방식을 이용하여야 한다.
③ 제1항 및 제2항에도 불구하고 정보통신망 및 정보통신서비스 시설이 열악한 지역 등 보건복지부장관이 정하는 지역의 경우 전자문서·전산매체 또는 전자문서교환방식을 이용하지 아니할 수 있다.

62
정답 ①

보건복지부장관은 노인 등에 대한 장기요양급여를 원활하게 제공하기 위하여 5년 단위로 다음 각 호의 사항이 포함된 장기요양기본계획을 수립·시행하여야 한다(법 제6조 제1항).

63
정답 ①

국가 및 지방자치단체는 노인이 일상생활을 혼자서 수행할 수 있는 온전한 심신상태를 유지하는 데 필요한 사업을 실시하여야 한다(법 제4조 제1항).

오답분석

ⓒ 국가는 노인성질환예방사업을 수행하는 지방자치단체 또는 국민건강보험법에 따른 국민건강보험공단에 대하여 이에 소요되는 비용을 지원할 수 있다(법 제4조 제2항).
ⓒ 국가 및 지방자치단체는 장기요양급여가 원활히 제공될 수 있도록 공단에 필요한 행정적 또는 재정적 지원을 할 수 있다(법 제4조 제4항).
ⓔ 국가 및 지방자치단체는 노인인구 및 지역특성 등을 고려하여 장기요양급여가 원활하게 제공될 수 있도록 적정한 수의 장기요양기관을 확충하고 장기요양기관의 설립을 지원하여야 한다(법 제4조 제3항).

64　　정답 ③

보건복지부장관은 장기요양사업의 실태를 파악하기 위하여 3년마다 조사를 정기적으로 실시하고 그 결과를 공표하여야 한다(법 제6조의2 제1항).

65　　정답 ④

장기요양인정서를 작성할 경우 고려사항(법 제18조)
공단은 장기요양인정서를 작성할 경우 제17조 제1항 제2호에 따른 장기요양급여의 종류 및 내용을 정하는 때 다음 각 호의 사항을 고려하여 정하여야 한다.
1. 수급자의 장기요양등급 및 생활환경
2. 수급자와 그 가족의 욕구 및 선택
3. 시설급여를 제공하는 경우 장기요양기관이 운영하는 시설 현황

66　　정답 ④

④에 대한 내용은 "단기보호"에 대한 설명이다(법 제23조 제1항 제1호 마목). 주·야간보호는 수급자를 하루 중 일정한 시간 동안 장기요양기관에 보호하여 신체활동 지원 및 심신기능의 유지·향상을 위한 교육·훈련 등을 제공하는 장기요양급여를 뜻한다(법 제23조 제1항 제1호 라목).

67　　정답 ①

장기요양기관의 장은 지정의 유효기간이 끝난 후에도 계속하여 그 지정을 유지하려는 경우에는 소재지를 관할구역으로 하는 특별자치시장·특별자치도지사·시장·군수·구청장에게 지정 유효기간이 끝나기 90일 전까지 지정 갱신을 신청하여야 한다(법 제32조의4 제1항).

오답분석
②·④ 법 제32조의4 제2항
③ 법 제32조의4 제3항

68　　정답 ①

- 장기요양기관 중 대통령령으로 정하는 기관을 운영하는 자와 그 종사자는 인권에 관한 교육을 받아야 한다(법 제35조의3 제1항).
- 장기요양기관 중 대통령령으로 정하는 기관을 운영하는 자는 해당 기관을 이용하고 있는 장기요양급여 수급자에게 인권교육을 실시할 수 있다(동조 제2항).

69　　정답 ④

장기요양기관의 장은 장기요양요원이 다음 수급자 및 그 가족이 장기요양요원에게 제28조의2 제1항 각 호에 따른 급여외행위의 제공을 요구하는 경우로 인한 고충의 해소를 요청하는 경우 업무의 전환 등 대통령령으로 정하는 바에 따라 적절한 조치를 하여야 한다(법 제35조의4 제1항 제2호).

급여외행위의 제공 금지(법 제28조의2 제1항)
1. 수급자의 가족만을 위한 행위
2. 수급자 또는 그 가족의 생업을 지원하는 행위
3. 그 밖에 수급자의 일상생활에 지장이 없는 행위

70　　정답 ①

특별자치시장·특별자치도지사·시장·군수·구청장은 장기요양기관의 종사자가 거짓이나 그 밖의 부정한 방법으로 재가급여비용 또는 시설급여비용을 청구하는 행위에 가담한 경우 해당 종사자가 장기요양급여를 제공하는 것을 1년의 범위에서 제한하는 처분을 할 수 있다(법 제37조의5 제1항).

71　　정답 ①

등급판정위원회 위원은 한 차례만 연임할 수 있다(법 제52조 제5항 일부).

72　　정답 ③

의료급여법 규정에 따른 수급권자에 해당하는 자에 대해서는 본인부담금의 100분의 60의 범위에서 보건복지부장관이 정하는 바에 따라 차등하여 감경할 수 있다(법 제40조 제4항 제1호).

73　　정답 ④

국민건강보험법 제17조에 따른 공단의 정관은 장기요양사업과 관련하여 다음 각 호의 사항을 포함·기재한다.
1. 장기요양보험료
2. 장기요양급여
3. 장기요양사업에 관한 예산 및 결산
4. 그 밖에 대통령령으로 정하는 사항

74　　정답 ③

장기요양인정·장기요양등급·장기요양급여·부당이득·장기요양급여비용 또는 장기요양보험료 등에 관한 공단의 처분에 이의가 있는 자는 공단에 심사청구를 할 수 있다(법 제55조 제1항).

75　　정답 ③

- 재심사위원회의 재심사에 관한 절차에 관하여는 행정심판법을 준용한다(법 제56조의2 제1항).
- 재심사청구 사항에 대한 재심사위원회의 재심사를 거친 경우에는 행정심판법에 따른 행정심판을 청구할 수 없다(동조 제2항).

76　　　　정답 ①

보건복지부장관(㉠), 특별시장·광역시장·도지사(㉢) 또는 특별자치시장·특별자치도지사(㉤)·시장·군수·구청장(㉡)은 장기요양보험가입자의 보수·소득이나 그 밖에 보건복지부령으로 정하는 사항의 보고 또는 자료의 제출을 명하거나 소속 공무원으로 하여금 관계인에게 질문을 하게 하거나 관계 서류를 검사하게 할 수 있다(법 제61조 제1항 제1호).

77　　　　정답 ④

보건복지부장관, 특별시장·광역시장·도지사 또는 특별자치시장·특별자치도지사·시장·군수·구청장은 장기요양급여를 받은 자에게 장기요양급여의 제공 명세, 재무·회계에 관한 사항 등 장기요양급여에 관련된 자료의 제출을 명하거나 소속 공무원으로 하여금 관계인에게 질문을 하게 하거나 관계 서류를 검사하게 할 수 있다(법 제61조 제2항 제2호).

오답분석

① 법 제61조 제2항 제1호에 해당한다.
② 법 제61조 제3항에 해당한다.
③ 법 제61조 제2항 제1호에 해당한다.

78　　　　정답 ①

공단은 징수 또는 반환하여야 할 금액이 1건당 1,000원 미만인 경우(각각 상계할 수 있는 지급금 및 장기요양보험료 등은 제외한다)에는 징수 또는 반환하지 아니한다(법 제66조의3 일부).

79　　　　정답 ③

공단은 장애인복지법에 따른 장애인(㉠) 또는 이와 유사한 자로서 대통령령으로 정하는 자가 장기요양보험가입자 또는 그 피부양자인 경우 수급자로 결정되지 못한 때 대통령령으로 정하는 바에 따라 장기요양보험료의 전부 또는 일부(㉡)를 감면할 수 있다(법 제10조).

80　　　　정답 ②

실태조사의 방법과 내용 등에 필요한 사항은 보건복지부령으로 정한다(법 제6조의2 제2항).

4일 차 기출응용 모의고사 정답 및 해설

제 1 영역 직업기초능력

01	02	03	04	05	06	07	08	09	10
④	①	②	①	①	③	④	③	③	②
11	12	13	14	15	16	17	18	19	20
②	③	③	④	①	③	③	④	②	②
21	22	23	24	25	26	27	28	29	30
④	②	④	②	①	④	③	①	①	②
31	32	33	34	35	36	37	38	39	40
②	③	④	②	④	③	②	①	②	④
41	42	43	44	45	46	47	48	49	50
③	④	①	③	①	②	①	④	②	④
51	52	53	54	55	56	57	58	59	60
②	④	④	④	②	④	②	④	②	④

01
정답 ④

첫 번째 문단에서 '사피어 – 워프 가설'을 간략하게 소개하고, 두 번째 ~ 세 번째 문단을 통해 사피어 – 워프 가설을 적용할 수 있는 예를 들고 있다. 이후 네 번째 ~ 마지막 문단을 통해 사피어 – 워프 가설을 언어 우위론적 입장에서 설명할 수 있는 가능성이 있으면서도, 언어 우위론만으로 모든 설명이 되지는 않음을 밝히고 있다. 따라서 제시문은 사피어 – 워프 가설의 주장에 대한 설명(언어와 사고의 관계)과 함께 그것을 하나의 이론으로 증명하기 어려움을 말하고 있다.

02
정답 ①

(가) 문단에서 피타고라스학파가 '근본적인 것'으로 '수(數)'를 선택했음을 알 수 있다. 이후 전개될 내용으로는 피타고라스학파가 왜 '수(數)'를 가장 '근본적인 것'으로 생각했는지의 이유가 이어져야 한다. 따라서 수(數)의 중요성과 왜 근본적인지에 대한 내용의 보기는 (가) 문단의 뒤에 오는 것이 가장 적절하다.

03
정답 ②

업무(공무)상 등 재해로 인하여 다른 법령에 의한 보험급여나 보상을 받게 되는 경우에 관련된 내용이다. 업무상 또는 공무상 보험사고에 대한 근로기준법, 산업재해보상보험법, 공무원연금법 등과 같은 특별법상의 보상책임과 건강보험급여는 법 제도적으로 양립할 수 없다.

04
정답 ①

• 민원 (A) : 공단이나 요양기관의 요양에 관한 지시에 따르지 아니한 경우
• 민원 (B) : 업무(공무)상 등 재해로 인하여 다른 법령에 의한 보험급여나 보상을 받게 되는 경우
• 민원 (C) : 고의 또는 중대한 과실로 제55조에 따른 문서, 기타 물건의 제출을 거부하거나 질문 또는 진단을 기피한 경우
• 민원 (D) : 건강보험료 체납에 따른 급여제한

따라서 각 민원에 대한 답변이 바르게 연결된 것은 ①이다.

05
정답 ①

제시문의 첫 번째 문단에서는 '사회적 자본'이 늘어나면 정치 참여도가 높아진다는 주장을 하였고, 두 번째 문단에서는 '사회적 자본'의 개념을 사이버공동체에 도입하였으나 현실과 잘 맞지 않는다고 하면서 '사회적 자본'의 한계를 서술했다. 그리고 마지막 문단에서는 이 같은 사회적 자본만으로는 정치 참여가 늘어나기 어렵고 이른바 '정치적 자본'의 매개를 통해서만이 가능하다는 주장을 하고 있다. 따라서 글의 주제로는 ①이 가장 적절하다.

06
정답 ③

헤겔은 국가를 사회 문제를 해결하고 공적 질서를 확립할 최종 주체로 설정했고, 뒤르켐은 사익을 조정하고 공익과 공동체적 연대를 실현할 도덕적 개인주의의 규범에 주목하면서 이를 수행할 주체로서 직업 단체의 역할을 강조하였다. 즉, 직업 단체가 정치적 중간 집단으로서 구성원의 이해관계를 국가에 전달하는 한편 국가를 견제해야 한다고 보았다.

07
정답 ④

ⓔ의 앞쪽에 제시된 술탄 메흐메드 2세의 행적을 살펴보면 성소피아 대성당으로 가서 성당을 파괴하는 대신 이슬람 사원으로 개조하였고, 그리스 정교회 수사에게 총대주교직을 수여하였다. 이처럼 '역대 비잔틴 황제들이 제정한 법을 그가 주도하고 있던 법제화의 모델로 이용하였던 것'을 보아 '단절을 추구하는 것'이 아닌 '연속성을 추구하는 것'으로 고치는 것이 적절하다.

08
정답 ③

- Q1 : 응급실에서 의료급여 적용 유무에 대한 질문이므로 '다'의 답변이 가장 적절하다.
- Q2 : 의료급여의뢰서 없이 의료급여기관을 이용했을 경우 의료급유 적용 유무에 대한 질문이므로 '가'의 답변이 가장 적절하다.
- Q3 : 입원 식대 수가와 건강보험 식대 수가에 대한 질문이므로 '나'의 답변이 가장 적절하다.
- Q4 : 급여대상 본인부담금에 대한 질문이므로 '라'의 답변이 가장 적절하다.

09
정답 ③

마지막 문단의 '회사가 우체국 뒤에 있다.'와 '우체국이 회사 앞에 있다.'는 서로 다른 물음에 대한 답이 된다는 점을 통해 알 수 있다.

오답분석
① '영수가 그 새를 죽게 했다.'와 같은 장형 사동문은 그 행위가 간접적으로 해석된다.
② 문장의 동의성이란 형식이 다른 둘 이상의 문장이 동일한 의미 값을 갖는 것을 말하며 이러한 문장들을 '동의문'이라고 한다.
④ '영희가 욕을 먹었다.'와 '욕이 영희에게 먹혔다.'가 동의문이 되지 않는다는 점을 통해 알 수 있다.

10
정답 ②

'문방구'를 참조점으로 하여 목표인 '분식집'을 파악하는 것이다.

오답분석
① '철수가 영희를 열심히 가르친다.'와 '영희가 철수에게 열심히 배운다.'를 통해 '열심히'라는 부사어를 넣으면 의미가 달라질 수 있음을 알 수 있다.
③ 한쪽이 참이라면 다른 쪽도 참, 한쪽이 거짓이면 다른 쪽도 거짓이 됨을 볼 때, 진리 조건적 의미가 동일함을 알 수 있다.
④ '-게 하다'에 의한 장형 사동문으로 볼 수 있다.

11
정답 ②

ⓐ '딴생각'은 '주의를 기울이지 않고 다른 데로 쓰는 생각'을 의미하는 하나의 단어이므로 붙여 쓴다.
ⓑ '사사(師事)'는 '스승으로 섬김. 또는 스승으로 삼고 가르침을 받음'의 의미를 지닌 단어로, 이미 '받다'라는 의미를 자체적으로 지니고 있기 때문에 '사사받다'가 아닌 '사사하다'가 올바른 표기이다.
ⓒ '파토'는 '일이 잘못되어 흐지부지됨을 비유적으로 이르는 말'인 '파투'의 잘못된 표현이므로 '파투'가 올바른 표기이다.

12
정답 ③

오답분석
(라) 아동수당 제도 첫 도입에 따라 초기에 아동수당 신청이 한꺼번에 몰릴 것으로 예상돼 연령별 신청기간을 운영한다. 따라서 만 5세 아동은 7월 1 ~ 5일 사이에 접수를 하거나, 전 연령이 신청 가능한 7월 6일 이후에 신청하는 것으로 안내하는 것이 적절하다.
(마) 아동수당 관련 신청서 작성요령이나 수급 가능성 등 자세한 내용은 아동수당 홈페이지에서 확인 가능하므로 메일로 문의하라고 할 것이 아니라 홈페이지에 대해 자세히 안내해야 한다.

13
정답 ③

첫 단락에서 비체계적 위험과 체계적 위험을 나누어 살핀 후 비체계적 위험 아래에서의 투자 전략과 체계적 위험 아래에서의 투자 전략을 제시하고 있다. 그리고 글의 중간부터는 베타 계수를 활용하여 체계적 위험에 대응하는 내용이 전개되고 있다. 따라서 글의 제목으로 ③이 가장 적절하다.

14
정답 ④

(라)는 약국을 제외한 진료기관 종별 통계에 대해 말하고 있다. 따라서 ④는 소제목으로 적절하지 않다.

15
정답 ①

①은 제시문에서 확인할 수 없는 내용이다.

16
정답 ③

제시문의 (나) 문단에 따르면 감염성 장염의 진료인원은 겨울 - 여름 - 봄 - 가을 순으로 많다.

17　　　　　　　　　　　　　정답 ③

환자가 의사능력이 있는 경우엔 사전에 작성한 사전연명의료의향서를 바탕으로 연명의료중단을 결정할 수 있지만, 환자가 의사능력이 없을 경우 사전연명의료의향서를 이전에 작성했다 하더라도 담당의사의 판단만으로 연명의료를 중단할 수 없다.

오답분석

① 연명의료중단 등 결정을 이행하기 이전에 담당의사는 먼저 이행 대상 환자인지 판단하고, 의료중단 등 결정에 관한 해당 환자의 의사를 확인하는 단계를 거쳐야 한다.
② 이행 대상 환자 판단 과정에서 담당의사와 해당 분야 전문의 1명은 해당 환자가 임종과정에 있는지를 판단하여야 한다.
④ 담당의사는 연명의료중단 이행을 거부할 수 있으며 이행 거부를 이유로 담당의사에게 해고나 그 밖의 불리한 처우를 해서는 안 된다.

18　　　　　　　　　　　　　정답 ④

실종신고가 되었거나 행방불명 사실이 신고된 날부터 3년 이상 경과한 사람, 자신의 의사를 표현할 수 없는 사람은 환자가족의 범위에서 제외되는 것이 맞다. 그러나 환자가족은 19세 이상이어야 하므로 미성년자인 막내아들의 경우 환자가족의 범위에서 제외된다.

19　　　　　　　　　　　　　정답 ②

적절한 목욕으로 피부를 청결히 하되, 세제는 피부에 자극을 줄 수 있으므로 사용을 최소화해야 한다.

20　　　　　　　　　　　　　정답 ②

• 배재 → 배제 : 주관적인 요소를 <u>배제</u>하기 위해서는 ~
• 기울어야 → 기울여야 : 주의를 <u>기울여야</u> 한다.

21　　　　　　　　　　　　　정답 ④

기온이 10℃에서 35℃로 $35-10=25$℃ 오를 때, 소리의 속력은 $352-337=15$m/s만큼 빨라졌다. 즉, 기온이 1℃ 오를 때 소리의 속력은 $\frac{3}{5}$m/s만큼 빨라진다.

구하는 공기의 온도를 x℃라고 하자.
소리의 속력이 337m/s에서 364m/s로 $364-337=27$m/s만큼 빨라질 때, 기온은 $(x-10)$℃ 올라간다.

즉, $\frac{3}{5}(x-10)=27$

→ $x-10=45$

∴ $x=55$

따라서 기온은 55℃이다.

22　　　　　　　　　　　　　정답 ②

(속력)×(시간)＝(거리)이고, 경림이와 소정이가 $\frac{7}{3}$시간 걸어갔을 때 둘 사이의 거리가 24.5km가 되었으므로,

$(6+x)\times\frac{7}{3}=24.5$

→ $\frac{7}{3}x=10.5$

∴ $x=4.5$

따라서 경림이의 걸음 속도는 4.5km/h이다.

23　　　　　　　　　　　　　정답 ④

2학년 학생의 평균 점수를 a점이라 가정하면, 3학년 학생 평균 점수는 $(3a+2)$점이다. 전체 평균점수에 대한 관계식을 구하면 $200\times0.51\times(3a+2)+200\times0.49\times a=200\times59.6$이다.
이 방정식에서 각 항에 공통인 200을 약분하면 다음과 같다.
$0.51\times(3a+2)+0.49\times a=59.6$
→ $1.53a+1.02+0.49a=59.6$
→ $2.02a=58.58$
∴ $a=29$
따라서 2학년 학생의 평균점수는 29점이며, 3학년 학생의 평균점수는 89점이다.

24　　　　　　　　　　　　　정답 ④

처음 A그릇에 들어 있는 소금의 양은 $\frac{6}{100}\times300=18$g이고, 처음 B그릇에 들어 있는 소금의 양은 $\frac{8}{100}\times300=24$g이다.
A그릇에서 소금물 100g을 퍼서 B그릇에 옮겨 담았으므로 옮겨진 소금의 양은 $\frac{6}{100}\times100=6$g이고, A그릇에 남아 있는 소금의 양은 12g이다. 따라서 B그릇에 들어 있는 소금물은 400g이고, 소금의 양은 $24+6=30$g이다.
다시 B그릇에서 소금물 80g을 퍼서 A그릇에 옮겨 담았으므로 옮겨진 소금의 양은 $30\times\frac{1}{5}=6$g이다. 따라서 A그릇의 소금물은 280g이 되고, 소금의 양은 $12+6=18$g이 되므로 농도는 $\frac{18}{280}\times100≒6.4$%가 된다.

25　　　　　　　　　　　　　정답 ②

작년에 구입한 식물 중 16%가 시들었다고 했으므로, 작년에 구입한 식물은 $\frac{20}{0.16}=125$그루이다. 따라서 올해 구입할 실내공기 정화식물은 작년의 $\frac{1}{2.5}$배이므로 $\frac{125}{2.5}=50$그루이다.

26

먼저 확인해 보아야 할 것은 K프랜차이즈가 서울과 6대 광역시에만 위치하고 있느냐이다. 정석대로 하려면 주어진 숫자들을 정확하게 더한 값이 전체의 총합과 일치하는지를 판단해 보아야 하나, 실전에서는 일의 자리 숫자만 더해 보고 일치하는지의 여부로 판단해도 충분하다. 이 문제의 경우는 서울과 6대 광역시를 제외한 나머지 지역에는 K프랜차이즈가 위치하고 있지 않은 상황이다. 만약 중규모 가맹점과 대규모 가맹점이 모두 서울 지역에 위치하고 있다면 이 둘의 결제 건수인 4,758건이 모두 서울 지역에서 발생한 것이 된다. 그렇다면 서울 지역의 결제 건수인 142,248건에서 4,758건을 차감한 137,490건이 최소로 가능한 건수이다.

오답분석

② 6대 광역시 가맹점의 결제 건수 합은 $3,082+291+1,317+306+874+205=6,075$건으로 6,000건 이상이다.

③ 가맹점 규모별 결제 건수 대비 결제 금액을 구하면 다음과 같다.
- 소규모 : $\dfrac{250,390}{143,565}≒1.74$만 원
- 중규모 : $\dfrac{4,426}{3,476}≒1.27$만 원
- 대규모 : $\dfrac{2,483}{1,282}≒1.94$만 원

따라서 결제 건수 대비 결제 금액이 가장 작은 가맹점 규모는 중규모이다.

④ 가맹점 수 대비 결제 금액을 구하면 다음과 같다.
- 서울 : $\dfrac{241,442}{1,269}≒190.3$만 원
- 부산 : $\dfrac{7,639}{34}≒224.7$만 원
- 대구 : $\dfrac{2,431}{8}≒303.93$만 원
- 인천 : $\dfrac{2,548}{20}=127.43$만 원
- 광주 : $\dfrac{793}{8}≒99.13$만 원
- 대전 : $\dfrac{1,811}{13}≒139.33$만 원
- 울산 : $\dfrac{635}{11}≒57.73$만 원

따라서 가맹점 수 대비 결제 금액이 가장 큰 지역은 대구이다.

27

출장별로 나누어 출장여비를 계산하면 다음과 같다.

구분	출장수당	교통비	차감	출장여비
출장 1	1만 원	2만 원	1만 원 (∵ 관용차량 사용)	2만 원
출장 2	2만 원	3만 원	1만 원 (∵ 13시 이후 시작)	4만 원
출장 3	2만 원	3만 원	1만 원 (∵ 업무추진비 사용)	4만 원

따라서 A대리가 출장여비로 받을 수 있는 총액은 $2+4+4=10$만 원이다.

28

바레니클린의 정당 본인부담금은 $1,767-1,000=767$원이다. 하루에 2정씩 총 28일을 복용하므로 본인부담금은 $767×2×28=42,952$원이다. 금연패치는 하루에 1,500원이 지원되므로 본인부담금이 없다. 따라서 총 42,952원이다.

29

B씨 가족 모두 주간권을 구매할 경우 받게 될 할인금액은 $(54,000×0.4)+[(54,000+46,000+43,000)×0.1]=35,900$원이고, B씨 가족 모두 야간권을 구매할 경우 받게 될 할인금액은 $(45,000×0.4)+[(45,000+39,000+36,000)×0.1]=30,000$원이다. 따라서 할인금액의 차이는 $35,900-30,000=5,900$원이다.

30

10대 전체 수급권자 대비 10대 여성 수급권자의 비율은
$$\dfrac{13,041+13,568+3,412+2,911+3,337+6,237+4,715+5,159+5,150}{116,542}×100=\dfrac{57,530}{116,542}×100≒49.4\%이다.$$

오답분석

② 40대부터 80대 이상의 모든 수급권자에서 80대 이상이 차지하는 비중은
$$\dfrac{118,508}{115,118+174,594+157,038+160,050+118,508}×100$$
$$=\dfrac{118,508}{725,308}×100≒16.3\%이다.$$

③ 서울특별시 남성 수급권자 중 인원이 네 번째로 적은 연령대는 40대이며, 강원도 40대 남성과 여성 총 수급권자는 $3,108+3,291=6,399$명이다.

④ 충청남도 50대 남성 수급권자 대비 60대 여성 수급권자 비율은 $\dfrac{4,351}{5,582}×100≒77.9\%$이고, 충청북도 50대 여성 수급권자 대비 60대 남성 수급권자 비율은 $\dfrac{4,007}{3,778}×100≒106.1\%$이므로 충청남도 50대 남성 수급권자 대비 60대 여성 수급권자 비율은 충청북도 50대 여성 수급권자 대비 60대 남성 수급권자 비율보다 $106.1-77.9=28.2\%$p 낮다.

31

ㄴ. 기계장비 부문의 상대수준은 일본이다.

ㄷ. 한국의 전자 부문 투자액은 301.6억 달러, 전자 외 부문 투자액의 총합은 3.4+4.9+32.4+16.4=57.1억 달러로, 57.1×6=342.6>301.6이다. 따라서 6배 미만이다.

오답분석

ㄱ. 제시된 자료를 통해 한국의 IT서비스 부문 투자액은 최대 투자국인 미국 대비 상대수준이 1.7%임을 알 수 있다.

ㄹ. 일본은 '전자 - 바이오·의료 - 기계장비 - 통신 서비스 - IT 서비스' 순이고, 프랑스는 '전자 - IT서비스 - 바이오·의료 - 기계장비 - 통신 서비스' 순이다.

32
정답 ③

보기에 제시된 지도는 축척 1/25,000로 제작되었다. 등고선에 대한 설명을 보면 축척 1/25,000 지도에서는 표고 10m마다 등고선을 그린다고 하였으므로 A의 표고는 180m, B의 표고는 150m이므로 A, B 두 지점 사이의 표고 차이는 180-150=30m이다. 축척 1/25,000 지도는 25,000cm를 1cm로 나타내므로, 4cm는 실제 거리로 환산하면 25,000×4=100,000cm=1,000m이다. 따라서 경사도는 $\frac{30}{1,000}$=0.03이다.

33
정답 ④

ㄱ. 2024년 여성 국회의원 수가 전년 대비 동일한 국가는 한국, 인도, 벨기에, 덴마크, 러시아 총 5개국이다.

ㄴ. 2022년과 2023년에서 유럽 7개국 여성 국회의원 수가 가장 적은 국가에서 첫 번째부터 네 번째까지 순서는 '크로아티아 - 체코 - 오스트리아 - 벨기에'이며, 2024년에는 '크로아티아 - 체코 - 벨기에 - 오스트리아'이다.

ㄹ. 2023년 유럽 7개국 여성 국회의원 총인원은 아시아 6개국 여성 국회의원 총인원의 $\frac{388}{899} \times 100 ≒ 43\%$를 차지한다.

오답분석

ㄷ. 3년 동안 중국의 여성 국회의원 수는 한국, 인도, 일본의 국회의원 수를 합한 인원의 4배 이상이다.

구분	중국	한국, 인도, 일본의 4배
2024년	709명	(51+64+47)×4=162×4=648명
2023년	699명	(51+64+44)×4=159×4=636명
2022년	699명	(49+65+45)×4=159×4=636명

34
정답 ②

과학 분야를 선호하는 남학생 비율은 10%, 여학생은 4%이다. 따라서 과학 분야를 선호하는 총 학생 수는 470×0.1+450×0.04=47+18=65명이다.

35
정답 ④

기타를 제외한 도서 선호 분야 중 비율이 가장 낮은 분야는 남학생은 예술 분야 1%, 여학생은 철학 분야 2%이다. 따라서 두 분야의 총 학생 수의 10배는 (500×0.01+450×0.02)×10=(5+9)×10=140명이다.

36
정답 ③

역사 분야의 남학생 비율은 13%로, 여학생 비율의 2배인 8×2=16%보다 낮다.

오답분석

① 여학생은 철학 분야(2%)보다 예술 분야(4%)를 더 선호한다.

② 과학 분야는 남학생 비율(10%)이 여학생 비율(4%)보다 높다.

④ 동화 분야의 여학생 비율은 12%로, 남학생 비율의 2배인 7×2=14%보다 낮다.

37
정답 ②

2023 ~ 2024년 동안 농업 분야와 긴급구호 분야의 지원금은 다음과 같다.
- 농업 : 1,275+147.28=1,422.28억 원
- 긴급구호 : 951+275.52=1,226.52억 원

따라서 농업 분야가 더 많다.

오답분석

① 제시된 자료를 통해 알 수 있다.

③ 2023 ~ 2024년 동안 가장 많은 금액을 지원한 분야는 보건의료 분야로 동일하다.

④ 2023년의 산림분야 지원금은 100억 원이고, 2024년은 73.58억 원이다. 따라서 100-73.58=26.42억 원 감소했으므로 25억 원 이상 감소했다.

38
정답 ①

2023년에 지원금이 많은 세 가지 분야는 보건의료, 식량차관, 농업 분야이고 지원금의 합은 2,134+1,505+1,275=4,914억 원이다. 2024년에 지원금이 많은 세 가지 분야는 보건의료, 사회복지, 긴급구호 분야이고 지원금의 합은 1,655.96+745.69+275.52=2,677.17억 원이다. 따라서 지원금의 차이는 4,914-2,677.17 ≒ 2,237억 원이다.

39
정답 ②

(가) 반도체시장과 SW시장은 2,410 : 10,090이므로 약 4배이다.
(나) 핸드폰시장과 SW시장은 1,689 : 10,090이므로 약 6배이다.

40
정답 ④

같은 물질에 대한 각 기관의 실험오차율의 크기 비교는 실험오차의 크기 비교로 할 수 있다.
물질 2에 대한 각 기관의 실험오차를 구하면 다음과 같다.
- A기관 : $|26-11.5|=14.5$
- B기관 : $|7-11.5|=4.5$
- C기관 : $|7-11.5|=4.5$
- D기관 : $|6-11.5|=5.5$

B, C, D기관의 실험오차의 합은 $4.5+4.5+5.5=14.5$이다.
따라서 물질 2에 대한 A기관의 실험오차율은 물질 2에 대한 나머지 기관의 실험오차율 합과 같다.

오답분석
① • 물질 1에 대한 B기관의 실험오차 : $|7-4.5|=2.5$
  • 물질 1에 대한 D기관의 실험오차 : $|2-4.5|=2.5$
  즉, 두 기관의 실험오차와 유효농도가 동일하므로 실험오차율도 동일하다.
② 실험오차율이 크려면 실험오차가 커야 한다. 물질 3에 대한 각 기관의 실험오차를 구하면
  • A기관 : $|109-39.5|=69.5$
  • B기관 : $|15-39.5|=24.5$
  • C기관 : $|16-39.5|=23.5$
  • D기관 : $|18-39.5|=21.5$
  따라서 물질 3에 대한 실험오차율은 A기관이 가장 크다.
③ • 물질 1에 대한 B기관의 실험오차 : $|7-4.5|=2.5$
  • 물질 1에 대한 B기관의 실험오차율 : $\frac{2.5}{4.5}\times100≒55.56\%$
  • 물질 2에 대한 A기관의 실험오차 : $|26-11.5|=14.5$
  • 물질 2에 대한 A기관의 실험오차율 : $\frac{14.5}{11.5}\times100≒126.09\%$
  따라서 물질 1에 대한 B기관의 실험오차율은 물질 2에 대한 A기관의 실험오차율보다 작다.

41
정답 ③

첫 번째 조건에 따라 주거복지기획부가 반드시 참석해야 하므로 네 번째 조건의 대우에 의해 산업경제사업부는 참석하지 않는다. 또한, 마지막 조건에 따라 노사협력부가 참석하는 경우와 공유재산관리부가 참석하는 경우로 나누어 볼 수 있으며, 다음과 같다.
• 노사협력부가 참석하는 경우
  세 번째 조건의 대우에 따라 인재관리부는 참석하지 않으며, 다섯 번째 조건에 따라 공유재산관리부도 불참하고, 공유재산개발부는 참석할 수도 있고 참석하지 않을 수도 있다. 즉, 주거복지기획부, 노사협력부, 공유재산개발부가 주간 회의에 참석할 수 있다.

• 공유재산관리부가 참석하는 경우
  두 번째 조건에 따라 공유재산개발부도 참석하며, 다섯 번째 조건에 따라 노사협력부는 참석하지 않고, 인재관리부는 참석할 수도 있고 참석하지 않을 수도 있다. 즉, 주거복지기획부, 공유재산관리부, 공유재산개발부, 인재관리부가 주간 회의에 참석할 수 있다.
따라서 이번 주 주간 회의에 참석할 부서의 최대 수는 4개이다.

42
정답 ④

(다)에 의해 다래가 지원될 수 있는 요일은 화·수·목요일이고, (사)에 의해 리화는 고은과 나영 이후에 지원을 간다. (라)에 의해 고은은 월요일에 지원을 갈 수 없으므로 이 조건을 만족하는 경우의 수는 다음과 같다.

구분		월요일	화요일	수요일	목요일
경우 1	여	나영	다래	고은	리화
	남				
경우 2	여	나영	고은	다래	리화
	남				
경우 3	여	나영	고은	리화	다래
	남				

(다)에 의해 동수가 지원될 요일은 각각 월·화·수요일이며, (바)에 의해 기태가 갈 수 있는 요일은 목요일뿐이다. (바)와 (마)에 의해 지원과 남호의 근무일을 구하여 빈칸을 채우면 다음과 같다.

구분		월요일	화요일	수요일	목요일
경우 1	여	나영	다래	고은	리화
	남	동수	남호	지원	기태
경우 2	여	나영	고은	다래	리화
	남	지원	동수	남호	기태
경우 3	여	나영	고은	리화	다래
	남	지원	남호	동수	기태

따라서 경우 3에 의해 고은이 화요일에 근무한다면 지원은 월요일에 근무한다.

43
정답 ①

마지막 조건에 따라 C는 러닝을 한 후 바로 파워워킹으로 이동한다. 첫 번째 조건에서는 A와 C가 이동한 방법의 순서가 서로 반대라고 하였고, 세 번째 조건에서 A는 우체국에서 경찰서까지 러닝으로 이동했다고 하였으므로, C는 성당 – 우체국 구간은 러닝으로, 우체국 – 경찰서 구간은 파워워킹으로 이동한 것이 된다. 따라서 C가 경찰서에서 약수터로 이동 시 사용 가능한 이동 방법은 남은 이동 방법인 뒤로 걷기와 자전거 타기이다.

44
정답 ③

ㄱ. 심사위원 3인이 같은 의견을 낸 경우 즉, 다수결에 의해 예선 통과 여부가 결정된다면 누가 심사위원장인지 알 수 없다.

ㄷ. 심사위원장을 A, 나머지 심사위원을 B, C, D라 하면 두 명의 ○ 결정에 따른 통과 여부는 다음과 같다.

○ 결정	A, B	A, C	A, D	B, C	B, D	C, D
통과여부	○	○	○	×	×	×

- 경우 1
참가자 4명 중 2명 이상이 A가 포함된 2인의 심사위원에게 ○ 결정을 받았고 그 구성이 다르다면 심사위원장을 알아낼 수 있다.
- 경우 2
참가자 4명 중 1명만 A가 포함된 2인의 심사위원에게 ○ 결정을 받아 통과하였다고 하자. 나머지 3명은 A가 포함되지 않은 2인의 심사위원에게 ○ 결정을 받아 통과하지 못하였고 그 구성이 다르다. 통과하지 못한 참가자에게 ○ 결정을 준 심사위원에는 A가 없고 통과한 참가자에게 ○ 결정을 준 심사위원에 A가 있기 때문에 심사위원장이 A라는 것을 알 수 있다.

오답분석

ㄴ. 4명의 참가자 모두 같은 2인의 심사위원에게만 ○ 결정을 받아 탈락했으므로 나머지 2인의 심사위원 중에 심사위원장이 있다는 것만 알 수 있고, 누가 심사위원장인지는 알 수 없다.

45
정답 ①

신규고객 : 01(∵ 처음 가는 동네)
오후 : 12(∵ 화요일 오후 10시)
개 : 10
치료 : 2

46
정답 ②

0111102	0211203	0113202	0312301	0313505
0212404	0111603	0111104	0213605	0313202
0113101	0312504	0311302	0111403	0212204
0312105	0212103	0213202	0311101	0111604

주말 진료와 상담 업무의 접수를 취소하면 총 9건이 남는다.

47
정답 ①

개 6건, 고양이 5건, 새 2건, 파충류 2건, 가축 2건, 기타 3건으로 가장 많이 접수된 동물은 개다.

48
정답 ④

오답분석
① 0111001 → 품종에 00은 없다.
② 0214202 → 진료시간에 14는 없다.
③ 03133033 → 접수 코드는 7자리이다.

49
정답 ②

서울 지점의 B씨에게 배송할 제품과 경기남부 지점의 P씨에게 배송할 제품에 대한 기호를 모두 기록해야 한다.
- B씨 : MS11EISS
  - 재료 : 연강(MS)
  - 판매량 : 1box(11)
  - 지역 : 서울(E)
  - 윤활유 사용 : 윤활작용(I)
  - 용도 : 스프링(SS)
- P씨 : AHSS00SSST
  - 재료 : 초고강도강(AHSS)
  - 판매량 : 1set(00)
  - 지역 : 경기남부(S)
  - 윤활유 사용 : 밀폐작용(S)
  - 용도 : 타이어코드(ST)

따라서 Q씨가 등록한 기호는 MS11EISS, AHSS00SST이다.

50
정답 ④

ㄴ. 다수의 풍부한 경제자유구역 성공 사례를 활용하는 것은 강점에 해당하지만, 외국인 근로자를 국내주민과 문화적으로 동화시키려는 시도는 위협을 극복하는 것과는 거리가 멀다. 따라서 해당 전략은 ST전략으로 적절하지 않다.

ㄹ. 경제자유구역 인근 대도시와의 연계를 활성화하면 오히려 인근 기성 대도시의 산업이 확장된 교통망을 바탕으로 경제자유구역의 사업을 흡수할 위험이 커진다. 또한 인근 대도시와의 연계 확대는 경제자유구역 내 국내·외 기업 간의 구조 및 운영상 이질감 해소에 직접적인 도움이 된다고 보기 어렵다.

오답분석
ㄱ. 경제호황으로 인해 자국을 벗어나 타국으로 진출하려는 해외 기업이 증가하는 기회상황에서 성공적 경험에서 축적된 우리나라의 경제자유구역 조성 노하우로 이들을 유인하여 유치하는 전략은 SO전략에 해당한다.

ㄷ. 기존에 국내에 입주한 해외기업의 동형화 사례를 활용하여 국내기업과 외국계 기업의 운영상 이질감이라는 약점을 해소하여 생산성을 증대시키는 전략은 WO전략에 해당한다.

51 정답 ②

사원별 평균 점수를 구하면 다음과 같다.
- 윤정아 : $(75+85+100) \div 3 ≒ 86.7$점
- 신민준 : $(80+80+90) \div 3 ≒ 83.3$점
- 이연경 : $(95+70+80) \div 3 ≒ 81.7$점
- 김영진 : $(90+75+90) \div 3 = 85$점

따라서 평균 점수가 높은 2명인 윤정아와 김영진이 선정된다.

52 정답 ④

가산점을 적용하여 합산한 결과는 다음과 같다.
- 윤정아 : $(75+7.5)+85+100=267.5$점
- 신민준 : $(80+8)+80+90+5=263$점
- 이연경 : $(95+9.5)+70+80=254.5$점
- 김영진 : $(90+9)+75+90+5=269$점

따라서 합산한 결과가 가장 높은 김영진이 선택된다.

53 정답 ④

C안마의자는 가격이 최대 예산을 초과하였을 뿐만 아니라 온열기능이 없으므로 제외하고, B안마의자는 색상이 블랙이 아니므로 고려 대상에서 제외한다. 남은 A안마의자와 D안마의자 중 프로그램 개수가 많으면 많을수록 좋다고 하였으므로 K공단은 D안마의자를 구매할 것이다.

54 정답 ④

10년 이상 가입자로 특수직종근로자인 박정환은 만 55세이므로 제61조 제1항에 따라 노령연금을 받을 수 있다.

오답분석

① 10년 이상 가입자로 만 60세가 된 김갑돌은 제61조 제1항에 따라 유족연금이 아닌 노령연금을 받는다.
② 10년 이상 가입자였던 이을석은 국외이주 기간 중 사망하였으므로 제72조 제2항에 따라 유족연금을 받을 수 없다.
③ 제61조 제2항에 따라 조기노령연금 수급권자가 되려면 가입기간이 10년 이상이어야 한다. 정병문의 경우 가입기간이 현재 10년 이상이 되지 않으므로 조기노령연금을 받을 수 없다.

55 정답 ②

마 종목을 제외한 팀별·종목별 득점의 합계는 다음과 같다.

(단위 : 점)

팀명	A	B	C	D
합계	11	9	8	12

마 종목을 제외한 팀별 1, 2위를 차지한 횟수는 다음과 같다.

(단위 : 회)

순위 \ 팀명	A	B	C	D
1위	1	1	0	2
2위	1	1	1	1

ㄹ. D팀이 종목 마에서 2위를 한다면 1위 2번, 2위 2번으로 종합 순위 1위가 된다.

오답분석

ㄱ. A팀이 종목 마에서 1위를 한다면 총점 15점에 1위 2번, 2위 1번을 한 것이 된다. 이때 만약 종목 마에서 D팀이 2위를 하게 된다면, 총점 15점에 1위 2번, 2위 2번을 하게 되는 것이므로 2위 종목이 많은 D팀이 1위가 된다.
ㄴ. B팀과 C팀의 가, 나, 다, 라 종목의 득점 합계의 차이는 1점이고 B팀이 C팀보다 1위를 차지한 횟수가 더 많다. 따라서 B팀이 종목 마에서 C팀에게 한 등급 차이로 순위에서 뒤처지면 득점의 합계는 같게 되지만, 순위 횟수에서 B팀이 C팀보다 우수하므로 종합 순위에서 B팀이 C팀보다 높게 된다.
ㄷ. C팀이 2위를 하고 B팀이 4위를 하거나 C팀이 1위를 하고 B팀이 3위 이하를 했을 경우에는 B팀이 최하위가 된다.

56 정답 ④

황지원 대리는 부친 장례식, 기성용 부장은 본인 결혼식, 조현우 차장은 자녀 돌잔치, 이미연 과장은 모친 회갑으로 현금과 화환을 모두 받을 수 있다. 따라서 현금과 화환을 모두 받을 수 있는 사람은 4명이다.

57 정답 ②

결혼기념일은 경조사 범위 1~2항에 속하지 않으므로 A과장은 화환 또는 꽃다발을 받을 것이다. B사원은 자녀의 돌잔치를 하므로 현금과 함께 화환을 받고, 대학교 졸업은 1~2항에 속하지 않으므로 C사원은 화환 또는 꽃다발을 받을 것이다. 따라서 B사원만 현금을 받을 수 있다.

58 정답 ④

기성용 부장은 본인 결혼식이므로 결혼식 축하화환을 제공받으며 그 금액은 82,000원이다.

오답분석

① 최영서 사원은 본인의 졸업식이므로 입학 및 졸업 축하화환을 제공받으며 그 금액은 56,000원이다.
② 정우영 대리는 결혼기념일이므로 결혼기념일 축하화환을 제공받으며 그 금액은 79,000원이다.
③ 이미연 과장은 모친의 회갑이므로 회갑 축하화환을 제공받으며 그 금액은 80,000원이다.

59 정답 ②

공사 시행업체 선정방식에 따라 가중치를 반영하여 업체들의 점수를 종합하면 다음과 같다.

업체 평가항목	A	B	C	D
적합성 점수	22점	24점	23점	26점
실적점수	12점	18점	14점	14점
입찰점수	10점	6점	4점	8점
평가점수	44점	48점	41점	48점

따라서 평가점수가 가장 높은 업체는 B, D이고, 이 중 실적점수가 더 높은 업체는 B이므로 최종 선정될 업체는 B업체이다.

60 정답 ④

ㄱ. A국은 대기환경지수의 평균값을 통합지수로 사용하지만 B국은 대기환경지수 중 가장 높은 값을 통합지수로 사용하며, 세부적으로 들어가면 산정 방식자체가 다르다. 따라서 두 나라의 통합지수가 동일하더라도 각 대기오염물질의 농도는 다를 수 있다.
ㄷ. A국은 5가지 대기오염 물질 농도를 각각 측정하여 대기환경지수를 산정하고, 그 평균값을 통합지수로 하므로 단순히 등급이 '해로움'으로 나타났다고 하더라도 그 정보만으로는 특정 물질의 농도에 대한 정확한 수치를 알 수 없다.
ㄹ. A국은 경보색깔이 노랑인 경우 외부활동이 가능하나, B국은 외부활동을 자제해야 한다. 따라서 A국에 방문하여 B국의 기준을 따른다면 외부활동을 자제할 것이다.

오답분석

ㄴ. B국의 경우 오염물질별 대기환경지수 중 101 이상인 것이 2개 이상일 경우에는 가장 높은 대기환경지수에 20을 더하여 통합지수를 산정한다고 하였다. 만약 B국 대기환경지수 중 101 이상인 것이 2개 이상이고 가장 높은 것이 160이라면 B국의 통합지수는 180이 되므로 옳지 않은 내용이다.

|01| 국민건강보험법

61	62	63	64	65	66	67	68	69	70
④	①	②	③	②	①	②	③	②	③
71	72	73	74	75	76	77	78	79	80
④	③	④	①	①	④	④	④	④	②

61 정답 ④

요양급여비용의 심사와 요양급여의 적정성 평가는 건강보험심사평가원의 업무에 해당한다.

> **가입자의 종류(법 제14조 제1항)**
> 공단은 다음 각 호의 업무를 관장한다.
> 1. 가입자 및 피부양자의 자격 관리
> 2. 보험료와 그 밖에 이 법에 따른 징수금의 부과·징수
> 3. 보험급여의 관리
> 4. 가입자 및 피부양자의 질병의 조기발견·예방 및 건강관리를 위하여 요양급여 실시 현황과 건강검진 결과 등을 활용하여 실시하는 예방사업으로서 대통령령으로 정하는 사업
> 5. 보험급여 비용의 지급
> 6. 자산의 관리·운영 및 증식사업
> 7. 의료시설의 운영
> 8. 건강보험에 관한 교육훈련 및 홍보
> 9. 건강보험에 관한 조사연구 및 국제협력
> 10. 이 법에서 공단의 업무로 정하고 있는 사항
> 11. 국민연금법, 고용보험 및 산업재해보상보험의 보험료 징수 등에 관한 법률, 임금채권보장법 및 석면피해구제법("징수위탁근거법")에 따라 위탁받은 업무
> 12. 그 밖에 이 법 또는 다른 법령에 따라 위탁받은 업무
> 13. 그 밖에 건강보험과 관련하여 보건복지부장관이 필요하다고 인정한 업무

62 정답 ①

요양급여를 받는 자는 대통령령으로 정하는 바에 따라 비용의 일부를 본인이 부담한다. 이 경우 선별급여에 대해서는 다른 요양급여에 비하여 본인일부부담금을 상향 조정할 수 있다(법 제44조 제1항).

오답분석

② 법 제44조 제2항에 해당한다.
③ 법 제44조 제3항에 해당한다.
④ 법 제44조 제4항에 해당한다.

63
정답 ②

㉠·㉢ 법 제6조 제2항 제2호에 해당한다.

㉡ 법 제6조 제2항 제1호에 해당한다.

오답분석

㉣ 모든 사업장의 근로자 및 사용자와 공무원 및 교직원은 직장가입자가 된다. 다만, 선거에 당선되어 취임하는 공무원으로서 매월 보수 또는 보수에 준하는 급료를 받지 아니하는 사람에 해당하는 사람은 제외한다(법 제6조 제2항 제3호).

가입자의 종류(법 제6조 제2항)
모든 사업장의 근로자 및 사용자와 공무원 및 교직원은 직장가입자가 된다. 다만, 다음 각 호의 어느 하나에 해당하는 사람은 제외한다.
1. 고용 기간이 1개월 미만인 일용근로자
2. 병역법에 따른 현역병(지원에 의하지 아니하고 임용된 하사를 포함한다), 전환복무된 사람 및 군간부후보생
3. 선거에 당선되어 취임하는 공무원으로서 매월 보수 또는 보수에 준하는 급료를 받지 아니하는 사람
4. 그 밖에 사업장의 특성, 고용 형태 및 사업의 종류 등을 고려하여 대통령령으로 정하는 사업장의 근로자 및 사용자와 공무원 및 교직원

64
정답 ③

가입자는 직장가입자의 피부양자가 된 날에 그 자격을 잃는다(법 제10조 제1항 제4호).

자격의 상실 시기 등(법 제10조 제1항)
가입자는 다음 각 호의 어느 하나에 해당하게 된 날에 그 자격을 잃는다.
1. 사망한 날의 다음 날
2. 국적을 잃은 날의 다음 날
3. 국내에 거주하지 아니하게 된 날의 다음 날
4. 직장가입자의 피부양자가 된 날
5. 수급권자가 된 날
6. 건강보험을 적용받고 있던 사람이 유공자등 의료보호대상자가 되어 건강보험의 적용배제신청을 한 날

65
정답 ②

공단의 설립등기에는 목적, 명칭, 주된 사무소 및 분사무소의 소재지, 이사장의 성명·주소 및 주민등록번호의 사항을 포함하여야 한다(법 제18조 제1 ~ 4호).

66
정답 ①

대한민국 국민이 아닌 사람, 공공기관의 운영에 관한 법률에 따라 국가공무원법의 결격사유에 해당하는 사람 또는 해임된 날부터 3년이 지나지 아니한 사람은 공단의 임원이 될 수 없다(법 제23조 및 공공기관의 운영에 관한 법률 제34조 제1항).

67
정답 ②

공단은 재난적의료비 지원에 관한 법률에 따른 재난적의료비 지원사업에 사용되는 비용에 충당하기 위하여 매년 예산의 범위에서 출연할 수 있다. 이 경우 출연 금액의 상한 등에 필요한 사항은 대통령령으로 정한다(법 제39조의2).

68
정답 ③

이의신청에 대한 결정에 불복하는 자는 건강보험분쟁조정위원회에 심판청구를 할 수 있다(법 제88조 제1항). 심판청구를 하려는 자는 대통령령으로 정하는 심판청구서를 처분을 한 공단 또는 심사평가원에 제출하거나 건강보험분쟁조정위원회에 제출하여야 한다(법 제88조 제2항).

69
정답 ②

상근 심사위원은 심사평가원의 원장이 보건복지부령으로 정하는 사람 중에서 임명한다(법 제66조 제3항).

오답분석

① 법 제66조 제4항에 해당한다.

③·④ 법 제66조 제5항에 해당한다.

70
정답 ③

보건복지부장관은 신청이 없는 경우에도 환자의 진료상 반드시 필요하다고 보건복지부령으로 정하는 경우에는 직권으로 행위·치료재료 및 약제의 요양급여대상의 여부를 결정할 수 있다(법 제41조의3 제4항).

오답분석

① 법 제41조의3 제2항에 해당한다.

② 법 제41조의3 제3항에 해당한다.

④ 법 제41조의3 제6항에 해당한다.

71 정답 ④

정보통신장애나 그 밖에 대통령령으로 정하는 불가피한 사유로 요양비 등 수급계좌로 이체할 수 없을 때에는 직접 현금으로 지급하는 등 대통령령으로 정하는 바에 따라 요양비 등을 지급할 수 있다 (법 제56조의2 제1항 일부).

오답분석

① 법 제56조의2 제3항에 해당한다.
② 법 제56조의2 제2항에 해당한다.
③ 법 제56조의2 제1항에 해당한다.

72 정답 ③

지역가입자는 공단에 통보할 때 금융실명거래 및 비밀보장에 관한 법률에 따른 금융자산, 금융거래의 내용에 대한 자료·정보 중 대출금액, 그 밖에 대통령령으로 정하는 자료·정보를 공단에 제출하여야 하며, 제1항 단서에 따른 재산보험료부과점수 산정을 위하여 필요한 금융정보를 공단에 제공하는 것에 대하여 동의한다는 서면을 함께 제출하여야 한다(법 제72조 제3항).

오답분석

①·② 법 제72조 제1항에 해당한다.
④ 법 제72조 제2항에 해당한다.

73 정답 ④

사업이 양도·양수된 경우에 양도일 이전에 양도인에게 납부의무가 부과된 보험료, 연체금 및 체납처분비를 양도인의 재산으로 충당하여도 부족한 경우에는 사업의 양수인이 그 부족한 금액에 대하여 양수한 재산의 가액을 한도로 제2차 납부의무를 진다. 이 경우 양수인의 범위 및 양수한 재산의 가액은 대통령령으로 정한다 (법 제77조의2 제2항).

오답분석

①·② 법 제77조의2 제1항에 해당한다.
③ 법 제77조의2 제2항에 해당한다.

74 정답 ①

사업장의 사용자가 대통령령으로 정하는 사유에 해당되어 직장가입자가 될 수 없는 자를 거짓으로 보험자에게 직장가입자로 신고한 경우 공단은 제1호의 금액에서 제2호의 금액을 뺀 금액의 100분의 10에 상당하는 가산금을 그 사용자에게 부과하여 징수한다 (법 제78조의2 제1항).

75 정답 ①

국민건강보험법이나 국민건강보험법에 따른 명령에 규정된 기간의 계산에 관하여 국민건강보험법에서 정한 사항 외에는 민법의 기간에 관한 규정을 준용한다(법 제92조).

76 정답 ①

공단은 산업재해보상보험법에 따른 근로복지공단이 국민건강보험법에 따라 요양급여를 받을 수 있는 사람에게 산업재해보상보험법에 따른 요양급여를 지급한 후 그 지급결정이 취소되어 해당 요양급여의 비용을 청구하는 경우에는 그 요양급여가 국민건강보험법에 따라 실시할 수 있는 요양급여에 상당한 것으로 인정되면 그 요양급여에 해당하는 금액을 지급할 수 있다(법 제61조).

77 정답 ④

가입자 또는 피부양자는 주민등록증, 운전면허증, 여권, 그 밖에 보건복지부령으로 정하는 본인 여부를 확인할 수 있는 신분증명서로 요양기관이 그 자격을 확인할 수 있으면 건강보험증을 제출하지 아니할 수 있다(법 제12조 제3항).

오답분석

① 법 제12조 제1항에 해당한다.
② 법 제12조 제2항에 해당한다.
③ 법 제12조 제6항에 해당한다.

78 정답 ④

공단은 제3항에 따라 체납처분을 하기 전에 보험료등의 체납 내역, 압류 가능한 재산의 종류, 압류 예정 사실 및 국세징수법 제41조 제18호에 따른 소액금융재산에 대한 압류금지 사실 등이 포함된 통보서를 발송하여야 한다. 다만, 법인 해산 등 긴급히 체납처분을 할 필요가 있는 경우로서 대통령령으로 정하는 경우에는 그러하지 아니하다(법 제81조 제4항).

오답분석

㉠ 독촉할 때에는 10일 이상 15일 이내의 납부기한을 정하여 독촉장을 발부하여야 한다(법 제81조 제2항).
㉡ 직장가입자의 사용자가 2명 이상인 경우 또는 지역가입자의 세대가 2명 이상으로 구성된 경우에는 그 중 1명에게 한 독촉은 해당 사업장의 다른 사용자 또는 세대 구성원인 다른 지역가입자 모두에게 효력이 있는 것으로 본다(법 제81조 제1항).
㉣ 공단은 체납처분을 하기 전에 보험료 등의 체납 내역, 압류 가능한 재산의 종류, 압류 예정 사실 및 국세징수법에 따른 소액 금융재산에 대한 압류금지 사실 등이 포함된 통보서를 발송하여야 한다. 다만, 법인 해산 등 긴급히 체납처분을 할 필요가 있는 경우로서 대통령령으로 정하는 경우에는 그러하지 아니하다(법 제81조 제4항).

79 정답 ④

국민건강보험법에 따른 보건복지부장관의 권한은 대통령령으로 정하는 바에 따라 그 일부를 특별시장·광역시장·도지사 또는 특별자치도지사에게 위임할 수 있다(법 제111조 제1항).

80 정답 ②

보건복지부장관은 사용자, 직장가입자 또는 세대주에게 가입자의 이동·보수·소득이나 그 밖에 필요한 사항에 관한 보고 또는 서류 제출을 명하거나 소속 공무원이 관계인에게 질문하게 하거나 관계 서류를 검사하게 할 수 있다(법 제97조 제1항).

오답분석

① 법 제97조 제2항에 해당한다.
③ 법 제97조 제4항에 해당한다.
④ 법 제97조 제5항에 해당한다.

|02| 노인장기요양보험법

61	62	63	64	65	66	67	68	69	70
①	③	③	②	①	②	②	③	③	①
71	72	73	74	75	76	77	78	79	80
①	③	①	②	②	④	④	②	③	③

61 정답 ①

등급판정위원회는 위원장 1인을 포함하여 15인의 위원으로 구성한다(법 제52조 제3항).

62 정답 ③

위원장은 보건복지부차관이 되고, 부위원장은 위원 중에서 위원장이 지명한다(법 제46조 제3항).

오답분석

①·② 법 제46조 제1항에 해당한다.
④ 법 제46조 제3항에 해당한다.

63 정답 ③

등급판정위원회, 장기요양위원회, 제37조의3 제3항에 따른 공표심의위원회, 심사위원회 및 재심사위원회 위원 중 공무원이 아닌 사람은 형법 제127조 및 제129조부터 제132조까지의 규정을 적용할 때에는 공무원으로 본다(법 제66조의2).

64 정답 ②

"장기요양요원"이란 장기요양기관에 소속되어 노인 등의 신체활동 또는 가사활동 지원 등의 업무를 수행하는 자를 말한다(법 제2조 제5호).

65 정답 ①

국가는 장기요양기본계획을 수립·시행함에 있어서 노인뿐만 아니라 장애인(㉠) 등 일상생활을 혼자서 수행하기 어려운 모든 국민이 장기요양급여, 신체활동지원서비스 등을 제공받을 수 있도록 노력하고 나아가 이들의 생활안정과 자립(㉡)을 지원할 수 있는 시책을 강구하여야 한다(법 제5조).

66 정답 ②

시설급여는 장기요양기관에 장기간(㉠) 입소한 수급자에게 신체활동 지원 및 심신기능의 유지·향상을 위한 교육·훈련(㉡) 등을 제공하는 장기요양급여를 뜻한다(법 제23조 제1항 제2호).

67 정답 ②

㉠ 월 한도액의 산정기준 및 방법, 그 밖에 필요한 사항은 <u>보건복지부령</u>으로 정한다(법 제28조 제2항).

㉡ 그 밖에 급여 외 행위의 범위 등에 관한 구체적인 사항은 <u>보건복지부령</u>으로 정한다(법 제28조의2 제2항).

㉢ 장기요양급여의 중단 및 제한 기준과 그 밖에 필요한 사항은 <u>보건복지부령</u>으로 정한다(법 제29조 제3항).

68 정답 ③

특별자치시장·특별자치도지사·시장·군수·구청장은 폐업·휴업 신고를 접수한 경우 또는 장기요양기관의 장이 유효기간이 끝나기 <u>30일</u> 전까지 지정 갱신 신청을 하지 아니한 경우 장기요양기관의 장이 수급자의 권익을 보호하기 위한 조치를 취하였는지의 여부를 확인하고, 인근지역에 대체 장기요양기관이 없는 경우 등 장기요양급여에 중대한 차질이 우려되는 때에는 장기요양기관의 폐업·휴업 철회 또는 지정 갱신 신청을 권고하거나 그 밖의 다른 조치를 강구하여야 한다(법 제36조 제4항).

69 정답 ③

위원장이 아닌 위원은 <u>보건복지부장관</u>이 임명 또는 위촉한 자로 한다(법 제46조 제2항 일부).

70 정답 ①

등급판정위원회의 설치(법 제52조 제4항)
등급판정위원회 위원은 다음 각 호의 자 중에서 공단 이사장이 위촉한다. 이 경우 특별자치시장·특별자치도지사·시장·군수·구청장이 추천한 위원은 7인, 의사 또는 한의사가 1인 이상 각각 포함되어야 한다.
1. 의료법에 따른 의료인
2. 사회복지사업법에 따른 사회복지사
3. 특별자치시·특별자치도·시·군·구 소속 공무원
4. 그 밖에 법학 또는 장기요양에 관한 학식과 경험이 풍부한 자

71 정답 ①

등급판정위원회(㉠) 회의는 구성원 과반수의 출석으로 개의하고 <u>출석위원(㉡) 과반수</u>의 찬성으로 의결한다(법 제53조 제2항).

72 정답 ③

특별자치시장·특별자치도지사·시장·군수·구청장은 장기요양기관의 장이 유효기간이 끝나기 <u>30일</u> 전까지 지정 갱신 신청을 하지 아니하는 경우 그 사실을 공단에 통보하여야 한다(법 제36조 제2항).

73 정답 ①

특별자치시장·특별자치도지사·시장·군수·구청장은 장기요양급여 제공의 제한 처분을 하려는 경우에는 청문을 하여야 한다(법 제63조 제4호).

오답분석

②·③ 법 제63조 제1호에 해당한다.
④ 법 제62조의2에 해당한다.

74 정답 ②

장기요양기관의 장은 폐업·휴업 신고를 할 때 또는 장기요양기관의 지정 갱신을 하지 아니하여 유효기간이 만료될 때 보건복지부령으로 정하는 바에 따라 장기요양급여 제공 자료를 <u>공단</u>으로 이관하여야 한다. 다만, 휴업 신고를 하는 장기요양기관의 장이 휴업 예정일 전까지 공단의 허가를 받은 경우에는 장기요양급여 제공 자료를 직접 보관할 수 있다(법 제36조 제6항).

75 정답 ②

특별자치시장·특별자치도지사·시장·군수·구청장은 과징금의 부과와 징수에 관한 사항을 <u>보건복지부령</u>으로 정하는 바에 따라 기록·관리하여야 한다(법 제37조의2 제5항).

오답분석

① 법 제37조의2 제3항에 해당한다.
③ 법 제37조의2 제4항에 해당한다.
④ 법 제37조의2 제1항에 해당한다.

76 정답 ④

행정제재처분 효과의 승계(법 제37조4 제1항)
제37조 제1항 각 호의 어느 하나에 해당하는 행위를 이유로 한 행정제재처분("행정제재처분")의 효과는 그 처분을 한 날부터 3년간 다음 각 호의 어느 하나에 해당하는 자에게 승계된다.
1. 장기요양기관을 양도한 경우 양수인
2. 법인이 합병된 경우 합병으로 신설되거나 합병 후 존속하는 법인
3. 장기요양기관 폐업 후 같은 장소에서 장기요양기관을 운영하는 자 중 종전에 행정제재처분을 받은 자(법인인 경우 그 대표자를 포함한다)나 그 배우자 또는 직계혈족

77 정답 ④

등급판정위원회 위원의 임기는 3년으로 하되, 한 차례만 연임할 수 있다. 다만, <u>공무원인 위원의 임기는 재임기간</u>으로 한다(법 제52조 제5항).

78

정답 ②

재심사위원회 위원장 1인을 포함한 20인 이내의 위원으로 구성한다(법 제56조 제2항). 따라서 위원장을 제외하고 19인 이내의 위원으로 구성된다.

79

정답 ③

공단의 처분에 이의가 있는 자와 심사청구 또는 재심사청구에 대한 결정에 불복하는 자는 행정소송법으로 정하는 바에 따라 행정소송을 제기할 수 있다(법 제57조).

80

정답 ③

㉠ 특별현금급여수급계좌의 예금에 관한 채권은 압류할 수 없다(법 제66조 제2항).
㉢ 이 법에 따른 장기요양급여로 지급된 현금 등은 국민기초생활보장법의 소득 또는 재산으로 보지 아니한다(법 제65조).

오답분석

㉡ 장기요양급여를 받을 권리는 양도 또는 압류하거나 담보로 제공할 수 없다(법 제66조 제1항).

국민건강보험공단 필기시험 답안카드

성 명

지원 분야

문제지 형별기재란

( )형
Ⓐ Ⓑ

수 험 번 호

감독위원 확인

㊞

	⓪	①	②	③	④	⑤	⑥	⑦	⑧	⑨
	⓪	①	②	③	④	⑤	⑥	⑦	⑧	⑨
	⓪	①	②	③	④	⑤	⑥	⑦	⑧	⑨
	⓪	①	②	③	④	⑤	⑥	⑦	⑧	⑨
	⓪	①	②	③	④	⑤	⑥	⑦	⑧	⑨
	⓪	①	②	③	④	⑤	⑥	⑦	⑧	⑨
	⓪	①	②	③	④	⑤	⑥	⑦	⑧	⑨

번호	답란	번호	답란	번호	답란	번호	답란
1	① ② ③ ④	21	① ② ③ ④	41	① ② ③ ④	61	① ② ③ ④
2	① ② ③ ④	22	① ② ③ ④	42	① ② ③ ④	62	① ② ③ ④
3	① ② ③ ④	23	① ② ③ ④	43	① ② ③ ④	63	① ② ③ ④
4	① ② ③ ④	24	① ② ③ ④	44	① ② ③ ④	64	① ② ③ ④
5	① ② ③ ④	25	① ② ③ ④	45	① ② ③ ④	65	① ② ③ ④
6	① ② ③ ④	26	① ② ③ ④	46	① ② ③ ④	66	① ② ③ ④
7	① ② ③ ④	27	① ② ③ ④	47	① ② ③ ④	67	① ② ③ ④
8	① ② ③ ④	28	① ② ③ ④	48	① ② ③ ④	68	① ② ③ ④
9	① ② ③ ④	29	① ② ③ ④	49	① ② ③ ④	69	① ② ③ ④
10	① ② ③ ④	30	① ② ③ ④	50	① ② ③ ④	70	① ② ③ ④
11	① ② ③ ④	31	① ② ③ ④	51	① ② ③ ④	71	① ② ③ ④
12	① ② ③ ④	32	① ② ③ ④	52	① ② ③ ④	72	① ② ③ ④
13	① ② ③ ④	33	① ② ③ ④	53	① ② ③ ④	73	① ② ③ ④
14	① ② ③ ④	34	① ② ③ ④	54	① ② ③ ④	74	① ② ③ ④
15	① ② ③ ④	35	① ② ③ ④	55	① ② ③ ④	75	① ② ③ ④
16	① ② ③ ④	36	① ② ③ ④	56	① ② ③ ④	76	① ② ③ ④
17	① ② ③ ④	37	① ② ③ ④	57	① ② ③ ④	77	① ② ③ ④
18	① ② ③ ④	38	① ② ③ ④	58	① ② ③ ④	78	① ② ③ ④
19	① ② ③ ④	39	① ② ③ ④	59	① ② ③ ④	79	① ② ③ ④
20	① ② ③ ④	40	① ② ③ ④	60	① ② ③ ④	80	① ② ③ ④

〈절취선〉

※ 본 답안지는 마킹연습용 모의 답안지입니다.

국민건강보험공단 필기시험 답안카드

	①	②	③	④			①	②	③	④			①	②	③	④			①	②	③	④
1	①	②	③	④	21	①	②	③	④	41	①	②	③	④	61	①	②	③	④
2	①	②	③	④	22	①	②	③	④	42	①	②	③	④	62	①	②	③	④
3	①	②	③	④	23	①	②	③	④	43	①	②	③	④	63	①	②	③	④
4	①	②	③	④	24	①	②	③	④	44	①	②	③	④	64	①	②	③	④
5	①	②	③	④	25	①	②	③	④	45	①	②	③	④	65	①	②	③	④
6	①	②	③	④	26	①	②	③	④	46	①	②	③	④	66	①	②	③	④
7	①	②	③	④	27	①	②	③	④	47	①	②	③	④	67	①	②	③	④
8	①	②	③	④	28	①	②	③	④	48	①	②	③	④	68	①	②	③	④
9	①	②	③	④	29	①	②	③	④	49	①	②	③	④	69	①	②	③	④
10	①	②	③	④	30	①	②	③	④	50	①	②	③	④	70	①	②	③	④
11	①	②	③	④	31	①	②	③	④	51	①	②	③	④	71	①	②	③	④
12	①	②	③	④	32	①	②	③	④	52	①	②	③	④	72	①	②	③	④
13	①	②	③	④	33	①	②	③	④	53	①	②	③	④	73	①	②	③	④
14	①	②	③	④	34	①	②	③	④	54	①	②	③	④	74	①	②	③	④
15	①	②	③	④	35	①	②	③	④	55	①	②	③	④	75	①	②	③	④
16	①	②	③	④	36	①	②	③	④	56	①	②	③	④	76	①	②	③	④
17	①	②	③	④	37	①	②	③	④	57	①	②	③	④	77	①	②	③	④
18	①	②	③	④	38	①	②	③	④	58	①	②	③	④	78	①	②	③	④
19	①	②	③	④	39	①	②	③	④	59	①	②	③	④	79	①	②	③	④
20	①	②	③	④	40	①	②	③	④	60	①	②	③	④	80	①	②	③	④

※ 본 답안카드는 마킹연습용 모의 답안카드입니다.

성 명

지원 분야

문제지 형별기재란

(형) Ⓐ Ⓑ

수 험 번 호

⓪	①	②	③	④	⑤	⑥	⑦	⑧	⑨
⓪	①	②	③	④	⑤	⑥	⑦	⑧	⑨
⓪	①	②	③	④	⑤	⑥	⑦	⑧	⑨
⓪	①	②	③	④	⑤	⑥	⑦	⑧	⑨
⓪	①	②	③	④	⑤	⑥	⑦	⑧	⑨
⓪	①	②	③	④	⑤	⑥	⑦	⑧	⑨
⓪	①	②	③	④	⑤	⑥	⑦	⑧	⑨

감독위원 확인

(인)

국민건강보험공단 필기시험 답안카드

1	① ② ③ ④	21	① ② ③ ④	41	① ② ③ ④	61	① ② ③ ④
2	① ② ③ ④	22	① ② ③ ④	42	① ② ③ ④	62	① ② ③ ④
3	① ② ③ ④	23	① ② ③ ④	43	① ② ③ ④	63	① ② ③ ④
4	① ② ③ ④	24	① ② ③ ④	44	① ② ③ ④	64	① ② ③ ④
5	① ② ③ ④	25	① ② ③ ④	45	① ② ③ ④	65	① ② ③ ④
6	① ② ③ ④	26	① ② ③ ④	46	① ② ③ ④	66	① ② ③ ④
7	① ② ③ ④	27	① ② ③ ④	47	① ② ③ ④	67	① ② ③ ④
8	① ② ③ ④	28	① ② ③ ④	48	① ② ③ ④	68	① ② ③ ④
9	① ② ③ ④	29	① ② ③ ④	49	① ② ③ ④	69	① ② ③ ④
10	① ② ③ ④	30	① ② ③ ④	50	① ② ③ ④	70	① ② ③ ④
11	① ② ③ ④	31	① ② ③ ④	51	① ② ③ ④	71	① ② ③ ④
12	① ② ③ ④	32	① ② ③ ④	52	① ② ③ ④	72	① ② ③ ④
13	① ② ③ ④	33	① ② ③ ④	53	① ② ③ ④	73	① ② ③ ④
14	① ② ③ ④	34	① ② ③ ④	54	① ② ③ ④	74	① ② ③ ④
15	① ② ③ ④	35	① ② ③ ④	55	① ② ③ ④	75	① ② ③ ④
16	① ② ③ ④	36	① ② ③ ④	56	① ② ③ ④	76	① ② ③ ④
17	① ② ③ ④	37	① ② ③ ④	57	① ② ③ ④	77	① ② ③ ④
18	① ② ③ ④	38	① ② ③ ④	58	① ② ③ ④	78	① ② ③ ④
19	① ② ③ ④	39	① ② ③ ④	59	① ② ③ ④	79	① ② ③ ④
20	① ② ③ ④	40	① ② ③ ④	60	① ② ③ ④	80	① ② ③ ④

〈절취선〉

※ 본 답안지는 마킹연습용 모의 답안지입니다.

국민건강보험공단 필기시험 답안카드

성 명	

지원분야	

문제지 형별기재란	Ⓐ Ⓑ
(형)	

수 험 번 호	⓪ ① ② ③ ④ ⑤ ⑥ ⑦ ⑧ ⑨
	⓪ ① ② ③ ④ ⑤ ⑥ ⑦ ⑧ ⑨
	⓪ ① ② ③ ④ ⑤ ⑥ ⑦ ⑧ ⑨
	⓪ ① ② ③ ④ ⑤ ⑥ ⑦ ⑧ ⑨
	⓪ ① ② ③ ④ ⑤ ⑥ ⑦ ⑧ ⑨
	⓪ ① ② ③ ④ ⑤ ⑥ ⑦ ⑧ ⑨
	⓪ ① ② ③ ④ ⑤ ⑥ ⑦ ⑧ ⑨

감독위원 확인	(인)

번호	답	번호	답	번호	답	번호	답
1	① ② ③ ④	21	① ② ③ ④	41	① ② ③ ④	61	① ② ③ ④
2	① ② ③ ④	22	① ② ③ ④	42	① ② ③ ④	62	① ② ③ ④
3	① ② ③ ④	23	① ② ③ ④	43	① ② ③ ④	63	① ② ③ ④
4	① ② ③ ④	24	① ② ③ ④	44	① ② ③ ④	64	① ② ③ ④
5	① ② ③ ④	25	① ② ③ ④	45	① ② ③ ④	65	① ② ③ ④
6	① ② ③ ④	26	① ② ③ ④	46	① ② ③ ④	66	① ② ③ ④
7	① ② ③ ④	27	① ② ③ ④	47	① ② ③ ④	67	① ② ③ ④
8	① ② ③ ④	28	① ② ③ ④	48	① ② ③ ④	68	① ② ③ ④
9	① ② ③ ④	29	① ② ③ ④	49	① ② ③ ④	69	① ② ③ ④
10	① ② ③ ④	30	① ② ③ ④	50	① ② ③ ④	70	① ② ③ ④
11	① ② ③ ④	31	① ② ③ ④	51	① ② ③ ④	71	① ② ③ ④
12	① ② ③ ④	32	① ② ③ ④	52	① ② ③ ④	72	① ② ③ ④
13	① ② ③ ④	33	① ② ③ ④	53	① ② ③ ④	73	① ② ③ ④
14	① ② ③ ④	34	① ② ③ ④	54	① ② ③ ④	74	① ② ③ ④
15	① ② ③ ④	35	① ② ③ ④	55	① ② ③ ④	75	① ② ③ ④
16	① ② ③ ④	36	① ② ③ ④	56	① ② ③ ④	76	① ② ③ ④
17	① ② ③ ④	37	① ② ③ ④	57	① ② ③ ④	77	① ② ③ ④
18	① ② ③ ④	38	① ② ③ ④	58	① ② ③ ④	78	① ② ③ ④
19	① ② ③ ④	39	① ② ③ ④	59	① ② ③ ④	79	① ② ③ ④
20	① ② ③ ④	40	① ② ③ ④	60	① ② ③ ④	80	① ② ③ ④

※ 본 답안지는 마킹연습용 모의 답안지입니다.

국민건강보험공단 필기시험 답안카드

번호	①	②	③	④	번호	①	②	③	④	번호	①	②	③	④	번호	①	②	③	④
1	①	②	③	④	21	①	②	③	④	41	①	②	③	④	61	①	②	③	④
2	①	②	③	④	22	①	②	③	④	42	①	②	③	④	62	①	②	③	④
3	①	②	③	④	23	①	②	③	④	43	①	②	③	④	63	①	②	③	④
4	①	②	③	④	24	①	②	③	④	44	①	②	③	④	64	①	②	③	④
5	①	②	③	④	25	①	②	③	④	45	①	②	③	④	65	①	②	③	④
6	①	②	③	④	26	①	②	③	④	46	①	②	③	④	66	①	②	③	④
7	①	②	③	④	27	①	②	③	④	47	①	②	③	④	67	①	②	③	④
8	①	②	③	④	28	①	②	③	④	48	①	②	③	④	68	①	②	③	④
9	①	②	③	④	29	①	②	③	④	49	①	②	③	④	69	①	②	③	④
10	①	②	③	④	30	①	②	③	④	50	①	②	③	④	70	①	②	③	④
11	①	②	③	④	31	①	②	③	④	51	①	②	③	④	71	①	②	③	④
12	①	②	③	④	32	①	②	③	④	52	①	②	③	④	72	①	②	③	④
13	①	②	③	④	33	①	②	③	④	53	①	②	③	④	73	①	②	③	④
14	①	②	③	④	34	①	②	③	④	54	①	②	③	④	74	①	②	③	④
15	①	②	③	④	35	①	②	③	④	55	①	②	③	④	75	①	②	③	④
16	①	②	③	④	36	①	②	③	④	56	①	②	③	④	76	①	②	③	④
17	①	②	③	④	37	①	②	③	④	57	①	②	③	④	77	①	②	③	④
18	①	②	③	④	38	①	②	③	④	58	①	②	③	④	78	①	②	③	④
19	①	②	③	④	39	①	②	③	④	59	①	②	③	④	79	①	②	③	④
20	①	②	③	④	40	①	②	③	④	60	①	②	③	④	80	①	②	③	④

※ 본 답안지는 마킹연습용 모의 답안지입니다.

국민건강보험공단 필기시험 답안카드

※ 본 답안지는 마킹연습용 모의 답안지입니다.

성명	
지역	
문제지 형별기재란	A형 / B형 ( )
수험번호	
감독위원 확인	(인)

2025 최신판 시대에듀 All-New 사이다 모의고사
국민건강보험공단(건보) NCS + 법률

개정21판1쇄 발행	2025년 03월 20일 (인쇄 2025년 01월 23일)
초 판 발 행	2015년 11월 10일 (인쇄 2015년 10월 23일)
발 행 인	박영일
책 임 편 집	이해욱
편 저	SDC(Sidae Data Center)
편 집 진 행	김재희 · 윤소빈
표지디자인	박종우
편집디자인	김보미 · 임창규
발 행 처	(주)시대고시기획
출 판 등 록	제10-1521호
주 소	서울시 마포구 큰우물로 75 [도화동 538 성지 B/D] 9F
전 화	1600-3600
팩 스	02-701-8823
홈 페 이 지	www.sdedu.co.kr

I S B N	979-11-383-8684-5 (13320)
정 가	20,000원